どこでも！学ぶ

2024年度版

賃貸不動産経営管理士過去問題集

賃貸不動産経営管理士資格研究会 編著

JN050966

建築資料研究社 日建学院

はじめに

賃貸不動産経営管理士は、専門的な知識をもって賃貸管理の職務を公正中立な立場で行う専門家として、一般社団法人賃貸不動産経営管理士協議会によって付与される資格です。現在までの累計合格者数は９万４千人に達しており（令和５年12月末時点）、資格者はすでに賃貸不動産管理の実務の現場で中心的な役割を担っています。

●法律に基づく国家資格の位置づけに！

令和２年６月には「賃貸住宅の管理業務等の適正化に関する法律」（以下「**賃貸住宅管理業法**」という）が成立し、令和３年６月に完全施行されました。同法では、賃貸住宅管理業者の営業所等に**業務管理者**の設置を義務づけていますが、この業務管理者になるための資格要件のひとつとして賃貸不動産経営管理士が位置づけられています。つまり、法律に基づく国家資格としての地位が認められたわけです。賃貸不動産経営管理士の社会的な役割は今後確実に大きくなりますから、これまでにも増して重要な資格試験となります。

●全分野をカバーする良過去問250問！

本書では、平成29年度～令和５年度までの過去７年間の試験問題から頻出テーマを絞り込み、分野別に**250問を厳選**して解説し、即戦力となる問題集に仕上げました。

なお、本書は近年の本試験の研究を加味した上で、姉妹本である『**2024年版　どこでも！学ぶ賃貸不動産経営管理士　基本テキスト**』（2024年５月刊行）と相互に参照出来るよう、問題の収録順を『基本テキスト』と揃えてあります。『基本テキスト』をお持ちの方は、そちらも確認しながら学習を進めると、より効果的です。

また、本書に収録されている問題はすべて、出題当時以降の法改正等を踏まえ、必要に応じて**問題文の補正（改題）**を施しました。つまり、すべてが**いま使える問題**ですので、試験対策の問題集として安心してご利用いただけます！

本書を活用して、この資格試験を突破していただき、多くの方が賃貸不動産経営管理士として活躍されることを祈念いたします。

2024年５月吉日

賃貸不動産経営管理士資格研究会

本書の利用法

改題マーク
出題当時以降の法改正や最新情報等の発表により、問題文を更新していることを示します。
※正解番号が複数になるなどの不備があった問題についても一部補正

出題年度と問題番号項目名

問題のテーマ

令和元年 問32㉂　⑪換　気

換気設備

重要度 A

問題 64　**換気設備等に関する次の記述のうち、最も不適切なものはどれか。**

❶　自然換気は、換気扇や送風機等を利用しない方式であるため、建物内外の自然条件によっては、安定した換気量や換気圧力を期待することはできない。

❷　給気側にファンを用いて、自然換気による排気口と組み合わせる換気方式では、室内は負圧になる。

❸　給気、排気ともに機械換気とする方式は、居室に用いられる熱交換型換気設備や機械室、電気室等に採用される。

❹　シックハウス症候群は、建材や家具、日用品から発散する揮発性有機化合物等が原因となって引き起こされる。

得点源!

問題を解くためのヒントが満載です。

得点源!

【機械換気設備】

第１種換気	**給気機＋排気機（給気、排気とも機械換気）** 居室に用いられる熱交換型換気設備（セントラル空調方式の住宅など）、機械室、電気室等に採用
第２種換気	**給気機＋排気口（給気のみ機械換気）** 室内へ清浄な空気を供給する場合で、製造工場など限られた建物で使用
第３種換気	**給気口＋排気機（排気のみ機械換気）** 室内は負圧になるため、他の部屋へ汚染空気が入らない。台所、浴室、便所、洗面所等のように、燃焼ガス、水蒸気、臭気等が発生する部屋で使用され、多くの住宅で採用

184

重要度
各分野の重要度をS~Cまでの４段階で表示。

解説　　正解：❷

❶ **適切**　換気には、自然換気と機械換気がある。自然換気は、室内と室外の温度差による対流や風圧等、自然の条件を利用した換気方式である。換気扇の騒音がなく経済的だが、**安定した換気量や換気圧力は期待できない。**

これに対して、機械換気は換気扇や送風機等の機械で強制的に換気する方式です。必要なときに安定した換気ができますが、騒音が発生し費用がかかります。

❷ **最も不適切**　**第２種換気方式では、室内は正圧になる**
機械換気には、第１種換気方式、第２種換気方式、第３ … つの方式がある。このうち第２種換気方式は、機械換気によ … い、排気は自然換気で行う方式である。機械によって室内に … まれるので、室内は負圧ではなく**正圧になる**。室内へ清浄な … れ、製造工場など限られた建物で用いられる。

❸ **適切**　給気、排気ともに機械換気とする方式は**第１種換気**で … を任意に設定することが可能であり、機械室、電気室等で使われる。

❹ **適切**　シックハウスとは、住宅内で目がチカチカする、のどが痛い、めまいや吐き気がする、頭痛がするなどと感じる現象である。新築やリフォームされた住宅では、このような現象が生じることがある。建材や家具、日用品等から発散する**ホルムアルデヒドやクロルピリホス、VOC**（トルエン、キシレン等の揮発性の有機化合物）等がその原因と考えられている。

基本テキスト　2編6章

第2編　管理 … に関する事項

１行解説
「誤り」「不適切」の肢について、「どこが誤りで不適切なのか」の根拠を、わかりやすく、できるだけ短い言葉（原則として１行）でズバリと解説します。

解説文
根拠となる法令や公表資料等をていねいに記載した肢ごとの詳細な解説です。

基本テキスト参照箇所
弊社発行の「どこでも！学ぶ賃貸不動産経営管理士基本テキスト」の参照箇所です。
※2024年５月頃発売予定

185

本書の記述内容に万一、誤り等があった場合には、
下記のホームページ内に正誤表を掲載いたします。

アクセス! https://www.kskpub.com ➡ おしらせ(訂正・追録)

凡　例

本書では、一部の法令名等について、以下のような略称を用いて表記します。

賃貸住宅管理業法（第５編では「法」）	賃貸住宅の管理業務等の適正化に関する法律
賃貸住宅管理業法施行規則（第５編では「施行規則」）	賃貸住宅の管理業務等の適正化に関する法律施行規則
解釈・運用の考え方	賃貸住宅の管理業務等の適正化に関する法律の解釈・運用の考え方
サブリースガイドライン	サブリース事業に係る適正な業務のためのガイドライン
制度概要ハンドブック	賃貸住宅管理業法 制度概要ハンドブック（令和５年３月31日、国土交通省発行）
ＦＡＱ集	賃貸住宅管理業法ＦＡＱ集（令和５年３月31日時点版）
習熟度診断	賃貸住宅管理業法 習熟度診断（令和４年１月、国土交通省ホームページ）
賃貸住宅標準契約書	賃貸住宅標準契約書（平成30年３月版）
標準管理受託契約書	賃貸住宅標準管理受託契約書
原状回復ガイドライン	原状回復をめぐるトラブルとガイドライン（再改訂版）
宅建業法	宅地建物取引業法
表示規約	不動産の表示に関する公正競争規約
空家対策特別措置法	空家等対策の推進に関する特別措置法
高齢者すまい法	高齢者の居住の安定確保に関する法律
住宅セーフティネット法	住宅確保要配慮者に対する賃貸住宅の供給の促進に関する法律
耐震改修促進法	建築物の耐震改修の促進に関する法律
個人情報保護法	個人情報の保護に関する法律

目　次

受験ガイダンス

※試験の実施要領につきましては、必ず、試験実施団体から発表される内容をご確認ください。

●令和６年度 賃貸不動産経営管理士試験

試験日時	令和６年**11月17日（日）** 13:00～15:00（120分間）
試験会場	北海道、青森、岩手、宮城、福島、群馬、栃木、茨城、埼玉、千葉、東京、神奈川、新潟、石川、長野、静岡、岐阜、愛知、三重、滋賀、奈良、京都、大阪、兵庫、島根、岡山、広島、山口、香川、愛媛、高知、福岡、熊本、長崎、大分、宮崎、鹿児島、沖縄 （全国38地域）
受験料	12,000円
出題形式	四肢択一、50問 ※令和５年度・６年度の賃貸不動産経営管理士講習（試験の一部免除）の修了者は45問
受験要件	どなたでも受験可能
資料請求・受験申込期間	令和６年**8月1日（木）～9月26日（木）** ※資料請求期間は令和６年９月19日（木）PM12:00まで
合格発表	令和６年12月26日（木）予定
出題範囲	❶ 管理受託契約に関する事項 ❷ 管理業務として行う賃貸住宅の維持保全に関する事項 ❸ 家賃、敷金、共益費その他の金銭の管理に関する事項 ❹ 賃貸住宅の賃貸借に関する事項 ❺ 賃貸住宅管理業法に関する事項 ❻ ❶から❺までに掲げるもののほか、管理業務その他の賃貸住宅の管理の実務に関する事項
法令等の適用基準日	問題中の法令等に関する部分は、**令和６年４月１日現在で施行**されている規定（関係機関による関連告示、通達等を含む）に基づいて出題する。

●過去の試験結果

※試験実施団体の公表資料を基に作成

	申込者数	受験者数	合格者数	合格率	合否判定基準
令和５年度	31,547名	28,299名 （11,449名）	7,972名 （3,700名）	28.2％ （32.3％）	50問中36点 （45問中31点）
令和４年度	35,026名	31,687名 （11,306名）	8,774名 （3,475名）	27.7％ （30.7％）	50問中34点 （45問中29点）
令和３年度	35,553名	32,459名 （10,390名）	10,240名 （3,738名）	31.5％ （36.0％）	50問中40点 （45問中35点）
令和２年度	29,591名	27,338名 （8,671名）	8,146名 （2,925名）	29.8％ （33.7％）	50問中34点 （45問中29点）
令和元年度	25,032名	23,605名 （6,882名）	8,698名 （2,641名）	36.8％ （38.4％）	29点 （25点）
平成30年度	19,654名	18,488名 （5,379名）	9,379名 （2,886名）	50.7％ （53.7％）	29点 （25点）
平成29年度	17,532名	16,624名 （4,380名）	8,033名 （2,342名）	48.3％ （53.5％）	27点 （23点）
平成28年度	13,862名	13,149名 （2,286名）	7,350名 （1,556名）	55.9％ （68.1％）	28点 （24点）
平成27年度	5,118名	4,908名 （1,653名）	2,679名 （1,056名）	54.6％ （63.9％）	25点 （21点）
平成26年度	4,367名	4,188名 （1,463名）	3,219名 （1,245名）	76.9％ （85.1％）	21点 （17点）

＊１　（　）内の数値は賃貸不動産経営管理士講習（以下「免除講習」という）の修了者の実績。令和元年度まで４問免除、令和２年度からは５問免除

＊２　令和元年度までの問題数は40問（免除講習の修了者は36問）

●試験に関する問合せ先

一般社団法人賃貸不動産経営管理士協議会 受付センター
TEL **0476-33-6660**（平日10時～17時）
FAX **050-3153-0865**（24時間受付）
ホームページ　**https://www.chintaikanrishi.jp**

巻頭特集

出題範囲と出題数の分析

～令和６年度試験は、ここが出る！～

2007年、３つの不動産事業者団体が中心となって賃貸不動産経営管理士協議会（協議会）が設立されました。賃貸不動産経営管理士は、その協議会によって創設された資格です。2020年には、賃貸住宅管理業法が成立し（2021年完全施行）、協議会が同法における業務管理者となるための資格試験の実施機関として指定され、現在に至っています。

このような経緯もあり、賃貸不動産経営管理士試験の問題数と試験内容は変遷してきました。問題数は、2019年までは40問でしたが、2020年からは**50問**になりました。試験内容については、2021年から**賃貸住宅管理業法が加わり**、現在では、50問中、**約20問が賃貸住宅管理業法から出題**されています。

ところで、賃貸住宅管理業法に関する問題は、まだ３年分しかありません。他方で賃貸住宅管理業法以外の分野については、試験の問題と正解番号が公表されるようになった2015年以降、９年間の問題があります。過去問を分析、検討するにあたっては、賃貸住宅管理業法については３年分の問題を、賃貸住宅管理業法以外の分野についてはそれ以前の問題を含めることになります。

以下に、各分野について、近年の問題数、出題事項と出題の傾向を踏まえて、試験対策を検討します。

●近年の試験の出題実績

出題範囲	出題数
イ 管理受託契約に関する事項	５問
ロ 管理業務として行う賃貸住宅の維持保全に関する事項	14問
ハ 家賃、敷金、共益費その他の金銭の管理に関する事項	３問
ニ 賃貸住宅の賃貸借に関する事項	６問
ホ 賃貸住宅管理業法等に関する事項	13問
ヘ 管理業務その他の賃貸住宅の管理の実務に関する事項	９問
合　計	50問

第１編　管理受託契約に関する事項

出題数	5問
内容	(1) 管理受託契約の意義 (2) 管理受託契約重要事項説明 (3) 管理受託契約の締結時書面 (4) 標準管理受託契約書

（1）管理受託契約の意義（民法の委任・請負の定め）については、令和４年に**請負人の契約不適合責任**、令和５年に**受任者の義務**が取り上げられました。また管理受託契約が準委任の性格をもつことから、令和３年には、**管理受託契約の性質**が問われています。

（2）管理受託契約重要事項説明と**（3）管理受託契約の締結時書面**は、賃貸住宅管理業法に基づきますが、本試験では、イの分野と扱われます。（2）管理受託契約重要事項説明は令和３年に３問、令和４年に２問、令和５年に３問出題され、（3）管理受託契約の締結時書面は、令和４年と令和５年に出題されています。特に管理受託契約重要事項説明は、本番試験の最重要項目のひとつであり、試験勉強でも重視しなければなりません。

（4）標準管理受託契約書は、国土交通省が策定し、令和３年４月に公表したものです。令和３年と令和４年に、それぞれ出題されました。

第２編　管理業務として行う賃貸住宅の維持保全に関する事項

出題数	14問
内容	(1) 維持保全のための管理業務 (2) 調査報告・修繕計画 (3) 原状回復 (4) 建物および地震火災 (5) 屋根外壁および防水 (6) 換気 (7) 給排水 (8) 電気ガス

賃貸住宅の維持保全は管理実務の基礎であるため、この分野は問題数も多くなっています。

まず、**(1) 維持保全のための管理業務**としては、日常管理業務に加え、**賃料回収・明渡し**がこの分野で取り扱われています。**(2) 調査報告・修繕計画**もしばしば出題される項目です。

次に、**(3) 原状回復**はほとんど毎年２問以上出題されています。最重要事項であることはいうまでもなく、過去問を徹底的に解き、絶対に落とすことのないように押さえておかなければなりません。

また、ここ数年、しばしば建築基準法の規定が取り上げられています。令和３年と令和４年には同法12条の**定期調査・検査報告**、令和３年には**避難通路・直通階段**、**換気**、令和４年には**界壁**、**内装制限**が、令和５年には**主要構造部**、**防火区画**が、それぞれ出題されています（**(2) ～ (8)**）。いずれも建築基準法を学ばなければ解けない問題ですので、試験対策として、建築法規を幅広くさらっておくことが必要となっています。

本番の試験では、賃貸住宅管理業法における**委託者への報告**と**秘密を守る義務**が、この分野の問題として取り扱われることも注目されます（**(1)**）。賃貸住宅管理業法については主に４編で取り扱いますが、管理業務として行う賃貸住宅の維持保全の観点からも、熟知しておく必要があります。

第３編　家賃、敷金、共益費その他の金銭の管理に関する事項

出題数	3問
内容	(1) 賃料 (2) 敷金等 (3) 会計・分別管理

本分野は、家賃・敷金等の金銭の管理を行うに際して必要な経理上の知識が問われます。

(1) 賃料に関する問題は毎年取り上げられます。令和３年には**賃料増減請求**と**賃料の回収**が、令和４年には**弁済充当**と**時効消滅**が、令和５年には**供託**などが出ました。賃貸住宅管理の事務を行ううえで、賃料に関する知識は不可欠ですから、賃料増減請求、供託、弁済充当などは今後も頻出事項となります。

(2) 敷金等は令和３年と令和５年に出ました。従来たびたび題材とされており、これからも取り上げられるテーマです。

(3) 会計・分別管理では、**企業会計原則**、**会計処理の基礎**、および**金銭の分別管理**が扱われます。令和４年と令和５年には賃貸住宅管理業法に定められた分別管理の問題が出ていますが、賃貸住宅管理業者が法に則って金銭を管理することは、賃貸住宅管理業法の重要な目的のひとつですから、今後も繰り返し出題されましょう。加えて、企業会計原則と会計処理の基礎は、賃貸不動産経営管理士にとって基礎的な素養です。会計に関する知識を身につけ、内部的にどのような方法で金銭を管理することが義務づけられるのかは、しっかりと押さえておいてください。

第４編　賃貸住宅の賃貸借に関する事項

出題数	６問
内容	**(1) 契約の成立・契約の種類** **(2) 当事者の義務** **(3) 期間・更新・契約終了** **(4) 定期建物賃貸借** **(6) 転貸借（サブリース）** **(7) 対抗力・地位移転** **(8) 保証** **(9) 使用貸借**

このうち毎年出るのが、**(4) 定期建物賃貸借**と **(7) 対抗・地位移転**の法律関係です。（４）定期建物賃貸借については、押さえるべきポイントは多くありません。しっかりとポイントを押さえて、落とさないようにしておくべきです。また、（７）対抗・地位移転の法律関係（賃貸住宅が第三者に譲渡されたり、競売にかかって第三者に所有権が移転した場合の取扱い）は、賃貸借の問題の中では比較的難易度が高くはありますが、あわてることがないように過去問で練習をし、しっかりと準備をしておけば恐れることはありません。

このほか、ほぼ毎年出されるのが **(8) 保証**です。また、賃貸借が有償で他人の不動産を利用する契約であるのに対し、他人の不動産を無償で利用する契約が **(9) 使用貸借**です。令和４年には使用貸借を取り上げた問題がでており、（８）保証ほどの頻度ではありませんが学習が必要です。

なお、**(6) 転貸借**の法律関係は、賃貸借の分野ではここ数年間出ていませんが、次の５編で扱われる**賃貸住宅管理業法**において、極めて重要なテーマです。特定賃貸借契約の基礎となる知識ですから、ここで理解しておきましょう。

賃貸借契約に関する事項は、賃貸住宅管理の基本であり、これまでの賃貸不動産経営管理士の試験では、数多くの出題がなされてきました。賃貸住宅管理業法の施行後は出題の割合はいくらか減りましたが、今後とも重要な分野であることにはかわりがありません。

第5編　賃貸住宅管理業法に関する事項

出題数	13問
内容	(1) 法の概要と言葉の意味 (2) 管理受託 (3) 特定賃貸借（サブリース）

本分野を大別すると、**(1) 法の概要と言葉の意味**、**(2) 管理受託契約に関する事項**、**(3) 特定賃貸借契約に関する事項**に分かれます。これの内訳を見ていくと、(2) 管理受託契約に関する事項としては、**登録制度、業務管理者、賃貸住宅管理業者の業務、賃貸住宅管理業者に対する監督罰則**に分けられ、(3) 特定賃貸借契約（サブリース）に関する事項としては、**勧誘者、誇大広告、不当勧誘、特定賃貸借契約重要事項説明、特定賃貸借契約の締結時書面、特定賃貸借契約標準契約書、書類の備置きと閲覧、監督処分と罰則**に分けられます。

本試験での問題の分類からみると、賃貸住宅管理業法に関する知識については、ホの分野（5編）のほかに、

○イの分類（1編）　**管理受託契約重要事項説明、管理受託契約の締結時書面**
○ロの分類（2編）　**委託者への報告、秘密を守る義務**
○ハの分類（3編）　**分別管理**
○への分類（6編）　**業務管理者**

が、それぞれ問われています。

その結果、賃貸住宅管理業法の問題は毎年合計で**約20問程度**出題されていることになります。

賃貸住宅管理業法は賃貸住宅管理の中心であることもあり、試験

でも全体の４割を占める最も重要な分野として、賃貸住宅管理業法について完全な理解が問われます。賃貸住宅管理業法の問題は全問正解するつもりで得点をしなければ、合格を果たすことはできません。万遍なく学習をしておいてください。

第６編　管理業務その他の賃貸住宅の管理の実務に関する事項

出題数	９問
内容	(1) 賃貸住宅管理の意義 (2) 賃貸不動産経営管理士 (3) 募集広告・仲介 (4) 諸法令（コンプライアンス） (5) 税金・保険 (6) 不動産の証券化

管理業務その他の賃貸住宅の管理の実務に関する事項のうち、イ～ホの分野に含まれないものがこの分野でとりあげられます。

（1）賃貸住宅管理の意義に関しては、広く社会事象や法制度、賃貸管理のあるべき姿について、毎年１問ないし２問出ています。いずれも難しい問題ではありません。たとえば、令和５年には、**空き家問題、住宅セーフティネット法、住生活基本計画、不動産ビジョン**をそれぞれの肢とする問題が出ましたが、これらはいずれも繰り返し題材とされているものばかりです。普段から賃貸住宅管理に関連する報道や社会問題に関心をもっていれば、正解を導くことができます。

なお、社会状況の問題は、多くが**国による公表資料**が素材となっています。**住生活基本計画**（令和３年３月19日閣議決定）、「**不動産業ビジョン2030**」（国土交通省平成31年４月24日公表）、「**賃貸住宅の計画的な維持管理及び性能向上の推進について**」（国土交通省平成31年３月公表）は、その概要は把握しておくべきです。令和５年には**空き家対策法**が改正されましたから、令和６年以降は、空き家の問題も出題されるものと思われます。

（2）賃貸不動産経営管理士に関する事項としては、**賃貸不動産経営管理士に期待される役割**などが問題となります。これについては、多くの問いでは賃貸管理に関する一般的な知識がきかれています。過去問を問いて、復習をしておいてください。

（3）募集広告・仲介としては、**広告規制と仲介のルール**が出されます。広告規制については、比較的細かい知識が問われていますので、過去問でどの程度まで問われるのか確認が必要です。また**おとり広告の禁止**は国交省から何回も注意喚起されている問題であることから、本試験でも、令和３年と令和５年に出ています。また、令和５年には、**人の死の告知に関するガイドライン**が出題されました。

（4）諸法令（コンプライアンス）（法令遵守）としては、**個人情報保護法**、**障害者差別解消法**、**消費者契約法**などが出題されています。このうち個人情報保護法については、毎年のように出ていますし、障害者差別解消法も令和５年に出ましたが、直近で改正がありましたので令和６年以降も出る可能性が高いテーマです。消費者契約法に関しては、令和４年12月に極めて重要な最高裁判例がでました。令和６年以降の試験問題では、ヤマのひとつになりましょう。

（5）税金・保険としては、**所得税**、**相続税・贈与税**、**固定資産税**、**消費税**、**保険**の基礎知識などが出題されます。税金の勉強は、本格的に学ぼうとすれば範囲が広くなりますが、この試験で出されるテーマは限られています。過去問をみながら、それぞれの税金の概要を把握しておけば、試験勉強としては十分です。保険に関しても、基礎的な問題が出ます。深い学習は不要であり、ひととおりの理解をしておけば足ります。

（6）不動産の証券化の問題としては、**証券化の意義**、**プロパティマネジメント**などが出題されます。賃貸住宅管理の実務に携わるみなさまにはなじみが薄いテーマかもしれませんが、試験対策としてみても、深い理解が問われる問題がでているわけではありません。全体像を把握し、過去問をおさえておけば、得点源となります。

6編（への分野）は、幅広く管理実務に関する事項をカバーしていますが、賃貸不動産経営管理士試験の出題という点からみると、過去の試験問題をみれば、ある程度出題事項は予想されます。また、建築物省エネ法に基づく省エネ性能表示制度や、私募リートに関する事項は、新たな社会的課題であって、試験委員が関心をもつであろうテーマですから、今年の試験対策としては重視する必要があります。それぞれのテーマに深入りする必要はありません。個別の項目に深入りすることなく過去の試験問題を確認し、さらに時事問題など新しく取り入れられる事項をおさえておけば得点できない分野ではありませんので、広く浅く学習することが得策です。

●本書の執筆時点●

本書は、原則として**令和６年４月１日現在**で施行されている規定（関係機関による関連告示、通達等を含む）に基づいて編集されています。

第1編

管理受託契約に関する事項

第1編　INDEX

※「書面」に関する記述がある場合、特に断りがない限り、電磁的方法による提供について考慮する必要はないものとします。

令和5年 問5　①管理受託契約の意義

委　任

重要度 A

問題 1　**賃貸住宅管理業者であるAと賃貸人Bとの間の管理受託契約における、家賃等の金銭管理を行う業務についての次の記述のうち、最も適切なものはどれか。**

❶　AはBの指揮命令に従い金銭管理を行う必要がある。

❷　Aは金銭管理を行う際、自らの財産を管理するのと同程度の注意をもって行う必要がある。

❸　Aが自己の財産と区別して管理しているBの金銭に利息が生じた際、この利息を除いた額をBに引き渡すことができる。

❹　Aは、Bの承諾があれば、金銭管理を行う業務を第三者に再委託することができる。

解説

正解：❹

❶ 不適切　AはBの個別具体的な指揮命令に従う必要はない

賃貸人Bの賃貸住宅管理業者Aへの管理委託は、法律行為でない事務の委託（準委任）であり、AとBの管理受託契約は準委任として扱われる。準委任には委任の規定が準用される（民法656条）。委任（準委任）においては、受任者が自らの判断によって事務処理を行うものであって、Aの事務は、Bの指揮命令に従って行われるものではない。

なお、当事者が労働に従事する雇用の契約関係では（同法623条）、労働者が使用者の指揮命令に従うことになります。

❷ 不適切　善良な管理者の注意をもって行う義務を負う

受任者は、委任の本旨に従い、善良な管理者の注意をもって、委任事務を処理する義務を負う（民法644条）。Aが金銭管理を行う際にも、善良な管理者の注意をもって、委任事務を処理する義務を負う。**自らの財産を管理するのと同程度の注意では足りない。**

❸ 不適切　利息も含めて引き渡さなければならない

受任者は、委任事務を処理するに当たって受け取った金銭その他の物を委任者に引き渡さなければならない（民法646条１項）。Aが自己の財産と区別して管理しているBの金銭に利息が生じた場合には、利息についても、Bに引き渡さなければならない。Bに引き渡す金銭から、利息を差し引くことはできない。

❹ 最も適切　受任者は、委任者の許諾を得たとき、またはやむを得ない事由があるときでなければ、復受任者を選任することができないのであって（民法644条の２第１項）、受任者は原則として委任事務を自ら行わなければならない（自己執行義務）。しかし、**委任者の許諾を得たとき、またはやむを得ない事由があれば**、例外として、**復受任者を選任することができる。**

Aは、Bの承諾があれば、金銭管理を行う業務を第三者に再委託することができる。

令和４年 問５　①管理受託契約の意義

請　負

重要度 B

問題 2　**賃貸住宅管理業者であるＡが、賃貸人であるＢとの管理受託契約に基づき、管理業務として建物の全体に及ぶ大規模な修繕をしたときに関する次の記述のうち、誤っているものはどれか。**

❶　引き渡された建物が契約の内容に適合しないものであるとして、Ａに対して報酬の減額を請求したＢは、当該契約不適合に関してＡに対し損害賠償を請求することができない。

❷　引き渡された建物が契約の内容に適合しないものである場合、Ｂがその不適合を知った時から１年以内にその旨をＡに通知しないと、Ｂは、その不適合を理由として、Ａに対し担保責任を追及することができない。

❸　引き渡された建物が契約の内容に適合しないものである場合、Ｂは、Ａに対し、目的物の修補を請求することができる。

❹　Ａに対する修繕の報酬の支払とＢに対する建物の引渡しとは、同時履行の関係にあるのが原則である。

解説 正解：❶

問題全体を通して

賃貸住宅管理業法のもとでは、管理受託契約は、委任と請負の混合契約（委任と請負の両方の性格を有する契約）となる。Aが行った修繕は、管理受託契約に基づくが、管理受託契約は請負としての性格をあわせもつから、本問は、Aが請負人、Bが発注者の立場に立つ請負契約における権利関係を検討することになる。

❶ **誤り　Aに対して損害賠償を請求できる**

請負契約において、引き渡された目的物が契約不適合であり、催告をしても追完がなされないときは、注文者は、不適合の程度に応じて**報酬（請負代金）の減額請求**をすることができる（民法563条１項、559条）。さらに報酬（請負代金）の減額請求をしたときであっても、損害が発生していれば、注文者はこれに加えて債務不履行に基づく損害賠償請求をすることが可能である（同法415条、559条）。Bは、Aに対して、報酬減額請求とあわせて、損害賠償請求をすることができる。

❷ **正しい**　目的物が契約不適合である場合、注文者が不適合を知った時から１年以内にその旨を請負人に通知しないと、注文者は、契約不適合を理由として、担保責任を追及をすることができなくなる（民法637条１項）。Bが**契約不適合を知った時から１年以内**にその旨をAに通知しなければ、Bは、Aに対し担保責任を追及することができない。

❸ **正しい**　目的物が契約不適合である場合、注文者は、請負人に対し、目的物の修補による履行の追完を請求することができる（民法559条本文、562条）。引き渡された建物に契約不適合があれば、Bは、Aに対し、修補を請求することができる。

❹ **正しい**　注文者は、報酬（請負代金）を、仕事の**目的物の引渡しと同時**に、支払わなければならない（民法633条本文）。報酬の支払いと目的物の引渡しは同時履行の関係となる。なお、仕事との関係では、報酬が仕事の成果に対して支払われることから、報酬は同時履行ではなく、後払いである。

基本テキスト　１編１章

令和３年 問４　①管理受託契約の意義

管理受託契約の性格

重要度 A

問題 3 管理受託契約の性質に関する次の記述のうち、適切なものはどれか。

❶ 管理受託契約は、民法上の委任と雇用の性質を併有することが想定されている。

❷ 民法上の請負は、法律行為又は事実行為をすることを目的とする。

❸ 建物設備の維持保全業務は、民法上の準委任に当たる。

❹ 民法上の委任契約は、書面で契約を締結することが義務付けられている。

得点源!

【賃貸住宅管理業者の民法上の義務①】

善管注意義務	善良な管理者の注意をもって、委任事務を処理しなければならない。 ※**無償**で受託した場合や**サブリース方式**の管理でも義務がある。
果実の引渡し	受け取った金銭その他の物、および**その果実**を委任者に引き渡さなければならない。 ※受領した賃料は**利息**を含めて支払義務がある。
報告義務	**請求があったとき**はいつでも委任事務の処理状況を報告し、**委任が終了した後**は遅滞なくその経過と結果を報告しなければならない。 ※定期的な報告については民法では定めはないが、賃貸住宅管理業法では義務づけられている。

解説　　　　**正解：❸**

❶ 不適切　管理受託契約は、一般に委任と請負の性格を併有する

委任は法律行為を委託する契約（民法643条）、請負は仕事の結果を作り出しこれに報酬を払う契約であって（同法632条）、一般的には、管理受託契約は委任と請負の両方の性格をもつことが多くなる。

> 雇用は、労働者が使用者のために労働に従事するものであって、管理受託契約には雇用の性格はありません。

❷ 不適切　請負の目的は事実行為であって、法律行為ではない

請負は、請負人が仕事を完成することを約し、注文者がその仕事の結果に対してその報酬を支払うことを約する契約である（民法632条）。ここでは仕事の完成という事実行為が目的となっているのであって、法律行為ではない。

❸ 適切　準委任とは、委託者が法律行為でない事務を相手方に委託し、受託者がこれを承諾することによって成立する契約である（民法656条、643条）。建物設備の維持保全業務の委託は、一般に**事実行為を委託**するものだから、準委任となる。

❹ 不適切　委任は、書面で契約することは義務づけられていない

委任は、委任者が法律行為をすることを相手方に委託し、受任者がこれを承諾することによって、その効力を生ずる（民法643条）。当事者の合意で成立する諾成契約であり、書面によらずに契約が成立する。

基本テキスト　1編1章

平成30年 問8　①管理受託契約の意義

管理受託契約の性格

重要度 A

問題 4　賃貸不動産の管理受託契約に関する次の記述のうち、適切なものはどれか。

❶　賃料等の受領に係る事務を目的とする管理受託契約においては、履行期に関する特約がない場合、受託業務の履行と報酬の支払とが同時履行の関係にある。

❷　委託者が死亡した場合、管理受託契約に特約がなくとも、相続人が管理受託契約の委託者となり、管理受託契約は終了しない。

❸　受託者たる管理業者は、委託者の承諾を得ずとも、必要があれば管理業務を再委託することができる。

❹　管理受託契約は、請負と異なり、仕事の完成は目的となっていない。

得点源!

【管理受託契約の当然終了】

	委託者	受託者
死亡	当然終了する	当然終了する
破産手続開始の決定	当然終了する	当然終了する
後見開始の審判	**当然終了しない**	当然終了する

解説　　　　**正解：❹**

❶ **不適切　報酬の支払いは受託業務の履行の後**

双務契約においては、当事者の一方は、債務が弁済期にあれば、相手方がその債務の履行を提供するまでは、自己の債務の履行を拒むことができる（民法533条）。しかし、管理受託契約は、準委任の性格を有するところ、受任者は、報酬を受けるべき場合には、委任事務を履行した後でなければ、これを請求することができず（同法648条2項本文、656条）、受託業務の履行が完了する前には弁済期がきていないから、同時履行の関係にはならない。

❷ **不適切　委託者が死亡した場合、管理受託契約は終了する**

委任・準委任は、委託者（委任者）の死亡によって終了する（民法653条1号、656条）。

❸ **不適切　委託者の承諾なしで再委託はできない**

委任契約は、人的な信頼関係の上に成り立つことから、受任者は、委任者の許諾を得たとき、またはやむを得ない事由があるときでなければ、復受任者を選任することができない（民法644条の2第1項）。管理業者は準委任の受託者であって、委託者の承諾を得なければ、管理業務を再委託することはできない。

なお、賃貸住宅管理業法では、賃貸住宅管理業者は、委託者から委託を受けた管理業務の全部を他の者に対し、再委託してはならないとされている（賃貸住宅管理業法15条）。

❹ **適切**　委任は、当事者の一方が法律行為をすることを相手方に委託し、相手方がこれを承諾することによってその効力を生ずる契約であり（民法643条、656条）、**仕事の完成を目的とする契約ではない。**

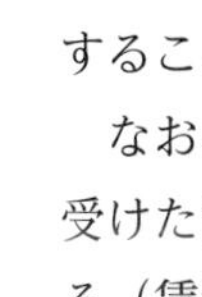

請負は、当事者の一方がある仕事を完成することを約し、相手方がその仕事の結果に対してその報酬を支払うことを約することによって、その効力を生ずる契約です（民法632条）。

基本テキスト　1編1章

令和５年 問１　②管理受託契約重要事項説明

管理受託契約重要事項説明

重要度 S

問題 5　**賃貸住宅の管理業務等の適正化に関する法律**（以下、各問において「賃貸住宅管理業法」という。）**に定める賃貸住宅管理業者が管理受託契約締結前に行う重要事項の説明**（以下、各問において「管理受託契約重要事項説明」という。）**に関する次の記述のうち、誤っているものはいくつあるか。**

ア　業務管理者ではない管理業務の実務経験者が、業務管理者による管理、監督の下で説明することができる。

イ　賃貸人の勤務先が独立行政法人都市再生機構であることを確認の上、重要事項説明をせずに管理受託契約を締結することができる。

ウ　賃貸人本人の申出により、賃貸人から委任状を提出してもらった上で賃貸人本人ではなくその配偶者に説明することができる。

エ　賃貸人が満18歳である場合、誰も立ち会わせずに説明することができる。

❶　なし
❷　１つ
❸　２つ
❹　３つ

得点源！

【重要事項説明が不要となる相手方】（施行規則30条１号～８号）

① 賃貸住宅管理業者
② 特定転貸事業者
③ 宅地建物取引業者
④ 特定目的会社
⑤ 組合（組合員が不動産特定共同事業契約を締結している場合）
⑥ 賃貸住宅に係る信託の受託者
⑦ 独立行政法人都市再生機構
⑧ 地方住宅供給公社

解説　　　　**正解：❷**

ア　正しい　賃貸住宅管理業者は、賃貸人（委託者）に対し、事前に管理受託契約の内容およびその履行に関する事項について、説明を行う義務がある（重要事項説明。賃貸住宅管理業法13条１項）。しかし、**説明を実際に行う者については、法律上制限されていない。**重要事項説明は業務管理者に行わせなくてもよい（「解釈・運用の考え方」13条関係１）。

なお、業務管理者の役割は、自ら説明を行うことではなく、説明などを実際行うものに対する管理および監督である（同法12条１項）。

イ　誤り　賃貸人の勤務先は関係ない

賃貸人（委託者）が独立行政法人都市再生機構に勤務していても、管理受託契約重要事項説明は必要である。賃貸人が独立行政法人都市再生機構であれば、説明は不要だが（賃貸住宅管理業法13条１項かっこ書、同法施行規則30条７号）、賃貸人が独立行政法人都市再生機構に勤務しているだけでは、説明対象から除外されない。

ウ　正しい　重要事項説明の相手方は賃貸人（委託者）である。もっとも、**相手方本人の意思により、委任状等をもって代理権を付与された者**に対し、説明を行った場合は説明をしたものと認められる（FAQ集３（２）No.8）。

なお、賃貸住宅管理業者が相手方に対して働きかけて契約の相手方にその代理人を紹介して選任させたうえ、代理人に対して重要事項説明を行ったような場合には、賃貸住宅管理業者が説明をしたとは認められません。

エ　正しい　年齢18歳をもって成年となる（民法４条）。したがって、**賃貸人が満18歳**であれば、**単独で説明を受けることができる。**

なお、契約の相手方から受ける意思表示については、意思表示の相手方がその意思表示を受けた時に未成年者であったときは、その意思表示をもってその相手方に対抗することはできないとされています（同法98条の２本文）。

以上により、誤っているものは、**イ**のひとつであり、正解は肢❷となる。

基本テキスト　１編２章

令和３年 問１　②管理受託契約重要事項説明

管理受託契約重要事項説明

重要度 A

問題 6

賃貸住宅の管理業務等の適正化に関する法律（以下、各問において「管理業法」という。）**に定める賃貸住宅管理業者が管理受託契約締結前に行う重要事項の説明**（以下、各問において「管理受託契約重要事項説明」という。）**に関する次の記述のうち、適切なものはどれか。**

❶　管理受託契約重要事項説明は、管理受託契約の締結とできるだけ近接した時期に行うことが望ましい。

❷　管理受託契約重要事項説明は、業務管理者が行わなければならない。

❸　賃貸住宅管理業者は、賃貸人が管理受託契約重要事項説明の対象となる場合は、その者が管理受託契約について一定の知識や経験があったとしても、書面にて十分な説明をしなければならない。

❹　管理受託契約に定める報酬額を契約期間中に変更する場合は、事前説明をせずに変更契約を締結することができる。

解説

正解：❸

❶ 不適切　重要事項説明と近接した時期の契約締結は、望ましくない

管理受託契約重要事項説明は、賃貸人が契約内容を十分に理解したうえで契約を締結できるよう、説明から契約締結までに**1週間程度**の期間をおくことが望ましい。説明から契約締結までの期間を短くせざるを得ない場合には、事前に管理受託契約重要事項説明書等を送付し、その送付から一定期間後に、説明を実施するなどして、管理受託契約を委託しようとする者が契約締結の判断を行うまでに十分な時間をとることが望ましい（「解釈・運用の考え方」13条関係1）。

❷ 不適切　重要事項説明は業務管理者が行わなくてもよい

管理受託契約重要事項説明を実際に行う者については、**法律上制限されていない**（「解釈・運用の考え方」13条関係1）。

業務管理者の役割は、あくまでも管理受託契約重要事項説明などを実際に行う者についての管理および監督であり（賃貸住宅管理業法12条1項）、自ら説明を行うことは、その役割ではありません。

❸ 適切　賃貸住宅管理業者は、賃貸人が管理受託契約重要事項説明の対象となる場合は、その者が管理受託契約について一定の知識や経験があったとしても、**所定の事項を書面に記載**し、**十分な説明**をすることが必要である（「解釈・運用の考え方」13条関係1）。

相手方となる賃貸人が、賃貸住宅管理業者、特定転貸事業者、宅地建物取引業者など、施行規則によって定められた者であれば、説明を行わなくてもよいものとされています（賃貸住宅管理業法13条1項かっこ書、施行規則30条）。

❹ 不適切　報酬額の契約期間中の変更は、変更契約の前に事前説明が必要

契約期間中に報酬の額などに変更があった場合には、変更のあった事項について、当初契約の締結前の管理受託契約重要事項説明と同様の方法により、賃貸人に対して書面の交付等を行ったうえで説明しなければならない（「解釈・運用の考え方」13条関係1）。

基本テキスト　1編2章

令和4年 問1　②管理受託契約重要事項説明

管理受託契約重要事項説明

重要度 A

問題 7　**賃貸住宅の管理業務等の適正化に関する法律**（以下、各問において「管理業法」という。）**に定める賃貸住宅管理業者が管理受託契約締結前に行う重要事項の説明**（以下、各問において「管理受託契約重要事項説明」という。）**の内容に関する次の記述のうち、適切なものはいくつあるか。**

ア　管理業務の内容について、回数や頻度を明示して具体的に記載し、説明しなければならない。

イ　管理業務の実施に伴い必要となる水道光熱費や、空室管理費等の費用について説明しなければならない。

ウ　管理業務の一部を第三者に再委託する際には、再委託する業務の内容、再委託予定者を説明しなければならない。

エ　賃貸住宅管理業者が行う管理業務の内容、実施方法に関して、賃貸住宅の入居者に周知する方法を説明しなければならない。

❶　1つ
❷　2つ
❸　3つ
❹　4つ

解説 　　　　　　　　　　　　　　　　　　　　　　　　　　　　　**正解：❹**

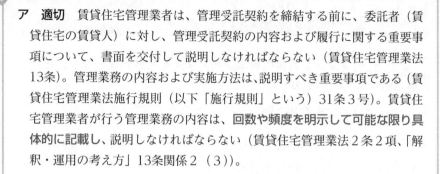

ア　適切　賃貸住宅管理業者は、管理受託契約を締結する前に、委託者（賃貸住宅の賃貸人）に対し、管理受託契約の内容および履行に関する重要事項について、書面を交付して説明しなければならない（賃貸住宅管理業法13条）。管理業務の内容および実施方法は、説明すべき重要事項である（賃貸住宅管理業法施行規則（以下「施行規則」という）31条３号）。賃貸住宅管理業者が行う管理業務の内容は、**回数や頻度を明示して可能な限り具体的に記載し**、説明しなければならない（賃貸住宅管理業法２条２項、「解釈・運用の考え方」13条関係２（３））。

イ　適切　報酬に含まれていない管理業務に関する費用であって、賃貸住宅管理業者が通常必要とするものは説明事項である（施行規則31条５号）。賃貸住宅管理業者が管理業務を実施するのに伴い必要となる**水道光熱費や、空室管理費等**がこれにあたる（「解釈・運用の考え方」13条関係２（５））。

ウ　適切　管理業務の一部の再委託に関する事項は説明すべき重要事項である（施行規則31条６号）。管理業務の一部を第三者に再委託することができることを事前に説明するとともに、**再委託することとなる業務の内容、再委託予定者**を事前に明らかにしておかなければならない（「解釈・運用の考え方」13条関係２（６））。

エ　適切　賃貸住宅の入居者に対する賃貸住宅管理業者が行う管理業務の内容、実施方法の事項の周知に関する事項は説明すべき重要事項である（施行規則31条10号）。賃貸住宅管理業者が行う管理業務の内容および実施方法について、**どのような方法**（対面での説明、書類の郵送、メール送付等）**で入居者に対して周知するか**について記載し、説明する必要がある（「解釈・運用の考え方」13条関係２（10））。

以上により、適切なものは**ア**、**イ**、**ウ**、**エ**の４つであり、正解は肢❹である。

基本テキスト　１編２章

令和５年 問２　②管理受託契約重要事項説明

管理受託契約重要事項説明

重要度 S

問題 8 管理受託契約重要事項説明に関する次の記述のうち、正しいものはどれか。

❶　管理業務の実施方法に関し、回数や頻度の説明は不要である。

❷　入居者からの苦情や問い合わせへの対応を行う場合、その対応業務の内容についての説明は不要である。

❸　管理業務を実施するのに必要な水道光熱費が報酬に含まれる場合、水道光熱費の説明は不要である。

❹　賃貸人に賠償責任保険への加入を求める場合や、当該保険によって補償される損害について賃貸住宅管理業者が責任を負わないこととする場合、その旨の説明は不要である。

解説

正解：❸

❶ **誤り　回数や頻度は重要事項説明に含まれる**

賃貸住宅管理業者は、管理受託契約を締結するにあたっては、あらかじめ賃貸人に対して管理受託契約重要事項説明をしなければならない（賃貸住宅管理業法13条１項）。説明事項は規則に定められており（同法施行規則（以下「施行規則」という）31条１号～11号）、**管理業務の内容および実施方法が説明事項のひとつ**となっている（施行規則31条３号）。説明に際しては、賃貸住宅管理業者が行う管理業務（同法２条２項）の内容を、**回数や頻度を明示して可能な限り具体的に**説明する必要がある（「解釈・運用の考え方」13条関係２（３））。

❷ **誤り　入居者からの苦情や問い合わせの対応は説明事項に含まれる**

管理業務の内容および実施方法の説明において、管理業務と併せて入居者からの苦情や問い合わせへの対応を行う場合は、その内容についても可能な限り具体的に説明する必要がある（「解釈・運用の考え方」13条関係２（３））。

❸ **正しい**　報酬の額とその支払の時期および方法（施行規則31条４号）は説明事項になっている。ここで**水道光熱費が報酬に含まれている場合には、水道光熱費は説明事項にならない。**

なお、「報酬に含まれていない管理業務に関する費用であって、賃貸住宅管理業者が通常必要とするもの」（施行規則31条４号・５号）を賃貸人に請求する場合には説明事項とされており、管理業務に必要となる水道光熱費は「報酬に含まれていない管理業務に関する費用」にあたる（「解釈・運用の考え方」13条関係２（５））。

❹ **誤り　保険への加入や損害についての責任は説明事項に含まれる**

責任および免責に関する事項が説明事項になっている（施行規則31条７号）。賃貸人が賠償責任保険等への加入をすることや、その保険に対応する損害については賃貸住宅管理業者が責任を負わないこととする場合は、その旨を記載し、説明しなければならない（「解釈・運用の考え方」13条関係２（７））。

基本テキスト　１編２章

令和3年 問2　②管理受託契約重要事項説明

管理受託契約重要事項説明

重要度 A

問題 9 次の記述のうち、賃貸住宅管理業者が管理受託契約重要事項説明において説明しなければならない事項として適切なものはいくつあるか。

ア　管理業務の内容及び実施方法

イ　報酬並びにその支払の時期及び方法

ウ　管理業務の一部の再委託に関する事項

エ　管理受託契約の更新及び解除に関する事項

❶　1つ
❷　2つ
❸　3つ
❹　4つ

解説 **正解：❹**

賃貸住宅管理業者は、管理受託契約を締結する前に、賃貸人に対して重要事項説明をしなければならない（賃貸住宅管理業法13条1項）。事前説明をする事項は、施行規則第31条各号に定められている。

ア　適切　**管理業務の内容および実施方法**は、説明事項である（施行規則31条3号）。

イ　適切　**報酬の額、その支払の時期および方法**は、説明事項である（同条4号）。

ウ　適切　**管理業務の一部の再委託に関する事項**は、説明事項である（同条6号）。

エ　適切　**管理受託契約の更新および解除に関する事項**は、説明事項である（同条11号）。

上記**ア～エ**のほか、次の事項が説明事項とされています。
- 管理受託契約を締結する賃貸住宅管理業者の商号、名称または氏名ならびに登録年月日および登録番号（施行規則31条1号）
- 管理業務の対象となる賃貸住宅（同条2号）
- 報酬に含まれていない管理業務に関する費用であって、賃貸住宅管理業者が通常必要とするもの（同条5号）
- 責任および免責に関する事項（同条7号）
- 賃貸住宅管理業法第20条の規定による委託者への報告に関する事項（施行規則31条8号）
- 契約期間に関する事項（同条9号）
- 賃貸住宅の入居者に対する管理業務の内容および実施方法の周知に関する事項（同条10号）

以上により、適切なものは**ア、イ、ウ、エの4つ**であり、正解は肢❹となる。

基本テキスト　1編2章

令和５年 問３　②管理受託契約重要事項説明

管理受託契約重要事項説明

重要度 S

問題 10 管理受託契約変更契約の重要事項説明を電話で行う場合に関する次の記述のうち、正しいものはいくつあるか。

ア　賃貸人から賃貸住宅管理業者に対し、電話による方法で管理受託契約変更契約の重要事項説明を行ってほしいとの依頼がなければ行うことはできない。

イ　賃貸人から電話による方法で重要事項説明を行ってほしいとの依頼があった場合でも、後から対面による説明を希望する旨の申出があった場合は、対面で行わなければならない。

ウ　賃貸人が、管理受託契約変更契約の重要事項説明書を確認しながら説明を受けることができる状態にあることについて、重要事項説明を開始する前に賃貸住宅管理業者が確認することが必要である。

エ　賃貸人が、電話による説明をもって管理受託契約変更契約の重要事項説明の内容を理解したことについて、賃貸住宅管理業者が重要事項説明を行った後に確認することが必要である。

❶　1つ
❷　2つ
❸　3つ
❹　4つ

解説 **正解：❹**

ア　正しい　管理受託契約を新規に締結するにあたっての重要事項説明は対面またはITの活用によることが必要だが、**変更契約の重要事項説明**については、**一定の要件を満たしている場合**には、**電話による説明をすることができる**。

賃貸人から賃貸住宅管理業者に対し、**電話による説明を行ってほしいとの依頼があること**は、電話による説明を行うための要件である（「解釈・運用の考え方」13条関係4（3））。

イ　正しい　賃貸人から電話により説明の依頼があることは、電話による説明の要件となっているが、ひとたび電話により説明の依頼があっても、**後日あらためて対面またはITの活用による説明を希望する旨の申出**があったときは、**申出のあった方法により説明しなければならない**（「解釈・運用の考え方」13条関係4（3））。

ウ　正しい　賃貸人が**重要事項説明書等を確認しながら**説明を受けることができる状態にあることを、賃貸住宅管理業者が**説明を開始する前に確認していること**は、電話による説明を行うための要件である（「解釈・運用の考え方」13条関係4（3））。

エ　正しい　電話による説明を行った場合には、賃貸人が、電話による説明をもって**説明の内容を理解したこと**について、賃貸住宅管理業者が**説明を行った後に確認しなければならない**（「解釈・運用の考え方」13条関係4（3））。

以上により、正しいものは**ア、イ、ウ、エ**の4つであり、正解は肢❹となる。

基本テキスト　1編2章

令和４年 問２　②管理受託契約重要事項説明

管理受託契約重要事項説明書

重要度 A

問題 11　**管理受託契約重要事項説明に係る書面**（以下、各問において「管理受託契約重要事項説明書」という。）**に記載すべき事項の電磁的方法による提供に関する次の記述のうち、最も不適切なものはどれか。**

❶　賃貸住宅管理業者は、賃貸人の承諾を得た場合に限り、管理受託契約重要事項説明書について書面の交付に代え、書面に記載すべき事項を電磁的記録により提供することができる。

❷　管理受託契約重要事項説明書を電磁的方法で提供する場合、その提供方法や使用するソフトウェアの形式等、いかなる方法で提供するかは賃貸住宅管理業者の裁量に委ねられている。

❸　管理受託契約重要事項説明書を電磁的方法で提供する場合、出力して書面を作成することができ、改変が行われていないか確認できることが必要である。

❹　賃貸住宅管理業者は、賃貸人から電磁的方法による提供を受けない旨の申出があったときであっても、その後改めて承諾を得れば、その後は電磁的方法により提供してもよい。

解説　　**正解：❷**

❶ **適切**　管理受託契約重要事項説明は、書面（重要事項説明書）を交付して行うことが必要である。ただし、**賃貸人の承諾を得て**、書面に代えて**電磁的方法で情報を提供すること**が認められる（賃貸住宅管理業法13条2項）。賃貸人の承諾を得て電磁的方法による情報提供をすれば、書面を交付したとみなされる（賃貸住宅管理業法施行規則（以下「施行規則」という）32条1項）。

❷ **最も不適切**　**どの提供方法を利用するかは、法令によって決められている**

電磁的方法による情報提供には、**4つの方法**（①電子メール等、②ウェブサイトの閲覧等、③送信者側で備えた受信者ファイル閲覧、④CD-ROM、DVD、USBメモリなど、磁気ディスク等の交付）があり、そのうちのいずれかを使用しなければならない（施行規則34条1項）。

また、いずれの方法を利用するかについては、**相手方の承諾**を得なければならない。電磁的方法で提供する場合の提供方法は、管理業者の裁量に委ねられているわけではない。承諾を得るためには、情報提供の方法（電子メール、ウェブからのダウンロード、CD-ROM等）、ファイルへの記録方法（使用ソフトウェアの形式やバージョン等）を示し、そのうえで、承諾は、記録に残る方法（書面、電子メール、WEBによる方法、磁気ディスクやCD-ROMの交付等）で得る必要がある。

❸ **適切**　上記肢❷の①～④のいずれの方法による場合であっても、受信者が受信者ファイルへの記録を出力して書面を作成できるものであること、および改変が行われていないか確認できることが必要である（施行規則34条2項、「解釈・運用の考え方」13条関係4（1））。

❹ **適切**　賃貸住宅管理業者は、承諾を得た場合であっても、その後、承諾をした賃貸住宅の賃貸人から書面等により電磁的方法による提供を受けない旨の申出があったときは、それ以降は電磁的方法による提供をしてはならない。ただし、申出の後に再び賃貸人から承諾を得た場合は、電磁的方法による提供を再開することができる（賃貸住宅管理業法施行令2条2項）。

基本テキスト　1編2章

令和３年 問３　②管理受託契約重要事項説明

管理受託契約重要事項説明

重要度 A

問題 12　管理受託契約重要事項説明におけるＩＴの活用に関する次の記述のうち、誤っているものはどれか。

❶ 管理受託契約重要事項説明に係る書面（以下、本問において「管理受託契約重要事項説明書」という。）に記載すべき事項を電磁的方法により提供する場合、賃貸住宅の賃貸人の承諾が必要である。

❷ 管理受託契約重要事項説明書を電磁的方法で提供する場合、出力して書面を作成できる方法でなければならない。

❸ 管理受託契約重要事項説明書をテレビ会議等のＩＴを活用して行う場合、管理受託契約重要事項説明書の送付から一定期間後に説明を実施することが望ましい。

❹ 管理受託契約重要事項説明は、賃貸住宅の賃貸人の承諾があれば、音声のみによる通信の方法で行うことができる。

得点源!

【重要事項の説明にテレビ会議等のITを活用するための必要事項】

① 説明者および重要事項の説明を受けようとする者が、図面等の書類および説明の内容について十分に理解できる程度に映像を視認でき、かつ、双方が発する音声を十分に聞き取ることができるとともに、双方向でやりとりできる環境において実施していること
② 重要事項の説明を受けようとする者が承諾した場合を除き、重要事項説明書および添付書類をあらかじめ送付していること
③ 重要事項の説明を受けようとする者が、重要事項説明書および添付書類を確認しながら説明を受けることができる状態にあることならびに映像および音声の状況について、説明者が説明を開始する前に確認していること

解説

正解：❹

❶ **正しい** 管理業者は、事前説明のための書面の交付に代えて、書面に記載すべき事項を電磁的方法により提供することができる（賃貸住宅管理業法13条２項前段）。もっとも、書面の交付に代えて電磁的方法によって情報提供をするには、**賃貸人の承諾**が必要である。

❷ **正しい** 管理業者が電磁的方法によって情報提供をする場合には、電子情報処理組織を使用する定められた方法で送信する必要があるが（賃貸住宅管理業法施行規則32条１項１号）、さらにこれに加えて、受信者が受信者ファイルへの記録を出力することにより**書面を作成できること**が必要とされている（同条２項１号）。

❸ **正しい** 事前説明にテレビ会議等のＩＴを活用することも可能である。テレビ会議等のＩＴを活用するについては、説明の相手方に事前に管理受託契約重要事項説明書等を読んでおくことを推奨するとともに、重要事項説明書等の送付から**一定期間経過した後**に説明を実施することが望ましい（「解釈・運用の考え方」13条関係４（２））。

❹ **誤り** **電話など音声のみによる手段での重要事項説明は認められない**

テレビ会議等のＩＴを活用するには、説明者および説明を受けようとする者が、図面等の書類および説明の内容について十分に理解できる程度に映像が視認でき、かつ、双方が発する音声を十分に聞き取ることができるとともに、双方向でやりとりできる環境において実施していることなどの要件を満たしていなければならない（「解釈・運用の考え方」13条関係４（２））。

基本テキスト １編２章

令和４年 問４　③管理受託契約の締結時書面

管理受託契約の締結時書面

重要度 A

問題 13 管理受託契約の締結時に交付する書面に関する次の記述のうち、正しいものはどれか。

❶　管理受託契約を、契約の同一性を保ったまま契約期間のみ延長する内容で更新する場合には、更新時に管理受託契約の書面の交付は不要である。

❷　管理受託契約重要事項説明書と管理受託契約の締結時に交付する書面は、一体の書面とすることができる。

❸　管理受託契約は、標準管理受託契約書を用いて締結しなければならず、内容の加除や修正をしてはならない。

❹　管理受託契約締結時の交付書面は、電磁的方法により提供することはできない。

得点源!

【管理受託契約締結時の書面の記載事項】

① 管理業務の対象となる賃貸住宅
② 管理業務の実施方法
③ 契約期間に関する事項
④ 報酬に関する事項
⑤ 契約の更新または解除に関する定めがあるときは、その内容
⑥ 賃貸住宅管理業者の商号、名称または氏名ならびに登録年月日および登録番号
⑦ 管理業務の内容
⑧ 管理業務の一部の再委託に関する定めがあるときは、その内容
⑨ 責任および免責に関する定めがあるときは、その内容
⑩ 委託者への報告に関する事項
⑪ 賃貸住宅の入居者に対する管理業務の内容および管理業務の実施方法に掲げる事項の周知に関する事項

（法14条１項１号～６号、施行規則35条１号～６号）

解説 　　　　**正解：❶**

❶ **正しい**　賃貸住宅管理業者は、管理受託契約を締結したときは、管理業務を委託する賃貸住宅の賃貸人（委託者）に対し、定められた事項を記載した書面（契約締結時書面）を交付しなければならない（賃貸住宅管理業法14条1項）。更新時などに管理受託契約変更契約を締結する場合も契約締結時書面の交付が必要である。他方、契約の同一性を保ったままで**契約期間のみを延長する場合**には、契約締結時書面の交付は必要がない（「解釈・運用の考え方」14条1項関係2なお書）。

❷ **誤り**　**重要事項説明書と契約締結時書面を兼ねて一体のものとすることはできない**

重要事項説明は**契約前**、契約締結時書面の交付は**契約後**の書面であって、交付のタイミングが異なるからである（FAQ集3（2）No 3）。

❸ **誤り**　**標準受託管理契約書を参考にしても内容の加除や修正が必要**

賃貸住宅標準管理受託契約書コメントには、「この契約書は、賃貸住宅に共通する管理事務に関する標準的な契約内容を定めたものであり、実際の契約書作成にあたっては、個々の状況や必要性に応じて内容の加除、修正を行い活用されるべきものである」と説明されている（賃貸住宅標準管理受託契約書コメント全般関係②）。標準管理受託契約書は、国土交通省の定めた管理受託契約書を作成するための**参考書式**であって、実際の管理受託契約書作成にあたっては、内容の補充や加除や修正が必要となる。

❹ **誤り**　**管理受託契約締結時書面は電磁的方法で提供できる**

賃貸住宅管理業者は、契約締結時書面の交付に代えて、管理業務を委託しようとする賃貸住宅の賃貸人の承諾を得て、書面に記載すべき事項を電磁的方法（電子情報処理組織を使用する方法その他の情報通信の技術を利用する方法）により提供することができる。この場合において、賃貸住宅管理業者は、書面を交付したものとみなされる（賃貸住宅管理業法法14条2項、13条2項、「解釈・運用の考え方」14条1項関係1）。

基本テキスト　1編3章

令和５年 問４　③管理受託契約の締結時書面

変更契約の締結時書面

重要度 B

問題 14 **管理受託契約の契約期間中に変更が生じた場合の賃貸住宅管理業者の対応に関する次の記述のうち、最も適切なものはどれか。**

❶　契約期間中に再委託先を変更したが、賃貸人に変更を通知しなかった。

❷　管理受託契約が締結されている賃貸住宅が売却されて賃貸人が変更されたが、当該管理受託契約には変更後の賃貸人に地位が承継される旨の特約があったため、変更後の賃貸人に、管理受託契約の内容を記載した書面を交付しなかった。

❸　契約期間中に賃貸住宅管理業者が商号を変更したが、組織運営に変更のない商号変更だったので、賃貸人に対し、その旨を通知しただけで、賃貸人に管理受託契約の締結時に交付する書面を再び交付することはしなかった。

❹　賃貸住宅管理業法施行前に締結された管理受託契約であったため、それまで契約の事項を記載した書面を交付していなかったが、管理業務の報酬額を変更するにあたり、賃貸人に変更後の報酬額のみを記載した書面を交付した。

解説 正解：❸

❶ 不適切　再委託先の変更は書面等で賃貸人に知らせる必要がある

管理受託契約の変更契約を締結するには、書面の交付等を行ったうえで、変更のあった事項について、重要事項の説明をしなければならない（「解釈・運用の考え方」13条関係1、FAQ集3（2）No.12）。もっとも、再委託先は説明事項であるものの、再委託先の変更は形式的な変更と考えられる。そのため、契約期間中に再委託先に変更が生じた場合には、改めて重要事項説明を実施しなくてもよいが、再委託先が変更する度ごとに書面または電磁的方法により賃貸人に知らせることは必要である（FAQ集3（2）No.15）。

❷ 不適切　新たな賃貸人に遅滞なく、契約の内容がわかる書面を交付する

管理受託契約期間中に相続やオーナーチェンジ等によって管理受託契約の相手方である賃貸人が変更した場合には、従前と同一の内容で契約が承継される。もっともこの場合にも、賃貸住宅管理業者は、賃貸人の地位の移転を認識したときには、遅滞なく、新たな賃貸人に契約の内容が分かる書類を交付することが望ましい（「解釈・運用の考え方」13条関係3、FAQ集3（2）No.16）。

❸ 最も適切　契約の同一性を保ったままで契約期間のみを延長することや、組織運営に変更のない商号または名称等の変更等、**形式的な変更については、管理受託契約締結時書面の交付**（賃貸住宅管理業法14条）**は不要**である（「解釈運用の考え方」14条1項関係2）。

❹ 不適切　全ての書面記載事項が記載された書面の交付が必要

書面記載事項（賃貸住宅管理業法施行規則31条各号）の変更を内容とする契約を締結したときは、原則として、変更のあった事項についてのみ、契約締結時書面の交付を行えばよい。ただし、法施行前に締結された管理受託契約で、法施行後に書面記載事項に規定される全ての事項についての書面を交付していない場合は、変更のあった事項だけでなく、**全ての事項について書面の交付を行わなければならない**（FAQ集3（2）No.13）。本肢の場合には、変更後の報酬額のみを記載した書面を交付するだけでは足りず、所定の事項の全てを記載した書面を交付する必要がある。

基本テキスト 1編3章

令和４年 問３　④標準管理受託契約書

標準管理受託契約書

重要度 A

問題 15　賃貸住宅標準管理受託契約書（国土交通省不動産・建設経済局令和３年４月23日公表。以下、各問において「標準管理受託契約書」という。）に関する次の記述のうち、最も不適切なものはどれか。

❶　鍵の管理（保管・設置、交換及びその費用負担）に関する事項は、賃貸住宅管理業者が行うこととされている。

❷　入居者から代理受領した敷金等は、速やかに賃貸人に引き渡すこととされている。

❸　賃貸住宅管理業者は、あらかじめ入居者に通知し、承諾を得なければ住戸に立ち入ることができないものとされている。

❹　賃貸住宅管理業者は、賃貸人との間で管理受託契約を締結したときは、入居者に対し、遅滞なく連絡先等を通知しなければならず、同契約が終了したときにも、管理業務が終了したことを通知しなければならないものとされている。

解説 正解：❶

❶ **最も不適切　鍵の管理は委託者が行う**

標準管理受託契約書には、「鍵の管理（保管・設置、交換及び費用負担含む）に関する事項は甲（委託者）が行う」と定められている（標準管理受託契約書12条１項）。鍵の管理については、委託者の業務とされており、賃貸住宅管理業者の業務とはされていない。

❷ **適切**　標準管理受託契約書には、「乙（賃貸住宅管理業者）は、入居者から代理受領した敷金等を、頭書（６）に記載する振込先に振り込むことにより、**速やかに、甲（委託者）に引き渡さなければならない**」と定められている（標準管理受託契約書７条１項）。

❸ **適切**　標準管理受託契約書には、「乙は、管理業務を行うため必要があるときは、住戸に立ち入ることができる。２　前項の場合において、乙は、あらかじめその旨を本物件の入居者に通知し、その承諾を得なければならない」と定められている（標準管理受託契約書17条１項・２項本文）。つまり、賃貸住宅管理業者は、**あらかじめ入居者に通知し、承諾を得なければ**住戸に立ち入ることができない。ただし、防災等の緊急を要するときは、入居者の承諾を得ずに住戸に立ち入ることができる（同契約書17条２項ただし書）。

❹ **適切**　標準管理受託契約書には、「乙は、本物件について本契約を締結したときは、入居者に対し、遅滞なく、…（中略）…管理業務の内容・実施方法及び乙の連絡先を記載した書面又は電磁的方法により通知するものとする。」（標準管理受託契約書23条１項）「本契約が終了したときは、甲及び乙は、入居者に対し、遅滞なく、乙による本物件の管理業務が終了したことを通知しなければならない」（同条２項）と定められている。

基本テキスト　１編４章

令和3年 問5　④標準管理受託契約書

標準管理受託契約書

重要度 A

問題16 次の記述のうち、標準管理受託契約書にて賃貸住宅管理業者に代理権が授与されている事項に含まれないものはどれか。

❶ 未収金回収の紛争対応

❷ 賃貸借契約の更新

❸ 修繕の費用負担についての入居者との協議

❹ 原状回復についての入居者との協議

得点源!

【賃貸住宅管理業者に授与されている代理権】

賃貸住宅管理業者は、次の①～⑥の管理業務について、委託者を代理する。

ただし、④～⑥の業務を実施する場合には、その内容について事前に委託者と協議し、承諾を求めなければならない（標準管理受託契約書14条）。

① 敷金、その他一時金、家賃、共益費（管理費）および附属施設使用料の徴収
② 未収金の督促
③ 賃貸借契約に基づいて行われる入居者から委託者への通知の受領
④ 賃貸借契約の更新
⑤ 修繕の費用負担についての入居者との協議
⑥ 賃貸借契約の終了に伴う原状回復についての入居者との協議

解説 正解：❶

❶ **含まれない　紛争対応の代理権を管理業者に授与することは違法**

未収金回収の紛争対応は管理業者に代理権が授与される事項には含まれない。

なお、紛争が生じていなければ、敷金、その他一時金、家賃、共益費（管理費）および附属施設使用料の徴収は、委託者を代理すると定められている（標準管理受託契約書14条1号）。

弁護士資格を有しない者が他人の紛争に代理人として関与することは、「非弁行為」といわれる違法行為です（弁護士法72条）。

❷ **含まれる**　賃貸借契約の更新については、管理業者に代理権が授与されている（標準管理受託契約書14条4号）。

❸ **含まれる**　修繕の費用負担についての入居者との協議については、管理業者に代理権が授与されている（標準管理受託契約書14条5号）。

❹ **含まれる**　賃貸借契約の終了に伴って発生する入居者との原状回復の協議に対しては、管理業者に代理権が授与されている（標準管理受託契約書14条6号）。

基本テキスト　1編4章

令和2年 問15改　④標準管理受託契約書

標準管理受託契約書

重要度 A

問題17 標準管理受託契約書に関する次の記述のうち、誤っているものはどれか。

❶　標準管理受託契約書では、同契約が終了したときには、管理業者が保管している金員や関係書類を、新たに賃貸物件の管理を行うこととなる者に引き渡すこととされている。

❷　標準管理受託契約書では、受託業務を点検・清掃等、修繕等、家賃等の徴収等、その他の４つに分類し、それぞれについて、実施箇所等、内容・頻度等を表記するものとしている。

❸　標準管理受託契約書では、管理業者が管理業務を行うために必要な情報を提供することは、貸主の義務とされている。

❹　標準管理受託契約書では、管理業者が契約で定めた管理業務の一部を第三者に再委託することが認められているが、一括して再委託することは禁止されている。

解説 正解：❶

❶ **誤り　管理業者が保管していた金銭や書類は、貸主に引き渡す**

管理業者が保管している金銭や書類の引渡し先は、新たに賃貸物件の管理を行う者ではなく、貸主である。

標準管理受託契約書には、契約終了時には『乙（管理業者）は、甲（貸主）に対し、本物件に関する書類及びこの契約に関して乙が保管する金員を引き渡すとともに、家賃等の滞納状況を報告しなければならない』と定められています（標準管理受託契約書22条）。

❷ **正しい**　標準管理受託契約書では、受託する管理業務を、点検・清掃等、修繕等、家賃等の徴収等、その他の業務の４つに分類し、管理業者はそれぞれについて、**頭書（かしらがき）（３）に記載された内容および方法**により管理業務を行わなければならない（標準管理受託契約書９条）。

標準管理受託契約書の頭書（３）には、それぞれの実施箇所等、内容・頻度等を記載し、さらに再委託をする場合には、委託先を明記するものとしています。

❸ **正しい**　貸主は、管理業者が管理業務を行うために**必要な情報**を提供しなければならない（標準管理受託契約書16条１項）。貸主が管理業者に情報提供をすることは、貸主の義務である。

❹ **正しい**　管理業者は、標準管理受託契約書の頭書（３）に記載された点検･清掃等、修繕等、家賃等の徴収等、その他の業務の一部を、頭書（３）に記載された者に再委託することができるが、これらの業務を**一括して他の者に委託してはならない**（標準管理受託契約書13条１項・２項）。

基本テキスト　１編４章

第2編 ▶▶▶

管理業務として行う賃貸住宅の維持保全に関する事項

第2編　INDEX

令和３年 問６　①管理業者の業務

賃貸住宅の管理の実務

重要度 A

問題 1　**賃貸住宅の管理の実務に関する次の記述のうち、最も適切なものはどれか。**

❶　借主の入れ替えに伴う鍵交換のタイミングは、新しい借主が決定した後ではなく、従前の借主が退去したときが望ましい。

❷　空室は、劣化や痛みをできるだけ防ぐため、室内に立ち入ることは望ましくない。

❸　共用部分の清掃に関し、年間の清掃計画と定期点検計画を借主に事前に知らせることは、賃貸住宅管理業者の重要な役割である。

❹　建物共用部分の廊下や階段に借主の私物が放置されている場合、賃貸住宅管理業者は発見後、直ちに自らその私物の移動や撤去をする必要がある。

得点源！

【シリンダーの種類】

	防犯性能	利用状況
ディスクシリンダー	×　劣っている	現在は製造されていない
ロータリー（U９）シリンダー	○　優れている	現在、広く普及している

解説　　　　**正解：❸**

❶ **不適切　借主の入れ替えに伴う鍵交換は、新借主の決定後が望ましい**

従前の借主が退去し、新しい借主に賃貸するにあたっては、従前の借主が物件を使用していたときの錠は取り外し、新しい錠に交換しなければならない。そして、鍵交換のタイミングは、前の借主の退去後にリフォームが終了し、借受希望者に対する案内も終えて、実際に入居する借主が決定した後にすることが望ましいものと考えられている。

❷ **不適切　空室管理のために室内へ立ち入ることは必要**

住宅が空室の状態になると、清掃が行われず、設備が利用されなくなり、室内の空気が滞留する。建物や設備は、利用されなくなると劣化し、傷みが生じる。空室の劣化や傷みをできるだけ防ぐために、管理業者は、所有者の了解を得て空室に立ち入って管理することが求められる。

❸ **最も適切**　共用部分の清掃は、居住者の生活に影響を及ぼす。したがって、年間の清掃計画と定期点検計画（全館停電やエレベーター点検）を**入居者に事前に知らせる**ことは、管理業者の重要な役割となる。

入居者への事前連絡としては、掲示板の活用、回覧、文書配布等による周知を行う必要があります。

❹ **不適切　管理業者は、放置された借主の私物を自ら移動・撤去できない**

共用部分を居住者が私的に占拠することは許されず、階段や廊下に私物を放置することは、火災などの万一の場合に避難を妨げることにもなるので、即座に移動や撤去を求めなければならない。しかし、放置されている物であっても他人の物であり、管理業者が自らこれを移動したり撤去したりすることは、**自力救済**などとして違法行為になる可能性がある。

つまり、管理業者の業務としては、自ら移動や撤去をすることではなく、移動や撤去を「求める」ことになります。

基本テキスト　2編1章、2編2章

令和４年 問７　①管理業者の業務

賃貸住宅の管理の実務

重要度 A

問題 2　**賃貸住宅の管理に関する次の記述のうち、適切なものはいくつあるか。**

ア　賃貸住宅が長期にわたり必要な機能と収益性を保持するためには、建物の劣化状況等の現状を知ることが必要であり、新築時とその後の維持管理の履歴情報の蓄積と利用は、必要なメンテナンスを無駄なく行うことにつながる。

イ　天井からの漏水が、建物の劣化に起因せず、上階入居者の使用方法に原因があると判明した場合、上階入居者が付保する賃貸住宅居住者総合保険と、建物所有者が付保する施設所有者賠償保険を適用できる。

ウ　貸室の引渡しにあたっては、鍵の引渡しの際に、管理業者と賃借人が立会い等により貸室の客観的な情報を残しておくことで、後日の修繕や原状回復に関するトラブルの防止にもつながる。

❶　なし
❷　1つ
❸　2つ
❹　3つ

解説　　　　　**正解：❸**

ア　適切　賃貸住宅は、長期にわたって機能と収益性が維持されなければならない。長期の機能維持、収益性維持のためには、補修を必要とする部分を早期に発見し、また計画的な修繕を行う行うことが必要である。建物の劣化状況等の現状を知り、これに的確に対応したうえ、新築時とその後の維持管理の履歴情報を蓄積し利用することによって、必要なメンテナンスを無駄なく行うことが可能になる。

イ　適切ではない　建物の劣化でない場合、施設所有者賠償保険は適用不可

施設所有者賠償責任保険は、施設の所有者が、**施設の安全性の維持・管理の不備**や、**構造上の欠陥**によって負担することとなった損害賠償をカバーする賠償責任保険である。建物の不備や欠陥によって生じたのではなく、上階入居者の貸室の使用方法に起因して損害が生じた場合には、建物所有者が付保する施設所有者賠償保険を適用することはできない。

なお、個人賠償保険（個人賠償責任保険）の性格を有する**賃貸住宅居住者総合保険**については、被保険者の住宅の所有・使用・管理に起因する事故などによって他人に損害を与えた場合に適用されるため、上階入居者が付保していれば、使用方法に原因がある場合の天井からの漏水事故による損害を補填することが可能です。

ウ　適切　賃貸住宅では、貸室に毀損や汚損が生じた場合に、貸主の修繕義務や借主の原状回復義務を検討すべき場面が生じる。これらの検討にあたっては、毀損や汚損が、**引渡し前からあったのか、引渡しを受けた後に生じたのか**を確定することが、判断の前提となる、

入居時に管理業者と借主が立ち会うなどして、貸室の状況を互いに確認して客観的な情報を残しておくことによって、後日、毀損や汚損が生じた時期を確かめることができるため、引渡し時の室内の状況確認は、後日の修繕や原状回復に関するトラブルの防止上重要である。

以上により、適切なものは**ア**、**ウ**の２つであり、正解は肢❸である。

基本テキスト　2編3章

令和3年 問11 ①管理業者の業務

防 犯

重要度 A

問題 3

「防犯に配慮した共同住宅に係る設計指針」（国土交通省住宅局平成13年3月23日策定）**において、新築される共同住宅に防犯上必要とされる事項に関する次の記述のうち、最も不適切なものはどれか。**

❶ エレベーターのかご内には、防犯カメラを設置するものとされている。

❷ 住戸の玄関扉について、ピッキングが困難な構造を有する錠の設置までは不要とされている。

❸ 接地階に存する住戸の窓で、バルコニー等に面するもの以外のものは、面格子の設置等の侵入防止に有効な措置を行うものとされている。

❹ 共用玄関の照明設備の照度は、その内側の床面においては概ね50ルクス以上とされている。

解説　　　　正解：❷

❶ **適切**　エレベーターのかご内には、**防犯カメラを設置**するものとされている。

【その他のエレベーターのかご内の防犯対策】
- 非常時押しボタン等によりかご内から外部に連絡または吹鳴する装置の設置
- かごおよび昇降路の出入口の戸に外部からかご内を見通せる窓の設置
- 照明設備の照度を50ルクス以上にする

❷ **最も不適切**　**破壊およびピッキングが困難な構造の錠を設置する**

住戸の玄関扉は、破壊およびピッキングが困難な構造の錠を設置するものとされている。

【その他の住戸の玄関扉の防犯対策】
- 破壊が困難な材質を用いる
- こじ開け防止に有効な措置の設置
- 補助錠の設置
- ドアスコープ等およびドアチェーン等の設置

❸ **適切**　住戸の窓については、共用廊下に面する窓および接地階に存する窓のうち、バルコニー等に面するもの以外は**面格子の設置**の措置を講ずるものとされている。

【その他の住戸の窓の防犯対策】
- 侵入が想定される階でバルコニー等に面する住戸の窓には、錠付きクレセントや補助錠等の設置など、侵入防止に有効な措置を講ずる
- 避難計画等に支障のない範囲の窓は、破壊困難なガラス材質にする

❹ **適切**　共用玄関の照明設備の照度は、内側の床面においておおむね**50ルクス以上**を確保するものとされている。

【その他の共用の出入口の防犯対策】
- 周囲からの見通しの確保
- 共用玄関以外の共用出入口の照明設備の照度を20ルクス以上とする
- 共用玄関は各住戸と通話可能なインターホンと、これに連動した電気錠を有した玄関扉によるオートロックシステムが導入されたものであることが望ましい

基本テキスト　2編1章

令和元年 問26　①管理業者の業務

住環境の整備、防犯対策

重要度 A

問題 4　**住環境の整備、防犯対策に関する次の記述のうち、適切なものはいくつあるか。**

ア　都道府県及び市町村が定める耐震改修促進計画に記載された道路にある1981（昭和56）年以前に設置された塀のうち、高さが前面道路中心線からの距離の１/2.5倍を超えるもので、長さが25mを越える塀の所有者は、耐震診断結果を各自治体が計画で定める期間内に報告しなければならない。

イ　入居希望者に鍵の暗証番号を伝え、管理業者が立会うことなく室内を内見させることは、空室が犯罪に利用されることにつながる可能性があるため、慎むべきである。

ウ　火災発生時に避難通路がふさがれていると、脱出が阻害されるため、ベランダの物置、廊下の自転車、階段や踊り場のダンボールなどを見つけたら、即座に撤去を求めるべきである。

❶　なし
❷　１つ
❸　２つ
❹　３つ

解説 　　　　　　　　　　　　　　　　　　　　　　　　　　正解：❹

ア　適切　都道府県・市町村は、耐震改修促進計画において、沿道建築物の道路等に関する事項を記載できる（耐震改修促進法５条３項２号、６条３項１号）。耐震改修促進計画に記載された道路（指定された災害時の避難路）に面する通行障害建築物で、かつ、既存耐震不適格建築物であるものについて、所有者には、耐震診断および行政庁への耐震診断結果の報告義務が課される。報告義務が課されるのは塀の長さが**25mを超えるもの**（条例で８mまで下げられる）とされている（同法施行令４条２号）。

災害時の避難路に面する塀の耐震診断結果の報告義務は、2018（平成30）年６月に発生した大阪府北部を震源とする地震により、建築基準法に違反するブロック塀が倒壊し、小学生が死亡するという事故が発生したことを受け、新たに設けられた制度です。

イ　適切　管理業者は、空室の入居希望者を募集し、次の入居希望者を案内しなければならないが、**空室の防犯対策や安全管理**も重要な業務である。

たとえば、入居者案内の便宜を図る管理業者は、内見の便宜を図るためにキーボックスを郵便受けなどのわかりやすい場所に隠すなどの方法をとるべきではないし、入居希望者に鍵の暗証番号を伝え、管理業者が立ち会うことなく室内を内見させることも行ってはならない。また、ダイヤル式の簡易な鍵を取り付け、暗証番号をわかりやすいものに設定したり、暗証番号を同じ番号で使い続けるなどについても、空室の管理上問題がある。

ウ　適切　火災発生時の避難通路の確保に努めることも、管理業者の行うべき業務である。避難通路がふさがれていると緊急時に脱出が阻害されるので、ベランダの物置、廊下の自転車、階段や踊り場などのダンボールや空き箱などに注意し、避難を阻害する物が置かれていたときには、**即座に撤去を求めるべき**である。

また、防火対策も管理業者の業務であり、共同住宅の周囲を放火されにくい環境に整備するなどの管理が求められる。

以上により、適切なものは**ア、イ、ウの３つ**であり、正解は肢❹となる。

基本テキスト　２編１章、２編４章

令和５年 問７　②賃料回収・明渡し

居住用賃貸借契約に定める約定

重要度 A

問題 5　次の記述のうち、居住用賃貸借契約に定める約定として不適切なものはいくつあるか。

ア　賃借人が支払を怠った賃料の合計額が賃料３か月分以上に達したとき、賃貸人は無催告にて賃貸借契約を解除し、賃借人の残置物がある場合はこれを任意に処分することができる。

イ　賃借人が支払を怠った賃料の合計額が賃料３か月分以上に達したとき、連帯保証人は、無催告にて賃貸借契約を解除し、賃借人の残置物がある場合はこれを任意に処分することができる。

ウ　賃借人が契約期間満了日に貸室を明け渡さなかった場合、賃借人は契約期間満了日の翌日から明渡しが完了するまでの間、賃料相当額の損害金を賃貸人に支払うものとする。

エ　賃借人が契約期間満了日に貸室を明け渡さなかった場合、賃借人は契約期間満了日の翌日から明渡しが完了するまでの間、賃料の２倍相当額の使用損害金を賃貸人に支払うものとする。

❶　１つ
❷　２つ
❸　３つ
❹　４つ

解説

正解：❷

ア　不適切　残置物を任意に処分することはできない

本肢のうち無催告にて契約を解除できるという部分は、「催告をしなくてもあながち不合理ではないという事情が存する場合に」有効とされるから（判例）、必ずしも不適切とはいえない。しかし、「賃借人の残置物がある場合はこれを任意に処分することができる」という部分は、公序良俗（民法90条）に違反し、無効である。室内に残置物が残っていて、賃借人が任意にこれを搬出しない場合には、**判決を得て債務名義を取得し、強制執行の手続きを利用したうえで、権利を実現しなければならない。**

イ　不適切　連帯保証人が無催告で賃貸借契約を解除可能とする特約は無効

連帯保証人が無催告解除できるという特約は、消費者契約法第10条違反として、無効とされる（判例）。また、「賃借人の残置物がある場合はこれを任意に処分することができる」との定めも、公序良俗（民法90条）違反として、無効である。

ウ　適切　賃貸借が終了すれば、貸室が明け渡されなくても、賃借人に賃料の支払義務はないが、**賃借人が無償で貸室を使用することは認められない。**賃借人の貸室占有による賃貸人の損害を金銭に換算したものが、使用損害金である。使用損害金は特約がなくても認められ、特約の定めがない場合の使用損害金は賃料相当額となる。

エ　適切　使用損害金について、特約によりその金額を定めておくことは可能であり、**賃料相当額の倍額の使用損害金を定める特約（倍額特約）は、有効である。**使用損害金の倍額特約については、契約終了後にも占有を続ける賃借人に対して明渡しを促す意味からも、合理性があると考えられている。実際に多くの賃貸借契約で、倍額特約が定められている。

以上により、不適切なものは**ア、イ**の２つであり、正解は肢❷となる。

基本テキスト　２編１章、４編７章

令和２年 問30　②賃料回収・明渡し

借主が行方不明の場合の室内の私物の扱い

重要度 B

問題 6　賃貸物件内に存する借主の所有物（以下、本問において「私物」という。）の廃棄に関する次の記述のうち、不適切なものの組合せはどれか。

ア　借主が死亡し、相続人全員が相続放棄をした場合、貸主は当該私物を廃棄することができる。

イ　共用部分に私物が放置されている場合、私物の所有者が不明なときは、管理会社は私物を廃棄することができる。

ウ　借主が行方不明となった場合、保証人の了承があったとしても、貸主は貸室内の私物を廃棄することはできない。

エ　借主が行方不明となった場合、賃貸借契約書に貸主が貸室内の私物を処分することができる旨の記載があったとしても、貸主は私物を廃棄することができない。

❶　ア、イ
❷　イ、ウ
❸　ア、エ
❹　ウ、エ

解説　　正解：❶

ア　不適切　相続放棄されていても、相続財産を勝手に廃棄できない

相続人全員が相続放棄をした場合、室内の家具や備品類は無主物となるわけではなく、**相続財産の管理人の管理下**に置かれる。貸主や管理業者は、相続財産の管理人の承諾を得ずに、室内に立ち入ったり、私物を処分することはできない。

相続人全員が相続放棄をすると、相続人がいないことになります。しかし、相続人がいない場合には、相続財産は法人となり（民法951条）、法人となった相続財産には相続財産の管理人が選任されます（同法952条１項）。

イ　不適切　私物の所有者が不明でも、管理会社は勝手に処分できない

共用部分に私物が放置されている場合には、管理会社は、所有者が把握できれば本人に直接撤去を求めることになる。また、所有者が不明であっても、まずはできるだけの手段を講じて所有者を把握する必要がある。それでも所有者が把握できない場合であっても、これを**処分することは許されない**ので、専門家に相談し、法的手段を含めた対応策を検討するべきである。

ウ　適切　保証人は借主の債務についてこれを履行する責任を負うが、貸室および貸室内の**私物を管理する立場にはない**。借主が行方不明になった場合、保証人に対して、賃料債務等を請求することはできるが、貸室への立入りや借主の私物の処分を求めることはできないし、また、保証人が了承していても、貸主や管理業者が借主の承諾を得ずに、貸室内への立入りや私物の処分をすることは許されない。

エ　適切　賃貸借契約書の「借主の了解なく貸主が借主の私物を処分することを認める」との**定めは無効**である。たとえ借主が行方不明になった場合でも、賃貸借契約書の定めが無効である以上は、貸主が貸室内の私物を処分することは違法である。

以上により、不適切なものの組合せは**ア、イ**であり、正解は肢❶となる。

基本テキスト　2編１章

平成30年 問22　②賃料回収・明渡し

明渡しの強制執行

重要度 B

問題 7 **賃料未払の借主に対する明渡しに関する次の記述のうち、正しいものはどれか。**

❶ 明渡しの強制執行を行うための債務名義となるのは、判決における判決書のみであり、裁判上の和解調書は債務名義とならない。

❷ 強制執行を申し立てるに当たって必要となるのは、債務名義のみである。

❸ 未払賃料を支払うことを内容とする判決書は、建物明渡しを求める強制執行の債務名義となる。

❹ 賃貸借契約書に、「賃料を滞納した場合には、貸主あるいは管理業者は鍵を交換することができる。」との約定があっても、貸主は、建物明渡し前に借主の外出中に無断で賃貸建物の鍵を交換した場合、法的責任を問われることがある。

得点源!

【債務名義】

債務名義とは、**強制的な明渡し**を法的に可能にする文書で、以下のものが該当する。

・**判決**（確定判決、仮執行宣言付き判決）
・**和解調書**（通常訴訟、即決和解）
・**調停調書**など

※公正証書（強制執行認諾文言付き）、支払督促（仮執行宣言の付された支払督促）は、金銭債務を実現させる強制執行のためには債務名義となるが、明渡しを実現させる強制執行では、債務名義にならない（強制執行はできない）。

解説

正解：❹

❶ **誤り　裁判上の和解調書も債務名義となる**

強制執行を可能にする文書を債務名義という（民事執行法22条）。確定判決（同条１号）のほか、和解調書、調停証書なども債務名義となる（同条７号、民事訴訟法267条、民事調停法16条）。

❷ **誤り　債務名義の他に、執行文と債務名義が送達されている証明も必要**

強制執行を申し立てるためには、債務名義に加え、執行文（民事執行法25条本文、26条）、および債務名義が送達されていることを証明する文書（同法29条）が必要となる。

❸ **誤り　未払賃料の支払いを命ずる判決書で、建物明渡請求の強制執行はできない**

強制執行は、確定判決などの公的な文書によって認められた権利を実現するための手続きである。未払賃料を支払うことを命ずる判決書は、未払賃料の請求権を公的に認めたものではあるが、**建物の明渡請求権を認めたものではないから**、未払賃料を支払うことを内容とする判決書では、建物明渡しを求める強制執行の債務名義にはならない。

❹ **正しい**　本肢のような約定があっても、**無断で鍵を交換したり、無断で室内に立ち入れば、責任を問われる**ことになる。責任としては、刑事責任、民事責任、行政上の責任、社会的な信頼の失墜が考えられる。

基本テキスト　２編１章

令和２年 問29　②賃料回収・明渡し

建物明渡請求の債務名義

重要度 B

問題 8　建物明渡しの訴訟及び強制執行に関する次の記述のうち、正しいものの組合せはどれか。

ア　公正証書により賃貸借契約を締結したとしても、公正証書に基づき建物明渡しの強制執行を行うことはできない。

イ　訴額が60万円以下の場合は、少額訴訟を提起することにより建物の明渡しを求めることができる。

ウ　即決和解（起訴前の和解）が成立したとしても、和解調書に基づき建物明渡しの強制執行を行うことはできない。

エ　裁判上の和解が成立した場合、和解調書に基づき建物明渡しの強制執行を行うことができる。

❶　ア、イ
❷　イ、ウ
❸　ア、エ
❹　ウ、エ

解説 　　　　正解：❸

ア　正しい　公正証書が、一定金額の金銭支払い等の請求に関する文書であって、債務者の同意を得て、債務者が直ちに強制執行に服する旨の陳述が記載されている場合には、公正証書により、金銭支払い等の債権について、強制執行をすることができる（民事執行法22条５号）。しかし、公正証書により強制執行ができるのは、**金銭支払い等の債権**に限定される。不動産の明渡請求については、賃貸借契約の公正証書があったとしても、公正証書に基づく強制執行はできない。不動産の明渡しの強制執行をするためには、訴えを提起し、給付判決を取得することが必要となる。

イ　誤り　建物明渡訴訟を少額訴訟によって行うことはできない

少額訴訟の対象となる事件は、訴額が**60万円以下の金銭の支払いの請求**を目的とするものに限られる。

少額訴訟は、簡易裁判所が管轄する少額の訴訟で、複雑困難でないものについて、一般市民が訴額に見合った経済的負担で、迅速かつ効果的な解決を求めることができるように、原則として１回の期日で審理を完了して、直ちに判決を言い渡す訴訟手続きです（民事訴訟法368条１項）。

ウ　誤り　即決和解による和解調書で建物明渡しの請求ができる

即決和解には請求の内容に制限がなく、建物の明渡しの請求についても利用することができる。和解調書は、**確定判決と同一の効力を有する**ので、調書に記載された内容が履行されないときは、即決和解による和解調書を債務名義として、強制執行の申立てができる。

民事上の紛争が、訴訟外で当事者同士の話し合いにより、和解が成立したとき、またはその見込みが立ったときには、当事者の一方が裁判所に和解の申立てをすることができ、この起訴前の和解が即決和解です（民事訴訟法275条）。

エ　正しい　和解調書は、確定判決と同一の効力を有する（民事訴訟法267条）。建物の明渡しについて、調書に明渡義務が記載されながら、義務が履行されないときは、**即決和解による和解調書**を債務名義として、強制執行の申立てをすることができる。

以上により、正しいものの組合せは**ア、エ**であり、正解は肢❸となる。

基本テキスト　2編１章

令和２年 問34　②賃料回収・明渡し

賃料回収、保証

重要度 A

問題 9　**貸主又は管理業者が行う未収賃料の回収等における実務に関する次の記述のうち、誤っているものはどれか。**

❶　貸主が、賃料の未収が生じた際に、訴訟を提起せず強制執行により回収したい場合、借主の同意を得て、未収賃料の支払方法及び支払が遅滞した場合において借主が直ちに強制執行に服する旨の陳述が記載されている公正証書を作成すればよい。

❷　賃料不払のある借主が死亡した場合、管理業者は、連帯保証人に対しては未収賃料の請求ができるが、同居中の配偶者に対しては請求することができない。

❸　令和２年４月１日以降に締結した賃貸借契約において、管理業者は、連帯保証人に対しては極度額の範囲内であれば何度でも未収賃料の請求ができる。

❹　令和２年４月１日以降に借主と賃貸借契約を更新し、更新後の契約期間中に賃料の未収が生じた場合、管理業者は、同日より前に賃貸借契約の保証人となった連帯保証人に対し、極度額の定めがなくても請求ができる。

解説

正解：❷

❶ **正しい** 公正証書は公証人の作成する信頼性の高い文書である。そのために、公正証書が一定金額の金銭支払いなどを目的として、債務者の同意を得て作成され、債務者が直ちに強制執行に服する旨の陳述（**強制執行認諾約款**）が記載されている場合には、公正証書により金銭支払いなどに関する強制執行をすることができるものとされている（民事執行法22条5号）。

❷ **誤り** **同居中の配偶者に対して未払賃料を請求できる**
借主が死亡した場合には、保証債務の元本は確定するが、すでに発生している死亡前の未払賃料については、連帯保証人に対して請求することができる。また、配偶者に対する請求については、賃貸住宅の賃料は**日常家事債務**に該当し、同居中の配偶者は賃料債務について連帯債務者としての責任を負うことになる（判例）。

❸ **正しい** 令和２年４月１日以降に保証契約を締結する場合には、個人保証には極度額を設定することが必要であり、この額を超えて請求をすることはできないが、**極度額の範囲内**であれば、保証人に対して請求する回数や請求の累積額は制限されない。

❹ **正しい** 令和２年４月１日より前に締結された個人保証については、極度額の設定は要件とされていない。極度額の定めがない保証契約であったとしても、令和２年４月１日以降に更新された賃貸借における借主の債務について、**保証人に対して請求をすることができる**。

基本テキスト ２編１章

令和元年 問27 改　②賃料回収・明渡し

賃料回収・明渡し

重要度 A

問題 10　**未収賃料の回収、明渡しに関する次の記述のうち、不適切なものはどれか。**

❶　管理受託方式の管理業者が、貸主に代わって管理業者の名前で借主に賃料の請求をする行為は、弁護士法第72条（非弁護士の法律事務の取扱い等の禁止）に抵触する可能性がある。

❷　サブリース方式による管理業者が、滞納者である借主の住所地を管轄する簡易裁判所に支払督促の申立てをし、これに対し借主が異議の申立てをしなかった場合、仮執行宣言がつけられていなくても、支払督促が確定判決と同一の効力を有する。

❸　少額訴訟と支払督促は、いずれも簡易裁判所による法的手続であるが、相手方から異議が出された場合、少額訴訟は同じ裁判所で通常訴訟として審理が開始され、支払督促は請求額によっては地方裁判所で審理される。

❹　公正証書による強制執行は、金銭の請求については執行可能であるが、建物明渡しについては執行ができない。

解説　　正解：❷

❶　**適切**　管理受託方式において、貸主の代理人として**管理業者の名前**で借主に賃料請求をする行為は、非弁護士が法律事務を取り扱う非弁行為として、弁護士法第72条に違反する可能性がある。これらの行為は貸主本人の名において行い、管理業者は貸主の補助をするにとどめるべきである。

サブリース方式の管理では、管理業者の借主に対する地位は「貸主」となるので、弁護士法に抵触することなく、管理業者自らの名前で内容証明郵便を発信することができ、本人として訴訟を提起することができます。

❷ **不適切　仮執行宣言がなければ確定判決と同一の効力を有しない**

管理業者が支払督促の申立てをし、これに対し借主が異議の申立てをしなかった場合には、支払督促の申立てがそのまま確定判決と同一の効力を有することになるわけではなく、仮執行宣言が付された裁判所書記官による命令である支払督促に、債務名義としての効力が与えられるものである。

支払督促は、金銭請求について、債権者の一方的申立てに基づきその主張の真偽について実質的な審査をせず、簡易裁判所の書記官が支払いを命令する制度です（民事訴訟法382条）。支払督促においては仮執行宣言の申立てがあり、これに対して異議の申立てがなければ、申し立てられた支払督促に裁判所が仮執行宣言をつけることで、その支払督促が債務名義となり（民事執行法22条４号）、確定判決と同一の効力を有し、強制執行を行うことが可能になります。

❸ **適切**　支払督促に対して異議のある債務者は、異議申立てを行うことができる。異議が申し立てられると、督促異議に係る請求は訴訟手続に移行する。訴訟手続が行われるのは、目的の価額に従い、支払督促を発した裁判所書記官の所属する**簡易裁判所**（140万円以下の場合）またはその所在地を管轄する**地方裁判所**（140万円超の場合）となる（民事訴訟法395条）。

また、少額訴訟では、少額訴訟で行うこと自体に異議が出されれば、申立てが行われた**簡易裁判所での通常訴訟となる**（同法373条１項・２項）。

❹ **適切**　賃貸借契約を公正証書で行うことはできるが、この場合の公正証書は**明渡しについては債務名義とならず**、公正証書に基づいて強制執行をすることはできない。

一方で、金銭債務に関しては、強制執行認諾文言（債務者が直ちに強制執行に服する旨の陳述が記載されているもの）の付された公正証書（執行証書）は債務名義となり、公正証書に基づいて金銭の請求の強制執行をすることができる（民事執行法22条５号）。

基本テキスト　２編１章

令和3年 問22　②賃料回収・明渡し

賃料回収・明渡し

重要度 A

問題 11　賃料回収及び明渡しに向けた業務に関する次の記述のうち、不適切なものの組合せはどれか。

ア　明渡しを命じる判決が確定すれば、貸主は、強制執行によることなく、居室内に立ち入り、残置物を処分することができる。

イ　貸主は、契約解除後、借主が任意に明け渡すことを承諾している場合、明渡し期限後の残置物の所有権の放棄を内容とする念書を取得すれば、借主が退去した後に残置物があったとしても自らこれを処分することができる。

ウ　貸主は、借主の未払賃料について、支払を命じる判決が確定しなければ、賃料債務の有無及び額が確定しないため、敷金を充当することができない。

エ　貸主は、賃貸借契約書を公正証書で作成した場合であっても、建物の明渡しの強制執行をするためには、訴訟を提起して判決を得なければならない。

❶　ア、イ
❷　ア、ウ
❸　イ、エ
❹　ウ、エ

解説

正解：❷

ア　不適切　明渡しの判決があっても、居室に立ち入れない

明渡しを命じる判決が確定しても、任意に明け渡されないならば、強制執行によることなく、居室内に立ち入り、残置物を処分することはできない。

権利を有する者であっても、任意の履行がなされない場合には、実力によって権利を実現することは許されません。この規定は「自力救済の禁止」と呼ばれ、権利を実現するためには、裁判所の正当な手続きによる必要があります。判決が確定したからといって、実力行使をすることは認められず、借主が任意に明け渡し、残置物の処分をしない場合には、強制執行の手続きをとらなければなりません。

イ　適切　借主が任意の明渡しを承諾している状況のもとで、借主が念書によって**自らの残置物の所有権を放棄する意思**を示している場合には、その念書には効力が認められる。したがって、貸主は、借主の退去後に残置物があれば、自らこれを処分することができる。

ウ　不適切　判決が確定しなくても、敷金は当然に未払賃料に充当される

借主の未払賃料については、支払いを命じる判決が確定していなくても、賃貸借契約が終了し、かつ、賃貸物の返還を受けたときには、賃貸借契約に基づく貸主に対する債務は、敷金の額から当然に控除される（民法622条の2第1項）。

エ　適切　明渡しの強制執行を行うためには、貸主に明渡しの権利があることを認める債務名義が必要である。賃貸借契約の公正証書は明渡しのための債務名義にはならないので、明渡しの強制執行をするためには、**訴えを提起して、判決を得る必要がある。**

強制執行は、債務名義によって行われます（民事執行法22条）。債務名義とは、強制執行を基礎づける文書であり、確定判決、仮執行宣言付き判決、仮執行宣言付き支払督促、和解調書、調停調書、強制執行認諾文言付き公正証書などが該当します（同法22条）。

以上により、不適切なものの組合せは**ア、ウ**であり、正解は肢❷となる。

基本テキスト　2編1章

平成30年 問21　②賃料回収・明渡し

少額訴訟

重要度 C

問題 12 未収賃料の回収方法としての少額訴訟に関する次の記述のうち、正しいものはどれか。

❶ 債権者は、同一の簡易裁判所において、同一の年に、同一の債務者に対して年10回を超えて少額訴訟を選択することはできないが、債務者が異なれば選択することは可能である。

❷ 少額訴訟において証人尋問手続が取られることはないため、証人尋問が必要な場合、通常訴訟の提起が必要である。

❸ 裁判所は、請求の全部又は一部を認容する判決を言い渡す場合、被告の資力その他の事情を考慮し、特に必要がある場合には、判決の言渡日から３年を超えない範囲内で、支払猶予又は分割払の定めをすることができる。

❹ 裁判所は、原告が希望すれば、被告の意見を聴くことなく少額訴訟による審理を行うことになる。

得点源!

【少額訴訟のポイント】

- ☑ **少額の金銭請求**について、簡易迅速に行われる訴訟手続
- ☑ 管轄は、**債務者の住所地を管轄する簡易裁判所**
- ☑ **60万円以下**の金銭請求が対象
- ☑ 原告が、少額訴訟を選択することを**訴えの提起の際に申述**。被告の異議がないことを要する
- ☑ 同一の簡易裁判所において、**同一の年に10回まで**（被告が違っても制限を受ける）
- ☑ 証拠調べは**即時取り調べができるもの**に限られる（即時取り調べができれば証人尋問もできる）
- ☑ **1回の期日で審理を終了**し、直ちに判決がなされる。**反訴はできない**
- ☑ **3年を超えない範囲内**での支払いの猶予・分割払いの判決、遅延損害金の免除の判決ができる

解説

正解：❸

❶ **誤り　債務者が異なっても、少額訴訟は年10回まで**

簡易裁判所においては、訴訟の目的の価額が60万円以下の金銭の支払いの請求を目的とする訴えについて、少額訴訟による審理および裁判を求めることができる（民事訴訟法368条1項本文）。ただし、同一の簡易裁判所において同一の年に10回を超えてこれを求めることはできない（同項ただし書、民事訴訟規則223条）。たとえ**異なる債務者を被告として相手方とするものであっても、年に10回まで**という制限が課される。

❷ **誤り　即時の取り調べができれば、証人尋問も可能**

少額訴訟においては、特別の事情がある場合を除き、最初にすべき口頭弁論の期日において、審理を完了しなければならないが（民事訴訟法370条1項）、即時に取り調べることができれば、証人尋問を行うこともできる（同法371条）。証人尋問については、宣誓をさせないですることができるなどと定められている（同法372条1項）。

❸ **正しい**　少額訴訟においては、請求認容の判決で、被告の資力その他の事情を考慮して特に必要があると認めるときは、判決の言渡しの日から**3年を超えない範囲内**において、認容する請求に係る金銭の支払いについて、その時期の定めもしくは分割払いの定めをすることができる（民事訴訟法375条1項）。

❹ **誤り　被告の申述があれば、通常訴訟に移行する**

少額訴訟の手続きを行うには、**被告の異議がないことが必要**であり、被告は、訴訟を通常の手続きに移行させる旨の申述をすることができる（民事訴訟法373条1項本文）。被告の申述があったときには、通常の訴訟手続に移行する（同条2項）。

基本テキスト　2編1章

平成29年 問22　②賃料回収・明渡し

内容証明郵便と公正証書

重要度 C

問題13 内容証明郵便と公正証書に関する次の記述のうち、正しいものはどれか。

❶　賃貸借契約を解除する場合、内容証明郵便で解除通知を送付しなければ効力が生じない。

❷　内容証明郵便は、いつ、どのような内容の郵便を誰が誰に宛てて出したかを郵便局（日本郵便株式会社）が証明する制度であり、文書の内容の真実性を証明するものではない。

❸　賃貸借契約を公正証書で作成すると、借主の賃料不払を理由に建物の明渡しを求める場合、公正証書を債務名義として強制執行の手続をすることが可能となる。

❹　公正証書が作成されると、証書の原本は郵便局（日本郵便株式会社）に送られ、内容証明郵便とともに郵便局において保管される。

解説

正解：❷

❶ **誤り　内容証明郵便以外の書面でもできる**

解除の意思表示は、**口頭で行うことも可能**であるし、書面で行うとしても、内容証明郵便を利用しないで、**それ以外の書面**をもって行うことも可能である。

❷ **正しい**　内容証明郵便は、いつ、いかなる内容の郵便物を、誰が誰に宛てて差し出したかを郵便局（日本郵便株式会社）が証明する制度である（郵便法48条）。**文書の内容の真実性が担保されるものではない。**

❸ **誤り　公正証書を債務名義として明渡しの強制執行の手続きはできない**

不動産の明渡請求については、賃貸借契約の公正証書があったとしても、公正証書に基づく強制執行はできない。

❹ **誤り　郵便局に送られ保管されるものではない**

公正証書の原本は、原則として公証役場で20年間保管されることになっている（公証人法施行規則27条）。

基本テキスト　2編1章

得点源！

【内容証明郵便】

内容証明郵便は、いつ、いかなる内容の郵便物を、誰が誰に宛てて差し出したかを郵便局（日本郵便株式会社）が証明する制度。謄本は郵便局に**5年間保管**される。

インターネットを通じた申込みによって送付を行う電子内容証明の制度もあり、24時間受け付けている。

内容証明郵便は、相手方への到達の有無と到達時期の証明にはならないため、**配達証明と併用**して利用するのが実務上通例となっている。

また、内容証明郵便を利用しても、文書の内容の真実性が証明されるものではない。

令和3年 問8　②賃料回収・明渡し

土地工作物責任

重要度 C

問題 14 土地工作物責任に関する次の記述のうち、適切なものの組合せはどれか。

ア 建物の設置又は保存に瑕疵があることによって他人に損害を生じたときは、一次的には所有者が土地工作物責任を負い、所有者が損害の発生を防止するのに必要な注意をしたときは、占有者が土地工作物責任を負う。

イ 建物の管理を行う賃貸住宅管理業者は、建物の安全確保について事実上の支配をなしうる場合、占有者として土地工作物責任を負うことがある。

ウ 建物に建築基準法違反があることによって他人に損害を生じたときは、建設業者が損害賠償責任を負うのであって、建物の所有者及び占有者は土地工作物責任を負わない。

エ 設置の瑕疵とは、設置当初から欠陥がある場合をいい、保存の瑕疵とは、設置当初は欠陥がなかったが、設置後の維持管理の過程において欠陥が生じた場合をいう。

❶ ア、ウ
❷ イ、ウ
❸ イ、エ
❹ ア、エ

解説　　　　正解：❸

ア　不適切　土地工作物責任で一次的に責任を負うのは、占有者

土地の工作物の設置または保存に瑕疵（かし）があることによって他人に損害を生じさせたときは、工作物の占有者は、被害者に対してその損害を賠償する責任を負う（民法717条1項本文）。したがって、一次的に責任を負うのは占有者となる。もっとも、占有者が損害の発生を防止するのに必要な注意をしたときは、所有者がその損害を賠償しなければならない（同法717条1項ただし書）。

なお、占有者が損害発生の防止に必要な注意をしたときに、所有者が負うことになる責任は、「無過失責任」です。無過失責任とは、他人に損害を生じさせた場合に、その者に過失がなくても不法行為責任を負うという、民法の規定です。

イ　適切　土地工作物責任において、一次的に責任を負う占有者は、土地上の工作物について、**事実上支配をしている者**である。つまり、工作物に関して、瑕疵を修補して損害を防止する立場にあった者（建物の安全確保についての事実上の支配をしている）が占有者になる。したがって、建物の安全性の欠如に起因して事故が起こり、損害が発生した場合には、賃貸住宅管理業者が占有者にあたり、土地工作物責任を負う。

ウ　不適切　所有者または占有者の工作物責任は否定されない

建物に建築基準法違反があることは工作物の瑕疵である。この瑕疵によって他人に損害を生じさせたときには、建物の所有者または占有者が工作物責任を負う。建設業者が損害賠償責任を負うことになっても、建設業者とともに、所有者または占有者も責任は免れない。

エ　適切　瑕疵とは、安全性が欠如し欠陥があることをいうが、瑕疵には、**設置の瑕疵**と**保存の瑕疵**の2種類がある。設置当初から欠陥がある場合が設置の瑕疵であり、設置当初には欠陥はなかったけれども、設置後の維持管理の過程において欠陥が生じた場合が、保存の瑕疵である。

以上により、適切なものの組合せは**イ**、**エ**であり、正解は肢❸となる。

基本テキスト　2編1章

令和４年 問６　③委託者への報告

管理業務の報告義務

重要度 A

問題 15 次の記述のうち、管理業法上、賃貸住宅管理業者が、委託者の承諾を得て行うことが可能な管理業務報告の方法として正しいものはいくつあるか。

ア　賃貸住宅管理業者から委託者に管理業務報告書をメールで送信する方法

イ　賃貸住宅管理業者から委託者へ管理業務報告書をＣＤ－ＲＯＭに記録して郵送する方法

ウ　賃貸住宅管理業者が設置する委託者専用のインターネット上のページで、委託者が管理業務報告書を閲覧できるようにする方法

エ　賃貸住宅管理業者から委託者に管理業務報告書の内容を電話で伝える方法

❶　１つ
❷　２つ
❸　３つ
❹　４つ

解説 正解：❸

ア　可能な方法である　電子メールによる管理業務報告書の送信は、管理業務の報告方法として認められる（賃貸住宅管理業法施行規則（以下「施行規則」という）40条2項1号イ）。

イ　可能な方法である　CD-ROMに記録した管理業務報告書の郵送は、管理業務の報告方法として認められる（施行規則40条2項2号）。

ウ　可能な方法である　賃貸住宅管理業者が設置する委託者専用の**インターネット上のウェブサイトページ**で委託者が管理業務報告書を閲覧できるようにする方法は、管理業務の報告方法として認められる（施行規則40条2項1号ハ）。

エ　可能な方法ではない　電話での報告は認められない

賃貸住宅管理業者から委託者に管理業務報告書の内容を電話で伝える方法は、管理業務の報告方法とは認められない。

以上により、賃貸住宅管理業者が委託者の承諾を得て行うことが可能な管理業務報告の方法として正しいものは**ア**、**イ**、**ウ**の3つであり、正解は肢❸である。

賃貸住宅管理業者は、賃貸住宅管理業法上、**管理業務の実施状況その他の事項**について、**定期的に**、委託者に報告しなければなりません（賃貸住宅管理業法20条）。報告は、定められた事項を記載した管理業務報告書を作成し、これを委託者に交付して報告する必要があります（施行規則40条1項）。もっとも、管理業務報告書の交付に代えて、委託者の承諾を得て（施行規則40条4項）、記載事項について、**電磁的方法**により提供することが可能です。電磁的方法により報告事項を提供した場合、賃貸住宅管理業者は、管理業務報告書を交付したものとみなされます（施行規則40条2項）。

電磁的方法については、選択できる報告の方法が決められており、電子メール等による方法、ウェブサイトの閲覧等による方法、送信者側で備えた受信者ファイルを閲覧する方法、CD-ROM、磁気ディスク等を交付する方法のいずれかの方法でなければなりません（施行規則40条2項柱書前段）。

基本テキスト　2編1章

令和５年 問８　③委託者への報告

管理業者の報告義務

重要度 S

問題 16 **管理受託契約における委託者への賃貸住宅管理業法に基づく定期報告に関する次の記述のうち、誤っているものはどれか。**

❶ 賃貸住宅管理業法施行前に締結された管理受託契約を同法施行後に更新した場合は、期間の延長のみの形式的な更新であっても、更新後の契約においては報告を行うべきである。

❷ 賃貸住宅管理業法施行前に締結された管理受託契約が更新される前に、契約期間中に当該管理受託契約の形式的な変更とは認められない変更を同法施行後に行った場合は、変更後の契約においては報告義務が生じる。

❸ 賃貸住宅管理業法上、書面による定期報告が義務付けられている事項は、「管理業務の実施状況」、「入居者からの苦情の発生状況」、「家賃等金銭の収受状況」の３つである。

❹ 管理業務報告書の交付方法は書面だけではなく、メール等の電磁的方法によることも可能だが、賃貸人が報告書の内容を理解したことを確認する必要がある。

解説

正解：❸

❶ **正しい** 賃貸住宅管理業法施行前に締結された管理受託契約については、定期報告義務の規定は適用されない（賃貸住宅管理業法附則３条）。しかし、本来賃貸住宅管理業者には定期報告の義務がある（同法20条）。**法施行後に管理受託契約が更新された場合**は、**形式的な変更でも、更新後には定期報告を行うべき**であるとされている。なお、管理受託契約が更新される前においても、可能な限り早期に報告を行うことが望ましい（「解釈・運用の考え方」20条関係１）。

❷ **正しい** 法施行前に締結された管理受託契約について、**法施行後に形式的な変更とは認められない変更**を行った場合は、**法施行後に締結された契約と同様に定期報告を行う必要がある**（制度概要ハンドブック39頁・40頁）。

❸ **誤り 「家賃等金銭の収受状況」は含まれていない**

定期報告が義務付けられている事項は、「報告の対象となる期間」「管理業務の実施状況」「入居者からの苦情の発生状況」の３つである（賃貸住宅管理業法施行規則（以下「施行規則」という）40条１項１号～３号、FAQ集３（３）No.13）。

❹ **正しい** 定期報告については、**委託者の承諾を得て**、管理業務報告書の交付に代えて、**報告書の記載事項を電磁的方法により提供することが可能**である（施行規則40条４項）。電磁的方法により報告事項を提供した場合、賃貸住宅管理業者は、管理業務報告書を交付したものとみなされる（施行規則40条２項）。もっとも、電磁的方法によって記載事項の提供を行うときには、賃貸住宅管理業者は、賃貸人と説明方法について協議の上、双方向でやりとりできる環境を整え、**賃貸人が管理業務報告書の内容を理解したことを確認することが必要**である（「解釈・運用の考え方」20条関係４）。

基本テキスト ２編１章

令和４年 問８　④秘密を守る義務

秘密を守る義務

重要度 A

問題 17 **管理業法に規定する秘密を守る義務に関する次の記述のうち、正しいものの組合せはどれか。**

ア　秘密を守る義務は、管理受託契約が終了した後は賃貸住宅管理業を廃業するまで存続する。

イ　賃貸住宅管理業者の従業者として秘密を守る義務を負う者には、アルバイトも含まれる。

ウ　賃貸住宅管理業者の従業者として秘密を守る義務を負う者には、再委託を受けた者も含まれる。

エ　株式会社たる賃貸住宅管理業者の従業者が会社の命令により秘密を漏らしたときは、会社のみが30万円以下の罰金に処せられる。

❶ ア、イ
❷ イ、ウ
❸ ウ、エ
❹ ア、エ

解説 　　　　　　　　　　　　　　　　　　　　　　　　　　　　正解：❷

ア　誤り　秘密を守る義務は、廃業後も存続する

賃貸住宅管理業者は、正当な理由がある場合でなければ、業務上取り扱ったことについて知り得た秘密を他に漏らしてはならない（賃貸住宅管理業法21条１項）。賃貸住宅管理業を営まなくなった後においても、同様に秘密を守る義務を負う。管理受託契約が終了し、賃貸住宅管理業を廃業した後も、秘密を守る義務は存続すると思料される。

イ　正しい　秘密保持義務が課される従業者は、**賃貸住宅管理業者の指揮命令に服しその業務に従事する者**である（「解釈・運用の考え方」21条２項関係）。アルバイトも賃貸住宅管理業者の従業者として秘密を守る義務を負う者に含まれる。

ウ　正しい　秘密保持義務が課される従業者は、賃貸住宅管理業者の指揮命令に服しその業務に従事する者である。再委託契約に基づき**管理業務の一部の再委託を受ける者等**、賃貸住宅管理業者と直接の雇用関係にない者も含まれる（「解釈・運用の考え方」21条２項関係）。

エ　誤り　会社の命令の場合、従業者と賃貸住宅管理業者に罰金刑

秘密を守る義務に違反し秘密を漏らしたときは、違反行為をした者は、30万円以下の罰金に処せられる（賃貸住宅管理業法44条７号）。会社の従業者が秘密を漏らしたときは、従業者にも罰金が科されるのであり、会社だけに罰金が科されるのではない。

なお、賃貸住宅管理業法には、「法人の代表者又は法人若しくは人の代理人、使用人その他の従業者が、その法人又は人の業務に関し、第41条から前条まで（同条第７号を除く）の違反行為をしたときは、行為者を罰するほか、その法人又は人に対して各本条の罰金刑を科する」と定められており（両罰規定。同法45条）、従業者が会社の命令により秘密を漏らしたときには、従業者にも罰せられるほか、法人である賃貸住宅管理業者にも、罰金刑が科される。

以上により、正しいものの組合せは**イ**、**ウ**であり、正解は肢❷である。

基本テキスト　２編１章

令和３年 問15　⑤調査報告・修繕計画

建築基準法による調査報告

重要度 B

問題 18　建物の維持保全に関する次の記述のうち、正しいものはどれか。

❶ 建築基準法第８条は、「建築物の敷地、構造及び建築設備を常時適法な状態に維持するように努めなければならない」と規定しているが、これは建物管理者にも課せられた義務である。

❷ 集合賃貸住宅は、建築基準法第12条による定期調査・検査報告の対象とはならない。

❸ 建築基準法第12条により特定建築物において義務付けられる定期調査・検査報告は、建物の構造を対象とするものであり、敷地は対象とならない。

❹ 建築基準法第12条により特定建築物において義務付けられる定期調査・検査報告の対象には、昇降機は含まれない。

解説 正解：❶

❶ **正しい** 建築物の所有者、管理者または占有者は、その建築物の敷地、構造および建築設備を常時適法な状態に維持するように努めなければならないとされている（建築基準法８条）。**建物管理者**は、通常、建物の管理者または占有者にあたると考えられるため、建築物を維持保全する義務が課される。

❷ **誤り 集合賃貸住宅は定期調査・検査報告の対象となる**

集合賃貸住宅等の特定建築物等の所有者または管理者は、面積が一定以上の場合、建築物の敷地、構造および建築設備について、定期に１建築士もしくは２級建築士または建築物調査員資格者証の交付を受けている者（建築物調査員）にその状況の調査をさせて、その結果を特定行政庁に報告しなければならない（定期調査・検査報告義務。建築基準法12条１項）。

集合賃貸住宅の調査の周期は、３年ごとです。

❸ **誤り 建築物の敷地は定期調査・検査報告の対象となる**

定期調査・検査報告の対象は、建築物の**敷地**、**構造**および**建築設備**である（建築基準法12条１項）。

❹ **誤り 昇降機は特定建築物の定期調査・検査報告の対象に含まれる**

特定建築設備等（昇降機および特定建築物の昇降機以外の建築設備等）で安全上、防火上または衛生上特に重要であるものとして政令で定めるもの等の所有者は、特定建築設備等について、定期に、１級建築士もしくは２級建築士または建築設備等検査員資格者証の交付を受けている者（建築設備等検査員）に検査（これらの特定建築設備等についての損傷、腐食その他の劣化の状況の点検を含む）をさせて、その結果を特定行政庁に報告しなければならないと定められている（建築基準法12条３項）。

基本テキスト ２編２章

令和4年 問9　⑤調査報告・修繕計画

建築基準法による調査報告

重要度 B

問題 19　賃貸住宅管理業者が管理する賃貸住宅が建築基準法第12条第1項による調査及び報告を義務付けられている場合に関する次の記述のうち、正しいものはいくつあるか。

ア　調査及び報告の対象は、建築物たる賃貸住宅の敷地、構造及び建築設備である。

イ　調査を行うことができる者は、一級建築士、二級建築士又は建築物調査員資格者証の交付を受けている者である。

ウ　報告が義務付けられている者は、原則として所有者であるが、所有者と管理者が異なる場合には管理者である。

エ　調査及び報告の周期は、特定行政庁が定めるところによる。

❶　1つ
❷　2つ
❸　3つ
❹　4つ

解説 　　　　正解：❹

ア　正しい　建築基準法は、多数の人が利用する建築物のうち、政令および特定行政庁が指定した特定建築物の**敷地**、**構造**、**昇降機**、**昇降機以外の建築設備**および**防火設備**について、定期的にその状況を有資格者に調査・検査させて、その結果を決められた報告様式により特定行政庁に報告することを義務づけている（建築基準法12条１項）。

イ　正しい　調査・検査を行うためには資格が必要である。**一級建築士**、**二級建築士**または**建築物調査員資格者証の交付を受けている者**以外は調査・検査を行うことができない。

調査および報告には４種類のものがあるところ（特定建築物、防火設備、建築設備、昇降機等）、一級建築士、二級建築士はいずれの調査・検査を行うこともできますが、一級建築士・二級建築士以外については、それぞれに資格が定められており（特定建築物調査員・防火設備検査員・建築設備検査員・昇降機等検査員）、定められた資格者が行わなければなりません。

ウ　正しい　報告が義務づけられている者は、原則として所有者であり、所有者と管理者が異なる場合には**管理者**である（建築基準法12条１項かっこ書）。

エ　正しい　調査および報告の周期は、**特定行政庁が定めるところ**による。回数については、おおよそ、特定建築物は１年に１回または３年ごとに１回、防火設備・建築設備・昇降機遊戯施設はいずれも１年に１回となっている。

以上により、正しいものは**ア**、**イ**、**ウ**、**エ**の４つであり、正解は肢❹である。

基本テキスト　２編２章

平成30年 問29 ⑤調査報告・修繕計画

建築基準法による調査報告

重要度 B

問題 20 **建築物の定期報告制度に関する次の記述のうち、最も不適切なものはどれか。**

❶ 政令で定める建築物及び当該政令で定めるもの以外の特定建築物で特定行政庁が指定するもの（以下、本問において「特定建築物」という。）は、定期的にその状況を調査してその結果を特定行政庁に報告することが義務付けられている。

❷ 特定建築物の定期調査・検査は、一級建築士に実施させなければならない。

❸ 特定建築物に関する報告の主な調査内容は、敷地、構造、防火、避難の４項目である。

❹ 特定建築物の共同住宅の定期調査報告は、３年ごとに行う義務がある。

得点源！

【建築物の定期調査・検査①】

種類	対象物	回数	資格者
特定建築物の定期調査	敷地、構造、防火、避難設備	用途・規模によって**１年に１回**または**３年ごとに１回**	１級･２級建築士、特定建築物調査員
防火設備の定期検査	防火設備	**１回／年**	１級･２級建築士、防火設備検査員
建築設備の定期検査	換気（火気使用室・無窓居室）、排煙、非常用の照明装置、給排水衛生（ビル管法・水道法で指定する設備を除く）の４項目	**１回／年**	１級･２級建築士、建築設備検査員

解説 　　　　　　　　　　　　　　　　　　　　　　　　**正解：❷**

❶ **適切**　建築基準法には、多数の人が利用する建築物のうち、政令および特定行政庁が指定した特定建築物、昇降機、昇降機以外の建築設備および防火設備は、定期的にその状況を有資格者に調査・検査させて、その結果を決められた報告様式により特定行政庁に報告することが義務付けられている（**定期報告制度**。建築基準法12条）。

❷ **最も不適切**　**定期調査・検査ができるのは１級建築士だけではない**

建築基準法に基づく定期調査・検査を行うには、資格が必要である。特定建築物について行うべき調査・検査については、**１級建築士、２級建築士、または特定建築物調査員**が行わなければならないものとされている。

❸ **適切**　「特定建築物定期調査報告」における調査の主な内容は、**敷地、構造、防火、避難**である。

定期報告制度による調査・検査報告（建築基準法12条）には、「特定建築物定期調査報告」「防火設備定期検査報告」「建築設備定期検査報告」「昇降機等定期検査報告」があります。

❹ **適切**　特定建築物の定期調査報告は、用途や規模によって１年に１回または３年ごとに１回行うことになっているが、共同住宅が特定建築物である場合には、**３年ごとに１回行わなければならないものとされている**。

基本テキスト　２編２章

得点源！

【建築物の定期調査・検査②】

種類	対象物	回数	資格者
昇降機等の定期検査	エレベーター（ホームエレベーターは除く）、エスカレーター、小荷物専用昇降機（テーブルタイプは除く）、機械式駐車設備、遊戯施設等	１回／年	１級・２級建築士、昇降機等検査員

令和5年 問6　⑤調査報告・修繕計画

法令に基づく設備の検査

重要度 A

問題 21 法令に基づき行う設備の検査等に関する次の記述のうち、誤っているものはどれか。

❶ 浄化槽の法定点検には、定期検査と設置後等の水質検査があるが、その検査結果は、どちらも都道府県知事に報告しなければならないこととされている。

❷ 自家用電気工作物の設置者は、保安規程を定め、使用の開始の前に経済産業大臣に届け出なければならない。

❸ 簡易専用水道の設置者は、毎年１回以上、地方公共団体の機関又は厚生労働大臣の指定する機関に依頼して検査し、その検査結果を厚生労働大臣に報告しなければならない。

❹ 消防用設備等の点検には機器点検と総合点検があるが、その検査結果はどちらも所轄の消防署長等に報告しなければならない。

解説 正解：❸

❶ **正しい** 浄化槽の法定点検には、毎年1回行う**定期検査**（浄化槽法11条1項）と、使用開始後3か月を経過した日から5か月の間に行う設置後等の**水質検査**（同法7条1項）がある。いずれの点検も、**その検査結果は、都道府県知事へ報告しなければならない。**

❷ **正しい** 自家用電気工作物とは、事業用電気工作物のうち一般送配電事業・送電事業・配電事業・特定送配電事業の各事業の用に供する電気工作物および一般用電気工作物以外の電気工作物をいう（電気事業法38条4項）。**自家用電気工作物の設置者は、保安規程を定め、使用の開始の前に経済産業大臣に届け出なければならない**（同法42条1項）。なお自家用電気工作物の設置者は、事業用電気工作物を技術基準に適合するよう維持しなければならないものとされている（同法39条1項）。

❸ **誤り** **管理専用水道の検査結果の報告先は、知事（保健所）である**

簡易専用水道は、水道事業の用に供する水道および専用水道以外の水道であって、水道事業の用に供する水道から供給を受ける水のみを水源とするもの（そのうち、受水槽の有効容量の合計が10㎥を超えるもの）である（水道法3条7項）。簡易専用水道の設置者は、法に定める管理基準にしたがい、その水道を管理するとともに、定期（1年以内に1回）に地方公共団体の機関または厚生労働大臣の指定する機関の検査を受けなければならない（水道法34条の2第2項、同施行規則56条）。しかし、厚生労働大臣への検査結果の報告の義務はない。報告先は知事（保健所）である（同施行細則24条1項）。

❹ **正しい** 消防用設備等の点検には、機器の外観、機能および作動状況を確認する**機器点検**と、設備全体の作動状況を確認する**総合点検**がある（消防法17条の3の3、同法施行規則31条の6、平成16年5月31日消防庁告示9号（最終改正：令和2年12月25日同告示19号））。機器点検の周期は、6か月に1回、総合点検は、1年に1回とされている。**共同住宅の場合は3年に1回以上、結果について、所轄の消防署長等宛に届け出なければならない。**

基本テキスト 2編2章、2編4章

令和３年 問17　⑤調査報告・修繕計画

長期修繕計画・計画修繕

重要度 B

問題 22　建物の修繕に関する次の記述のうち、最も不適切なものはどれか。

❶　建物は時間の経過とともに劣化するので、長期修繕計画を策定し、維持管理コストを試算することは有益である一方、その費用は不確定なことから賃貸経営の中に見込むことはできない。

❷　長期修繕計画は、数年に一度は見直しを行うことより、適切な実施時期を確定することが必要である。

❸　長期修繕計画によって修繕費とその支払時期が明確になることから、将来に備えて計画的な資金の積立てが必要となる。

❹　計画修繕を実施することで、住環境の性能が維持でき、入居率や家賃水準の確保につながり、賃貸不動産の安定的経営が実現できる。

解説 正解：❶

❶ **最も不適切　維持管理コストを賃貸経営の中に見込むことは可能**

長期修繕計画を策定し、維持管理コストを試算することは有益であり、その費用は不確定ではあるが、賃貸経営の中に見込むことが可能であり、また、見込まなくてはならない。

建物について長期的な視野に立ち、「いつ、どこを、どのように、いくらぐらいで修繕するのか」をまとめたものを、長期修繕計画という。計画修繕を着実に実施していくためには、資金面での裏づけが必要であり、長期修繕計画を策定して維持管理コストを試算し、維持管理費用を賃貸経営の中に見込まなければならない。

長期修繕計画において対象とされる期間は、一般的に30年間程度とされています（最も修繕周期の長い計画が念頭に置かれています）。

❷ **適切**　長期修繕計画の精度を高めるために、実際にその建物で行われた工事を反映したり、類似事例を参考にして**数年ごとに内容の見直し**を行うべきである。

工事項目ごとの金額は、本来工事範囲の数量積算により求められますが、管理業者で作成する場合には戸当たりなどの概算金額に基づくものが多く、建物の状況などを考慮したうえでの長期修繕計画の見直しは欠かすことができません。

❸ **適切**　計画修繕を着実に実施していくためには、資金面での裏づけが必要であり、将来の修繕実施のために**計画的に資金を積み立てる**必要がある。

❹ **適切**　修繕計画に基づいた修繕を計画的に実施することは、目先の収支を悪化させるものとも映るが、中・長期的に考えれば、修繕計画による的確な修繕の実施により、借主の建物に対する好感度が上がり、結果的に入居率が上がり、**賃貸経営の収支上プラスに働く**。管理業者としては賃貸人に修繕計画の大切さをよく理解してもらい、着実に計画修繕の実施を心がけていく姿勢が望まれる。

基本テキスト 2編2章

平成30年 問39　⑤調査報告・修繕計画

長期修繕計画・計画修繕 ※講習修了者免除問題

重要度 B

問題 23 計画修繕に関する次の記述のうち、最も不適切なものはどれか。

❶ 中長期的には、修繕計画による的確な修繕の実施により、賃貸経営の収支上プラスに働くこともあり、計画修繕が望まれる。

❷ 計画修繕の実施に当たっては、計画された修繕部位を点検、調査した上で状況を把握することが重要である。

❸ 修繕工事は、日常生活の中で行われる工事であるため、騒音や振動により居住者等に迷惑をかける問題があり、配慮しなければならない。

❹ 計画修繕を実施していくためには、長期修繕計画を策定する必要があるが、修繕管理の費用を賃貸不動産経営の中に見込む必要はない。

得点源!

【建築関連の各修繕周期】

屋根防水改修	露出部分：12 年～、押さえ部分：18 年～
外壁塗装／バルコニー等防水	12 ～ 18 年
シーリング	8 ～ 16 年
鉄部改修・塗装	4 ～6年、雨掛かり部分：4 年
金物類	使用頻度や損耗次第
アルミ部／舗装改修／外構工作物／屋外排水設備	24 ～ 36 年

解説

正解：❹

❶ **適切** 物は時間の経過により、必ず劣化（性能や機能の物理的・化学的要因による低下）が生じる。劣化に対応するには、計画的に修繕を実施する必要がある。性能や機能が失われたときに場当たり的に修繕や取替えを行うのではなく、計画的に修繕を行っていくことは、不測の事態による多額の出費を避け、また、入居率の確保にもつながり、結果的には建物を長持ちさせることになる。計画修繕を行うことは、修繕費用を合理的に支出するもので**経済性に合致し、賃貸経営の収支上プラスに働く効果がある**。

❷ **適切** 修繕計画の立案には、建物の各部位を観察して劣化の有り様を調べ、その**状況を把握することが必要**である。物の本来予定された利用期間や現実の状況を踏まえたうえで、計画を立て、そのうえで修繕を実施するべきである。定期的に建物の劣化を調べて状況を把握することによって、不具合を見逃さず、適時の対応が可能になる。

❸ **適切** 修繕工事は入居者や近隣住民の日常生活の中で実施される。騒音や振動、ゴミやホコリの発生などによって迷惑を及ぼすという問題を避けることができない。修繕工事を実施するためには、入居者や近隣住民の**迷惑を最小限度に抑え**、また、**実施する工事の内容や期間の情報を公開**し、騒音、振動、ゴミ、ホコリなどの**予測される状況を伝えておく**ことが求められる。

❹ **最も不適切 修繕管理費を賃貸不動産経営に見込んでおく必要がある**
賃貸不動産経営では、収入と支出を予測し、実際の状況を管理していくことが求められる。**長期修繕計画を策定**したうえで、修繕管理の費用を見込んでおくことは、必須である。

基本テキスト 2編2章

得点源!

【設備関連の各修繕周期】

給水設備の更生・更新	18～24年
消火設備の取替え	18～24年
雑排水設備の取替え	18～24年
汚水設備の取替え	24～36年
ガス設備の取替え	12～36年

令和3年 問14　⑤調査報告・修繕計画

修繕履歴情報

重要度 B

問題 24 修繕履歴情報に関する次の記述のうち、最も不適切なものはどれか。

❶　建物の履歴情報の利用によっては、建物の維持保全にかかる費用の無駄を省くことはできない。

❷　賃貸借契約締結等の判断材料となり得る履歴情報が、賃貸借の意思決定時に適切に提供されることにより、入居後のトラブル防止にもつながる。

❸　正確な履歴情報を利用することにより、災害が発生した際の復旧に迅速かつ適切な対応をとることが可能となる。

❹　建物の履歴情報は、建物の所有者に帰属するものであるが、所有者から管理委託を受けている者が、必要に応じて利用に供することが考えられる。

解説 　　　　正解：❶

❶ **最も不適切　建物の履歴情報の利用で維持保全費用を削減できる**

建物の劣化状態について効果的な修繕計画の判断や合理的な計画立案を行うには、外から見えない部分に使用された資材や施工方法、すでに行った修繕の内容などの情報を利用する必要がある。つまり、新築時と新築後の維持管理の双方の情報を利用してはじめて、現状の劣化状態や放置した場合に起こり得る事象を客観的に判断が可能になる。

❷ **適切**　賃貸借契約締結等の判断材料となり得る履歴情報が、賃貸借の意思決定時に適切に提供されると、賃貸住宅に関する情報が共有され、透明性が高められる。つまり、賃貸住宅の履歴情報の提供は、**入居後のトラブル防止にも役立つ**。

❸ **適切**　災害が発生した際には復旧が必要になるが、その復旧においては、正確な住宅履歴情報を蓄積しておき、これの利用によって、**迅速かつ適切な対応が可能となる**。

❹ **適切**　新築や維持管理において発生する建物の履歴情報は、建物に付随するものとして、建物所有者に帰属する。しかし、情報の蓄積とその利用の実効性を確保するためには、それらを管理受託者が保管し、必要に応じて利用しなければならない。つまり、新たに発生する履歴情報についても、**管理受託者が責任をもって追加保管**することが大切である。

保管する情報は、種類や情報の媒体（紙、電子データ等）が多様であり、管理を継続していくうちにストックされる情報量も多くなります。その対策としては、今後設置が予定される履歴情報の蓄積を専門とする情報サービス機関に委託することが考えられます。

また、建物の履歴情報は建物所有者に帰属するものであるため、所有者が建物を売却する場合や、事情により管理委託契約が解除される場合には、それらの情報を建物所有者に返却するなど、適切な取扱いが求められます。

基本テキスト　2編2章

令和2年 問37　⑤調査報告・修繕計画

修繕履歴情報

重要度 B

問題 25　**建物の修繕履歴と履歴情報に関する次の記述のうち、最も不適切なものはどれか。**

❶　修繕履歴は、次の修繕を企画する上で、重要な情報となる。

❷　建物が長期にわたり必要な機能を維持して、収益性を保持するためには、日常の点検管理と計画的な修繕が必要不可欠である。

❸　賃貸管理では、建物の劣化状態について外観調査を手掛かりに修繕の必要性を判断し、効果的な修繕計画を立案することが求められるが、見えない部分は考慮しなくてよい。

❹　賃貸建物については、退去時の敷金精算等も視野に入れ、賃貸時の原状等について、客観的なデータを履歴情報として保存しておくことは重要である。

解説 正解：❸

❶ **適切** 修繕履歴は、修繕の企画を行ううえで、**重要な情報**である。竣工時の建材・部品情報のほか、過去に実施された維持保全等の詳細な内容が分かれば、必要十分なメンテナンスを随時行うことができ、さらに、計画管理を適切に行うことが可能になる。

修繕履歴などの情報により、建物の維持保全にかかる費用の無駄を省き、建物の長期にわたる維持管理コストを低減することができます。

❷ **適切** 賃貸物件の収益を、長期的に安定させるには、**日常の点検管理と計画的な修繕**を行わなければならない。必要な点検や修繕をタイムリーに行うとともに、無駄や無理を省き、合理的に実施することが、賃貸物件の収益性を安定させることにつながる。

❸ **最も不適切** **見えない部分を考慮して修繕の必要性を検討する**

賃貸住宅において、建物の適切な管理を行うには、建物の劣化状態について外観調査を手掛かりに修繕の必要性を判断し、効果的な修繕計画を立案することが求められるのであるが、計画立案を合理的かつ効果的に行うためには、見えない部分の使用資材や施工方法、すでに行った修繕の内容などの情報を利用することが必要である。見えない部分について修繕の必要性を検討することは重要であり、見えない部分に配慮しながら賃貸管理を行わなければならないのは当然のことである。

❹ **適切** 賃貸物件では、常時賃借人の入替えが生じる。旧賃借人の退去と新賃借人の入居にあたっては、賃貸住戸の募集のために賃貸人負担の工事が生じる。退去時の敷金精算等も視野に入れ、賃貸時の原状等について客観的なデータを履歴情報として保存しておくことにより、賃貸経営における**有益な情報を蓄積**することができる。

基本テキスト 2編2章

令和５年 問９　⑥原状回復

原状回復ガイドライン

重要度 S

問題 26　「原状回復をめぐるトラブルとガイドライン（再改定版）」（国土交通省住宅局平成23年８月。以下、各問において「原状回復ガイドライン」という。）に関する次の記述のうち、不適切なものの組合せはどれか。

ア　原状回復ガイドラインによれば、賃借人が天井に直接つけた照明器具のビス穴の跡の原状回復費用は、賃借人の負担とはならない。

イ　原状回復ガイドラインによれば、飼育ペットによる臭いの原状回復費用は、無断飼育の場合を除き、賃借人の負担とはならない。

ウ　原状回復ガイドラインによれば、賃借人が設置した家具によるカーペットのへこみや設置跡の原状回復費用は、賃借人の負担とはならない。

エ　原状回復ガイドラインによれば、台所、トイレの消毒の費用は、賃借人の負担とはならない。

❶　ア、イ
❷　ア、ウ
❸　イ、エ
❹　ウ、エ

解説

正解：❶

ア　不適切　ビス穴等は通常の損耗に含まれない

賃貸借契約が終了し、貸室を返還するにあたって行う補修のうち、通常の損耗ではないもの（賃借人が通常の住まい方、使い方をしていれば発生しなかったもの）は、賃借人負担である。照明器具を直接に天井に取り付けたことによって生じたビス穴等は通常の損耗ではないと考えられるから、賃借人の負担となる。

このほか、壁等のくぎ穴、ネジ穴（重量物をかけるためにあけたもので、下地ボードの張り替えが必要な程度のもの）なども、賃借人負担とされている。

イ　不適切　ペットによる臭いは通常の損耗に含まれない

ペットを共同住宅等の賃貸住宅で飼育することは一般的とはいえず、ペットを飼育すれば、尿の後始末などの問題も生じる。ペットの飼育が無断で行われていたかどうかにかかわらず（ペットが賃貸人の承諾のもとに飼育されていたとしても）、ペットによる柱や壁の傷や、付着した臭いは、通常の損耗ではないと考えられており、賃借人の負担となる。

ウ　適切　わが国では一般的に家具保有数が多い。家具の設置によるへこみや設置跡は必然的なものであって、**家具を設置して生じる床、カーペットのへこみ、設置跡は通常の損耗と考えられており**、賃貸人負担である。賃借人の負担とならない。

エ　適切　消毒は日常の清掃と異なり、**賃借人の管理の範囲を超えることから、賃借人に負担させることは認められない**。台所、トイレの消毒の費用は、賃貸人負担となる。

以上により、不適切なものの組み合わせは**ア、イ**であり、正解は肢❶となる。

基本テキスト　2編3章

令和４年 問11　⑥原状回復

原状回復ガイドライン

重要度 S

問題27 原状回復ガイドラインにおける借主の負担に関する次の記述のうち、適切なものはどれか。

❶ 補修工事が最低限可能な施工単位を基本とするが、いわゆる模様合わせや色合わせについては、借主の負担とする。

❷ タバコのヤニがクロスの一部に付着して変色した場合、当該居室全体のクリーニング又は張替費用を借主の負担とする。

❸ 畳の補修は原則１枚単位とするが、毀損等が複数枚にわたる場合、当該居室全体の補修費用を借主の負担とする。

❹ 鍵は、紛失した場合に限り、シリンダーの交換費用を借主の負担とする。

解説　　　　正解：❹

❶ 適切ではない　借主の負担範囲に模様合わせ、色合わせは含まない

畳、カーペット、フローリング、クロスなどに損耗が生じた場合の損耗箇所の補修工事の負担範囲については、可能な限り毀損部分の補修費用相当分となるよう限定するものとされる。つまり、借主は補修工事が最低限可能な施工単位を基本的に負担すればよく、模様合わせ、色合わせについては、借主の負担としないという考え方がガイドラインでは採用されている。

❷ 適切ではない　居室のクロス等の一部の変色等の場合は、借主の負担ではない

タバコのヤニについては、喫煙等により**居室全体**においてクロス等がヤニで変色したり臭いが付着した場合のみ、居室全体のクリーニングまたは張替費用が借主負担とされている。ガイドラインでは、クロスの全部ではなく一部にヤニが付着して変色している場合には、借主は、居室全体のクリーニング、張替費用を負担する必要はないという考え方が採用されている。

❸ 適切ではない　畳の補修は複数枚でも１枚単位で費用を負担する

畳の補修は１枚単位が原則であり、毀損等が複数枚にわたる場合は、その枚数についての補修費用が借主の負担となる。ガイドラインでは、毀損等が複数枚にわたる場合であっても、居室全体の補修費用が借主の負担となるものではないという考え方が採用されている。

裏返しか表替えかは毀損の程度によります。

❹ 適切　鍵を紛失した場合にはシリンダーの交換費用は借主負担となる。試験実施団体は、本肢を適切なものであって、正解として扱っている。

なお、ガイドラインでは、借主が故意にシリンダーを破損させた場合などは、シリンダーの交換が借主負担になるとされている。

基本テキスト　２編３章

令和3年 問9　⑥原状回復

原状回復ガイドライン

重要度 S

問題 28 原状回復ガイドラインに関する次の記述のうち、最も適切なものはどれか。

❶ 賃貸借契約書に居室のクリーニング費用の負担に関する定めがない場合、借主が通常の清掃を怠ったことにより必要となる居室のクリーニング費用は貸主負担となる。

❷ 賃貸借契約書に原状回復について経年劣化を考慮する旨の定めがない場合、借主が過失により毀損したクロスの交換費用は経過年数を考慮せず、全額借主負担となる。

❸ 賃貸借契約書に原状回復費用は全て借主が負担する旨の定めがあれば、当然に、借主は通常損耗に当たる部分についても原状回復費用を負担しなければならない。

❹ 賃貸借契約書に借主の帰責事由に基づく汚損を修復する費用について借主負担とする旨の定めがない場合であっても、借主がクロスに行った落書きを消すための費用は借主の負担となる。

解説　　　　　　　　　　　　　　　　　　　　　　　　　　　　正解：❹

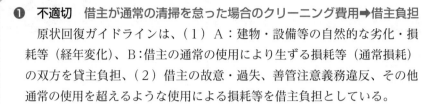

❶ **不適切**　**借主が通常の清掃を怠った場合のクリーニング費用➡借主負担**

原状回復ガイドラインは、（1）A：建物・設備等の自然的な劣化・損耗等（経年変化）、B：借主の通常の使用により生ずる損耗等（通常損耗）の双方を貸主負担、（2）借主の故意・過失、善管注意義務違反、その他通常の使用を超えるような使用による損耗等を借主負担としている。

借主が通常の清掃を怠ったことにより必要となる居室のクリーニング費用は（2）にあたり、借主が負担しなければならない。

❷ **不適切**　**借主が負担するのは、経過年数を考慮した額**

借主が過失により毀損したクロスの交換費用は借主負担であるが、借主が負担するのは、経過年数を考慮した額である。クロスの交換費用は、借主が過失によって毀損していた場合には、6年で残存価値1円となるような直線（または曲線）を想定し、負担割合を算定する。

❸ **不適切**　**借主が当然に補修費用の全額を負担するものではない**

賃貸借契約書に「原状回復費用は全て借主負担」と定められていても、当然に、借主が通常損耗の補修費用を含めて、全額を負担するものではない。通常損耗の補修を借主負担とする特約については、次の①～③の要件をすべて満たす場合に限って、その効力が認められる。

① 特約の必要性があり、かつ、暴利的でないなどの客観的、合理的理由が存在すること
② 借主が特約によって通常の原状回復義務を超えた修繕等の義務を負うことについて、認識していること
③ 借主が特約による義務負担の意思表示をしていること

上記①～③の要件のうち、いずれかを満たしていなければ、特約の効力は認められない。

❹ **最も適切**　借主がクロスに行った落書きを消すための費用は、前記肢❶解説中の「（2）借主の故意・過失、善管注意義務違反、その他通常の使用を超えるような使用による損耗等」によって発生したものである。したがって、**借主が負担**しなければならない。

基本テキスト　2編3章

令和２年 問32　⑥原状回復

原状回復ガイドライン

重要度 S

問題 29 **ガイドラインの考え方を前提とした場合、原状回復に関する次の記述のうち、誤っているものはいくつあるか。**

ア　ハウスクリーニング費用は、借主が通常の清掃を実施していないために必要となった場合であっても、貸主の負担である。

イ　鍵交換費用は、借主が鍵を紛失した場合であっても、貸主の負担である。

ウ　ペット飼育に伴う部屋の毀損を補修する費用は、無断飼育の場合を除き、貸主の負担である。

エ　借主の同居人による部屋の毀損を補修する費用は、借主自身に故意過失がない場合、貸主の負担である。

❶　1つ
❷　2つ
❸　3つ
❹　4つ

得点源!

原状回復ガイドラインによれば、借主が鍵を紛失・破損していた場合の原状回復においては、シリンダーの交換の費用は**借主負担**とされている。

解説

正解：❹

ア　誤り　借主が通常の清掃を怠っていた場合は、借主負担

日常の部屋の手入れや清掃が適切でなければ、借主に善管注意義務違反があったということになる。したがって、借主が通常の清掃を実施していないためにクリーニングが必要になった場合には、ハウスクリーニング費用は、貸主の負担ではなく、**借主の負担**となる。

イ　誤り　借主が鍵を紛失した場合の鍵の交換費用は、借主負担

借主が鍵を紛失した場合には、鍵交換費用は、貸主の負担ではなく、**借主の負担**となる。なお、この場合には鍵の交換費用だけではなく、シリンダーの交換費用も借主が負担するべきものとされている。

ウ　誤り　貸主の承諾を得ていても、ペット飼育による補修費用は借主負担

ペットの飼育は一般的に行われているものではないことから、賃貸借契約においてペットの飼育が禁止されていなくても、ペットにより柱、クロス等にキズが付いたり臭いが付着している場合は、借主負担とされている。ペットを無断飼育していたのではなく、承諾を得て飼育していた場合でも、ペットの飼育に伴う部屋の毀損の補修は、**借主負担**である。

エ　誤り　同居者の故意過失は借主の責任となるため、借主負担

借主の同居者は賃貸借契約上の義務の履行という観点からは、借主の履行補助者であって、その故意過失は、借主の故意過失と同視される。部屋の毀損について、同居者に故意過失があれば、**借主に故意過失があったもの**とされ、貸主の負担ではなく、借主の負担となる。

以上により、誤っているものは**ア、イ、ウ、エの４つ**であり、正解は肢❹となる。

基本テキスト　２編３章

令和元年 問21 ⑥原状回復

原状回復ガイドライン

重要度 S

問題30 原状回復に関する次の記述のうち、正しいものはいくつあるか。

ア 「原状回復をめぐるトラブルとガイドライン（再改訂版）」（以下、各問において「ガイドライン」という。）では、家具を設置したことだけによる床、カーペットのへこみ、設置跡については、貸主負担とすることが妥当とされている。

イ ガイドラインでは、戸建賃貸住宅の庭に生い茂った雑草について、草取りが適切に行われていない場合は、借主に責任があると判断される場合が多いとされている。

ウ ガイドラインでは、鍵の取替えについて、破損や鍵紛失という事情のない場合は、入居者の入れ替わりによる物件管理上の問題であり、貸主負担とすることが妥当とされている。

エ ガイドラインでは、エアコンの内部洗浄について、喫煙等による臭い等が付着していない限り、貸主負担とすることが妥当とされている。

❶ 1つ
❷ 2つ
❸ 3つ
❹ 4つ

得点源!

基本原則1	通常の住まい方によって発生するものであって、貸主が負担すべきだと考えられるもの（**通常損耗は借主負担ではない**）
基本原則2	通常の住まい方をした場合には発生しないと考えられるもの（**通常損耗を超える汚損、損傷は借主が負担する**）

解説　　　　　　　　　　　　　　　　　　　　　　　　正解：❹

ア　正しい　原状回復ガイドラインは、家具の設置による床・カーペットのへこみ、設置跡について、**通常の住まい方で発生するもの**であり、基本原則1（左ページの「得点源！」参照。以下同じ）が適用され、借主負担ではなく貸主負担としている。

建物を返還する際に、借主の使用中に生じた汚損、損耗を、貸主と借主のいずれに負担させるか（原状回復の問題）については、原状回復ガイドラインに示された考え方が一般的に採用されています。

原状回復ガイドラインでは、左ページの「得点源！」のような基本原則にあてはめた負担区分の例を掲げています。

イ　正しい　戸建て住宅の庭に生い茂った雑草の除去については、**通常の住まい方をした場合には発生しないもの**であって、基本原則2によって借主負担とすべきことが多いとされている。

ウ　正しい　鍵の紛失や破損による取替えは、破損や鍵紛失という事情があれば借主負担だが、そのような事情がなければ、入居者の入れ替わりによる**物件管理上の問題**であり、貸主負担とされている。

エ　正しい　エアコンの内部洗浄（喫煙等による臭い等が付着していない場合）は、**通常の住まい方で発生するもの**であって、基本原則1が適用され、借主負担ではなく貸主負担とされている。

以上により、正しいものは**ア、イ、ウ、エの４つ**であり、正解は肢❹となる。

基本テキスト　2編3章

得点源！

基本原則３	借主負担となる修理・交換の範囲と負担割合には合理性が必要 ① 修理・交換の範囲（施工単位）の合理性 ② 負担割合の合理性

平成30年 問25　⑥原状回復

原状回復ガイドライン

重要度 S

問題 31　**「原状回復をめぐるトラブルとガイドライン（再改訂版）」に関する次の記述のうち、最も適切なものはどれか。**

❶　ガイドラインでは、借主によるペット飼育に伴い生じる「臭い」は、「賃借人が通常の住まい方、使い方をしていても発生すると考えられるもの」に位置づけられており、借主は原状回復義務を負わない。

❷　ガイドラインでは、エアコンの内部洗浄は、「明らかに通常の使用等による結果とは言えないもの」に位置づけられており、借主は原状回復義務を負う。

❸　ガイドラインでは、賃貸建物の鍵の紛失は、賃借人負担と判断される場合が多いため、「明らかに通常の使用等による結果とは言えないもの」に位置づけられており、借主は原状回復義務を負う。

❹　ガイドラインでは、風呂・トイレ・洗面台の水垢・カビ等は、「賃借人が通常の住まい方、使い方をしていても発生すると考えられるもの」に位置づけられており、借主は原状回復義務を負わない。

解説 正解：❸

❶ **不適切　ペットにより付着した臭い、柱等に生じたキズは、借主負担**
　住まい方、使い方次第で発生したり、発生しなかったりすると考えられるもの（借主が手入れを怠ったもの、用法違反、不注意によるもの）に関する工事は、借主負担である。

❷ **不適切　エアコンの内部洗浄は構造上発生するものなので、貸主負担**
　通常の住まい方、使い方をしていて発生する汚損、損傷は、**通常損耗**であって、借主負担ではなく、貸主負担となる。エアコンの内部洗浄（喫煙等による臭い等が付着していないもの）は、建物・設備の構造上発生するものであって、その発生について借主に責任がなく、貸主負担とされている。

❸ **最も適切　鍵の紛失または破損による取替え**は、シリンダーの交換とあわせて、借主負担とされている。

❹ **不適切　借主が日常の清掃を怠って発生した水垢・カビ等は、借主負担**
　風呂・トイレ等の水垢、カビ等、日常の不適切な手入れもしくは用法違反による設備の毀損は、**通常の住まい方、使い方によって発生するものではない**。したがって、借主負担とされている。

基本テキスト　2編3章

得点源!

【原状回復の定義】

借主の居住、使用により発生した建物価値の減少のうち、
- 借主の故意・過失
- 善管注意義務違反
- その他、通常の使い方を逸脱した使用

による損耗・毀損を復旧すること

→

借主の負担
借主が通常の住まい方、使い方をしていれば発生しないもの

令和5年 問10　⑥原状回復

原状回復ガイドライン

重要度 S

問題32 **原状回復ガイドラインに関する次の記述のうち、不適切なものはいくつあるか。**

ア　賃借人が6年間入居後、退去の際に壁クロスに落書きを行った場合、賃借人の負担は残存価値の1円となる。

イ　賃借人の過失により襖紙の張り替えが必要となった場合、6年で残存価値1円となるような直線を想定し、負担割合を算定する。

ウ　賃借人の過失によりフローリング床全体の張り替えが必要となった場合、経年変化を考慮せず、賃借人の負担となる。

エ　賃借人の過失によりクッションフロアの交換が必要になった場合、経年変化を考慮せず、賃借人の負担となる。

❶　1つ
❷　2つ
❸　3つ
❹　4つ

解説　　　　　　　　　　　　　　　　　　　　　　　　　　**正解：❹**

ア　不適切　故意・過失による設備等の破損は賃借人が負担し、回復する

経過年数を超え、計算上は僅かな価値しか残っていない設備等であっても、**継続して使用可能な場合には、補修をして使用される**。このような場合において、**賃借人が故意・過失により設備等を破損し、使用不能としたときには、賃借人が本来機能していた状態まで戻す必要がある**。賃借人がクロスに故意に行った落書きを消すための費用（工事費や人件費等）などは、賃借人の負担とされる。

イ　不適切　襖紙の張り替えは経過年数を考慮せず、賃借人の負担となる

襖紙について、賃借人の過失によって張り替えが必要となった場合には、経過年数は考慮されず、張り替え費用の全額が賃借人負担となる。襖紙や障子紙や畳表には**消耗品**という性格があるからである。

ウ　不適切　経過年数を考慮した上で賃借人の負担額が決まる

賃借人の過失によりフローリングの全体にわたって毀損が生じた場合のフローリング全体の張替え費用は、経過年数を考慮し、残存価値１円となるような直線を想定したうえで、負担割合を算定して賃借人の負担額が定められる。フローリング全体が新規のものとなる場合の賃貸人と賃借人の利益の調整が必要だからである。

なお、部分補修が必要な場合には、賃貸人がフローリング全体を新品のものとして取得できることにはならないので、経年変化を考慮せず、補修費用全部が賃借人の負担となります。

エ　不適切　経過年数を考慮した上で賃借人の負担額が決まる

賃借人の過失によりクッションフロアの交換が必要になった場合、交換費用は賃借人負担となるが、その負担額は、経過年数を考慮し、６年で残存価値１円となるような直線（または曲線）を想定した負担割合によって、算出される。

以上により、不適切なものは**ア、イ、ウ、エ**の４つであり、正解は肢❹となる。

基本テキスト　２編３章

令和3年 問10　⑥原状回復

原状回復ガイドライン

重要度 S

問題 33 原状回復ガイドラインに関する次の記述のうち、適切なものはどれか。

❶ 壁クロスの毀損箇所が一部分であっても、他の面と色や模様を合わせないと商品価値が維持できない場合には、居室全体の張り替え費用は借主負担となる。

❷ フローリングの毀損箇所が一箇所のときは、居室全体の張り替え費用を借主の負担とすることはできない。

❸ 畳の毀損箇所が１枚であっても、色合わせを行う場合は、居室全体の畳交換費用が借主負担となる。

❹ 鍵の紛失に伴う鍵交換費用は、紛失した鍵の本数に応じた按分割合による額又は経過年数を考慮した額のいずれか低い額による。

解説 　　　　**正解：❷**

❶ 不適切　居室全体の張替え費用を借主負担とすることはできない

壁クロスについては「㎡」単位が望ましいが、他の面と色や模様を合わせないと商品価値が維持できない場合には、借主が毀損させた箇所を含む一面分の張替え費用を借主負担としてもよいが、居室全体の張替え費用は借主負担とすることはできない。

つまり、部屋全体のクロスの色や模様が一致していないからといって、賃貸借の目的物となり得ないというものではない。

損耗がある箇所について、原状回復の負担を求められる範囲について、原状回復ガイドラインは、原状回復が毀損部分の復旧であることから、可能な限り毀損部分に限定し、毀損部分の補修工事が可能な最低限度を施工単位とすることを基本としています。借主に原状回復義務がある場合の費用負担も、補修工事が最低限可能な施工単位に基づく補修費用相当分が負担対象範囲の基本となります。

❷ 適切　フローリングについて、借主負担を求めることができる範囲は、原則として「㎡」単位であるが、**毀損等が複数箇所にわたる場合**は、その居室全体とされている。したがって、毀損箇所が１箇所の場合には、居室全体の張り替えの負担は認められない。

❸ 不適切　居室全体の畳交換の費用を借主負担とすることはできない

畳については、借主負担を求めることができるのは、原則として「１枚」単位となる。毀損等が複数枚にわたる場合は、その枚数となる。補修方法が裏返しか表替えかは、毀損の程度による。

❹ 不適切　紛失の場合の鍵交換の費用は、全額が借主負担

紛失の場合の鍵交換については、シリンダーの交換まで含めて、全額が借主負担となる。原状回復ガイドラインでは、紛失した鍵の本数に応じた按分割合による額や、経過年数を考慮した額などの考え方は採られていない。

基本テキスト　２編３章

令和２年 問31　⑥原状回復

原状回復ガイドライン

重要度 S

問題 34　**「原状回復をめぐるトラブルとガイドライン（再改訂版）」の考え方を前提とした場合、原状回復に関する次の記述のうち、誤っているものの組合せはどれか。**

ア　借主の喫煙を理由として壁クロスの交換が必要となった場合、６年で残存価値１円となるような直線を想定し、負担割合を算定する。

イ　借主の過失によりフローリング床全体の張り替えが必要となった場合の張り替え費用は、経年変化を考慮せず、全額借主の負担となる。

ウ　耐用年数を経過した壁クロスであっても、借主が故意に落書きをした部分を消すのに要する費用は、借主の負担となることがある。

エ　借主の過失により必要となったクッションフロアの交換費用は、経年変化を考慮せず、全額借主の負担となる。

❶　ア、イ
❷　ア、ウ
❸　イ、エ
❹　ウ、エ

解説 **正解：❸**

ア　正しい　喫煙によりクロス等がヤニで変色したり臭いが付着している場合は、通常の使用による汚損を超えるものと判断される場合が多い。6年で残存価値が1円となるような直線を想定し、負担割合に応じて**補修費用の一部を借主に負担**させることになる。

イ　誤り　借主が全額負担するのではなく、負担割合に応じた額を負担する
借主の過失による毀損のために、フローリング床全体を張り替える場合は、張り替え費用の全額ではなく、耐用年数で残存価値1円となるような直線を想定し、負担割合を算定し、**負担割合に応じた額が借主の負担**となる。

なお、部分的な張り替えが必要になった場合には、経過年数を考慮することなく、借主の負担となります。部分補修の費用全額を借主が負担しても、貸主がその時点におけるフローリングの価値（経年変化や通常損耗による減少を考慮した価値）を超える利益を獲得することにはならないことが、その理由です。

ウ　正しい　借主に補修費用の負担を求める場合には、経過年数を考慮したうえで補修費用の一部を借主の負担とする。しかし、経過年数の経過した後の壁クロスについて、借主が故意に落書きをしたような場合の補修費用については、借主に善管注意義務違反があったと考えられることから、**補修費用の全額が借主の負担**とされる。

エ　誤り　借主が負担するのは全額ではなく、負担割合に応じた額
クッションフロアについては、6年で残存価値1円となるような直線を想定し、経年変化を考慮して負担割合を算定したうえで、全額ではなく、**負担割合に応じた額が借主の負担**となる。

以上により、誤っているものの組合せは**イ、エ**であり、正解は肢❸となる。

基本テキスト　2編3章

令和元年 問22　⑥原状回復

原状回復ガイドライン

重要度 S

問題35 原状回復における経過年数の考慮に関する次の記述のうち、適切なものの組合せはどれか。

ア　ガイドラインによれば、クッションフロアは８年で残存価値１円となるような直線または曲線を想定し、借主の負担を決定する。

イ　ガイドラインによれば、借主の過失によって必要となったフローリングの部分補修は、経過年数を考慮することなく借主の負担となる。

ウ　ガイドラインによれば、借主が喫煙したことによって必要となったクロスの張替え費用は、経過年数を考慮することなく借主の負担となる。

エ　ガイドラインによれば、耐用年数を経過したクロスであっても、使用可能である場合には、借主が行った落書きを消すための費用については、借主の負担となることがある。

❶　ア、イ
❷　ア、ウ
❸　イ、エ
❹　ウ、エ

解説 　　　　　　　　　　　　　　　　　　　　**正解：❸**

ア　不適切　8年ではなく、6年で残存価値1円となる直線・曲線を想定

原状回復ガイドラインでは、カーペット、クッションフロアについては、**6年で残存価値1円**となる直線または曲線によって借主の負担額を決めるものとされている。

汚損・損傷の補修、交換を借主負担とする場合に、補修、交換の費用を全額借主に負担させるとなると、貸主は新品を取得することになり公平ではありません。したがって、借主が通常の使用により発生させた損耗分については、本来は借主が賃貸借期間中に支払ってきた賃料で負担すべきであり、原状回復による借主負担からはその分を差し引くことが適当です。

そこで、明渡し時の現実状態と本来あるべき状態の差を借主の負担としつつも、耐用年数を考慮して、借主の使用する年数が多いほど負担割合を減少させることにしています。

イ　適切　原状回復ガイドラインでは、建物本体と同様に長期間の使用に耐えられる部位であって、部分補修が可能な部位、たとえば、フローリング等の部分補修については**経過年数を考慮せず**、補修費用全額について借主負担とするものとされている。

ウ　不適切　クロスは経過年数を考慮して借主負担の金額が算出される

借主の喫煙によってクロス張替えが必要となった場合も、借主が負担するべき金額の決定については**経過年数が考慮される**。

エ　適切　原状回復ガイドラインでは、借主がクロスに故意に行った落書きを消すための費用（工事費や人件費等）などについては、**借主の負担となることがある**と説明されている。

耐用年数を超えても、使用可能な物件を借主が毀損、損傷させた場合には、補修工事が必要になります。耐用年数を超えると残存価値は考慮できませんが、借主の善管注意義務による損害が生じていることから、補修工事の費用（本来機能していた状態まで戻す費用）は、借主負担になるものとされています。

以上により、適切なものの組合せは**イ、エ**であり、正解は肢❸となる。

基本テキスト　2編3章

令和４年 問10　⑥原状回復

原状回復ガイドライン

重要度 S

問題 36　「原状回復をめぐるトラブルとガイドライン（再改定版）」（国土交通省住宅局平成23年８月。以下、各問において「原状回復ガイドライン」という。）に関する次の記述のうち、**適切なものはいくつあるか。**

ア　借主の負担は、建物、設備等の経過年数を考慮して決定するものとし、経過年数による減価割合は、償却年数経過後の残存価値が10％となるようにして算定する。

イ　中古物件の賃貸借契約であって、入居直前に設備等の交換を行っていない場合、入居時点の設備等の価値は、貸主又は管理業者が決定する。

ウ　借主が通常の住まい方をしていても発生する損耗であっても、その後の借主の管理が悪く、損耗が拡大したと考えられるものは、借主が原状回復費用を全額負担する。

エ　経過年数を超えた設備等であっても、継続して賃貸住宅の設備等として使用可能なものを借主が故意又は過失により破損した場合、借主は新品に交換する費用を負担する。

❶　なし
❷　１つ
❸　２つ
❹　３つ

解説　　　　　　　　　　　　　　　　　　　　　　　　　　正解：❶

ア　適切ではない　残存価値を10%とする規定はない

借主の故意過失による損耗でも、建物や設備等の経過年数を考慮し、年数が多いほど負担割合は減少する。減価割合は、耐用年数経過時に**残存簿価1円**になるものとして償却するものとされている。現在では償却年数経過後の残存価値が10%となるようにして算定するものとはされていない。

ガイドラインでは、経過年数による負担割合の減価割合については、「法人税法」における減価償却資産の考え方を採用し、「減価償却資産の耐用年数等に関する省令」における経過年数による減価割合を参考にしています。

イ　適切ではない　入居時の設備等の価値は、客観的な価値により判断される

原状回復は、建物を受け取った後、明渡しまでの間に生じた損傷がある場合において、その損傷を原状に復するための費用を、貸主と借主のいずれが負担するかという問題である。入居時点の設備等の価値については、貸主や管理業者が決定するのではなく、**客観的にどのような価値を有していたか**によって判断がなされる。

ウ　適切ではない　借主が負担するのは損耗の拡大部分の補修費用

借主が通常の住まい方、使い方をして発生するものであっても、手入れ等の**借主の管理が悪く、損耗が拡大した場合**は、損耗の拡大部分を借主が負担すべきである。ここでの借主負担は損耗の拡大部分の補修費用であって、原状回復費用全額ではない。

エ　適切ではない　借主が負担するのは従来の状態まで回復させるための費用

耐用年数を超えた設備等でも、継続して賃貸住宅の設備等として使用可能な場合がある。継続して使用可能な設備等を借主が故意・過失等により破損し、使用不能にしてしまったとすれば、借主は、従来機能していた状態まで回復させるための費用を負担しなければならない。借主負担となるのは、**従来機能していた状態まで回復させる**ための費用であり、新品に交換する費用まで負担する必要はない。

以上により、適切なものはなく、正解は肢❶である。

令和5年 問11　⑥原状回復

原状回復ガイドライン

重要度 S

問題 37　**賃貸住宅における原状回復に関する次の記述のうち、最も不適切なものはどれか。**

❶　賃貸人が敷金100万円から原状回復費用として70万円を控除して賃借人に敷金を返還した場合において、賃借人の故意・過失による損耗・毀損がないときは、賃借人は、敷金全額分の返還を受けるため、少額訴訟を提起することができる。

❷　原状回復にかかるトラブルを未然に防止するためには、原状回復条件を賃貸借契約書においてあらかじめ合意しておくことが重要であるため、原状回復ガイドラインでは、賃貸借契約書に添付する原状回復の条件に関する様式が示されている。

❸　原状回復費用の見積りや精算の際の参考とするため、原状回復ガイドラインでは、原状回復の精算明細等に関する様式が示されている。

❹　民法では、賃借人は、賃借物を受け取った後に生じた損傷（通常の使用収益によって生じた損耗や賃借物の経年変化を除く）がある場合において、その損傷が賃借人の責めに帰することができない事由によるものである場合を除き、賃貸借の終了時に、その損傷を原状に復する義務を負うとされている。

解説

正解：❶

❶ **最も不適切　少額訴訟で請求できるのは60万円以下**

少額訴訟は、複雑困難でない少額の訴訟について、軽い経済的負担で、迅速かつ効果的な解決を求めることができるように、原則として1回の期日で審理を完了して、直ちに判決を言い渡す訴訟手続である（民事訴訟法368条1項）。簡易裁判所における訴訟手続なので、対象は**訴額が60万円以下の金銭の支払請求**となる。本肢において、敷金全額の返還を求めるには100万円の金銭請求をすることになるので、少額訴訟を利用することはできない。

❷ **適切**　原状回復費用は、入居当初には発生しないけれども、いずれは賃借人に負担が発生する可能性がある。そのため、**契約の時点において、賃貸人・賃借人の修繕負担、賃借人の負担範囲、原状回復工事施工目安単価**などを明記している原状回復条件を契約書に添付し、**あらかじめ条件を合意しておくことが望まれる**。原状回復ガイドラインには、賃貸借契約書に添付する原状回復の条件に関する様式が示されている。

❸ **適切**　原状回復ガイドラインでは、原状回復費用の見積りや精算を行う場合の参考となるように、「**原状回復の精算明細等に関する様式**」が示されている。

この様式は、「入退去時の物件状況及び原状回復確認リスト」をもとにして、そこに記載されている対象個所を部位別にまとめ、それぞれの原状回復工事費用（単価×量）、経過年数、賃貸人・賃借人双方の負担割合と具体の金額を記載するものとなっています。

❹ **適切**　民法には「賃借人は、賃借物を受け取った後にこれに生じた損傷（通常の使用及び収益によって生じた賃借物の損耗並びに賃借物の経年変化を除く）がある場合において、賃貸借が終了したときは、その**損傷を原状に復する義務を負う**。ただし、**その損傷が賃借人の責めに帰することができない事由によるものであるときは、この限りでない**」と定められている（民法621条本文・ただし書）。

基本テキスト　2編1章、2編3章

令和４年 問12 ⑦建物の基礎知識

建物の構造形式

重要度 **B**

問題 38 **建物の構造形式に関する次の記述のうち、最も不適切なものはどれか。**

❶ 鉄筋コンクリート造は、建設工事現場でコンクリートを打ち込むので、乾燥収縮によるひび割れは発生しにくい。

❷ ラーメン構造は、各節点において部材が剛に接合されている骨組であり、鉄筋コンクリート造の建物に数多く用いられている。

❸ ＣＬＴ工法は、木質系工法で、繊維方向が直交するように板を交互に張り合わせたパネルを用いて、床、壁、天井（屋根）を構成する工法である。

❹ 壁式鉄筋コンクリート造は、ラーメン構造と異なり、柱が存在しない形式で耐力壁が水平力と鉛直荷重を支える構造であり、特に低層集合住宅で使われている。

得点源！

【ラーメン構造と壁式構造】

ラーメン構造	壁式構造
柱と梁を組み立て、その接合部をつないで一体化した骨組みとする構造 **ラーメン構造** 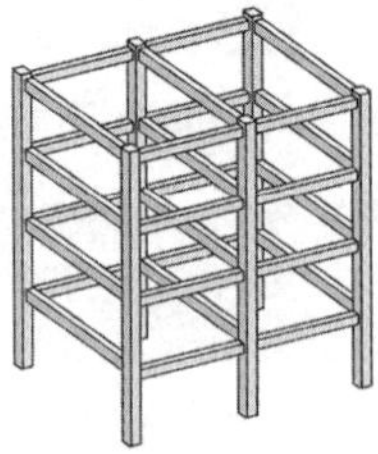	柱と梁がなく、壁体や床板で構成する構造方式。経済性に優れ、おもに共同住宅や低層住宅で採用される **壁式構造** 

解説 　　正解：❶

❶ 最も不適切　鉄筋コンクリート造はひび割れが発生しやすい

鉄筋コンクリート造（RC造）は、柱や梁などの主要構造部を鉄筋コンクリートで構築する建物構造である。コンクリートには、**乾燥収縮しやすい**という特性がある。そのため、鉄筋コンクリート造は、コンクリートの乾燥収縮によって、ひび割れが発生しやすいことが短所となる。

なお、コンクリートは圧縮力には強いですが、引張力に弱く、小さな引張力でひび割れが発生します。そのため、鉄筋コンクリート構造では、引張力に強い**鉄筋**を用いてコンクリートを補強することにより、圧縮力にも引張力にも強い構造としています。

❷ 適切　ラーメン構造は、柱と梁（はり）を一体化した骨組構造である。**鉄筋コンクリート造の建物に数多く用いられる**構造である。建物の強度を高めるために、ラーメン構造の柱と梁の中に壁を組み込んで、耐震壁が設けられる場合もある。

❸ 適切　ＣＬＴ工法は、繊維方向で直交するように板を交互に張り合わせたパネルを用いて床、壁、天井（屋根）を構成する工法である。耐震性、断熱性、遮炎性などに優れ、材料寸法の安定性が高いという長所を有する。他方、価格が高い、雨水浸入を妨げることができないので、外部に面して別途仕上げが必要という短所がある。

CLT工法はヨーロッパで開発された木質系工法で、日本では、2016年４月に建築基準法告示が公布・施行され、使用が認められました。

❹ 適切　壁式鉄筋コンクリート造は、耐力壁、床スラブ、壁梁からなる構造である。ラーメン構造と異なり**柱が存在せず**、耐力壁が水平力とともに鉛直荷重も支えている。そのため、建物に柱や梁の形が出てくることがなく、**空間を有効に使える**という長所がある。特に低層集合住宅で広く使われている。建設可能な建物階数、高さ等、単位面積当たりの必要壁量や厚さが、法令により定められている。

基本テキスト　２編４章

令和元年 問39　⑦建物の基礎知識

建物の構造・工法

※講習修了者免除問題

重要度 B

問題 39　建物の構造・工法に関する次の記述のうち、誤っているものはいくつあるか。

ア　プレハブ工法は、構成部材を工場製作し、現場では部材の組立を主に行うため、工期短縮、品質向上に優れている。

イ　木造ツーバイフォー工法は、枠組みに構造用合板を張った壁、床によって構成された壁式構造の工法であり、枠組壁工法ともいう。

ウ　壁式鉄筋コンクリート造は、建設可能な建物の階数、高さ等、また、単位面積当たりの必要壁量や厚さが法令で規定されている。

❶　なし
❷　1つ
❸　2つ
❹　3つ

得点源!

【建物の構造①】

木造在来工法	日本の伝統的な木造住宅の工法。太い断面の部材を使用した土台、柱、梁などの軸組（骨組み）で主要構造を構成する工法。「木造軸組工法」ともいう
木造ツーバイフォー工法	北アメリカで広く使われている工法を1965（昭和40）年頃、わが国に導入した。主要部材の基準断面が**2×4インチ**（約5×10cm）であることが名前の由来
プレハブ工法	構成部材を事前に工場制作し、現場では部材の組立てだけを行う工法

解説

正解：❶

ア　正しい　プレハブ工法とは、構成部材を事前に工場製作し、現場では部材の組立てだけを行う工法である。狭い意味では、軽量鉄骨プレハブ構造、軽量コンクリート組立工法の２種類をいい、広い意味ではツーバイフォー工法を含む。長所は、コストが安定していること、**工期短縮、省力化、品質向上に優れていること**。短所は、規格化された部材を組み合わせるため設計の自由度が低いことである。

イ　正しい　木造ツーバイフォー工法とは、材料として２インチ×４インチ等の木材と構造用合板を主に用い、釘と接合金物で組み立てる工法である。荷重に対して壁全体で抵抗する工法であり、壁は、立て枠材に合板等のボード類を釘で密に打ちつけた耐力壁となる。そのため「**枠組壁工法**」ともいう。

ウ　正しい　壁式鉄筋コンクリート造は、鉄筋コンクリートを用いる壁式構造である。軒高20m、階数５、階高3.5m以下など、**建築可能な高さ、階数の制限や、単位面積当たりに必要な壁量や壁の厚さ**などが、法令によって制限されている。

以上により、誤っているものは「**なし**」であり、正解は肢❶となる。

基本テキスト　２編４章

得点源!

【建物の構造②】

鉄筋コンクリート造（ＲＣ造）	鉄筋を組み立て、コンクリートを流し込んだ構造
鉄骨鉄筋コンクリート造（ＳＲＣ造）	鉄骨を取り巻くように鉄筋を配置して型枠で囲み、コンクリートを流し込んで一体化したもの
鉄骨造（Ｓ造）	柱、梁などの構造体に鉄骨を使用する工法

令和３年 問12　⑦建物の基礎知識

住宅の居室

重要度 B

問題 40 住宅の居室に関する次の記述のうち、誤っているものはどれか。

❶ 住宅の居室とは、人が長時間いる場所のことであり、居間や寝室等が該当し、便所は除かれる。

❷ 住宅の居室には、原則として、床面積の20分の１以上の換気に有効な開口部が必要である。

❸ 襖等常に開放できるもので間仕切られた２つの居室は、換気に関し、１室とみなすことはできない。

❹ 共同住宅では、その階における居室の床面積の合計が100平方メートル（耐火、準耐火構造の場合は200平方メートル）を超える場合は、避難するための直通階段を２つ以上設けなければならない。

解説 正解：❸

❶ **正しい** 居室とは、居住、執務、作業、集会、娯楽その他これらに類する目的のために継続的に使用する室である（建築基準法２条４号）。人が**長時間いる場所**が居室になるため、便所などは居室には入らない。

❷ **正しい** 居室には、原則として、換気のための窓その他の開口部を設け、その換気に有効な部分の面積は、その居室の床面積に対して、**$\frac{1}{20}$以上**としなければならない（建築基準法28条２項）。

なお、例外的に、技術的基準に従って換気設備を設けた場合には、開口部の設置義務は課されません。

❸ **誤り** **障子などの随時開放できるもので仕切られた２室は、１室とみなされる**

ふすま、障子その他随時開放することができるもので仕切られた２室は、換気のための窓その他の開口部に関する規定の適用については、１室とみなされる（建築基準法28条４項）。

居室の開口部に関しては、換気の目的のほか、採光のための規制も設けられています。すなわち、居住のための居室、学校の教室、病院の病室等には、採光のための窓その他の開口部を設け、その採光に有効な部分の面積は、その居室の床面積に対して、住宅にあっては$\frac{1}{7}$以上、その他の建築物にあっては$\frac{1}{5}$〜$\frac{1}{10}$までの間において政令で定める割合以上としなければなりません（建築基準法28条１項）。

なお、採光のための規定においても、ふすま、障子その他随時開放することができるもので仕切られた２室は、１室とみなされます（同法28条４項）。

❹ **正しい** 共同住宅では、その階における居室の床面積の合計が100㎡（耐火構造・準耐火構造の場合は200㎡）を超える場合は、その階から避難するための直通階段を**２つ以上**設けなければならない（建築基準法施行令121条）。

基本テキスト 2編4章

令和２年 問48　⑦建物の基礎知識

天井高

※講習修了者免除問題

重要度 B

問題 41 建築基準法の天井高規定に関する次の記述のうち、誤っているものはどれか。

❶ 居室の天井高は、2.1m以上としなければならない。

❷ 一室の中で天井の高さが異なったり、傾斜天井がある場合は、平均天井高が2.1m必要である。

❸ 天井高が1.4m以下で、かつ設置される階の床面積の二分の一以下であるなどの基準を満たし、小屋裏物置（いわゆるロフト）として扱われる部分は、床面積に算定される。

❹ 一定の基準を満たした小屋裏物置（いわゆるロフト）は、居室として使用することはできない。

解説

正解：❸

❶ **正しい**　居室の天井の高さは、**2.1m以上**でなければならない（建築基準法施行令21条1項）。

❷ **正しい**　建築基準法における居室の天井の高さは、室の床面から測る必要があり、一室内において天井の高さの異なる部分がある場合には、**平均の高さによるもの**とされている（建築基準法施行令21条2項）。一室の中で天井の高さが異なる部分があったり、傾斜天井となっている場合には、平均した高さが2.1m以上となっている必要がある。

❸ **誤り　一定の基準を満たしたロフトは床面積に算定されない**

天井の高さが1.4m以下で、かつ設置される階の床面積の$\frac{1}{2}$未満であるなどの一定の基準を満たした小屋裏物置（ロフト）については、床面積に算定されない。

小屋裏物置（ロフト）は建築物の階数を算定する場合にも、算定の対象外です。

❹ **正しい**　天井の高さが1.4m以下で、かつ設置される階の床面積の$\frac{1}{2}$未満であるなどの一定の基準を満たした小屋裏物置（ロフト）は、あくまでも余剰空間を利用して設置された物置であって、**居室として使用することはできない**。

肢❸、肢❹については、平成12年6月1日の建築基準法改正に伴う国土交通省技術的助言、地方公共団体の定める基準です。

基本テキスト　2編4章

令和元年 問28 改 ⑦建物の基礎知識

採光規定

重要度 B

問題 42 建築基準法の採光規定に関する次の記述のうち、誤っているものはどれか。

❶ 事務所や店舗用の建築物に対しては、採光規定が適用される。

❷ 採光規定が適用されない建築物を住宅に用途を変更して改築する場合、採光規定による制限をいかに充足するかが問題となることが多い。

❸ 住宅の居室では、開口部の面積のうち、採光に有効な部分の面積は、原則としてその居室の床面積の７分の１以上としなければならない。

❹ 襖など常に開放できるもので間仕切られた２つの居室は、採光規定上、１室とみなすことができる。

解説

正解：❶

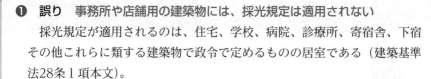

❶ **誤り　事務所や店舗用の建築物には、採光規定は適用されない**

採光規定が適用されるのは、住宅、学校、病院、診療所、寄宿舎、下宿その他これらに類する建築物で政令で定めるものの居室である（建築基準法28条1項本文）。

❷ **正しい**　オフィスや店舗などの建築物を住宅に用途を変更して改築することについて、近年では「コンバージョン」といわれ注目されているが、オフィスや店舗などの住宅等以外の用途の場合は採光規定の適用がなく、住宅に用途変更するための**必要な開口部がないことが多い**。そのような場合には、外壁を改造して開口部を設けなければならないが、外壁の改造は容易ではない。

❸ **正しい**　採光規定によって、住宅に必要とされる開口部の面積は、原則として居室の床面積に対して$\frac{1}{7}$**以上**である（建築基準法28条1項）。なお、照明器具の設置等の措置により、$\frac{1}{10}$までの範囲内で緩和することが認められている。

❹ **正しい**　室内に間仕切りがあっても、それが襖などの常に開放できるものであれば、採光規定の適用において、**2つの居室を1室とみなすことができる**ものとされている（建築基準法28条4項）。

基本テキスト　2編4章

令和5年 問12　⑧地震対策

耐震基準・耐震診断

重要度 A

問題 43　建物の構造に関する次の記述のうち、最も不適切なものはどれか。

❶ 1968年の十勝沖地震の被害を踏まえ、1971年に鉄筋コンクリート造の柱のせん断設計法を変更する等の建築基準法施行令改正があった。

❷ 1978年の宮城県沖地震の被害を踏まえ、1981年に建築基準法の耐震基準が改正され、この法改正の内容に基づく設計法が、いわゆる新耐震設計法である。

❸ 2013年に建築物の耐震改修の促進に関する法律が改正され、一部の建物について耐震診断が義務付けられた。

❹ 共同住宅である賃貸住宅においても、耐震診断と耐震改修を行うことが義務付けられている。

解説

正解：❹

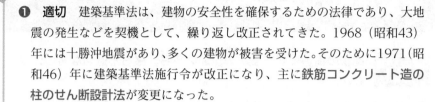

❶ **適切** 建築基準法は、建物の安全性を確保するための法律であり、大地震の発生などを契機として、繰り返し改正されてきた。1968（昭和43）年には十勝沖地震があり、多くの建物が被害を受けた。そのために1971（昭和46）年に建築基準法施行令が改正になり、主に**鉄筋コンクリート造の柱のせん断設計法**が変更になった。

❷ **適切** 1978（昭和53）年には宮城県沖地震があり、多くの建物が被害を受けた。そのために1981（昭和56）年に**建築基準法の耐震基準が大幅に改正された**。この建築基準法改正における改正内容が、**新耐震基準**（新耐震設計法）である。新耐震基準は、中地震（震度５程度：稀な地震（数十年に一度））では、ほとんど損傷しない、大地震（震度６強程度：極く稀な地震（数百年に一度））では、建物が倒壊しないという基準となっている。

❸ **適切** 耐震診断とは、建物に必要とされる耐力と、現に保有している耐力を比較し、大地震の際にどの程度の被害を受けるかを評価・判定するものである。2013（平成25）年には**建築物の耐震改修の促進に関する法律**（耐震改修促進法）が改正され、一部の建物について耐震診断が義務付けられた。

❹ **最も不適切** **耐震診断は努力義務、耐震改修は義務付けられていない**

2013（平成25）年の耐震改修促進法の改正により、**共同住宅である賃貸住宅においても、耐震診断を行うとする努力義務が定められた**。他方、耐震改修は義務付けられていない。

基本テキスト　２編４章

令和５年 問46　⑧地震対策

耐震構造

※講習修了者免除問題

重要度 A

問題 44 **建物の構造に関する次の記述のうち、最も不適切なものはどれか。**

❶ 制振（制震）構造は、建物に入った地震力を吸収する制震部材（ダンパー）等を建物の骨組み等に設置することにより、振動を低減、制御する構造である。

❷ 搭状の建物では、制振（制震）構造による風揺れ対策の効果は期待できない。

❸ 免震構造は、建物に地震力が伝わりにくくするように、基礎と建物本体との間に免震ゴムなど免震装置を設け、揺れを低減する構造である。

❹ 免震構造の免震装置部分は、定期的な点検と管理が必要である。

得点源！

【耐震補強の工法】

耐震工法	壁や柱に補強材を入れて建物自体を強固にして、**震動**に対抗させる
制振工法	地震力が建物に入りにくくするのではなく、ダンパー等によって建物に入った地震力を吸収することで、大地震でも震動を**中地震程度**に低減（70～80%）させる
免震工法	基礎と建物本体との間に積層ゴムなどの免震装置（クッション）を設け、大地震でも震動を**小地震程度**に低減（30～50%）させる

解説 　　正解：❷

❶ **適切** 制振（制震）構造は、制振（制震）部材により地震エネルギーを吸収して揺れを軽減し、構造体の損害を防止する構造である。制震部材（ダンパー）等を建物の骨組み等に設置し、**建物に入った地震力を吸収して、振動を低減、制御するもの**である。大地震であっても70 ～ 80％に振動を低減することができる。

❷ **最も不適切** **制振構造は風揺れにも効果が期待できる**

制振（制震）構造は、軽くてやわらかい建物に有効で、塔状の建物では風揺れ対策にも効果が発揮できる。

免震構造のように建物の本体そのものに大きく手を加えることが少ないため工事費も低く、新築ばかりでなく改修にも向いています。

❸ **適切** 免震構造は、**建物と基礎の間にクッション（免震ゴムとダンパー）を設け**、地震の揺れを直接に建物に伝えないようにする構造である。建物に地震力を伝わりにくくして、建物の揺れを低減する。大地震であっても、30 ～ 50％に振動を低減することができる。

免震構造は、工事期間のゆとりや敷地に余裕のある場合には非常に有効な構造方式であり、地震力が低減される分、建物本体の構造工費も低減できる可能性があります。他方地震の際、免震層の上部が大きく移動（変形）するスペース（クリアランス）が必要で、床下の有効利用が難しくなります。また免震構造による改修のためには、改修工事の仮設などで多額の工事費が必要となるので、建物本体に手を加えにくい文化財的建物や防災拠点となる建物などを除いては改修方法としては利用されにくいです。そのために新築時の建物の構造として利用されることが多い手法になります。

❹ **適切** 免震構造では、免震装置として機械装置が使われる。機械装置については、地震時に有効に稼動するかどうかの**定期的な点検が必要**となる。

基本テキスト 2編4章

令和3年 問13 ⑧地震対策

耐震改修

重要度 B

問題 45 賃貸住宅の耐震改修方法に関する次の記述のうち、最も不適切なものはどれか。

❶ 木造において、基礎と土台、柱と梁を金物で緊結して補強する。

❷ 木造において、壁や開口部を構造パネルや筋かい等で補強する。

❸ 木造において、地震力を吸収する制震装置（ダンパー）を取り付けても効果がない。

❹ 鉄筋コンクリート造において、耐震壁や筋かいを増設する。

解説　　　　**正解：❸**

❶　**適切**　木造の建物においては、基礎と土台、柱と梁とを**金物で緊結して補強**することは、有効な耐震改修の方法のひとつである。

❷　**適切**　木造の建物の場合、既存壁を**構造パネルなどで補強**することや開口部を筋かい等で補強することは、有効な耐震改修の方法である。

【その他の耐震補強の方法（木造、軽量鉄骨造の場合）】
- 構造用合板等の面材や筋かいを用いて耐力壁を増設（柱と横架材の接合部は必要な接合部仕様金物で接合）
- 地震力を吸収する制震装置（ダンパー）の取付け
- 無筋コンクリート基礎の場合は、既存基礎に鉄筋コンクリート造の基礎を抱き合わせるように補強する方法
- 吹き抜け部分が大きい場合は、既存床材の補強や火打ちばりの増設等

❸　**最も不適切**　**制震装置（ダンパー）の取付けは、有効な耐震改修の方法**

木造の建物であっても、地震力を吸収する制震装置（ダンパー）を取り付けることは、有効な耐震改修の方法のひとつである。

❹　**適切**　鉄筋コンクリート造の場合、鉄筋コンクリートの**耐震壁、筋かい（鉄骨ブレース）を増設**することは、有効な耐震改修の方法である。

【その他の耐震補強の方法（鉄筋コンクリート造、鉄骨鉄筋コンクリート造等の場合）】
- 建物の外側の架構（フレーム）に新たな補強フレームの増設（在宅のままで施工可能）
- 柱を鋼板巻きや炭素繊維シート等によって補強
- 垂れ壁・腰壁があることによって耐震上不利な「短柱（脆性な柱）」となっている部分の壁に耐震スリットを取り付けて、粘り強くなるように補強する　等

基本テキスト　2編4章

令和4年 問13　⑨火災対策

避難施設

重要度 B

問題 46　**建築基準についての法令の避難規定に関する次の記述のうち、誤っているものはいくつあるか。**

ア　共同住宅では、居室の各部分から直通階段までの距離の制限がある。

イ　共同住宅の6階以上の階には、居室の床面積にかかわらず直通階段を2つ以上設置する必要がある。

ウ　建築物の各室から地上へ通じる避難通路となる廊下や階段（外気に開放された部分は除く。）には、非常用照明の設置義務が課されている。

❶　なし
❷　1つ
❸　2つ
❹　3つ

解説 正解：❶

ア　正しい　直通階段とは、その階から直接外部に避難できる階に直通している階段である。建築物の避難階（直接地上へ通ずる出入口のある階）以外の階（地下街におけるものを除く）においては、避難階または地上に通ずる直通階段を居室の各部分からそこに至る歩行距離が一定の数値以下となるように設けなければならない。共同住宅（建築基準法別表１（い）欄（２）項）では、**直通階段に至る歩行距離**は、主要構造部が準耐火構造または不燃材料で造られている場合は、50m以下、その他の場合は30m以下とされている（建築基準法施行令120条）。

イ　正しい　共同住宅では、６階以上の階でその階に居室を有するものについては、**居室の床面積にかかわらず**、直通階段を２つ以上設けなければならない（建築基準法施行令121条１項６号イ）。

ウ　正しい　建築物の各室から地上へ至る**避難通路となる廊下や階段**（外気に開放された部分は除く）には、非常用照明の設置義務が課されている。非常用照明はバッテリーを内蔵した照明器具で、停電時に自動的に点灯する仕組みでなければならない（建築基準法35条、施行令126条の４）。

以上により、誤っているものはなく、正解は肢❶である。

基本テキスト　２編４章

平成29年 問28　⑨火災対策

避難施設

重要度 C

問題 47　共同住宅の避難施設等に関する次の記述のうち、不適切なものはどれか。

❶　住戸の床面積の合計が100㎡を超える階では、両側に居室のある場合には、1.2m以上の廊下の幅が必要とされる。

❷　その階における居室の床面積の合計が100㎡を超える（耐火構造・準耐火構造の場合は200㎡）場合は、直通階段を２つ以上設けなければならないのが原則である。

❸　直上階の居室の床面積の合計が200㎡を超える階では、120㎝以上の階段の幅が必要とされる。

❹　屋外階段では、90㎝以上の階段の幅が必要とされる。

得点源!

【共同住宅の廊下の幅】

共同住宅の廊下の幅は、住戸の床面積の合計が100㎡を超える階では、

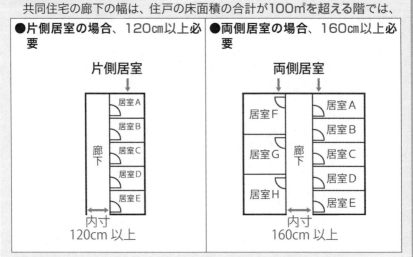

●**片側居室の場合、120㎝以上必要**

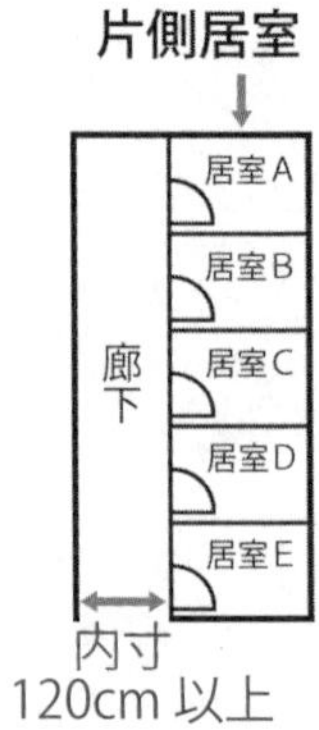

●**両側居室の場合、160㎝以上必要**

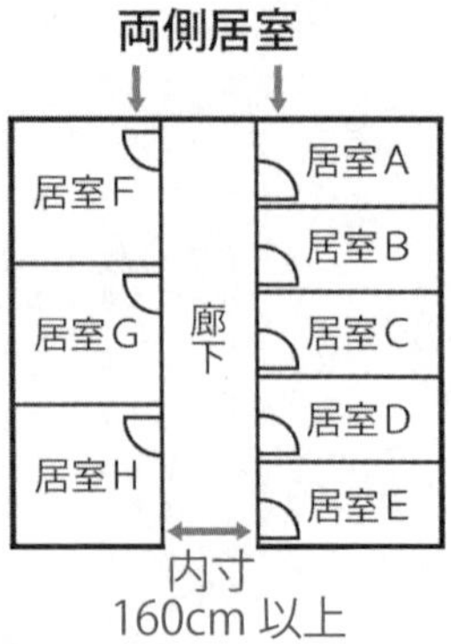

解説 正解：❶

❶ **不適切　両側に居室がある場合の廊下の幅は1.6m以上必要**

共同住宅で、住戸の床面積の合計が**100㎡超の階**では、両側に居室のある廊下と居室が片側にだけある片側廊下とに分けて、廊下の幅は、両側に居室のある廊下の場合は**1.6m以上**、それ以外（片側廊下の場合）は**1.2m以上**でなければならない（建築基準法施行令119条）。

❷ **適切**　共同住宅において、居室の床面積の合計が100㎡（耐火構造・準耐火構造であれば200㎡）超の階では、その階から避難するための**直通階段（避難階または地上に通ずる階段）を２つ以上設置する**ことが必要である（建築基準法施行令121条１項５号・２項）。

❸ **適切**　階段の幅は、直上階の居室の床面積の合計が**200㎡超の階**（または居室の床面積の合計が100㎡を超える地下の階）では**120cm以上**、それ以外は**75cm以上**が必要である（建築基準法施行令23条１項）。

❹ **適切**　屋外階段の幅は、直通階段については**90cm以上**でなければならない（建築基準法施行令23条１項）。

基本テキスト　2編4章

令和５年 問13　⑨火災対策

内装・防火区画・主要構造部

重要度 A

問題 48　建築基準法等に関する次の記述のうち、誤っているものはどれか。

❶　建築基準法では、内装制限として、火災の発生による建物内部の延焼を防ぐため、その用途規模に応じて内装材料などにさまざまな制限を加えている。

❷　賃貸住宅管理業者による日常的な維持管理においては、防火区画のための防火設備の機能を阻害しないような維持管理を行う必要がある。

❸　防火区画には、面積区画、高層区画、竪穴区画、異種用途区画がある。

❹　主要構造部には、間柱、小ばり、屋外階段、ひさしも含まれる。

解説 正解：❹

❶ **正しい** 建築基準法は、**建築物の用途や規模**に応じ、火災の発生による建物内部の延焼を防ぐために、**内装に使用する材料などに対して、さまざまな内装制限を加えている**（建築基準法35条の２、同法施行令128条の３の２～129条の２）。新築時の内装工事だけでなく、賃借人が入居するための造作設置などの内装工事も、内装制限の対象となる。

なお、消防法にも内装制限の定めがあり、カーテン・絨毯などを内装制限の対象としています。

❷ **正しい** 賃貸住宅管理業者による日常的な維持管理は、火災を防ぎ、かつ、火災発生時に避難を阻害するものを除去することが、その目的のひとつである。防火区画は、火災の拡大を防ぐために建築物に設ける区画であり（建築基準法施行令112条）、日常的な維持管理においては、**防火区画のための防火設備の機能を阻害しないような状況を維持すること**に配慮が必要となる。

❸ **正しい** 防火区画には、区画の設定の仕方によって、**面積、高層、竪穴、異種用途**の４つの基準（種類）がある。

面積基準としては、建物の種類によって1500㎡、1000㎡、500㎡の３種類がある。高層基準は、11階以上に対して適用される区画である（建築基準法施行令112条７項～10項）。竪穴基準は、階段や吹き抜け、エレベーターシャフト、ダクト等に設定される基準である（同法施行令112条11項～15項）。異種用途基準は、ひとつの建物内に異なる用途の部分が存在する場合の区画に適用される（同法施行令112条18項）。

❹ **誤り いずれも主要構造部ではない**

主要構造部は、壁、柱、床、梁、屋根または階段である。建築物の構造上重要でない間仕切壁、間柱、付け柱、揚げ床、最下階の床、回り舞台の床、小ばり、ひさし、局部的な小階段、屋外階段その他これらに類する建築物の部分は主要構造部から除外される（建築基準法２条５号）。間柱、小ばり、屋外階段、ひさしは、いずれも主要構造部ではない。

基本テキスト 2編4章

令和４年 問14　⑨火災対策

内装・防火区画・界壁

重要度 B

問題 49 建築基準法に規定する内装・構造に関する次の記述のうち、誤っているものはどれか。

❶ 建築基準法では、内装材料など、内装制限に関する規定があるが、入居者の入替え時に行う原状回復のための内部造作工事は対象とならない。

❷ 建築基準法のシックハウス対策の規定は、新築だけでなく、中古住宅においても増改築、大規模な修繕や模様替えを行う場合に適用となる。

❸ 防火区画となる壁・床は、耐火構造としなければならず、区画を構成する部分に開口部を設ける場合には、防火扉や防火シャッターなどの防火設備としなければならない。

❹ 共同住宅では、隣接する住戸から日常生活に伴い生ずる音を衛生上支障がないように低減するため、小屋裏又は天井裏まで達する構造とした界壁を設けなければならない。

解説 　　**正解：❶**

❶ **誤り　原状回復のための内部造作工事も対象**

建築基準法により火災の発生により建物内部の延焼を防ぐため、用途規模に応じて内装材料に制限が加えられる。新築時だけでなく、既存建物における入居者の入替え時の原状回復工事や入居工事による内部造作工事も規制対象となる。なお、消防法により、カーテン・絨毯なども内装制限の対象となっている。

❷ **正しい**　居室を有する建築物は、シックハウス対策として、化学物質の発散による衛生上の支障がないように、建築材料および換気設備が所定の技術基準に適合するものとしなければならない（建築基準法28条の２、施行令20条の４～20条の９。2003（平成15）年７月１日着工以降の建築物が対象）。この規定は、建築物を新築する場合だけでなく、**中古住宅の増改築・大規模な修繕・大規模な模様替え**を行う場合にも適用となる。クロルピリホスおよびホルムアルデヒドを含む建築材料の使用が制限されている。

❸ **正しい**　防火区画となる壁・床は、**耐火構造の壁・床**としなければならない（建築基準法36条、施行令112条）。また、区画を構成する部分に開口部を設ける場合には、**防火扉**や**防火シャッター**などの防火設備としなければならない。

❹ **正しい**　共同住宅の界壁は、日常生活に伴って生ずる隣接住戸からの音について、衛生上支障がない程度にまで低減するために、所定の技術基準に適合するものとしなければならない。また、界壁の構造が小屋裏または**天井裏まで達していること**も必要である（建築基準法30条１項１号・２号、令和２年２月27日　国土交通省告示200号）。

基本テキスト　２編４章

平成29年 問31　⑨火災対策

消防用設備等

重要度 B

問題 50 消防用設備等に関する次の記述のうち、不適切なものはいくつあるか。

ア　自動火災報知設備等が設置されていないすべての住宅には、住宅用火災警報器の設置が義務付けられている。

イ　消火器の詰め替えは、５年に１回程度、粉末（消火剤）の交換は８年～10年くらいのサイクルで実施するのが望ましい。

ウ　共同住宅は、賃貸物件であっても、収容人員が50人以上の場合は防火管理者を定め、防火管理を行う必要がある。

❶　1つ
❷　2つ
❸　3つ
❹　なし

得点源！

【自動火災報知設備の感知器】

熱感知式	定温式スポット型	火災の熱により、一定の温度以上になると作動する。作動する温度は75℃や65℃に設定されたものが多い
	差動式スポット型	周囲の温度の上昇率が一定の率以上になったときに作動する。食堂や駐車場等、煙や排気ガスが多量に流入する場所に設置される
煙感知式	イオン式スポット型	機器の中のイオン電流が煙によって遮断されると作動する
	光電式スポット型	煙の微粒子による光の反射を利用して作動させる

解説 正解：❶

ア 適切 住宅の関係者は、**住宅用防災機器を設置し、および維持しなければならない**（消防法9条の2第1項）。住宅に自動火災報知設備やスプリンクラー等が設置されていない場合には、住宅用火災警報器を設置しなければならないことになる。なお、複合用途建物では**住宅部分に設置**しなければならない。

イ 不適切 使用期限が経過した場合には詰め替えではなく交換
業務用消火器の使用期限についてはおおむね10年、住宅用消火器の使用期限についてはおおむね5年となっていて、使用期限を過ぎた消火器は破裂による人身事故の危険があることから、速やかに新しい消火器に取り替えなければならないものとされている。

ウ 適切 共同住宅は、消防法上、非特定防火対象物になる。非特定防火対象物については、建物の**収容人員が50人以上の場合には防火管理者の選任**が必要である（消防法8条1項、施行令1条の2第3項1号ハ、別表第1）。防火管理者の資格としては、建物全体の延べ面積が500㎡以上であれば甲種防火管理者、500㎡未満であれば甲種または乙種防火管理者となる。

以上により、不適切なものは**イの1つ**であり、正解は肢❶となる。

基本テキスト 2編4章

得点源！

【火災の種類と消火器】

火災の種類	消火器のマーク	燃焼する物質
A火災（普通火災）	白マーク	木材、紙、繊維など
B火災（油火災）	黄マーク	石油類その他の可燃性液体、油脂類など
C火災（電気火災）	青マーク	電気設備、電気機器など

平成30年 問32 ⑨火災対策

防火管理者

重要度 C

問題 51 防火管理者に関する次の記述のうち、最も不適切なものはどれか。

❶ 管理権原者は、防火管理者を選任し、防火管理業務を行わせなければならない。

❷ 賃貸住宅における管理権原者は、貸主（所有者）等である。

❸ 管理権原者は、管理業者を防火管理者として選任することで、防火管理責任を免れることができる。

❹ 防火管理者の行う業務のうち、特に重要なものは、消防計画の作成である。

得点源！

【防火対象物と防火管理者】

	対象となる建物	防火管理者の選任要件
特定防火対象物	不特定多数の人が**出入りする**建物 例 店舗や集会施設等	原則として収容人員**30人以上**
非特定防火対象物	不特定多数の人が**出入りしない**建物 例 住居（**共同住宅**を含む）、事務所等	収容人員**50人以上**

解説　　　　**正解：❸**

❶ **適切**　一定規模以上の建物では、管理権原者は一定の資格を有する者の中から**防火管理者**を定め、防火管理を実行するために必要な事項を消防計画として作成させ、この計画に基づいて防火管理上必要な業務を行わせなければならない。

共同住宅等は賃貸物件であっても、収容人員が50人以上の場合は防火管理者を定め、防火管理を行う必要があります。

❷ **適切**　建物の管理について権原を有する者を管理権原者という。権原とは、所有権など管理について自らの判断で修繕工事や維持のための行為をするための法律上の根拠である。法律上**自らの判断で修繕工事や維持のための行為**をすることができるものが、管理権原者である。

❸ **最も不適切**　**管理業者を防火管理者に選任しても防火管理責任がある**

管理権原者には、消防法により、防火管理者を選任し、防火管理業務を行わせなければならない義務がある（消防法８条）。そして、管理権原者は**防火管理については最終的な責任者**であり、火災の防止については、自らの判断によって責任をもって対応しなければならない。防火管理者はその立場に応じた対応策を講じる職務があるが、管理権原者については、防火管理者を選任したからといって、**防火管理責任を免責されることにはならない。**

❹ **適切**　防火管理者は、防火管理を実行するために必要な事項を消防計画として作成しなければならない。消防計画の作成は、**防火管理者における重要な業務である。**計画に基づいて防火管理上必要な業務が行われる。

防火管理者にはほかに、消火、通報および避難訓練の実施、消防用設備等の点検・整備などの業務があります。

基本テキスト　２編４章

令和2年 問36　⑨火災対策

防火・防犯対策

重要度 A

問題 52 **防犯・防火対策に関する次の記述のうち、適切なものはいくつあるか。**

ア　近隣で発生した犯罪情報をいち早く掲示板などで知らせ、深夜帰宅や部屋の施錠に注意を促すことが大切である。

イ　賃貸物件に鍵保管用キーボックスを設ける場合には、適宜その暗証番号の変更や更新が必要である。

ウ　駐車場内の車やバイクにカバーを設ける場合は、不燃性のものを使用すべきである。

❶　なし
❷　1つ
❸　2つ
❹　3つ

解説　　**正解：❹**

ア　適切　犯罪が発生した場合には、近隣において犯罪が繰り返されることがないように尽力するのは、管理業者の業務である。賃貸住宅における防犯対策を講じるにあたっては、近隣住民、借主（入居者）、管理業者の連携なくしては効果が上がらない。近くで発生した犯罪情報をいち早く入手し、その情報を**掲示板など**で借主（入居者）に知らせ、戸締まりや深夜の帰宅に**注意を促すべき**である。

空き巣は再発する傾向があるとされています。空き巣が発生した場合には、借主（入居者）などに注意を促すとともに、侵入経路の遮断や非常警報装置の設置など、貸主と相談して対策を早急に講じることも必要です。

イ　適切　空室の管理や募集の便宜のために、鍵をキーボックスに保管するという方法がとられる場合がある。しかし、防犯上、暗証番号を会社共通としたり、わかりやすいものにするなどの設定を行ってはならない。また、いったん設定した暗証番号についても、長期間そのまま使い続けるべきではなく、**適宜変更をすることが必要**である。

見知らぬ仲介業者からの内見申込みについて安易に暗証番号など室内への入り方を伝達したり、管理業者や仲介業者が同行することなく、問合せのあった内見希望者に暗証番号など室内への入り方を伝えてしまうことも、避けなければなりません。

ウ　適切　駐車場や駐輪場は、普段は人が少なく、防犯や防災の観点からは特に注意をしなければならない。燃えやすいものを放置しないことはもちろんであるが、駐車場内の車やバイクのカバーも、**燃えにくい不燃性のもの**を使うのがよい。

以上により、適切なものは**ア、イ、ウの３つ**であり、正解は肢❹となる。

基本テキスト　2編１章

令和元年 問29　⑨火災対策

応急危険度判定等

重要度 C

問題 53 地震による被災直後の応急危険度判定及び罹災証明書に関する次の記述のうち、不適切なものはどれか。

❶　応急危険度判定は、建築技術者が建物所有者の要請により行うことが一般的である。

❷　応急危険度判定は、建物の人命に及ぼす危険の度合いを「危険」「要注意」「調査済」の３ランクに区分している。

❸　応急危険度判定は、外観調査に重点をおいて応急的な危険度の判定を行う。

❹　罹災証明書は、家屋の財産的被害の程度（全壊、半壊など）を市町村長（東京都においては区長）が証明するものである。

得点源!

【被災後の取扱い】

応急危険度判定	地震により被災した建物およびその周辺で建物の使用制限の要否を判定する。 外観から危険度を判定し、**危険**➡赤、**要注意**➡黄、**調査済**➡緑のステッカーで表示する。 **地方自治体**からの要請により、建築技術者が判定を行う。
被災度区分判定	被災度を区分するとともに、継続使用のための復旧の要否を判定する。 **建物所有者**の依頼により建築技術者が建物内部に立ち入り、建物の沈下や傾斜、構造躯体の被害状況を調査する。
り災証明	**市町村長**が、家屋の財産的被害程度（全壊、半壊など）を証明する。 ※保険の請求や税の減免などに用いられる

解説 正解：❶

❶ **不適切　応急危険度判定は、地方自治体の要請に基づいて行われる**

応急危険度判定を行うのは、一般に都道府県知事などが認定した建築技術者（防災ボランティアなど）であり、通常は地方自治体の要請に基づいて行う。

応急危険度判定とは、地震により被災した建物およびその周辺について、余震等による倒壊の危険性、部分等の落下、転倒の危険性を速やかに調査し、使用制限の要否を判定する仕組みです。

❷ **適切**　応急危険度判定においては、人命に及ぼす危険の度合い（危険度）が、**「危険」「要注意」「調査済」**の３ランクに区分される。それぞれ、危険（赤色）、要注意（黄色）、調査済（緑色）のステッカーで表示される。

❸ **適切**　応急危険度判定は、地震後速やかに危険性を判定するものであって、あくまでも**外観調査**を中心に行われる。

これに対し、応急的な危険性ではなく、継続使用のための復旧の要否を判定するのが「被災度区分判定」です。

❹ **適切**　り災証明書は、**市町村長**が、家屋の財産的被害程度（全壊、半壊など）を証明するものである。り災証明書によって、保険の請求や税の減免など、被災者が各種支援を受けることができるようになる。

基本テキスト　2編4章

令和５年 問16　⑩屋根外壁および防水

屋根・外壁の劣化と点検

重要度 A

問題 54 **屋根や外壁等の劣化と点検に関する次の記述のうち、最も適切なものはどれか。**

❶　傾斜屋根には、金属屋根、スレート屋根などがあり、経年劣化により屋根表面にコケ・カビ等が発生したり、塗膜の劣化による色あせ等が起きたりするので、概ね３年前後での表面塗装の補修が必要である。

❷　陸屋根では、風で運ばれた土砂が堆積したり、落ち葉やゴミが排水口等をふさぐことがあるが、それが原因で屋上の防水機能が低下することはない。

❸　コンクリート打ち放しの場合、外壁表面に発生した雨水の汚れやコケ・カビ、塩害や中性化の問題があるが、美観上の問題であり、定期的な点検は必要ない。

❹　ルーフバルコニーでは、防水面の膨れや亀裂、立ち上がりのシーリングの劣化などが発生するので、定期的な点検や補修が必要である。

解説

正解：❹

❶ **不適切　表面塗装の補修は10年前後経過後でよい**

傾斜屋根（カラーベスト等）は、傾斜のある屋根である。経年によって屋根表面にコケ・カビ等が発生したり、塗膜の劣化による色あせ・錆など美観の低下が生じるから、表面塗装から時間が経過した場合には塗装をし直す必要がある。もっとも、**表面塗装は一般的に10年程度は保たれる。**表面塗装の補修の実施はおおむね、10年前後が経過したときに行うことになる。

❷ **不適切　土砂や落ち葉、ゴミが排水口等をふさぐと防水機能が低下する**

陸屋根は、傾斜のない屋根（傾斜があっても僅かな傾斜の屋根）である。土砂、落ち葉、ゴミが屋根の上にたまりがちであり、風で運ばれた土砂が堆積したり、落ち葉やゴミが樋や排水口（ルーフドレイン）をふさいだりすると、屋上の防水層を破損し、漏水の原因になる。

❸ **不適切　コンクリートの劣化や漏水の原因になる**

外壁等については、デザイン性やコストの面から、コンクリートの打ち放しが使われる場合がある。コンクリート打ち放しの場合には、外壁表面に雨水の汚れやコケ・カビが発生したり、塩害が生じたり、またコンクリートが中性化する。これらの状況は、単に美観上の問題を生じさせるだけではなく、コンクリートを劣化させ、漏水の原因になったり、建物の寿命を縮めたりする。

なお、強アルカリ性であるコンクリートに大気中の二酸化炭素（CO_2）が侵入し、水酸化カルシウム等のセメント水和物と炭酸化反応を起こす減少を、**コンクリートの中性化**といいます。コンクリートの中性化が生じると、コンクリートが劣化してはく離やはく落が生じ、また鉄筋腐食が促進されることにもなり、建物の耐久性能が低下します。

❹ **最も適切**　ルーフバルコニーは、直接に風雨にさらされるので、**防水面の膨れや亀裂、立ち上がりのシーリングの劣化**などが発生する。定期的に点検し、防水面の膨れや亀裂、立ち上がりのシーリングの劣化などを発見したときには、補修を行う必要がある。

基本テキスト　2編5章

令和４年 問17　⑩屋根外壁および防水

外壁の劣化

重要度 B

問題 55　**外壁の劣化に伴って現れる現象に関する次の記述のうち、正しいものはいくつあるか。**

ア　タイル外壁やモルタル外壁等に多く発生する現象は、外壁を直接目視することによって確認するほか、外壁周辺におけるタイルなどの落下物の有無によって確認できることがある。

イ　外壁面の塗膜及びシーリング材の劣化により表面が粉末状になる現象は、手で外壁などの塗装表面を擦ると白く粉が付着することによって確認できる。

ウ　モルタルやコンクリート中に含まれる石灰分が水に溶けて外壁表面に流れ出し、白く結晶化する現象は、内部に雨水等が浸入することにより発生し、目視によって確認することができる。

❶　なし
❷　1つ
❸　2つ
❹　3つ

解説 　　　　　　　　　　　　　　　　　　　　**正解：❹**

ア　正しい　外壁が劣化すると、剥落・欠損が生じる。剥落・欠損という現象が生じていないかどうかは、目視で確認する必要があるが、このほか、**外壁近辺の落下物**によって判明することもある。日常清掃などの際に、タイルなどが落ちていたことがないのかなどのヒアリングを行うことも、外壁の劣化への対策として有用である。

イ　正しい　外壁面の塗膜やシーリング材が劣化すると表面が粉末状になる現象が生じる。表面が粉状になる現象は、**白亜化（チョーキング）**といわれる。この現象は、手で外壁などの塗装表面を擦り、白く粉が付着するかどうかをみるなどによって、確認することができる。

ウ　正しい　セメントの石灰等が水に溶けてコンクリート表面に染み出すことがあり、空気中の炭酸ガスと化合して白色を呈する。このような現象を**白華現象（エフロレッセンス）**という。白華現象は、外壁面の浮きやひび割れ部に雨水などが浸入したことにより発生する。外壁の一部に白色の状態となっている部分がないかどうか、目視によって確かめる必要がある。

以上により、正しいものは**ア**、**イ**、**ウ**の３つであり、正解は肢❹である。

基本テキスト　2編5章

令和３年 問16 ⑩屋根外壁および防水

屋上・外壁の劣化と点検

重要度 B

問題 56 屋上と外壁の管理に関する次の記述のうち、正しいものはどれか。

❶ 陸屋根では、土砂や落ち葉、ゴミ等が排水口をふさいでしまうと、屋上に雨水が溜まり、防水の性能に影響を与え、漏水の原因にもなる。

❷ 傾斜屋根（カラーベスト等）は、夏の温度上昇、冬の温度低下の繰り返しにより、素地自体の変形やゆがみ等を起こすことがあるが、雨漏れの要因とはならない。

❸ コンクリート打ち放しの外壁は、鉄筋発錆に伴う爆裂を点検する必要はない。

❹ タイル張り外壁の定期調査方法で、接着剤張り工法以外は、劣化等によりタイルが剥離するおそれがあるので、原則竣工後10年ごとに全面打診等の調査を行わなければならない。

解説　　正解：❶

❶　**正しい**　陸屋根は、屋根の勾配がないか、または極めてゆるやかなので、風で運ばれた土砂が屋根の上に堆積したり、落ち葉やゴミが樋や排水口（ルーフドレーン）をふさいだりして屋上の防水面の性能が劣化し、また、**漏水の原因**になることもある。

❷　**誤り　素地自体の変形やゆがみは雨漏りの要因になる**

傾斜屋根（カラーベスト等）では、夏の温度上昇、冬の温度低下の繰り返しにより、素地自体の変形やゆがみ等を起こすことがあり、また、雨漏りの要因ともなる。

ほかに、屋根表面にコケやカビ等が発生したり、塗膜の劣化による色あせや錆などで美観の低下をもたらすことになるため、おおむね10年前後で表面塗装を実施する必要があります。

❸　**誤り　コンクリート打ち放しの外壁は点検が必要**

コンクリート打ち放しの外壁では、コンクリート自体の塩害・中性化・凍害・鉄筋発錆に伴う爆裂などが発生する可能性があるので、点検が必要である。なお、仕上げの外壁表面に発生した雨水の汚れ、コケやカビは、美観的にもよくないので除去するべきである。

また、コンクリート自体の塩害等についても、点検が必要である。

❹　**誤り　全面打診ではなく、引張接着試験による確認方法も可能**

有機系接着剤張り工法による外壁タイルについては、一定の条件を満たす場合、全面打診ではなく引張接着試験により確認する方法によっても差し支えないことになっている（平成30年５月23日国住防第１号技術的助言）。

引張検査ができるタイル外壁の条件は、次の①と②です。

① 下地および接着剤が次のものであること

下地が、コンクリート、押出成形セメント板であり、下地には、下地調整材を塗布した下地有機系接着剤・JIS A 5557に適合する変性シリコーン系またはウレタン系の１液型接着剤を使用していること

② 次の内容の施工記録があること

仕上げ表、立面図、構造詳細図、下地調整塗材の塗布記録、検査記録が必要

基本テキスト　２編５章

令和２年 問38　⑩屋根外壁および防水

屋根・外壁のメンテナンス

重要度 B

問題 57 **屋根・外壁のメンテナンスに関する次の記述のうち、最も不適切なものはどれか。**

❶　コンクリート打ち放しでは、コンクリート自体の塩害、中性化、凍害などを点検する必要はない。

❷　傾斜屋根（カラーベスト等）の屋根表面の塗膜の劣化による、色あせ、錆、表面温度の上昇などにより、屋根材の割れや漏水などが発生する場合がある。

❸　陸屋根では、落ち葉やごみが樋や排水口（ルーフドレイン）をふさいだりすると防水面を破損しかねず、漏水の原因にもなる。

❹　外壁タイルやモルタル塗りでは、下地のコンクリートや下地モルタルとの付着力が低下すれば、剥落事故につながる。

解説　　　　**正解：❶**

❶ **最も不適切　点検の際にはコンクリートの状態を確認する必要がある**

コンクリート打ち放しが用いられている場合、コンクリート自体の塩害、中性化、凍害、鉄筋発錆に伴う爆裂が生じやすく、これらが生じると、剝離の危険や漏水の原因となり、また美観上も問題を生じる。

❷ **適切**　カラーベスト等の傾斜屋根が用いられている場合、屋根表面にコケ・カビ等が発生したり、塗膜の劣化による色あせ、錆など、美観の低下が生じる。さらに夏場日差しによる表面温度の上昇、冬場の気温低下による表面温度の低下などを繰り返すことにより、素地自体が変形、ゆがみなどを起こし、割れや雨漏れなどが発生することになる。そのために、**おおむね10年前後**に表面塗装の塗替えを実施しなければならない。

❸ **適切**　陸屋根が用いられている場合、清掃を怠ると、風で運ばれた土砂が堆積し、あるいは、落ち葉やゴミが樋や排水口（ルーフドレイン）をふさいでしまい、このような状況が原因となって、屋上の**防水面を破損**したり、**漏水**を生じさせることがある。適時の清掃によって、土砂や落ち葉、ゴミを取り除き、防水面を保護し、漏水を生じさせないようにしなければならない。

陸屋根・ルーフバルコニーにおいて、折板などの金属屋根が用いられている場合、錆が発生しているのにそのまま放置しておくと腐食を起こし、雨漏りの原因にもなります。錆の発生やボルトキャップの劣化などの点検も必要です。

❹ **適切**　外壁タイルやモルタル塗りについては、剝離、剝落に注意を払わなければならない。下地のコンクリートや下地のモルタルとの付着力が低下すると**剝落事故**につながることがある。日常点検のほか、剝落事故防止のために定期的な調査・診断も必要である。

基本テキスト　2編5章

令和４年 問16　⑩屋根外壁および防水

屋上・外壁からの雨水の浸入

重要度 B

問題 58　**屋上や外壁からの雨水の浸入に関する次の記述のうち、最も適切なものはどれか。**

❶　屋上や屋根からの雨水の浸入は、防水部材の劣化や破損によって生ずるものやコンクリート等の構造部材のクラックや破損によるものなどであるが、いずれの場合も部分補修で十分である。

❷　出窓からの雨水の浸入は、出窓の屋根と外壁との取り合い箇所やサッシ周りが主な原因となることが多い。

❸　外壁がタイル張りの場合は、タイルの剥がれやクラック、目地やコーキングの劣化に起因する漏水は発生しにくい。

❹　レンジフード、浴室、トイレの換気扇の排気口からの雨水の浸入による漏水は発生しにくい。

解説

正解：❷

❶ **不適切　雨水の浸入対策には防水工事や全面的な補修が必要**

雨水の浸入経路には、屋上や屋根の防水部材の劣化や破損によって生ずるもの、コンクリート等の構造部材のクラックや破損によるものなどがあるが、いずれの浸入経路によって雨水が浸入した場合であっても、浸入箇所の部分的な補修で再発を防止することができるものではない。防水部材の劣化や破損については再度の防水工事を行う必要があり、構造部材のクラックや破損によるものについては全面的な補修をすることが必要である。

❷ **最も適切**　中間階での雨水による漏水の主な原因は、外壁や出窓やベランダからの浸水である。出窓の場合、浸水は、出窓の**屋根と外壁との取り合い箇所**や**サッシ周り**から雨水が浸入することが多い。

なお、ベランダについては、屋上のように完全防水がなされておらず、ウレタンの塗膜等の比較的簡易な防水の場合が多いので、床表面を傷つけたり、破損することによって漏水が発生します。

❸ **不適切　タイルの剥がれやクラック等の劣化による漏水は多い**

外壁がタイル張りの場合は、タイルの剝がれやクラック、目地やコーキングの劣化に起因して雨水が漏水するケースが多い。

❹ **不適切　換気扇の排気口から雨水はしばしば浸入する**

レンジフード、浴室やトイレの換気扇の排気口は外気に面し、風雨に晒される。そのために、部品や資材の不具合・劣化によって雨水が浸入することが少なくない。

基本テキスト　2編5章

令和5年 問15　⑩屋根外壁および防水

漏水・詰まり

重要度 A

問題 59 **建物各部の漏水や詰まりによる不具合の発生に関する次の記述のうち、適切なものはいくつあるか。**

ア　雨水による漏水の原因として、屋上や屋根の防水部分の劣化や破損によって生じるもの、コンクリート等の構造部材のクラックや破損によって生じるものなどがある。

イ　建物内部の漏水は、雨水か入居者の過失又は不注意によるものがほとんどであり、給水管や排水管からの漏水は発生しない。

ウ　入居者の不注意等による漏水としては、洗濯水の溢れ、流し台や洗面台の排水ホースの外れ、トイレの詰まりを放置したことによる漏水などがある。

エ　雨樋に落ち葉などが蓄積し詰まりが生じると、降雨時にオーバーフローを起こし、軒天や破風部に水が回り、建物全体の劣化を早めることがある。

❶　1つ
❷　2つ
❸　3つ
❹　4つ

解説 正解：❸

ア　適切　屋上や屋根からの雨水による漏水は、**防水部材の劣化や破損、コンクリート等構造部材のクラックや破損、雨水排水設備の不良**などの発生原因となる。

中間階の漏水は、多くが外壁や出窓やベランダから生じます。出窓の場合は、出窓の屋根と外壁との取り合い箇所やサッシ周り、ベランダの場合はウレタンの塗膜等の防水の床表面において、傷がついたり、破損するなどして漏水が発生します。

イ　不適切　給水管や排水管からも漏水は発生する

建物内部での漏水は、雨水と入居者の不注意によって発生するとは限らない。給水管や排水管からの漏水も多い。

なお、給水管や排水管は時の経過によって物的に劣化し、機能が低下する。そのためにメンテナンスや更新が必要であり、メンテナンスや更新を怠ると漏水の原因となる。

ウ　適切　生活を営むには、洗濯、排水など、水を扱う必要がある。水の扱いは注意深く行わなければならないが、不注意による漏水はしばしば生じる。洗濯水の溢れ、流し台や洗面台の排水ホースの外れ、トイレの詰まりを放置したことによる漏水などが**不注意等による漏水**である。

エ　適切　雨樋では落ち葉やほこりが蓄積すると、**縦樋の詰まり**や、**降雨時のオーバーフロー**が生じ、オーバーフローした雨水が、軒天（屋根の裏側）や破風（はふ）（切妻屋根の妻側端部であるケラバに設けられる厚板）に水が回り、軒天や破風に水がたまったり、湿気を帯びたままにすると、**建物全体の劣化を早める**ことになる。

以上により、適切なものは**ア、ウ、エ**の３つであり、正解は肢❸となる。

基本テキスト　２編５章

令和２年 問39　⑩屋根外壁および防水

室内の漏水

重要度 B

問題 60 **室内に発生した漏水に関する次の記述のうち、最も不適切なものはどれか。**

❶　給水管の保温不足による結露は、漏水の原因とはならない。

❷　マンションなどでは、上の階が漏水の発生源であることが多いが、漏水が給水管からの場合、上階の部屋の給水を止めて発生箇所を特定することが必要となる。

❸　配管からの漏水の場合、床下やスラブの埋設配管、壁の内側に隠れた配管等からの漏水の有無を調査するために一部の壁等を壊す必要があるときは、入居者への影響は避けられない。

❹　漏水している水が雨水なのか、給水や排水管からの漏水かを特定することは、原因調査において重要なことである。

解説 正解：❶

❶ **最も不適切　給水管の保温不足で生じる結露は、漏水の原因になる**

給水管の保温が十分でない場合には、結露が生じて**水漏れの原因**になることがある。給水管は飲用水を通管させることを目的とする配管であるところ、飲用水は温度がある程度の範囲におさまっている。

これに対して、地域や配管の状況次第で、外気は、時期によって温度が極めて低くなることがあります。配管に接する部分の空気が急激に冷やされることによって空気中の水蒸気が水滴に変化した状態が「結露」です。

❷ **適切**　マンションやアパートなど、住戸が上下の重層構造となっている場合には、漏水の発生源が上階の共用部分や住戸内が発生源であることが多い。漏水の発生源を特定するためには、**上階の部屋や横系統バルブ（仕切弁）を閉めて給水を遮断**し、漏水の状況を確かめることが必要になる。

❸ **適切**　床下やスラブに埋設された配管、壁の内側に設置された配管などからの漏水の有無を調査するためには、床や壁を壊さなくてはならないケースも多く、**入居者の生活への配慮**が必要となる。

一般に建物内の配管は外部から見えないような場所に設置されています。このことは美観上は好ましいのですが、他方でいったん漏水が発生した場合には、漏水原因の特定に困難を伴うことになります。

❹ **適切**　漏水が発生した場合には、できるだけ早くその原因を確かめなければならない。漏水の**水の種類の特定**は、漏水の原因と発生源の特定のための重要な手掛かりとなるので、非常に重要な作業である。

漏水の原因の調査では、できるだけ壁や床を壊さない方法によるべきですが、部分的に壁や天井を壊すにしても、その範囲を最小限にとどめる必要があります。

基本テキスト　2編5章

令和５年 問14　⑪換　気

換気方式

重要度 S

問題 61　室内の換気方式に関する次の記述のうち、誤っているものはどれか。

❶　自然換気方式は、室内外の温度差による対流や風圧等の自然条件を利用しているため、換気扇の騒音もなく経済的であり、いつでも安定した換気量が確保できる。

❷　機械換気方式は、換気扇や送風機等を利用した強制的な換気方式であり、必要なときに換気ができるが、エネルギー源が必要となる。

❸　住宅では、台所、浴室、便所等からの排気は機械換気とし、給気は給気口から取り入れる第３種換気を採用することが多い。

❹　第３種換気において給気の取入れが十分でないまま機械による排気を行うと、室内外の差圧が増大することによる障害が発生する。

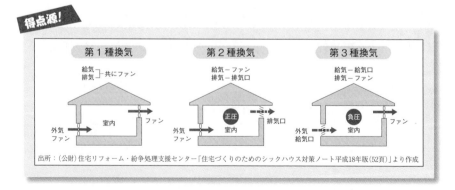

得点源!

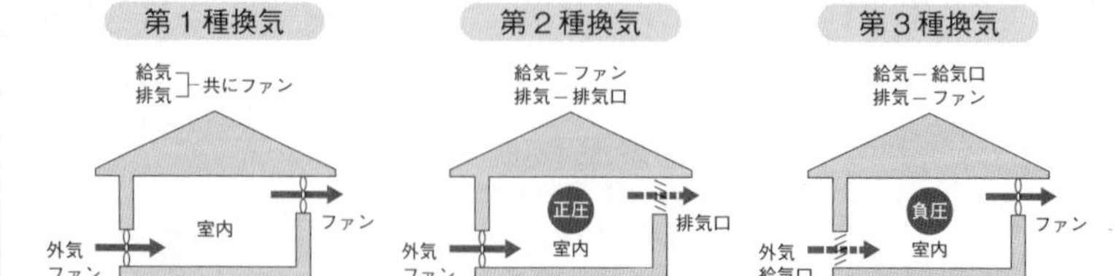

出所：（公財）住宅リフォーム・紛争処理支援センター「住宅づくりのためのシックハウス対策ノート平成18年版（52頁）」より作成

解説 正解：❶

❶ **誤り　自然換気方式は安定しない**

換気方式には、**自然換気方式**と**機械換気方式**がある。自然換気方式は、**室内と室外の温度差による対流や風圧等、自然の条件を利用した換気方式**である。換気扇や送風機等の機械が不要なので、**騒音がなく、経済的**である。他方でその効果は自然条件に依存するので安定した換気量や換気圧力は期待できない。

❷ **正しい**　機械換気方式は、**換気扇や送風機等の機械を利用して、強制的に換気する**方式である。自然換気に比べ、必要なときに安定した換気ができる。他方で**電気をエネルギー源とする**ので費用がかかる。

❸ **正しい**　**第３種換気方式**は、**排気に機械を使い、給気には機械を使わない方式**である。機械によって室内が負圧になり、空気が室外に排出される。台所、浴室、便所、洗面所等のように、燃焼ガス、水蒸気、臭気等が発生する部屋に採用される。多くの住宅で使われている。

なお、**第１種換気方式**は給気と排気の両方に機械を使う方式、**第２種換気方式**は給気に機械を使い、排気に機械を使わない方式を指します。

❹ **正しい**　第３種換気方式は給気には機械を使わないために、給気の取入れが不十分になることがある。給気が不十分なまま機械による排気を行うと、**室内と室外で圧力の差が生じ、ドアや窓の開閉が困難になったり、風切り音が発生する等の障害が発生する。**

基本テキスト　２編６章

令和4年 問15　⑪換　気

シックハウス

重要度 B

問題 62　シックハウスに関する次の記述のうち、誤っているものはどれか。

❶　シックハウス症候群の原因は、建材や家具、日用品等から発散するホルムアルデヒドやＶＯＣ(揮発性の有機化合物)等と考えられている。

❷　ホルムアルデヒドは建材以外からも発散されるため、ごく一部の例外を除いて、居室を有する新築建物に24時間稼働する機械換気設備の設置が義務付けられている。

❸　天井裏、床下、壁内、収納スペースなどから居室へのホルムアルデヒドの流入を防ぐため、建材による措置、気密層・通気止めによる措置、換気設備による措置のすべての措置が必要となる。

❹　内装仕上げに使用するホルムアルデヒドを発散する建材として、木質建材、壁紙、ホルムアルデヒドを含む断熱材、接着剤、塗装、仕上げ塗材などが規制対象となっている。

解説 　　　　正解：❸

❶ **正しい** 新築やリフォームされた住宅の入居者について、目がチカチカする、のどが痛い、めまいや吐き気がする、頭痛がするなどといった現象が生じることがあり、この現象が、**シックハウス症候群**といわれる。シックハウス症候群の原因は、建材や家具、日用品等から発散するホルムアルデヒドやVOC（トルエン、キシレン等の揮発性の有機化合物）等と考えられている。

❷ **正しい** 居室を有する新築建物においては、ごく一部の例外を除いて、シックハウスの原因となる揮発性有機化合物（VOC）の除去対策として、**24時間稼働する機械換気設備**の設置が義務づけられている（居室を有する建築物の換気設備についてのホルムアルデヒドに関する技術的基準。建築基準法施行令20条の８、2003（平成15）年７月１日施行）。

❸ **誤り** **ホルムアルデヒドの除去措置は内装の建材に対するものである**

建築基準法では、内装仕上げに使用するホルムアルデヒドを発散する建材を規制対象とし、また、新築建物において24時間稼働する機械換気設備の設置が義務づけられている。しかし、天井裏、床下などからの居室へのホルムアルデヒドの流入を防ぐための規制までがなされているものではない。

❹ **正しい** 建築基準法では、**内装仕上げに使用するホルムアルデヒドを発散する建材**を規制対象としている。木質建材（合板、フローリング等）、壁紙、ホルムアルデヒドを含む断熱材、接着剤、塗料、仕上げ塗材等の使用が規制されている。

基本テキスト　2編6章

令和3年 問19 ⑪換 気

換気設備

重要度 A

問題 63 換気設備に関する次の記述のうち、誤っているものはどれか。

❶ 自然換気は、室内と室外の温度差による対流や風圧等の自然条件を利用した方式である。

❷ 給気・排気ともに機械換気とする方式は、機械室、電気室等に採用される。

❸ 給気のみ機械換気とする方式は、室内が負圧になるため、他の部屋へ汚染空気が入らない。

❹ 新築建物は、ごく一部の例外を除いて、シックハウスの原因となる揮発性有機化合物の除去対策として24時間稼働する機械換気設備の設置が義務づけられている。

得点源!

【自然換気と機械換気】

自然換気	室内と室外の温度差による対流や風圧等、自然の条件を利用した換気方式。 換気扇の騒音がなく経済的だが、安定した換気量や換気圧力は期待できない。
機械換気	換気扇や送風機等の機械で強制的に換気する方式。必要なときに安定した換気ができるが、騒音が発生し費用がかかる。

解説

正解：❸

❶ **正しい** 換気には、自然換気と機械換気（換気扇（ファン）を利用した換気）がある。このうち自然換気は、室内と室外の温度差による対流や風圧等、**自然の条件を利用した換気方式**である。換気扇が不要なので、騒音がなく、経済的である一方、安定した換気量や換気圧力が期待できない、というデメリットがある。

機械換気は、換気扇や送風機等の機械を利用して、強制的に換気する方式です。自然換気に比べ、必要なときに安定した換気ができますが、電気をエネルギー源とするので費用がかかります。

❷ **正しい** 給気、排気ともに機械換気による方式が第1種換気、給気のみ機械換気による方式が第2種換気、排気のみ機械換気による方式が第3種換気である。第1種換気は、**機械室、電気室等に用いられる**。

❸ **誤り 給気のみ機械換気とする方式は、室内が正圧になる**

給気のみ機械換気とする方式を、第2種換気という。室内は正圧になるため、室内へ清浄な空気を供給する目的で、製造工場などで使用される。

第3種換気では室内が負圧になり、他の部屋へ汚染空気が流出しません。そのため、住宅の台所、浴室、便所、洗面所等のように、燃焼ガス、水蒸気、臭気等が発生する箇所に採用されます。

❹ **正しい** 新築建物はごく一部の例外を除いて、**24時間稼働する機械換気設備の設置**が、シックハウスの原因となる揮発性有機化合物を除去する目的で建築基準法により義務づけられている（建築基準法施行令20条の8、居室を有する建築物の換気設備についてのホルムアルデヒドに関する技術的基準）。

基本テキスト 2編6章

令和元年 問32 改 ⑪換　気

換気設備

重要度 A

問題 64 換気設備等に関する次の記述のうち、最も不適切なものはどれか。

❶ 自然換気は、換気扇や送風機等を利用しない方式であるため、建物内外の自然条件によっては、安定した換気量や換気圧力を期待することはできない。

❷ 給気側にファンを用いて、自然換気による排気口と組み合わせる換気方式では、室内は負圧になる。

❸ 給気、排気ともに機械換気とする方式は、居室に用いられる熱交換型換気設備や機械室、電気室等に採用される。

❹ シックハウス症候群は、建材や家具、日用品から発散する揮発性有機化合物等が原因となって引き起こされる。

得点源!

【機械換気設備】

第 1 種換気	**給気機＋排気機（給気、排気とも機械換気）** 居室に用いられる熱交換型換気設備（セントラル空調方式の住宅など）、機械室、電気室等に採用
第 2 種換気	**給気機＋排気口（給気のみ機械換気）** 室内へ清浄な空気を供給する場合で、製造工場など限られた建物で使用
第 3 種換気	**給気口＋排気機（排気のみ機械換気）** 室内は負圧になるため、他の部屋へ汚染空気が入らない。台所、浴室、便所、洗面所等のように、燃焼ガス、水蒸気、臭気等が発生する部屋で使用され、多くの住宅で採用

解説 　　　　　　　　　　　　　　　　　　　　　　　　　　**正解：❷**

❶ **適切**　換気には、自然換気と機械換気がある。自然換気は、室内と室外の温度差による対流や風圧等、自然の条件を利用した換気方式である。換気扇の騒音がなく経済的だが、**安定した換気量や換気圧力は期待できない。**

これに対して、機械換気は換気扇や送風機等の機械で強制的に換気する方式です。必要なときに安定した換気ができますが、騒音が発生し費用がかかります。

❷ **最も不適切　第2種換気方式では、室内は正圧になる**

機械換気には、第1種換気方式、第2種換気方式、第3種換気方式の3つの方式がある。このうち第2種換気方式は、機械換気によって給気を行い、排気は自然換気で行う方式である。機械によって室内に空気が送り込まれるので、室内は負圧ではなく**正圧になる**。室内へ清浄な空気が供給され、製造工場など限られた建物で用いられる。

❸ **適切**　給気、排気ともに機械換気とする方式は**第1種換気**である。気圧を任意に設定することが可能であり、機械室、電気室等で使われる。

❹ **適切**　シックハウスとは、住宅内で目がチカチカする、のどが痛い、めまいや吐き気がする、頭痛がするなどと感じる現象である。新築やリフォームされた住宅では、このような現象が生じることがある。建材や家具、日用品等から発散する**ホルムアルデヒドやクロルピリホス、VOC**（トルエン、キシレン等の揮発性の有機化合物）等がその原因と考えられている。

基本テキスト　2編6章

平成29年 問40　⑪換　気

換気設備

※講習修了者免除問題

重要度 A

問題 65

換気設備に関する次の記述のうち、最も不適切なものはどれか。

❶ シックハウス症候群の原因となる揮発性有機化合物（ＶＯＣ）の除去対策として、すべての住宅は、24時間稼働する機械換気設備の設置が義務付けられている。

❷ 機械換気方式は、換気扇や送風機等の機械を利用して強制的に換気する方式のことである。

❸ シックハウス症候群は、建材や家具、日用品等から発散するホルムアルデヒドや揮発性有機化合物（ＶＯＣ）等が原因だと考えられている。

❹ 自然換気方式は、室内と室外の温度差による対流や、風圧等の自然条件を利用した換気方式のことである。

解説 正解：❶

❶ **最も不適切　すべての住宅ではなく新築住宅と既存住宅の増築等に限る**
居室を有する建築物は、建築材料および換気設備について政令で定める技術的基準に適合するものでなければならない（建築基準法28条の２第３号）。技術的基準として、新築住宅と既存住宅の増築等に関しては、機械換気設備（24時間換気設備）の設置が必要とされているが（同法施行令20条の８）、**増築等を行わない既存住宅には設置が義務づけられていない**。

❷ **適切**　機械換気方式は、換気扇や送風機等の機械を用い、**強制的に換気を行う方式**である。

❸ **適切**　シックハウス症候群は**ホルムアルデヒド、クロルピリホスや揮発性有機化合物（ＶＯＣ）など**が原因とされている。揮発性有機化合物（ＶＯＣ）とは、トルエン、キシレンなど、常温で揮発する有機化合物を表す用語である。

❹ **適切**　自然換気方式は、換気扇や送風機等の機械を用いず、室内と室外の温度差による対流や風圧等の**自然の条件を利用して換気を行う方式**である。

基本テキスト　２編６章

令和５年 問47　⑫給水・排水

給水設備

※講習修了者免除問題

重要度 S

問題 66　給水設備に関する次の記述のうち、不適切なものはどれか。

❶　給水圧力が高い場合などにおいて、給水管内の水流を急に締め切ったときに、水の慣性で管内に衝撃と高水圧が発生するウォーターハンマー現象は、器具の破損や漏水の原因となる。

❷　給水管内に発生する錆による赤水や腐食障害を防止するため、給水配管には、各種の樹脂ライニング鋼管・ステンレス鋼鋼管・銅管・合成樹脂管などが使用されている。

❸　クロスコネクションとは、飲料水の給水・給湯系統の配管が飲料水以外の系統の配管と接続されていることである。

❹　直結直圧方式は、水道水をいったん受水槽に貯め、これをポンプで屋上や塔屋等に設置した高置水槽に汲み上げて給水する方式であり、給水本管の断水や停電時にも短時間ならば給水が可能である。

得点源！

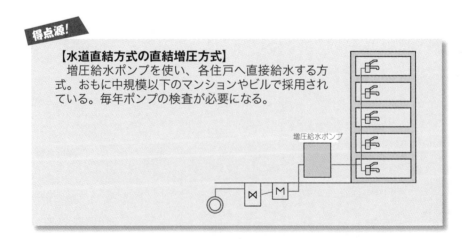

【水道直結方式の直結増圧方式】
増圧給水ポンプを使い、各住戸へ直接給水する方式。おもに中規模以下のマンションやビルで採用されている。毎年ポンプの検査が必要になる。

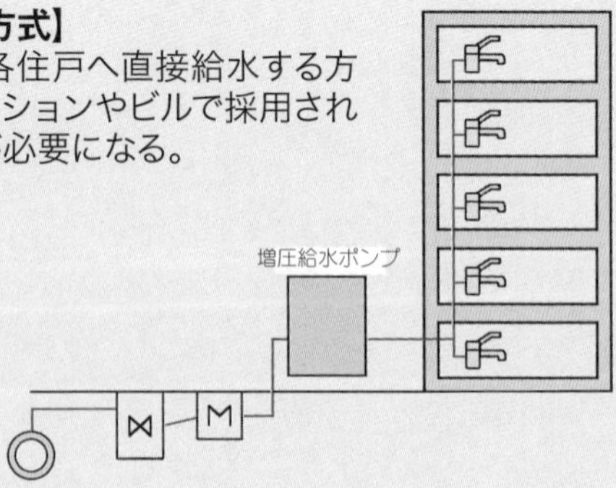

解説 正解：❹

❶ **適切** ウォーターハンマー現象とは、**給水管内の水流を急に締め切ったときに、水の慣性で管内に衝撃と高水圧が発生する現象**である。ウォーターハンマー現象は、器具の破損や漏水の原因となる。

❷ **適切** 給水配管には、各種の樹脂ライニング鋼管・ステンレス鋼鋼管・銅管・合成樹脂管などが使用されている。**赤水や腐食障害を防止するため**である。

なお、樹脂ライニング鋼管は、ネジ接合で接続されるため、管の端部に鋼が露出します。この部分やネジ部からの錆の発生を防止するため、管端防食継手が使用されています。

❸ **適切** クロスコネクションとは、**飲料水の給水・給湯系統の配管とその他の系統の配管が配管・装置により直接接続される状況**を指す。クロスコネクションは、一度吐水した水や飲料水以外の水が飲料水配管へ逆流し、飲料水の汚染の原因となる。

❹ **不適切** **本肢は高置水槽方式の説明である**

直結直圧方式は、**水道本管から分岐された給水管から各住戸へ直接給水する方式**である。水槽やポンプを介することなく、各住戸に給水され、給水本管が断水すると、水の供給は停止する。

なお、水道本管から分岐して引き込んだ上水をいったん受水槽に蓄え、揚水ポンプによって屋上に設置された高置水槽に送水し、重力により各住戸へ給水する方式は、高置（高架）水槽方式である。高置（高架）水槽方式では、停電した場合も高置水槽に水があるので、すぐには断水せず、給水本管が断水した場合にも短時間ならば給水が可能である。

基本テキスト 2編7章

令和３年 問18　⑫給水・排水

給水設備

重要度 A

問題 67

給水設備・給湯設備に関する次の記述のうち、最も不適切なものはどれか。

❶　水道直結方式のうち直結増圧方式は、水道本管から分岐して引き込んだ上水を増圧給水ポンプで各住居へ直接給水する方式である。

❷　さや管ヘッダー方式は、台所と浴室等、同時に２か所以上で使用しても水量や水圧の変動が少ない。

❸　受水槽の天井、底又は周壁は、建物の躯体と兼用することができる。

❹　ガス給湯機に表示される号数は、１分間に現状の水温＋25℃のお湯をどれだけの量（リットル）を出すことができるかを表した数値である。

得点源！

受水槽の設置については、このほかに次の規制がある。

●建物内に受水槽を設置する場合は、外部から受水槽の天井、底または周壁の保守点検が容易かつ安全に行うことができるように設けること

●内部には、飲料水の配管以外の配管設備を設けないこと

●内部の保守点検を容易かつ安全に行うことができる位置に直径60cm以上の円が内接することができるマンホールを設けること（圧力タンク等は除く）

解説　　正解：❸

❶　**適切**　給水方式には水道直結方式と受水槽方式があり、水道直結方式のうち直結増圧方式は、水道本管から分岐して引き込んだ上水を増圧給水ポンプで**各住戸へ直接給水する方式**である。

水道直結方式は、水道本管から分岐した上水を給水管により各住戸へ直接給水する方式です。
受水槽方式（貯水槽方式ともいう）は、分岐した給水管からいったん水槽に受けてから各住戸へ給水する方式です。

❷　**適切**　さや管ヘッダー方式とは、洗面所等の水回り部に設置されたヘッダーから管をタコ足状に分配し、各水栓等の器具に単独接続する方式である。台所と浴室等、**同時に２か所以上で使用しても水量や水圧の変動が少ない**ため、給水の配管だけではなく、給湯の配管の方式としても用いられており、広く普及している。

❸　**最も不適切**　**受水槽の周壁等は建物の躯体と兼用することができない**
飲料用水槽は、水槽内の水が汚染されないように点検、維持を行うことが可能な構造になっている必要がある。そのために、給水タンク等の天井、底または周壁は、建物の躯体と兼用してはならないものとされている（昭和50年建設省告示第1597号第１第二号）。この構造上の規制は、**六面点検**を可能にするものでなければならないとされている。

❹　**適切**　ガス給湯機の供給出湯能力は「号数」で表される。表示される号数は、**現状の水温より25℃温かくしたお湯**を１分間に１リットル出せる能力を「１号」の単位として示している。

ガス給湯機の号数としては、32号、24号、20号、16号、10号、10号以下があります。たとえば、24号のガス給湯機であれば、水温15℃のときに40℃のお湯を１分間に24リットル供給できる能力があることを示します。

基本テキスト　２編７章

令和２年 問40　⑫給水・排水

給水設備

重要度 A

問題 68　**給水設備・給湯設備に関する次の記述のうち、最も不適切なものはどれか。**

❶　受水槽方式のうち高置（高架）水槽方式は、水道本管から分岐して引き込んだ上水をいったん受水槽に蓄え、揚水ポンプによって屋上に設置された高置水槽に送水し、重力により各住戸へ給水する方式である。

❷　さや管ヘッダー方式は、洗面所等の水回り部に設置されたヘッダーから管をタコ足状に分配し、各水栓等の器具に単独接続する方式である。

❸　局所給湯方式は、給湯系統ごとに加熱装置を設けて給湯する方式で、近接した給湯器具に返湯管を設けない一管式配管で給湯する方式である。

❹　家庭用燃料電池は、ヒートポンプの原理を利用し、大気から集めた熱を利用して湯を沸かす機器である。

解説 　　　　正解：❹

❶ **適切**　給水方式は、水道直結方式と受水槽方式に大別される。受水槽方式は、いったん受水槽に水をためる方式であり、受水槽方式のうち高置（高架）水槽を利用する方式は、ためた上水を**揚水ポンプ**で屋上などの高い位置（高置）の水槽に送り、その後**重力によって必要箇所に給水する方式**である。断水時でも、受水槽と高置水槽に貯水した水量で、一部給水が可能となるという利点がある。

❷ **適切**　さや管ヘッダー方式は、洗面所等の水回り部に設置されたヘッダーから管をタコ足状に分配し、**各水栓等の器具に単独接続するもの**である。ガイドとなる樹脂製のさや管内に同じく樹脂製の内管（架橋ポリエチレン管またはポリブテン管）を挿入する方式であり、給水に加えて、給湯にも採用され、現在、給水・給湯のための配管方式として広く普及している。

❸ **適切**　局所給湯方式は、給湯系統ごとに加熱装置を設けて給湯する方式である。近接した給湯器具に返湯管を設けない**一管式配管で給湯するもの**であって、各住戸や各室ごとに給湯機（器）を設置し、台所流し、風呂場、洗面所などに配管で給湯を行う。マンションの壁掛け式ガス給湯器や、深夜電力利用の電気温水器などがこれにあたる。

❹ **最も不適切　ヒートポンプではなく、水素と酸素から熱をつくる方式**

家庭用燃料電池は、ヒートポンプの原理を用いる熱源ではなく、水素と酸素から電気と熱をつくって熱源とする方式を採用するものである。水と大地で農作物をつくることと似ていることから、「エネファーム」と呼ばれている。これに対してヒートポンプは、大気から集めた熱を利用して湯を沸かす方式である。

ヒートポンプ給湯器は、「エコキュート」といわれています。

基本テキスト　2編7章

令和元年 問30　⑫給水・排水

給水設備

重要度 A

問題 69 給水設備に関する次の記述のうち、最も不適切なものはどれか。

❶ 水道直結方式の直結増圧方式は、水道本管から引き込んだ上水を増圧給水ポンプで各住戸へ直接給水する方式であるため、定期的なポンプの検査が必要である。

❷ 逆サイホン作用により、一度吐水した水や飲料水以外の水が飲料水配管へ逆流することがある。

❸ 合成樹脂管を採用する場合には、温度変化に伴う伸縮に配慮する必要がない。

❹ 高置水槽方式は、受水槽と高置水槽を利用するため、水道本管の断水時や、停電時でも一定の時間なら給水することが可能である。

解説 　　　　　　　　　　　　　　　　　　　　　　　　**正解：❸**

❶ **適切**　給水方式には、水道直結方式と受水槽方式があり、水道直結方式は、水道本管から分岐した給水管により、途中で水槽に水を貯めることなく、各住戸へ直接給水する方式である。水道直結方式には、直結直圧方式と直結増圧方式がある。直結増圧方式は、増圧給水ポンプを使って**各住戸へ直接給水**する方式であり、中規模以下のマンションやビルが対象となる。水槽に水を貯めないために衛生的だが、**定期的にポンプの検査をすることが必要**になる。

❷ **適切**　逆サイホン作用とは、飲料水配管内が断水、清掃などによって負圧になり、吐水した容器内の水が**飲料水配管に吸い込まれる現象**である。一度吐水した水や飲料水以外の水が飲料水配管に戻るために、飲料水の汚染の原因となる。

水をすき間なく満たした管を利用して、液体をある地点（高い地点）から、途中出発地点より高い地点を通って、別の地点（低い地点）まで移動させることをサイホン作用といいます。

❸ **最も不適切　合成樹脂管は、温度変化に伴う伸縮に配慮が必要**

合成樹脂管は、耐食性があり軽量なため施工性もよい反面、温度の変化によって伸縮するというのが弱点であるため、温度変化に対する伸縮に注意が必要とされている。なお、衝撃に弱いという点にも問題がある。

❹ **適切**　高置（高架）水槽方式は、水をいったん屋上・塔屋などの水槽に蓄える受水槽方式である。揚水ポンプで高置水槽まで汲み上げ、その後自然落下の重力により各住戸へ給水する。高置水槽の水は、各住戸の水栓が開栓されると自然流下で給水される。水槽に水を蓄えるので、水道本管が断水しても短時間なら給水でき、停電した場合も高置水槽に水があるので、**すぐには断水しない**。

高置（高架）水槽方式については、圧力はほとんど変動しませんが、重力に頼るので、上階は下階に比べ水圧が弱いことがあり、とくに最上階では、ポンプによる圧力アップが必要なケースもあります。

基本テキスト　2編7章

平成29年 問30 改　⑫給水・排水

給水設備

重要度 A

問題 70 給水設備・給湯設備に関する次の記述のうち、最も不適切なものはどれか。

❶ 給湯設備における局所式は、建物の屋上や地下の機械室に熱源機器と貯湯タンクを設け、建物各所へ配管して給湯する方式である。

❷ 直結増圧方式は、水道本管から分岐して引き込んだ上水を増圧給水ポンプで各住戸へ直接給水する方式であり、中規模以下のマンションやビルを対象とする方式である。

❸ 給水設備の水槽内にあるボールタップや電極棒が故障すると、水がオーバーフローとなり放水状態に陥って、給水ポンプが作動し続けたり、または停止する状態を生じさせることがある。

❹ 塩ビ管は、強靭性、耐衝撃性、耐火性で鋼管より劣るが、軽量で耐食性に優れている。

得点源!

【給湯方式】

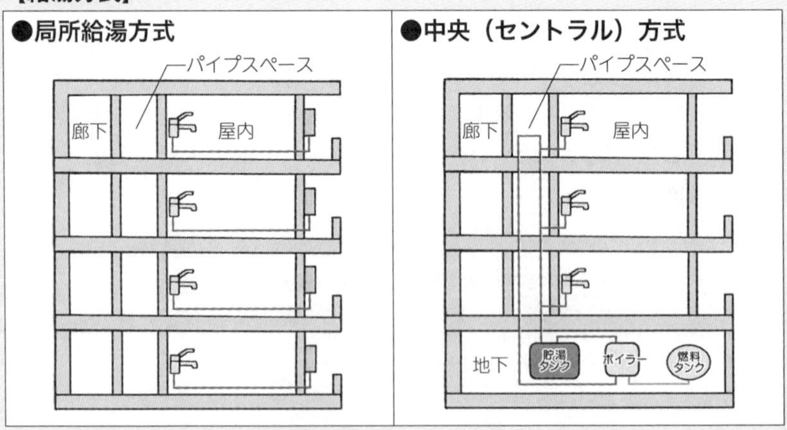

解説 正解：❶

❶ **最も不適切　局所式は、給湯が必要な箇所に給湯器を設置する方式**

給湯設備における局所式は、**給湯が必要な箇所それぞれに給湯器**を設置する方式である。なお、本肢の建物の屋上や地下の機械室に熱源機器と貯湯タンクを設け、建物各所に配管によって給湯する方式は**中央（セントラル）方式**である。中央（セントラル）方式は、ホテルや商業ビルなど大規模な建物で採用されている。

❷ **適切**　直結増圧方式は、給水について、水道水を直接増圧給水ポンプを経てそれぞれの住戸に給水する方式である。マンションやビルのうち、**中小規模の建物で採用される**。

❸ **適切**　給水のための水槽内には、水位を調整するためのボールタップまたは電極棒が設置されている。ボールタップや電極棒が故障すると、水槽の水位を把握できなくなり、**給水ポンプが作動し続けたり、または停止する状態**を生じさせる。

❹ **適切**　鋼管は、塩ビ管と比較すると、強靱であり、衝撃に強い。耐火性においても鋼管が優れ、塩ビ管が劣っている。他方で、塩ビ管は鋼管と比較して**軽量であり**（比重は鉄の$\frac{1}{5}$）、ほとんどの酸・アルカリ・塩類等に侵されないという耐薬品性、および金属のように錆びたり腐蝕することがなく、**耐食性・耐久性において優れている**。

基本テキスト　2編7章

令和5年 問17 ⑫給水・排水

排水設備・通気設備

重要度 A

問題 71 排水・通気設備等に関する次の記述のうち、最も不適切なものはどれか。

❶ 洗濯機の防水パンに使用されるサイホン式トラップには、毛髪や布糸などが詰まりやすく、毛細管作用により破封することがある。

❷ 管内の圧力変動による排水トラップの封水の流出や、長期間の空室による封水の蒸発は、悪臭の原因となる。

❸ 雑排水槽や汚水槽を設けて、水中ポンプで汲み上げる排水方式では、定期的な点検や清掃が必要である。

❹ 特殊継手排水方式は、排水横枝管の接続器具数が比較的少ない集合住宅や、ホテルの客室系統に多く採用されている。

得点源!

【排水トラップの種類】

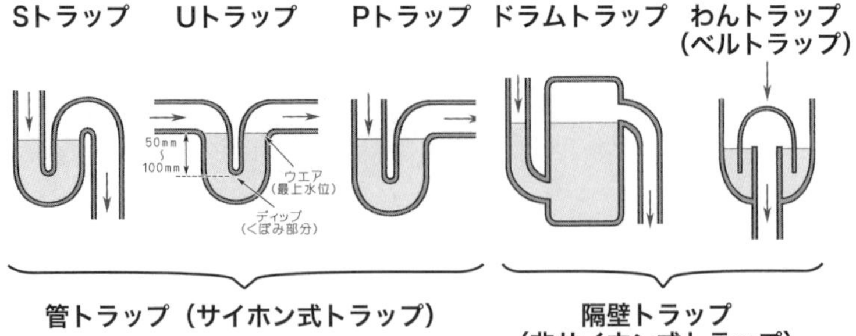

※図の灰色の部分が封水

解説 正解：❶

❶ **最も不適切　洗濯機の防水パンは非サイホン式トラップが使われる**

排水トラップは構造からみて、サイホン式トラップ（管トラップ）と非サイホン式トラップ（隔壁トラップ、わんトラップ、ベルトラップ）とに分類される。洗濯機の防水パンやキッチン、浴室の防水パンには、サイホン式トラップではなく、非サイホン式トラップが使われている。

なお、破封とは、排水管内の圧力変動によって、トラップの封水が流出したり、水を長期間使用しなかったため排水がなされず、トラップの封水が蒸発してしまうことです。トラップのあふれ部に毛髪や布糸などがひっかかり垂れ下がっていると、毛細管作用で徐々に封水が吸い出されて破封することがあります。

❷ **適切　排水トラップの封水は、悪臭が室内に入り込まないようにするようにする役割を果たしている。**排水管の管内の圧力変動で排水トラップ内の封水が流出したり、長期間空室の状態が続いて封水が蒸発したりすると、室内に悪臭を生じさせる。

❸ **適切**　排水には、雑排水槽や汚水槽を設けて水中ポンプで汲み上げる方式がある。雑排水や汚水が雑排水槽や汚水槽にためられるから、雑排水槽や汚水槽については**定期的に点検や清掃を行わないと、悪臭が発生し、衛生上の問題が生じる。**

❹ **適切　特殊継手排水**は、通気設備のひとつであり、各階排水横枝管接続用に特殊な形状をした配水管継手である。特殊継手には、排水立て管内部の流れと排水横枝管内の流れを円滑に交差させ、立て管内の流速を減速させるなどの工夫がなされており、特殊継手排水方式を採用した建物では通気立て管を設置する必要がない。特殊継手排水方式は、排水横枝管の接続器具数が比較的少ない**集合住宅やホテルの客室系統に多く採用されている。**

基本テキスト　2編7章

令和4年 問18 ⑫給水・排水

排水設備・通気設備

重要度 B

問題 72 排水・通気設備等に関する次の記述のうち、誤っているものはいくつあるか。

ア　公共下水道は、建物外部の下水道管の設置方法により、汚水、雑排水と雨水を同じ下水道管に合流して排水する合流式と、雨水用の下水道管を別に設けて排水する分流式がある。

イ　１系統の排水管に対し、２つ以上の排水トラップを直列に設置することは、排水の流れを良くする効果がある。

ウ　排水管内の圧力変動によって、トラップの封水が流出したり、長期間排水がされず、トラップの封水が蒸発してしまうことをトラップの破封という。

❶　なし
❷　１つ
❸　２つ
❹　３つ

解説 正解：❷

ア　正しい　排水は、汚水（トイレの大、小便器からの排水）、雑排水（台所、浴室、洗面所、洗濯機等の排水）、雨水の３つに分類できる。建物外部の下水道管をどのように設置するかについては、合流式と分流式がある。合流式は、汚水・雑排水・雨水を**同じ下水道管に合流して排水する**方式、分流式は雨水用の下水道管を、汚水・雑排水とは**別に設けて排水する**方式である。

イ　誤り　二重トラップは排水の流れが悪くなる

排水トラップは、下水道と接続されている排水管を伝わって、下水臭や虫、小動物が室内に侵入するのを防ぐため、排水管の一部に設置される。少量の水を排水管の中に残留させることにより、排水管を封じるよう設計されており、その水が封水である。１系統の排水管に対し、２つ以上の排水トラップを直列に設置することを二重トラップというが、二重トラップとすることは、排水の流れが悪くなるため禁止されている。

ウ　正しい　排水管内の圧力変動によって、トラップの封水が流出したり、水を長期間使用しなかったため排水がなされず、**トラップの封水が蒸発してしまうこと**をトラップの破封という。破封が生じると排水管の衛生上の機能が低下するから、破封が生じないようにしなければならない。

破封が生じる原因には、①自己サイホン作用、②誘導サイホン作用、③毛細管現象、④蒸発、⑤はねだし作用があります。

以上により、誤っているものは**イ**の１つであり、正解は肢❷である。

基本テキスト　２編７章

令和元年 問31　⑫給水・排水

排水設備・通気設備・浄化槽

重要度 B

問題 73　**排水・通気設備及び浄化槽に関する次の記述のうち、最も不適切なものはどれか。**

❶　排水トラップの封水深は、深いと破封しやすく、浅いと自浄作用がなくなる。

❷　ドラムトラップは、封水の安定度が高く、台所の流し等に使用される。

❸　伸頂通気方式は、排水立て管の先端を延長した通気管を、屋上等で大気に向けて開口する方式である。

❹　浄化槽では、微生物によって分解された汚物等が汚泥となり、槽の底部に堆積する。

解説　　正解：❶

❶ **最も不適切　封水深が浅いと破封しやすく、深いと自浄作用がなくなる**

封水トラップは、排水管の途中に、少量の排水（封水）を一時的に残留させる部位である。「封水深（ふうすいしん）」とは、排水トラップの封水の深さであり、一般的に5～10cmが必要とされている。封水深が浅いと破封（はふう）（トラップ内の封水がなくなること）しやすく、深いと自浄作用（じじょうさよう）（封水が入れ替わること）がなくなる。

排水管は下水道に接続されているので、排水管を伝わって、臭気や虫、小動物が室内に侵入するのを防ぐ必要があります。そのために、排水管の途中に封水トラップが設けられます。

❷ **適切**　排水トラップには、管トラップ（サイホン式トラップ）と隔壁（かくへき）トラップ（非サイホン式トラップ）がある。管トラップは、手洗いや洗面台などに使用され、隔壁トラップは、**キッチンや浴室、防水パン**などに使用される。ドラムトラップは、隔壁トラップのひとつであり、**封水の安定度が高い**。

❸ **適切**　通気管は、破封を防ぎ、排水管内の気圧と外圧の気圧差を小さくして、排水の流れをスムーズにするために設けられる設備である。通気管には、主な方式として、ループ通気方式、伸頂（しんちょう）通気方式、通気立て管方式がある。伸頂通気方式は、すべての排水を１本の排水管に集め、屋上まで伸びた排水立て管の頂部（先端）に**伸頂通気管を設置して大気に開放**し、通気を逃がす方式である。５階建てくらいの中層建物までで採用される。

❹ **適切**　浄化槽は、汚水や雑排水を溜めて、**汚物等の固形物を沈殿（ちんでん）**させ、上澄み（うわずみ）のきれいになった水を放流する装置である。汚物は微生物によって分解されて固形物の汚泥（おでい）となり、汚泥は槽の底部に堆積（たいせき）する。

浄化槽には汚泥が堆積することから、定期的に汚泥を引き抜く清掃が必要になります。

基本テキスト　2編７章

平成30年 問31　⑬電気ガス

電気設備

重要度 B

問題 74 電気設備に関する次の記述のうち、最も不適切なものはどれか。

❶ 各住戸に供給される電力の供給方式のうち単相２線式では、３本の電線のうち、中性線以外の上と下の電圧線を利用すれば200ボルトが利用できる。

❷ 住戸内のブレーカーが落ちる原因は、入居者が一時的に数個の家電製品を使用することや、漏電等である。

❸ 漏電遮断機（漏電ブレーカー）は、電気配線や電気製品のいたみや故障により、電気が漏れているのをすばやく察知して回路を遮断し、感電や火災を防ぐ機器である。

❹ 照明設備の電線を被膜しているビニールは、熱や紫外線の影響によって経年劣化し、絶縁抵抗が弱まるため、定期的な抵抗測定により、配線を交換する必要がある。

得点源!

【配線図のイメージ】

●単相２線式100ボルト

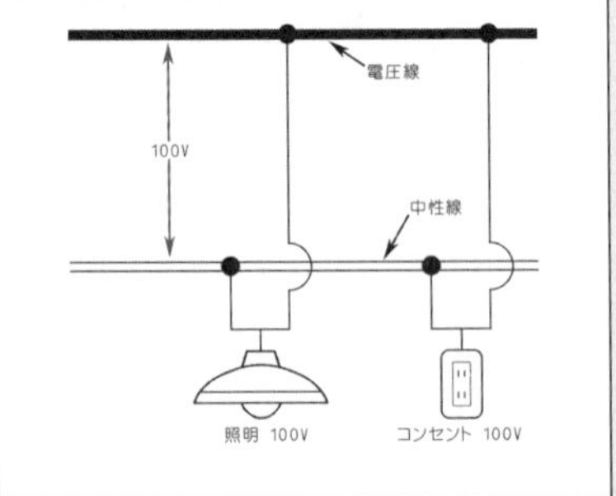

●単相３線式100ボルト／200ボルト

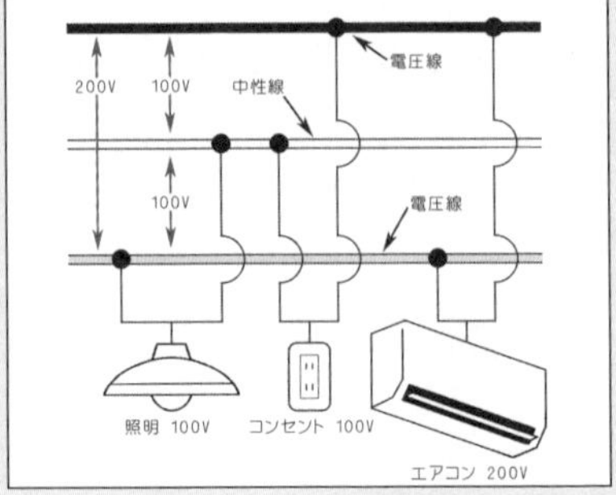

解説

正解：❶

❶ 最も不適切　200ボルトを供給できるのは、単相3線式である

各住戸に供給される電力の供給方式についての単相２線式は、電圧線と中性線の**２本の線を利用する方式であり、100ボルトしか使用することができない。**

単相３線式は３本の電線を使う方式であり、真ん中の中性線と上または下の電圧線を利用すれば100ボルト、中性線以外の上と下の電圧線を利用すれば200ボルトを利用することができます。

❷ 適切　一時的に**過電流**が流れると、ブレーカーが落ちる。ブレーカーが落ちることについては、入居者が一時的に数個の家電製品を使用することがひとつの原因である。加えてブレーカーは、**漏電**が原因となって落ちることもある。

❸ 適切　漏電遮断器（漏電ブレーカー）により、電気配線や電気製品に故障があり、電気が漏れると、これを察知して**回路を遮断**し、感電や火災を防ぐことが可能になる。

一時的に過電流が流れ、遮断器が落ちて停電する場合は、分電盤を調べ、遮断器が落ちている回路を再び通電させて様子を見るべきである。

❹ 適切　建物の廊下や階段が外部に開放されている場合、電線を被膜しているビニールが紫外線の影響により経年劣化してしまうことがある。熱や紫外線の影響によって経年劣化し、絶縁抵抗が弱まるので、定期的に抵抗を測定し、**必要に応じて配線を交換**しなければならない。

基本テキスト　2編8章

令和２年 問41　⑬電気ガス

電気設備

重要度 **B**

問題 75　**電気設備に関する次の記述のうち、最も不適切なものはどれか。**

❶　遮断器が落ちて停電した場合には、分電盤を調べ、遮断器が落ちている回路を再び通電させて、再度停電したときは、その回路を切って、専門業者に原因究明と修理を依頼する必要がある。

❷　ある規模以上の共同住宅で、各住戸と共用部分の契約電力の総量が50キロワット以上のときは、6,000ボルトの高圧引き込みとなり、受変電設備を設置する必要がある。

❸　住戸に供給される電力の単相３線式では、３本の電線のうち真ん中の中性線と上または下の電圧線を利用すれば100ボルト、中性線以外の上と下の電圧線を利用すれば200ボルトが利用できる。

❹　ＥＬＢ（アース・リーク・ブレーカー）は、地震発生時に設定値以上の揺れを検知したときに、ブレーカーやコンセントなどの電気を自動的に止める器具である。

解説　　**正解：❹**

❶ **適切**　住戸内の電気供給では、一時的に過電流が流れ、遮断器が落ちて停電することがある。その場合は、分電盤を調べ、遮断器が落ちている回路を再び通電させて様子を見るべきである。再度停電するようなら、**その回路を切り**、専門業者へ連絡し、速やかに原因究明と修理を行わなければならない。

❷ **適切**　大規模な建物などの照明コンセント、給排水ポンプや空調機器などの動力設備で使用する電気の供給については、高圧受電となる。高圧受電は、契約電力の総量が50キロワット以上、標準電圧6,000ボルトの引込み方式であり、この方式を採用するときは、**受変電設備を設置すること**が必要になる。

共同住宅の受電方式（引込みの方式）としては、低圧受電（低圧引込み）、高圧受電（高圧引込み）、特別高圧受電（特別高圧引込み）の３種類があります。

❸ **適切**　住戸が電力の供給を受けるには、単相３線式と単相２線式の２つの方式がある。単相３線式では、３本の電線が利用される。３本の電線のうち真ん中の中性線と上または下の電圧線を利用すれば**100ボルト**、中性線以外の上と下の電圧線を利用すれば**200ボルト**が利用できる。

❹ **最も不適切　容量を上回る電流が流れた場合に回路を遮断する器具**

ＥＬＢ（アース・リーク・ブレーカー、漏電遮断器、漏電ブレーカー）は、電気配線や電気製品のいたみや故障により、電気が漏れるなどして、容量を上回る電流が流れた場合にこれを察知して回路を遮断し、**感電や火災を防ぐ機能を有する器具**である（電力会社と契約した契約アンペアを示す「アンペアブレーカー」とは機能が異なっている）。

これに対して、地震の揺れを検知したときに電気を止める器具は、「感震ブレーカー」といいます。感震ブレーカーは、地震による設定値以上の揺れを検知したときに、ブレーカーやコンセントなどの電気を自動的に止めるという機能があります。感震ブレーカーを設置することで、不在時やブレーカーを切って避難する余裕のない場合に電気火災を防止することが可能となります。

基本テキスト　２編８章

令和4年 問19　⑬電気ガス

電気設備・ガス設備

重要度 B

問題 76　電気・ガス設備に関する次の記述のうち、最も不適切なものはどれか。

❶　高圧受電は、高圧受変電室を設置して、標準電圧6,000ボルトで受電し、大規模な建物などの照明コンセントや給排水ポンプ、空調機器などの動力設備で使用する電気を供給する方式である。

❷　単相２線式は、電圧線と中性線の２本の線を利用する方式であり、200ボルトの電力が必要となる家電製品等を使用することができる。

❸　プロパンガスのガス警報器は、床面の上方30cm以内の壁などに設置して、ガス漏れを検知して確実に鳴動する必要がある。

❹　近年、ガス設備の配管材料として、屋外埋設管にポリエチレン管やポリエチレン被覆鋼管、屋内配管に塩化ビニル被覆鋼管が多く使われている。

解説　　　　　　　　　　　　　　　　　　　　　　　　　　　　**正解：❷**

❶　**適切**　受電方式には、①低圧受電、②高圧受電、③特別高圧受電がある。高圧受電は、標準電圧6,000ボルトを受電する方式である。大規模な建物などの照明コンセントや給排水ポンプや空調機器などの**動力設備**で使用する電気が、高圧受電によって供給される。

❷　**最も不適切　単相2線式では100ボルトのみの供給となる**

単相２線式は電圧線と中性線の２本の線を利用する方式であって、100ボルトのみの供給となる。200ボルトの小型機器は使用できない。

低圧受電（標準電圧100ボルトまたは200ボルトで、住戸・アパート・事務所などの電灯や小型機器で使用する電気を供給する場合）では、電力会社の配電柱の柱上トランスで高圧6,600ボルトから単相3線式100ボルトまたは200ボルト等に電圧を落として、建物に電力を引き込みます。

❸　**適切**　ガス警報器は、警報対象がプロパンガスのように空気より重い場合は、**床面の上方30cm以内の壁**などに機器を設置して、ガス漏れを検知する。なお、空気より軽い都市ガスを検知するためには、天井面の下方30cm以内に設置する。

❹　**適切**　ガス設備の配管材料としては、屋外埋設管は**ポリエチレン管**や**ポリエチレン被覆鋼管**、屋内配管は**塩化ビニル被覆鋼管**が多く使われている。かつては配管用炭素鋼鋼管（白ガス管）が用いられていたが、近年では耐久性に問題があることから、現在ではあまり使用されていない。

基本テキスト　2編8章

平成30年 問30 ⑬電気ガス

ガス設備

重要度 C

問題 77 ガス設備に関する次の記述のうち、最も不適切なものはどれか。

❶ ガスの使用を開始する際には、住戸ごとに、管理業者が立会い、ガス会社による開栓作業が必要である。

❷ ガス管の配管材料として、近年は、屋外埋設管にはポリエチレン管やポリエチレン被覆鋼管が、屋内配管には塩化ビニル被覆鋼管が多く使われている。

❸ ガスメーター（マイコンメーター）には、ガスの使用量を計量する機能や、ガスの異常放出や地震等の異常を感知して、自動的にガスの供給を遮断する機能が備えられている。

❹ ほとんどの都市ガスは空気より軽いのに対し、プロパンガス（ＬＰガス）は空気より重い。

得点源！

【都市ガスとＬＰガス】

	都市ガス	ＬＰガス
原料	メタンを主成分とする天然ガス	プロパン・ブタンを主成分とする液化石油ガス（LPG）
重さ	**空気より軽い** （６Ａだけは空気より重い）	**空気より重い**
特質・性質	原料の天然ガス自体は**無色・無臭** ※東京ガスでは、ガス漏れ時に気がつくように硫黄分を含んだ付臭剤を加えて供給している	
熱量	13A の場合 約46（MJ/㎥）	プロパンガスの場合 約99（MJ/㎥）
供給方法	ガス導管	ガスボンベを配送

解説

正解：❶

❶ **最も不適切　ガスの開栓作業は、管理業者ではなく入居者が立ち会う**

ガスの使用を開始するには、ガス会社に開栓をしてもらう必要があるが、管理業者の役割は、借主に対して、入居前に**ガス会社に連絡して開栓を求めるように伝えること**である。一般には、ガスの開栓に管理業者が立ち会わなければならないということはない。

❷ **適切**　配管材料は、かつては、屋外埋設管には鋳鉄管、屋内配管には配管用炭素鋼鋼管（白ガス管）が用いられていた。これに対して、近年では、より**耐久性を高めるため**、屋外埋設管はポリエチレン管やポリエチレン被覆鋼管、屋内配管は塩化ビニル被覆鋼管が多く使われている。

❸ **適切**　ガスメーター（マイコンメーター）はガスの使用量を計量する機器であるが、加えて、ガスの異常放出や地震等の異常を感知して、**自動的にガスの供給を遮断する機能も有している**。ガスメーターが異常を感知すると、自動的にガスの供給を止め、住戸内のガス器具の使用を停止するよう作動するものとされている。

❹ **適切**　都市ガスとプロパンガス（ＬＰガス）には、重量において違いがある。重さについてみると、都市ガスは６Ａというタイプを除き、**空気より軽い**。これに対し、**プロパンガスは空気より重くなっている**。

都市ガスとプロパンガス（ＬＰガス）は、供給方法、エネルギーの量などでも異なっています。供給方法は、都市ガスは埋設されたガス導管によって届けられますが、プロパンガスはガスを詰めたボンベを配達する方法で供給されます。エネルギーの量に関しては、プロパンガス（ＬＰガス）には都市ガスの２倍以上の火力エネルギーがあります。

基本テキスト　２編８章

第3編

家賃、敷金、共益費その他の金銭の管理に関する事項

第3編　INDEX

1章　賃料

2章　敷金等

3章　会計・分別管理

令和5年 問19 ①賃料の意義

賃　料

重要度 S

問題 1 賃借人が賃料債務を免れる場合に関する次の記述のうち、正しいものはどれか。

❶ 賃貸借契約で定められた賃料の支払時期から10年が経過すれば、特段の手続きを要することなく、賃借人は賃料債務を免れる。

❷ 賃貸借契約で賃料の支払方法が持参払いと定められている場合で、賃貸人が賃料の増額を主張して賃料の受領を拒否しているときは、賃借人が従前の賃料額を賃貸人宅に持参し、賃貸人が受け取れる状況にすれば、賃貸人に受領を拒否された場合でも、賃借人は賃料債務を免れる。

❸ 賃貸借契約で賃料の支払方法が口座振込と定められている場合で、賃借人が賃貸人宅に賃料を持参したにもかかわらず、賃貸人が受領を拒否したときは、賃料を供託することが可能であり、供託により、賃借人は賃料債務を免れる。

❹ 賃貸借契約期間中であっても、賃貸人が、敷金の一部を賃借人の賃料債務に充当したときは、賃借人の承諾の有無にかかわらず、賃借人は、その分の賃料債務を免れる。

得点源!

【供託できる場合】

受領拒絶	貸主が賃料の受取りを拒んでいる場合 ※借主は口頭で賃料の提供の意思を示す必要があるが、貸主が受領しないことが明らかであれば不要
受領不能	貸主が賃料を受け取ることができない場合 例 貸主の所在不明や不在など
債権者不確知	借主が過失なく貸主の存在を知ることができない場合 例 貸主の死亡後、貸主の相続人と称する者の相続権の有無が明らかでないなど

解説

正解：❹

❶ **誤り　消滅時効を援用しなければならない**

賃料債権は賃貸人が権利を行使できることを知った時から５年（主観的起算点）、または権利を行使できる時から10年間（客観的起算点）行使しないときに、時効により消滅する（民法166条１項）。ただし、賃借人が消滅時効を免れるのは、時効を援用（主張）した場合である。賃料の支払時期から10年が経過しても、消滅時効を援用するという手続きを踏まなければ賃料債務を免れない。

❷ **誤り　免れるのは債務不履行である**

賃借人（債務者）は、賃料を賃貸人（債権者）に提供すれば（すなわち、賃貸人（債権者）が受け取れる状態を作り出せば）、賃料支払いについての債務不履行責任を免れる。しかし、**実際に賃料が受け取られていなければ、賃料債務は消滅しない。**

賃料を供託すれば、債務を免れることができるが、本肢では、賃料を提供しただけで供託はなされていないから、賃借人（債務者）は賃料債務を免れない。

❸ **誤り　銀行振り込みをすればよいので、受領拒絶にはならない**

供託をするためには、①**受領拒絶**、②**受領不能**、③**債権者不確知**のどれかの**供託原因が必要である。**賃貸人は自ら直接に賃料を受け取ることは拒んではいるが、本肢は、本来的に賃貸借契約で賃料の支払方法が口座振込と定められている。賃借人は口座振込によって賃料を支払えば十分なのであって、①受領拒絶という**供託原因ではない**から、供託は無効であり、賃料債務を免れることはできない（判例）。

❹ **正しい**　賃貸人は、賃借人が賃貸借に基づいて生じた金銭の給付を目的とする債務を履行しないときは、**敷金をその債務の弁済に充てることができる**（民法622条の２第２項）。賃貸借契約期間中であっても、賃貸人が、敷金の一部を賃借人の賃料債務に充当したときは、賃借人が承諾していなくても、賃借人は、その分の賃料債務を免れる。

なお、賃借人は、賃貸人に対し、敷金をその債務の弁済に充てることを請求することができません。

基本テキスト　３編１章、３編２章

令和４年 問20　①賃料の意義

賃　料

重要度 B

問題 2　賃料に関する次の記述のうち、適切なものはどれか。

❶ 貸主が支払期限を知っている通常の場合、賃料債権は、５年の消滅時効に服する。

❷ 建物賃貸借契約における賃料は、建物使用の対価であるので、貸主は、借主が使用する敷地の対価を当然に別途請求することができる。

❸ 貸主が死亡し、その共同相続人が賃貸住宅を相続した場合、遺産分割までの賃料債権は、金銭債権として、相続財産となる。

❹ 借主が滞納賃料の一部を支払う場合であって、弁済充当の合意がないときは、支払時に貸主が指定した債務に充当され、借主はこれに従わなければならない。

得点源!

【賃料支払の原則と特約】

	民法上の原則	特　約
支払時期	毎月末に当月分を後払い	原則と異なる定め、有効 例 毎月末に翌月分を前払いなど
支払方法	貸主の指定する場所に持参して支払い	原則と異なる定め、有効 例 貸主の指定口座に振込みなど

解説 正解：❶

❶ **適切** 賃料債権は、時効により消滅する。時効期間には、「権利を行使することができることを知った時」から５年（主観的起算点）と「権利を行使することができる時」から10年（客観的起算点）の２種類があるが（民法166条１項１号・２号）、建物賃貸借の賃料については、一般に貸主が権利を行使することを知っているから、通常は**5年**の消滅時効にかかる。

❷ **不適切　建物と敷地の賃料を別に請求することはできない**

建物賃貸借では、借主は建物の使用に必要な範囲でその敷地を利用することができる。したがって、賃料には、建物自体の使用の対価のほか、その敷地の使用の対価も含まれるのであり、敷地の賃料を、建物の賃料とは別に請求することはできない。

❸ **不適切　遺産分割までの賃料債権は相続財産にならない**

貸主が死亡して共同相続された場合、相続された賃貸住宅は相続財産となって（民法898条）、相続人が共同して貸主の地位につく。しかし、遺産分割までに生じた賃料債権は、相続財産ではなく、共同相続人が、相続分（法定相続分）に応じて分割されて単独で有する債権として、確定的に取得する（判例）。

❹ **不適切　弁済充当の合意がない場合は費用➡利息➡元本**

借主が滞納賃料の一部を支払う場合であって、弁済充当の合意がないときにおいても、支払時に貸主が指定した債務に充当され、借主はこれに従わなければならないものではない。弁済の充当に関する合意がない場合、費用、利息、元本の順番で充当される（民法489条）。

費用同士、利息同士、元本同士（同じ順位同士）の充当については、まず、①弁済者（借主）は、給付時に、充当すべき債務を指定でき、②弁済者が①の指定をしないときは、弁済を受領する者（貸主）が、その弁済を充当すべき債務を指定することができます。ただし、弁済者（借主）がその充当に対して直ちに異議を述べたときは、弁済者（借主）の指定によって充当がなされます。

基本テキスト　３編１章

令和2年 問21　①賃料の意義

賃　料（供託）

重要度 B

問題 3　賃料の供託に関する次の記述のうち、正しいものはどれか。

❶　貸主に賃料を受領してもらうことが期待できない場合、借主は直ちに供託することができる。

❷　自身が貸主であると主張する者が複数名おり、借主が過失なく貸主を特定できない場合、借主はそのうちの一人に賃料を支払えば賃料支払義務を免れるため、賃料を供託することができない。

❸　貸主は、いつでも供託金を受領することができる。

❹　供託所は、借主により供託がなされた場合、遅滞なく、貸主に供託の事実を通知しなければならない。

解説

正解：❸

❶ **誤り　賃料を受領してもらえそうにないというだけで、供託は不可**

供託をすることができるのは、①**受領拒絶**、②**受領不能**、③**債権者不確知**のどれかに該当する場合に限定される。貸主に賃料を受領してもらうことが期待できないというだけでは、供託をすることはできない。

「受領拒絶」とは、弁済の提供をした場合において、債権者がその受領を拒んだこと（民法494条１項１号）、「受領不能」とは、債権者が弁済を受領することができないこと（同条１項２号）、「債権者不確知」とは、弁済者が、過失なく債権者を確知することができないこと（同条２項）です。

❷ **誤り　貸主を過失なく特定できない場合は、賃料の供託が可能**

貸主と主張する者が複数名いて、借主が過失なく貸主を特定できないことは、**債権者不確知**に該当するから、賃料の供託が可能である。借主は法務局に弁済の供託を行えば、賃料支払義務を免れることができる。

❸ **正しい**　弁済の供託がなされた場合には、債権者は、供託物の還付を請求できる（民法498条）。貸主は、**いつでも供託所に還付を請求**して、供託金を受領することができる。

❹ **誤り　貸主に供託の事実を通知するのは、債務者である借主**

民法上債権者に対する通知が義務づけられているのは、供託所ではなく、**供託を行った債務者**であるから、本肢の場合、借主が、遅滞なく、貸主に供託の通知をしなければならない（民法495条３項）。

基本テキスト　3編1章

令和２年 問22 改　①賃料の意義

賃　料（弁済充当）

重要度 B

問題 4　賃貸人Ａは賃借人Ｂに対して、賃料（共益費込み）月額金10万円、当月分前月末日払い、遅延した場合は年10%の遅延損害金を請求できる旨の約定でアパートの一室を賃貸した。Ｂは、令和４年10月分、同年11月分及び同年12月分の賃料を滞納したが、同年12月15日、Ａに金20万円を持参した。この場合、賃料の充当に関する次の記述のうち、正しいものはどれか。

❶　弁済の充当に関する民法の定めは強行規定であるため、ＡＢ間でこれと異なる合意をしても無効である。

❷　Ａは、Ｂが充当を指定しない場合、金20万円を受領時に、いずれの債務に充当するかを指定することができる。

❸　Ｂは、Ａに対して、令和４年10月分の賃料に金20万円を優先的に充当するよう指定することができない。

❹　Ｂが持参した現金は、遅延損害金、元本及び費用の順で充当される。

解説　　　　**正解：❷**

❶ **誤り　弁済の充当は任意規定なので、民法の規定と異なる合意も有効**

民法に定める弁済の充当のルールは、**これと異なる合意があれば合意に従う**。弁済に関する民法の定めは、強行規定ではなく、**任意規定**である。

弁済の充当とは、債務者が債権者に対して複数の債務を負担している状況において、債務者の給付がすべての債務を消滅させるには足りないものであるときに、その給付によってどの債務を消滅させ、どの債務を残存させるかという、弁済の割振方法のことである（民法488条1項）。

民法第490条には「弁済をする者と弁済を受領する者との間に弁済の充当の順序に関する合意があるときは、その順序に従い、その弁済を充当する」と定められています。

❷ **正しい**　合意がないときには、弁済者は**充当の指定**をすることができる（民法488条1項）。もっとも、弁済者が指定をしていないときは、弁済を受領する者は、その受領の時に、その弁済を充当すべき債務を指定することができる（同法488条2項本文）。弁済者のBが指定をしない場合には、弁済を受領するAが、金20万円を受領する時にどの債務に充当するかを指定することができる、ということになる。

❸ **誤り　Bは合意がなければ充当の指定をすることができる**

令和4年10月分の賃料を優先的に充当するように指定することは可能である。

❹ **誤り　費用➡利息（遅延損害金）➡元本の順で充当される**

Bが持参した現金が、Bの債務の全部を消滅させるのに足りなければ、費用→利息（遅延損害金）→元本の順番で、Bの債務に充当される（民法489条1項・2項）。本肢の記述は費用を最も劣後する順位としている点が間違っており、費用は最も優先順位が高くなる。

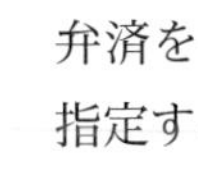

民法第489条第1項には「債務者が1個又は数個の債務について元本のほか利息及び費用を支払うべき場合において、弁済をする者がその債務の全部を消滅させるのに足りない給付をしたときは、これを順次に費用、利息及び元本に充当しなければならない」と定められています。

基本テキスト　3編1章

令和元年 問18改　①賃料の意義

賃　料

重要度 B

問題 5　賃料に関する次の記述のうち、誤っているものはどれか。

❶　貸主の賃料債権は、貸主が権利を行使することができることを知った時から５年間行使しないとき、または、権利を行使することができる時から10年間行使しないときには、時効によって消滅する。

❷　借主が滞納賃料の一部を支払った場合で、弁済充当の合意がないときは、支払われた賃料は費用、利息、元本の順番で充当される。

❸　貸主が賃料の受領を拒絶している場合、借主は賃料を供託することにより、債務不履行責任のみならず賃料支払義務を免れることができる。

❹　借主の地位を複数人が共に有する場合、各借主は賃料支払債務を分割債務として負担する。

解説 正解：❹

❶ **正しい** 債権は、①債権者が権利を行使することができることを知った時から**5年間**行使しないとき、または、②権利を行使することができる時から**10年間**行使しないときのいずれかの場合には、時効によって消滅する（民法166条1項）。

❷ **正しい** 債務者が1個または複数の債務を負担している状況で、債務者の給付がすべての債務を消滅させるには足りないものであるときに、その給付によってどの債務を消滅させ、どの債務を残存させるかの弁済の割振方法を「弁済充当（べんさいじゅうとう）」という。

弁済充当の順番は、①充当に関する合意があれば、合意に従う、②充当に関する合意がない場合、**費用、利息、元本の順番**、③費用同士、利息同士、元本同士（同じ順位同士）については、まず弁済者の指定（弁済者の指定がなければ受領者の指定）、指定がなければ弁済期の先後などとなる（民法489条1項）。

❸ **正しい** 貸主が賃料の受領を拒絶している場合に賃料を提供しても、債務の不履行はなくなるが賃料支払義務は残る。そこで、賃料支払義務を消滅させる手段が**供託（きょうたく）**である。借主が供託所（法務局）に金銭を預けることで、賃料支払義務は消滅する。

「賃料の提供」とは、貸主がいつでも賃料を受け取れる状況を借主がつくることをいいますが、提供をしただけでは賃料支払義務は消滅しません。

❹ **誤り それぞれの借主が賃料全額の支払債務を負う**

借主が死亡し、借主の地位を複数人が共同相続した場合には、借主の支払うべき賃料は、不可分債務とされている（判例）。借主の地位を複数人が共に有する場合には、それぞれの借主が貸主に対して全額の支払債務を負うのであり、賃料の支払いについて分割債務となるものではない。

基本テキスト 3編1章

令和３年 問21　②賃料増減請求

賃料増減請求

重要度 A

問題 6　賃料増減請求に関する次の記述のうち、適切なものの組合せはどれか。

ア　賃料増減請求は、請求権を行使した時ではなく、客観的に賃料が不相当となった時に遡って効力を生ずる。

イ　賃料改定を協議により行うとする特約が定められている場合であっても、賃料増減請求を行うことができる。

ウ　借主が賃料減額請求を行ったが、協議が調わない場合、減額を正当とする裁判が確定するまでの間、借主は減額された賃料を支払えば足り、貸主は従前の賃料を請求することができない。

エ　賃料改定については、合意が成立しなければ、訴訟によって裁判所の判断を求めることになるが、原則として、訴訟提起の前に調停を申し立てなければならない。

❶　ア、イ
❷　ア、ウ
❸　イ、エ
❹　ウ、エ

解説

正解：❸

ア　不適切　賃料増減額請求は、請求権の行使時に効力を生じる

建物の借賃が不相当となったときは、当事者は、将来に向かって建物の借賃の額の増減を請求することができ（借地借家法32条１項本文）、賃料増減の効力は、賃料の増額または減額を請求する通知が到達した時に効力を生じる。つまり、賃料増減額請求の効果は、請求権行使の時点より前に遡らない。

イ　適切　賃料改定について、**貸主と借主の間で協議を行う旨の特約**が定められていても、賃料増減額請求権の行使をすることは可能である。

賃料改定の協議条項について、判例では、「賃貸借当事者間の信義に基づき、できる限り訴訟によらずに当事者双方の意向を反映した結論に達することを目的としたにとどまり、当事者間に協議が成立しない限り賃料の増減を許さないとする趣旨のものではない」とされています。

ウ　不適切　裁判確定までは、借主は貸主が請求した額の賃料を支払う

建物の借賃の減額について当事者間に協議が調わないときは、貸主は、減額を正当とする裁判が確定するまでは、相当と認める額の建物の借賃の支払いを請求することができる（借地借家法32条３項本文）。

エ　適切　建物の賃料増減額請求に関する事件について訴えを提起しようとする者は、**まず調停の申立てをしなければならない**（民事調停法24条の２第１項）。調停の申立てをすることなく訴えを提起した場合には、受訴裁判所は、その事件を調停に付さなければならない（同法24条の２第２項本文）。

以上により、適切なものの組合せは**イ、エ**であり、正解は肢❸となる。

基本テキスト　３編１章

令和２年 問35　②賃料増減請求

重要度 A

賃料増減請求

問題 7　**賃料の増減額請求に関する次の記述のうち、正しいものはどれか。**

❶　普通建物賃貸借契約の約定に「賃料の増減は協議による」との記載があった場合、協議を経なければ、貸主は借主に対し、借地借家法上の賃料増額請求をすることはできない。

❷　貸主が賃料の増額を請求し借主がこれを拒んだが、貸主の請求を認めた裁判が確定した場合、借主が賃料の不足額を支払うにあたり、特約がないときは、年１割の割合による支払期後の利息を付加しなければならない。

❸　定期建物賃貸借契約の締結にあたり、「契約期間中に如何なる理由が生じても賃料の減額はできないものとする」といった特約は無効である。

❹　借主が賃料の減額を請求し貸主がこれを拒んだが、借主の請求を認めた裁判が確定した場合、貸主が受け取った賃料の過払額を返還するにあたり、民法の定める法定利率による利息を付加しなければならない。

解説 正解：❷

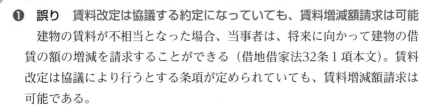

❶ **誤り　賃料改定は協議する約定になっていても、賃料増減額請求は可能**

建物の賃料が不相当となった場合、当事者は、将来に向かって建物の借賃の額の増減を請求することができる（借地借家法32条1項本文）。賃料改定は協議により行うとする条項が定められていても、賃料増減額請求は可能である。

❷ **正しい**　賃料の増額請求が行われた後、当事者間に賃料の協議が調わないときは、借主は、増額を正当とする裁判が確定するまでは、相当と認める額の建物の賃料を支払えばよい（債務不履行にはならない。借地借家法32条2項本文）。ただし、裁判が確定した場合において、すでに支払った額に不足があるときは、不足額に**年1割の割合による支払期後の利息**を付してこれを貸主に支払わなければならない（同法32条2項ただし書）。

❸ **誤り　定期建物賃貸借契約では、不減額特約は有効**

定期建物賃貸借契約において、一定の期間賃料を減額しない旨の特約（不減額特約）は有効である。なお、普通建物賃貸借契約では、不減額特約の効力は認められない。

「不増額特約」については、定期建物賃貸借と普通建物賃貸借のいずれでも効力が認められますが、「不減額特約」については、定期建物賃貸借と普通建物賃貸借で取扱いが異なっています。

❹ **誤り　超過額には年1割の受領時からの利息を付する**

超過額に付する利息は、法定利息ではなく、年1割の割合による受領の時からの利息である。

賃料の減額請求がなされた後、当事者間に協議が調わないときは、貸主は、減額を正当とする裁判が確定するまでは、相当と認める額の建物の借賃の支払いを請求することができます（借地借家法32条3項本文）。ただし、裁判が確定した場合において、すでに支払いを受けた額が正当とされた建物の借賃の額を超えるときは、超過額に年1割の割合による受領の時からの利息を付して、これを借主に返還しなければなりません。

基本テキスト　3編1章

令和元年 問10　②賃料増減請求

賃料増減請求

重要度 A

問題 8

普通建物賃貸借契約（定期建物賃貸借契約でない建物賃貸借契約をいう。以下、各問において同じ。）における賃料増減額請求に関する次の記述のうち、不適切なものの組合せはどれか。

ア　賃貸借契約の貸主の地位を複数の貸主が共に有する場合（ただし、各貸主の持分は相等しいものとする。）、各貸主は単独で賃料増額請求権を行使することができる。

イ　貸主から賃料増額請求を受けた借主は、賃料増額に関する裁判が確定するまでの間、増額された賃料を支払わなければならない。

ウ　借主から賃料減額請求を受けた貸主は、賃料減額に関する裁判が確定するまでは、従前の賃料の支払を請求することができる。

エ　貸主の賃料増額請求権を一定期間排除する特約は有効である。

❶　ア、イ
❷　イ、ウ
❸　ア、エ
❹　ウ、エ

解説 　　　　　　**正解：❶**

ア　不適切　共同の貸主のひとりが単独で賃料増減額請求権を行使できない

貸主が複数の場合、賃料増額請求権の行使は、「単に現状を維持するための保存行為とはいえず、共有物の利用等の**管理行為に当たる**」とされている（判例）。管理行為は、各共有者の持分の価格に従い、その過半数で決するから（民法252条本文）、過半数の持分を有しない共同の貸主のひとりが単独で権利行使をすることはできない。

イ　不適切　自ら相当と考える賃料を支払えば債務不履行にはならない

貸主から賃料増額請求を受けた場合には、借主は、裁判所の判決が確定するまでは、増額された賃料ではなく、自らが相当と考える賃料を支払えば、賃料支払債務の不履行についての責任を負わない（借地借家法32条２項本文）。

その後、その支払額が、裁判所の判決によって相当とされた賃料の額に不足している場合は、不足額の支払いとともに、その不足額に年１割の利息を加えて支払う義務が生じます（同法32条２項ただし書）。

ウ　適切　借主から賃料減額請求を受けた場合には、貸主は、裁判所の判決が確定するまでは、**自らが相当と考える賃料**（つまり従前の賃料と考えることが可能）の支払いを請求できる（借地借家法32条３項本文）。

その後、その請求額が、裁判所の判決によって相当とされた賃料の額を超える場合には、貸主には超過額を返還するとともに、その超過額に年１割の利息を加えて支払う義務が生じます（同法32条３項ただし書）。

エ　適切　賃料増額請求をしないという特約は有効である（借地借家法32条１項ただし書）。

普通建物賃貸借契約では、賃料減額請求をしないという特約は無効であり、賃料を減額しない旨の特約があっても、借主は賃料の減額を請求することができます。

以上により、不適切なものの組合せは**ア、イ**であり、正解は肢❶となる。

基本テキスト　3編1章

令和５年 問20　③敷金等

敷　金

重要度 A

問題 9　**敷金の取扱いに関する次の記述のうち、適切なものはどれか。**

❶　敷金は、賃貸借契約上賃借人が負うべき債務の担保として交付されるものであるが、賃貸借契約は継続しつつ、敷金契約を合意解約して敷金の返還をすることができる。

❷　敷金は、賃貸借契約上賃借人が負うべき債務の担保として交付されるものであるから、賃貸借契約締結と同時に、または締結前に交付しなければならない。

❸　賃貸借契約が終了したにもかかわらず賃借人の明渡しが遅延したことにより発生する賃料相当使用損害金は、賃貸借契約が終了した後に発生する債務であるため、敷金から差し引くことはできない。

❹　敷金は、賃借人の債務を具体的に特定し、その債務に敷金を充当する旨の意思表示をしない限り、賃貸人はその全額を返還しなければならない。

得点源！

【敷　金】

敷金の定義	敷金とは、賃貸借契約から生じる**一切の債務**を担保するために、借主が貸主に預け入れる金銭である。 例 未払賃料、原状回復費用、賃貸借終了後の賃料相当額の損害賠償債務など、賃貸借契約から生じる一切の債務
敷金契約の性質	敷金契約は賃貸借契約とは**別の契約**であり、敷金を預け入れなくても賃貸借契約は成立する。 ・敷金を契約締結後に預け入れることを取り決めてもよい ・契約期間中であっても敷金の増額に合意することができる ・敷金契約のみを合意して解約することもできる

解説

正解：❶

❶ **適切　敷金を交付する合意は、賃貸借契約とは別個の契約に基づく要物契約である。**敷金契約のみを合意解約することも可能である。

❷ **不適切　賃貸借契約の締結後でも可**

敷金を交付する合意は、賃貸借契約とは別個の契約である。**賃貸借契約と同時に、または締結前に交付しなければならないものではない。**賃貸借契約の締結後に合意をしたり、賃貸借契約の締結後に敷金を交付するものとすることも可能である。

❸ **不適切　明渡し遅延による損害金も敷金の担保に含まれる**

敷金によって担保される賃借人の債務は、賃貸借契約から生じる一切の債務である。賃貸借存続中に生じた債務だけでなく、賃貸借の終了した後、**明渡しまでに賃貸借契約に基づいて生ずる全ての債務が含まれる。**賃貸借契約が終了しても明渡しがなされない場合には、明渡しまでの使用について賃料相当額の使用損害金が発生するが、この明渡しまでの使用損害金も、敷金の担保する債務に含まれる（判例）。

❹ **不適切　意思表示は不要である**

敷金については、建物賃貸借契約が終了し、賃借人が明渡しを完了したとき、賃借人は賃貸人に対して敷金の返還を請求することができる。敷金返還に際して、賃借人が賃貸人に対して**敷金により担保される債務を負担している場合、敷金は当然にこの債務に充てられ、敷金の返還請求権は残額についてのみ発生するものとされている。**賃貸人による敷金充当の意思表示は必要ではない（判例）。

基本テキスト　3編2章

令和3年 問20 ③敷金等

敷　金

重要度 A

問題 10 **敷金に関する次の記述のうち、最も適切なものはどれか。**

❶ 貸主は、建物明渡し後でなければ、敷金を未払賃料に充当することができない。

❷ 敷金は、賃貸借契約上の債務を担保するための金銭であるから、貸主との合意があっても賃貸借契約の締結後に預け入れることができない。

❸ 貸主が建物を借主に引き渡した後、第三者に当該建物を売却し、所有権移転登記を完了した場合、特段の事情がない限り、敷金に関する権利義務は当然に当該第三者に承継される。

❹ 賃貸借契約が終了し、建物が明け渡された後、借主が行方不明となったことにより、借主に対し敷金の充当の通知ができない場合、貸主は敷金を未払賃料や原状回復費用に充当することができない。

解説 正解：❸

❶ 不適切　建物明渡し前でも、貸主は敷金を未払賃料に充当できる

敷金は、賃貸借契約に基づいて生じる借主の債務を担保する目的で、借主が貸主に交付する金銭である。賃貸借契約が終了し、かつ、賃貸物の返還を受けたときには、賃貸借契約に基づいて生じた借主の貸主に対する債務の額が、敷金の額から当然に控除されるが（民法622条の２第１項）、賃貸借契約の終了前でも、借主が債務を履行しないときには、貸主は、敷金をその債務の弁済に充当することができる（同条２項前段）。

逆に、借主が敷金を未払賃料の弁済に充当することは認められません（同法622条の２第２項後段）。

❷ 不適切　合意があれば、賃貸借契約締結後に敷金の預け入れができる

敷金を預け入れる敷金契約は、賃貸借契約とは別の契約であり、預け入れの時期は貸主と借主の合意によって決められる。敷金は、通常は賃貸借契約締結に際して預け入れられるが、賃貸借契約が締結された後に預け入れるとすることも可能である。

❸ 最も適切　借主が賃貸借の対抗要件を備えた場合に不動産が譲渡されたときは、不動産の貸主たる地位は、その譲受人に移転する（民法605条の２第１項）。建物の賃貸借では、建物の引渡しが対抗要件になるため（借地借家法31条）、貸主が建物を借主に引き渡した後、第三者に建物を売却し、所有権移転登記を完了した場合、敷金に関する権利義務は、**当然に当該第三者に承継される。**

❹ 不適切　借主の債務は、建物の明渡し時に敷金から当然に控除される

賃貸借が終了し、かつ、賃貸物の返還を受けたときには、賃貸借契約に基づいて生じた借主の貸主に対する債務の額は、敷金の額から当然に控除される。借主が行方不明になっていたとしても、当然に控除されることに変わりはない。

なお、本肢では借主に対する敷金の充当の通知を問題としていますが、そもそも敷金の額から借主の債務の額を控除することについて、借主に対して通知をする必要はありません。

基本テキスト　3編2章

令和２年 問20　③敷金等

敷　金

重要度 A

問題 11　**敷金に関する次の記述のうち、誤っているものの組合せはどれか。**

ア　借主は、不払賃料額の弁済に敷金を充てるよう貸主に請求することはできない。

イ　賃貸借契約継続中に敷金返還請求権が差し押えられた場合、貸主は、速やかに敷金相当額を差押債権者に支払わなければならない。

ウ　敷金は、原状回復とされている借主の毀損・汚損に対する損害賠償も担保する。

エ　貸主Ａが賃貸物件を第三者Ｂに譲渡する際、賃貸人たる地位をＡに留保する旨、ＡＢ間で合意すれば、貸主の地位はＡに留保され、Ａは敷金返還義務を負う。

❶　ア、イ
❷　ア、ウ
❸　ウ、エ
❹　イ、エ

解説

正解：❹

ア　正しい　借主が自らの債務を履行せず、敷金をその債務の弁済に充てるように**貸主に求めることは認められない**（民法622条の２第２項後段）。そのような求めを認めることは、借主の債務不履行を許すことになってしまうからである。

なお、この場合、貸主は、敷金を未払い賃料等の債務の弁済に充てることが認められている（同項前段）。

イ　誤り　敷金相当額を支払う義務はない

敷金返還請求権の差押えによって貸主が差押債権者に対して支払わなければならないのは、貸主が借主に対して支払義務を負う債務である。**賃貸借契約が継続している間には、貸主は借主に対して敷金返還義務を負わない**（民法622条の２第１項）。したがって、賃貸借契約継続中に敷金返還請求権が差し押さえられても、貸主には、債権者に敷金相当額を支払う義務はない。

敷金の返還義務を負うのは、賃貸借契約が終了して明渡しが完了した後に残る借主の債務を控除してもなお、敷金に残額がある場合です。

ウ　正しい　敷金は、いかなる名目によるかを問わず、賃料債務その他の賃貸借に基づいて生ずる借主の貸主に対する金銭の給付を目的とする債務を担保する目的で、借主が貸主に交付する金銭である（民法622条の２第１項かっこ書）。原状回復をするべき**借主の毀損・汚損を復旧するための損害賠償債務**も、敷金によって担保される。

エ　誤り　貸主の地位を留保するには賃貸借契約が必要

賃貸借の対象不動産が譲渡されたときは、不動産の譲渡人および譲受人が、賃貸人たる地位を**譲渡人に留保する旨**およびその不動産を**譲受人が譲渡人に賃貸する旨の合意**をしたときは、賃貸人たる地位は、譲受人に移転しない（民法605条の２第２項前段）。つまり、貸主の地位を譲渡人に留保するには、譲渡人と譲受人の間の貸主の地位の留保の合意に加えて、**譲渡人と譲受人の間で賃貸借契約**が締結される必要がある。本肢の場合、貸主の地位はＡに留保されずＢに移転するから、Ａは敷金返還義務を負わない。

以上により、誤っているものの組合せは**イ、エ**であり、正解は肢❹となる。

基本テキスト　３編２章

令和元年 問19　③敷金等

敷　金

重要度 A

問題 12　敷金に関する次の記述のうち、正しいものの組合せはどれか。

ア　賃貸借契約が終了した場合、敷金の返還と明渡しは、敷金の返還が先履行となる。

イ　敷金は、滞納賃料のほか、原状回復義務の対象となる借主の毀損・汚損に対する損害賠償、借主が無権限で施工した工事の復旧費も担保の対象となる。

ウ　賃貸借契約の継続中に借主の債権者が敷金返還請求権を差し押え、賃貸物件の明渡し前に差押債権者が敷金の支払を貸主に請求した場合、貸主に敷金の支払義務が発生する。

エ　いわゆる敷引特約（賃貸借契約終了時に、貸主が敷金の一部を取得する特約。）に関し、判例は、敷引金の額が賃料の額等に照らし高額に過ぎるなどの事情があれば格別、そうでない限り、これが信義則に反して消費者である借主の利益を一方的に害するものということはできない旨を判示している。

❶　イ、エ
❷　ア、ウ
❸　ア、エ
❹　イ、ウ

解説

正解：❶

ア　誤り　敷金の返還は明渡し後に請求できる

敷金の返還は、明渡しが完了した後にはじめて請求できるものなので、明渡しとの関係でみれば、先履行ではなく**後履行**となる。

敷金は、契約が終了して借主が明渡しを完了した時に、未払賃料など借主が支払わなくてはならないものを差し引いた後、残額がある場合には返還しなければなりません（民法622条の２）。

イ　正しい　敷金が担保する借主の債務は、**賃貸借契約から生じる一切の債務**である（民法622条の２）。未払賃料、室内を毀損・汚損した場合の補修費用、借主が付加した内装造作の撤去費用、賃貸借終了後、明渡しまでの賃料相当額の損害賠償債務などが含まれるのであり、借主が無権限で施工した工事の復旧費についても敷金から差し引かれる。

ウ　誤り　明渡し前に敷金の支払義務は発生しない

敷金返還請求権は、借主の財産（責任財産）であって、借主の債権者は、これを差し押さえることができる。しかし、貸主の敷金返還義務は、賃貸借が終了し、明渡しが完了した場合に、**不払賃料等を差し引いた後の残額に限られる**。したがって、敷金の支払義務が発生していなければ差押債権者に対して支払義務は生じないのであり、明渡しの前には敷金を返還する義務はないから、明渡し前に敷金返還請求権を差し押さえたとしても、貸主には敷金支払義務は生じない。

エ　正しい　敷引特約は、最高裁により、「敷引金の額が高額に過ぎると評価すべきものである場合」には、特段の事情のない限り、消費者契約法10条により無効となるが、そのような場合でなければ**効力が認められるもの**とされている（判例）。

以上により、正しいものの組合せは**イ、エ**であり、正解は肢❶となる。

基本テキスト　3編２章

平成30年 問17　③敷金等

敷　金

重要度 A

問題 13　敷金に関する次の記述のうち、正しいものはどれか。

❶　賃貸借契約書に借主からの敷金の相殺について禁止する条項がない場合、借主は契約期間中、敷金返還請求権と賃料債務を相殺することができる。

❷　賃貸借契約書に敷金の返還時期について何らの定めもない場合、借主は敷金の返還を受けるまでの間、建物の明渡しを拒むことができる。

❸　借主の地位の承継があったとしても、特段の事情のない限り、敷金は新借主に承継されない。

❹　賃貸借契約書に敷金によって担保される債務の範囲について何らの定めもない場合、敷金によって担保される借主の債務は賃料債務に限定され、貸主は原状回復費用に敷金を充当することはできない。

得点源!

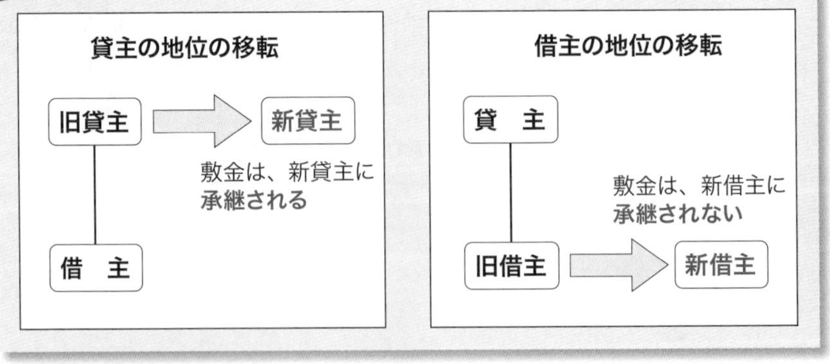

解説 正解：❸

❶ **誤り　借主は敷金からの賃料債務の相殺を請求できない**

借主は、賃貸借契約が継続している間に、敷金を賃料債務と相殺することはできない（民法622条の２第２項後段）。

❷ **誤り　敷金の返還請求は建物の明渡し後にできる**

敷金返還請求権は、賃貸借契約終了時ではなく、物件の明渡し時に発生する（明渡し時説。民法622条の２第１項）。借主の**明渡債務が、敷金の返還に対して先履行**の関係になるから、明渡しにつき同時履行の抗弁とすることはできない。

❸ **正しい**　貸主の承諾を得て賃借権が譲渡された場合、旧借主の貸主に対する権利義務は、新借主が承継する。ただし、旧借主が**預託した敷金**については、新借主に**承継されない**（判例）。

❹ **誤り　敷金は賃貸借契約から生じる一切の債務を担保する**

敷金によって担保される借主の債務は、賃料債務に限定されず、借主が負担すべき毀損・汚損の補修費用（原状回復費用）の支払債務なども、敷金によって担保される範囲に含まれる。

基本テキスト　３編２章

令和４年 問22　④賃料等の会計上の取扱い

企業会計原則および会計処理の基礎

重要度 B

問題 14　企業会計原則及び会計処理の基礎に関する次の記述のうち、不適切なものはどれか。

❶　企業会計原則は、企業会計の実務の中に慣習として発達したものの中から、一般に公正妥当と認められたところを要約した基準である。

❷　企業会計原則は、一般原則、損益計算書原則、貸借対照表原則の３つの原則により構成されている。

❸　明瞭性の原則とは、企業会計は、すべての取引につき、正規の簿記の原則に従って、明瞭かつ正確な会計帳簿を作成しなければならないことをいう。

❹　収益又は費用をどの時点で認識するかについて、発生主義と現金主義の２つの考え方があり、取引を適正に会計処理するためには、発生主義が好ましいとされている。

解説

正解：❸

❶ **適切**　企業会計原則は、企業会計の実務の中に慣習として発達したもののなかから、**一般に公正妥当**と認められたところを要約したものであって、必ずしも法令によって強制されないまでも、すべての企業がその会計を処理するにあたって従わなければならない基準である。

❷ **適切**　企業会計原則は、**一般原則・損益計算書原則・貸借対照表原則**の３つの原則で構成されている。一般原則は、損益計算書、貸借対照表のいずれにも共通するので、企業会計原則の最高規範とされている。

❸ **不適切**　**本肢の記述は正規の簿記の原則である**

明瞭性の原則とは、企業会計は、財務諸表によって、利害関係者に対し必要な会計事実を明瞭に表示し、企業の状況に関する判断を誤らせないようにしなければならない、とする一般原則のひとつである。

本肢で述べられている「すべての取引につき、正規の簿記の原則に従って、正確な会計帳簿を作成しなければならない」という原則は、やはり一般原則のひとつである正規の簿記の原則であって、明瞭性の原則ではない。

❹ **適切**　収益または費用を認識する時点に対する考え方として、発生主義と現金主義がある。発生主義は、収益または費用は発生の事実をもってその計上を行うという考え方、現金主義は、現金の入出金が生じた時点で収益または費用の計上を行うという考え方である。取引を適正に会計処理するためには、**発生主義のほうが好ましい**とされている。

基本テキスト　3編3章

平成29年 問23　④賃料等の会計上の取扱い

未収賃料の経理上の処理

重要度 A

問題 15　未収賃料の経理上の処理に関する次の記述のうち、最も適切なものはどれか。

❶　賃料の支払がなければ、税務上、収入として扱う必要はなく、貸借対照表への計上も不要である。

❷　金銭の授受の名目が敷金であれば、返還しないことが確定している場合でも、収入金額への計上を要しない。

❸　回収不能の未収賃料は、個人貸主にあっては、損失が生じた日の属する年分の不動産所得の金額の計算上、必要経費に算入されるのが原則である。

❹　滞納期間が長い未収賃料は、回収不能と判断されて必要経費に算入される。

得点源!

【賃料の収入計上時期】

通常の地代・賃料等	契約や慣習などにより支払日が定められている場合	その定められた日
	請求があったときに支払うべきと定められている場合	請求をした日
	支払日が定められていない場合	実際に支払いを受けた日
権利金・礼金		資産の引渡しのあった日、または契約の効力発生の日
更新料		契約の効力発生の日
敷金・保証金のうち借主に返還しない部分		返還しないことが確定した時点

解説 正解：❸

❶ **不適切　支払日の収入として扱い、未収賃料として貸借対照表に計上**

賃料は、契約や慣習などにより支払日が定められている場合には、その定められた日に収入として計上する。仮に入金がなくても、その時期が来たら収入として取り扱い、未収賃料として貸借対照表に計上する。

❷ **不適切　返還しないことが確定していれば、収入金額に計上する**

敷金や保証金のうち、借主に返還しない部分は、収入金額に計上しなければならない。収入金額として計上する時期は、返還しないことが確定したときである。

❸ **最も適切**　賃料が回収不能となったとき（貸倒れになったとき）には、損失として扱われる。損失の金額は、原則として損失が生じた日の属する年の不動産所得の金額の計算において**必要経費に算入される**。

❹ **不適切　滞納期間が長いというだけでは必要経費とされるものではない**

貸倒れとしての損失への算入には、債務者の資産状況、支払能力等、税務上厳格な要件が定められており、**客観的に貸倒れが認識できる事実**があるときにはじめて認められる。

基本テキスト　2編3章

令和５年 問18　⑤会計・分別管理

分別管理

重要度 S

問題 16

賃貸住宅管理業法における登録を受けた賃貸住宅管理業者の財産の分別管理に関する次の記述のうち、正しいものはどれか。なお、管理受託契約に基づいて受領する家賃等を管理する口座を「家賃等管理口座」、賃貸住宅管理業者の固有の財産を管理する口座を「固有財産管理口座」とする。

❶　賃借人から受領した家賃等から管理報酬分を支払うものとしている場合には、あらかじめ賃貸人に引き渡す家賃等と管理報酬相当額とを分けて、前者のみを家賃等管理口座に入金させなければならない。

❷　管理戸数が20戸以下の賃貸住宅管理業者は、家賃等管理口座と固有財産管理口座を一つの口座とし、家賃等と自己の固有の財産とを、帳簿により勘定上直ちに判別できる状態で管理することができる。

❸　家賃等管理口座に預入された金銭は、その全額を直ちに賃貸人に交付しなければならず、賃貸住宅管理業者の固有財産に属する金銭のうちの一定額を、家賃等管理口座に残したままにしておくことはできない。

❹　家賃等管理口座に預入された金銭は、現金預金や管理手数料収入、修繕費などの勘定科目に、物件名や顧客名を入れた補助科目を付して仕分けを行うことにより、他の管理受託契約に基づく管理業務において受領する家賃等との分別管理とすることができる。

解説

正解：❹

❶ **誤り　家賃等と管理報酬を同じ口座に預け入れることは可能**

賃貸住宅管理業者には分別管理が義務づけられるが、分別管理（賃貸住宅管理業法16条）の方法として、家賃等管理口座または固有財産管理口座のいずれか一方に、家賃等と固有財産が同時に預け入れされている状態が生じることは禁じられていない（「解釈・運用の考え方」16条関係）。ただし、家賃等または固有財産を、**速やかに家賃管理口座または固有財産管理口座に移し替えるなどの対応をとらなければならない。**

❷ **誤り　登録を受けた管理業者は管理口座を別にしなければならない**

管理戸数が200戸以下の事業者は登録をしなくても事業を営むことができる。しかし、登録を行った場合には、賃貸住宅管理業法の定めるルールに従わなければならない。分別管理の方法としては、管理業務において受領して賃貸人に引き渡すべき**家賃等の金銭を管理する口座**（家賃等管理口座）と、**固有財産を管理する口座**（固有財産管理口座）**を別のものとしなければならない**ものとされている（「解釈・運用の考え方」16条関係）。

❸ **誤り　定められた時期に交付すればよく、一定額残すことも可能**

家賃等管理口座に預入された金銭は賃貸人に交付しなければならないのであるが、全額を直ちに賃貸人に交付しなければならないわけではない。賃貸人に対しては、**管理受託契約で定められた時期に金銭を交付すればよい。**また、賃貸人に家賃等を確実に引き渡すことを目的として、適切な範囲において、**管理業者の固有財産のうちの一定額を家賃等管理口座に残しておくことは差し支えない**とされている（「解釈・運用の考え方」16条関係）。

❹ **正しい**　分別管理は、家賃等管理口座と固有財産管理口座とを分けたうえで、かつ、管理業務において受領する家賃等の**金銭が、いずれの管理受託契約に係るものであるかが、自己の帳簿により直ちに判別できる状態で管理する**方法によるものと定められている（賃貸住宅管理業法施行規則36条）。家賃等管理口座に預入された金銭を、現金預金や管理手数料収入、修繕費などの勘定科目に、物件名や顧客名を入れた補助科目を付して仕分けを行って、他の管理受託契約に基づく管理業務において受領する家賃等との分別管理とすることが認められている。

基本テキスト　3編2章、5編1章

令和４年 問21　⑤会計・分別管理

分別管理

重要度 B

問題 17　**管理業法における管理受託契約に基づく管理業務で受領する家賃、敷金、共益費その他の金銭**（以下、本問において「家賃等」という。）**に関する次の記述のうち、不適切なものはどれか。**

❶　家賃等を管理する口座と賃貸住宅管理業者の固有財産を管理する口座の分別については、少なくとも、家賃等を管理する口座を同一口座として賃貸住宅管理業者の固有財産を管理する口座と分別すれば足りる。

❷　家賃等を管理する帳簿と賃貸住宅管理業者の固有財産を管理する帳簿の分別については、少なくとも、家賃等を管理する帳簿を同一帳簿として賃貸住宅管理業者の固有財産を管理する帳簿と分別すれば足りる。

❸　家賃等を管理する口座にその月分の家賃をいったん全額預入れし、当該口座から賃貸住宅管理業者の固有財産を管理する口座に管理報酬分の金額を移し替えることは差し支えない。

❹　賃貸住宅管理業者の固有財産を管理するための口座にその月分の家賃をいったん全額預入れし、当該口座から家賃等を管理する口座に管理報酬分を控除した金額を移し替えることは差し支えない。

解説　　　　正解：❷

❶　**適切**　賃貸住宅管理業者は、管理受託契約に基づく管理業務において受領する家賃等を、自己の固有財産および他の管理受託契約に基づいて受領する家賃等と**分別して管理**しなければならない（賃貸住宅管理業法16条）。自己の固有財産の分別管理は、管理業務において受領する家賃等の口座と別の口座にする方法によって、分別管理をしなければならないものとされている（賃貸住宅管理業法施行規則（以下「施行規則」という）36条、「解釈・運用の考え方」16条関係）。

❷　**不適切**　**帳簿上、いずれの管理業務に基づくものかが分別されていなければならない**

受領した金銭がいずれの管理受託契約に基づく管理業務に係るものであるかが、帳簿や会計ソフト上で、**直ちに判別できる状態**になる方法で、管理されなければならない。現金預金や管理手数料収入、修繕費などの勘定科目に、物件名や顧客名を入れた補助科目を付して仕訳を行うなどの方法によって、分別する必要がある（施行規則36条、「解釈・運用の考え方」16条関係）。

❸　**適切**　分別管理の方法として、いったん入金額の全額を家賃等を管理する口座に預け入れ、その後固有財産を管理する口座に**管理報酬分の金額を移し替える**方法も認められる。家賃等と固有財産が一時的にひとつの口座に同時に預入されている状態が生じるが、固有財産となる金額を、速やかに固有財産を管理する口座に移し替えればよいものとされている（「解釈・運用の考え方」16条関係、FAQ集３（３）No.６・No.７）。

❹　**適切**　分別管理の方法として、いったん入金額の全額を固有財産を管理する口座に預け入れ、その後管理報酬分を控除した金額を**家賃等を管理する口座**に移し替える方法も認められる。家賃等と固有財産が一時的にひとつの口座に同時に預入されている状態が生じるが、家賃等の金額を、速やかに家賃等を管理する口座に移し替えればよいものとされている（「解釈・運用の考え方」16条関係、FAQ集３（３）No.６・No.７）。

基本テキスト　３編３章

第4編

賃貸住宅の賃貸借に関する事項

第4編　INDEX

※「書面」に関する記述がある場合、特に断りがない限り、電磁的方法による提供について考慮する必要はないものとします。

令和2年 問13　①契約の成立・契約の種類

契約の成立および契約書

重要度 A

問題 1　契約の成立および契約書に関する次の記述のうち、最も適切なものはどれか。

❶　契約は、申込みに対して相手方が承諾をしたときに成立し、明示的な承諾の意思表示がない限り成立しない。

❷　契約書は、契約当事者の権利・義務に関する記載内容に誤りを生じさせないよう、定型的な書面とすべきである。

❸　諾成契約とは、契約の成立に目的物の授受を要する契約であり、賃貸借契約がこれにあたる。

❹　契約当事者は、第三者に対して、契約内容を説明しなければならないことがあり、その場合、契約書は重要である。

解説

正解：❹

❶ **不適切　黙示的な承諾があった場合にも契約が成立する**

契約は、契約の内容を示してその締結を申し入れる意思表示（申込み）に対して相手方が承諾をしたときに成立する（民法522条1項）。申込みも承諾もいずれも意思表示である。意思表示は明示的に行われるほか、**黙示的に行われることもある。**

❷ **不適切　必ずしも定型的な書面を作成したほうがいいわけではない**

契約書には、書面を作成することによって契約の成立を客観的に明らかにしたうえで、契約条件も明確にしてトラブル防止を図ることができる、という機能がある。また、業務遂行の拠りどころ（行為準則）となる、という意義がある。

ここで重要なことは、記載内容に誤りがないことに加え、契約条件が明確になっていることです。定型的な書面は便利ですが、契約の個別性を考慮すれば、定型的な書面を作成したほうがいい場合と、そうではない場合があります。

❸ **不適切　諾成契約とは、当事者の意思表示の合致だけで成立する契約**

契約の成立に目的物の授受を要する契約は、要物契約である。

民法では諾成契約が原則とされており（民法522条1項）、賃貸借契約も原則どおり諾成契約です。

❹ **最も適切**　契約書には、書面を作成することによって第三者に対して**契約内容を明らかにして説明をする**という機能がある。契約書を示して契約内容を説明する必要がある第三者としては、借入先の金融機関や国や地方自治体などがある。

基本テキスト　4編1章

平成30年 問20　①契約の成立・契約の種類

書面によらない行為

重要度 A

問題 2　書面によらずに行った法律行為の効力に関する次の記述のうち、不適切なものはどれか。

❶　書面によらずに定期建物賃貸借契約を締結した場合、普通建物賃貸借契約としての効力を有する。

❷　書面によらずに連帯保証契約を締結した場合、保証契約としての効力を有する。

❸　書面によらずに賃貸借契約を解除する旨の意思表示をした場合、契約解除の意思表示としての効力を有する。

❹　書面によらずに賃料減額に合意した場合、賃料減額としての効力を有する。

解説 正解：❷

❶ **適切** 定期建物賃貸借契約を書面によらないで契約をした場合には、更新がないこととする旨の特約の効力が否定されるのであるが（借地借家法38条１項）、普通建物賃貸借契約の場合は**書面によらなくても契約締結をすることができる**ので、普通建物賃貸借契約としての効力を有することになる。

❷ **不適切** **保証契約は書面で行わなければ、その効力を生じない**

書面によらない場合には、連帯保証としての効力（催告の抗弁権と検索の抗弁権の有無）を有するかどうかの問題とされるのではなく、保証としての効力が否定される。

❸ **適切** 解除は多くの場合に書面で行われるが、**書面で行うことが法律上必須ではなく**、書面によらない解除の意思表示にも効力が認められる。

❹ **適切** 賃料の減額は合意によって決めることができる。賃料を減額する合意は**必ずしも書面で行わなくてもよい**。口頭の取決めによって賃料を減額する合意をすることもできる。

基本テキスト ４編１章

得点源！

【書面が必要になる賃貸借契約】

建物の賃貸借は、書面を作成しなくても契約が成立するのが原則だが、
① 定期建物賃貸借
② 取壊し予定の建物の賃貸借
③ 終身建物賃貸借
については、契約を成立させるために書面の作成が必要になる。

令和５年 問22　①契約の成立・契約の種類

契約締結（共有）

重要度 B

問題 3　３人が共有している賃貸住宅について、全員の合意は必要ないが、共有者の持分の価格に従い、その過半数で決することを要するものの組合せとして、正しいものはどれか。

ア　賃貸住宅の窓ガラスが台風により破損した場合の、窓ガラスの交換

イ　賃貸住宅につき、契約期間を３年とする定期建物賃貸借契約の締結

ウ　賃貸住宅につき、契約期間を５年とする定期建物賃貸借契約の締結

エ　賃貸住宅の賃貸借契約に関し、賃借人の債務不履行を理由とする契約の解除

❶　ア、イ
❷　ア、ウ
❸　イ、エ
❹　ウ、エ

解説 正解：❸

ア　誤り　窓ガラスの交換は保存行為にあたり、過半数による決定は不要

物の現状を維持するための行為を保存行為という。**共有物の保存行為は、共有者それぞれが単独で行うことができる**（民法252条５項）。賃貸住宅の窓ガラスが台風により破損した場合の**窓ガラスの交換**は**保存行為**にあたる。各共有者はそれぞれが窓ガラスの交換を行うことができるのであり、共有者の持分の価格の過半数の賛成を必要としない。

イ　正しい　共有物の管理にあたる行為は、共有者の持分の価格に従ってその過半数で決することができる（民法252条前段）。**期間が３年を超えない賃借権**（期間３年以下の賃貸借）を設定することは**管理行為**となる（同法252条４項３号）。賃貸住宅につき、契約期間を３年とする定期建物賃貸借契約を締結することは管理行為だから、共有者の持分の価格に従ってその過半数で決することができる。

ウ　誤り　３年を超える賃借権の設定は処分行為にあたり、全員一致が必要

共有物の処分は、全員の一致でなければ行うことはできない。建物の共有者が、**期間が３年を超える賃借権を設定**することは管理行為ではなく、**処分行為**となる（民法252条４項３号）。賃貸住宅につき、契約期間を５年とする定期建物賃貸借契約を締結することは、処分行為だから、**共有者の全員一致**が必要であり、共有者の持分の価格に従ってその過半数で決することはできない。

エ　正しい　共有物の管理に関する事項は、各共有者の持分の価格に従い、その過半数で決する（民法252条前段）。建物が共有物で、賃貸人が共有者である場合、賃貸借契約の解除に関する事項は**共有物の管理に関する事項**にあたるとされており、**過半数の共有持分を有する共有者は解除権を行使することができる**（判例）。

以上により、正しいものの組み合わせは**イ**、**エ**であり、正解は肢❸となる。

基本テキスト　２編２章、４編１章

令和４年 問26　①契約の成立・契約の種類

終身賃貸借契約

重要度 C

問題 4

高齢者の居住の安定確保に関する法律（以下、本問において「高齢者住まい法」という。）**に基づく建物賃貸借契約**（以下、本問において「終身建物賃貸借契約」という。）**に関する次の記述のうち、誤っているものはどれか。**

❶　終身建物賃貸借契約は、借主の死亡に至るまで存続し、かつ、借主が死亡したときに終了するが、これは特約により排除することも可能である。

❷　終身建物賃貸借契約を締結する場合、公正証書によるなど書面によって行わなければならない。

❸　終身建物賃貸借契約の対象となる賃貸住宅は、高齢者住まい法が定めるバリアフリー化の基準を満たす必要がある。

❹　終身建物賃貸借契約では、賃料増額請求権及び賃料減額請求権のいずれも排除することができる。

得点源！

取壊し予定の建物の賃貸借	法令または契約によって一定の期間を経過した後に建物を取り壊すべきことが明らかな場合、建物を取り壊すこととなる時に賃貸借が終了する旨を定めることができる。 ・契約成立には**書面が必要** ・契約終了に**正当事由は不要** ・建物が取壊し予定であっても、定期借家契約を利用することも可能
終身建物賃貸借契約	高齢者が死亡するまで終身居住でき、高齢者が死亡した時に終了する。借主本人一代限りの賃貸借で、相続はされない。 ・高齢者すまい法による**都道府県知事等の認可**が必要 ・借主となる高齢者とは**60歳以上**の者 ・同居が認められるのは、**配偶者または60歳以上の親族** ・契約成立には**書面が必要**

解説 正解：❶

❶ **誤り 借主に不利になる特約はできない**

借主が死亡する前に契約を終了させることができる特約には効力がない（高齢者住まい法60条）。

そもそも、高齢者住まい法に基づいて、書面によって、借主の死亡に至るまで存続し、かつ、借主が死亡した時に終了することを合意した賃貸借を、**終身建物賃貸借**といいます（同法54条２号）。**借主の死亡に至るまで存続すること**、または**借主が死亡した時に終了すること**のいずれか一方が取り決められていなければ（合意によって排除されていれば）、終身建物賃貸借としての効力を有しません。

❷ **正しい 公正証書などの書面**（電磁的記録を作成する場合における電磁的記録を含む）によって締結しなければ、終身建物賃貸借は成立しない（高齢者住まい法54条２号）。

❸ **正しい** 終身建物賃貸借の対象となる賃貸住宅は、**バリアフリー化基準を満たしたもの**でなければならない。高齢者の身体機能に対応した段差のない床構造、トイレ・浴室等への手すりの設置、幅の広い出入り口や共用廊下などがバリアフリー化基準とされている（高齢者住まい法54条１号イ・ロ）。

❹ **正しい** 終身建物賃貸借において、借賃の改定に係る特約がある場合には、借地借家法32条の適用が排除され、賃貸借の貸主と借主は、**賃料増額請求権および賃料減額請求権のいずれについても、権利行使が認められない**（高齢者住まい法63条）。

基本テキスト 4編１章

令和２年 問25　①契約の成立・契約の種類

倒産と賃貸借

重要度 B

問題 5　**破産と賃貸借に関する次の記述のうち、誤っているものはどれか。**

❶　借主につき破産手続の開始が決定され、破産管財人が選任されると、貸主が賃料の支払を催告する相手方は、破産管財人となる。

❷　借主につき破産手続の開始が決定され、破産管財人が選任された場合、破産管財人は、賃貸借契約を解除することができる。

❸　借主につき破産手続の開始が決定されたことは、民法上は、貸主が賃貸借契約を解除する理由にならない。

❹　貸主につき破産手続の開始が決定され、破産管財人が選任されると、借主は預け入れている敷金の額まで賃料の支払いを拒むことができる。

解説

正解：❹

❶ **正しい** 貸主は、借主の**破産管財人**に対して賃料の支払いを催告することになる。

> 破産手続の開始が決定されると、同時に破産管財人が選任され（破産法31条１項、74条１項)、破産財団の管理処分権は破産管財人に属します（同法78条１項)。破産手続開始の決定により破産者は財産に関する管理処分権を失い、破産者に属していた財産は破産財団を構成します（同法34条１項、78条１項)。破産管財人は、財産の換価、債権の取立て等の破産財団に属する権利を行使し、義務を履行します。

❷ **正しい** 賃貸借契約も双務契約であり、将来の債務は双方未履行であるから、借主が破産手続の開始の決定を受けた場合、破産管財人は、賃貸借契約の**解除または履行を選択**することができる。

> 当事者双方が義務を負う双務契約において、破産者およびその相手方が破産手続の開始の決定当時、未だともにその履行を完了していなければ（双方とも債務未履行)、破産管財人は、契約の解除または履行のいずれかを選択することができます（破産法53条１項)。

❸ **正しい** 借主の破産手続の開始の決定は、賃貸借契約の**解除事由にはならない**。

なお、肢❷のとおり、借主の破産管財人には賃貸借契約を解除する権利が認められている。

❹ **誤り** **預けている敷金の額まで支払いを拒否することはできない**

貸主に破産手続の開始が決定されても、借主は賃料の支払いを拒むことはできず、破産管財人から請求されれば、賃料を支払わなければならない。敷金返還請求権は停止条件付き債権または将来の請求権だから、**敷金の額に至るまで支払った賃料を寄託するように請求することができる**けれども、借主には賃料の支払義務はある。

> 敷金が返還されないおそれがあるという不利益に対しては、破産法上、停止条件付き債権または将来の請求権を有する者は、破産者に対する債務を弁済する場合には、後に相殺をするため、その債権額の限度において弁済額の寄託を請求することができると定められています（破産法70条)。

基本テキスト 4編１章

令和５年 問23　②賃貸人の義務

修繕・必要費償還請求

重要度 S

問題 6　**建物賃貸借契約における修繕及び費用償還請求権に関する次の記述のうち、適切なものはどれか。**

❶　建物共用部内の下水管が破損し賃貸住宅の寝室に漏水が発生したときに、賃貸人が長期海外旅行中で連絡が取れない場合、賃借人は賃貸人の帰国を待たなければ、賃貸住宅の修繕を行うことができない。

❷　経年劣化により故障したトイレの修繕のための費用（必要費）を賃借人が支出しているにもかかわらず、賃貸人がその支払を拒む場合、賃借人は、賃貸借契約が終了しても、賃貸住宅全体の明渡しを拒むことができる。

❸　賃貸借契約が終了し、賃貸住宅を明け渡してから１年半が経過した時点で、賃借人が必要費を支出していたことを思い出し、賃貸人に対して必要費償還請求権を行使した場合、賃貸人は支払を拒むことができない。

❹　造作買取請求権排除の特約が付されていない建物賃貸借契約において、賃借人が賃貸人の承諾を得て付加した造作に関し、賃借人が賃貸借契約終了時に造作買取請求権を行使した場合、賃貸人は賃借人と造作にかかる売買契約を締結しなければならない。

解説 正解：❷

❶ **不適切 急迫の事情があれば賃貸人の承諾なしで修繕できる**

修繕が必要であり、かつ、**急迫の事情があるときには、賃借人は、賃貸人の承諾を得ることなく、自ら修繕を行うことができる**（民法607条の２）。下水管が破損し寝室に漏水が発生したという状況のもとでは、修繕が必要で、急迫の事情があるから、賃借人は、賃貸人の承諾がなくとも自ら修繕を行うことが可能である。

❷ **適切** 賃借人は、**必要費を支出したときは直ちに償還請求ができる**（民法608条１項）。トイレの修繕のための費用は必要費であり、賃借人が支出したときは、賃借人には賃貸人に対する費用償還請求権がある。また**他人の物の占有者は、その物に関して生じた債権を有するときは、その債権の弁済を受けるまで、その物を留置することができる**（同法295条１項本文）。トイレの修繕のための費用は物に関して生じた費用であるから、費用の償還がなされるまでは、賃借人は賃貸住宅全体を留置し、明渡しを拒むことができる。

❸ **不適切 必要費の請求は明渡しから１年以内**

賃借人が支出した必用費の償還は、賃貸人が返還を受けた時から**１年以内に請求しなければならない**（民法600条１項、622条）。賃借人は必要費償還請求は賃貸住宅の明渡しから１年以内に行わなければならないのであって、賃貸借契約が終了して賃貸住宅を明け渡してから１年半が経過したときには、賃借人は、賃貸人に対して、必要費の償還を請求することができない。

❹ **不適切 造作買取請求権を行使すれば売買契約は成立する**

建物の賃貸人の同意を得て建物に付加した造作がある場合には、建物の賃借人は、建物の賃貸借が期間の満了または解約の申入れによって終了するときに、建物の賃貸人に対し、造作買取請求権を行使することができる（借地借家法33条１項前段）。造作買取請求権は一方的な意思表示によって法律関係を変動させる形成権であり、権利を行使した場合には、造作について、賃借人を売主、賃貸人を買主、代金を時価とする売買契約が成立する。賃貸人が賃借人と売買契約を締結しなければならないものではない。

基本テキスト ４編２章

令和2年 問23　②賃貸人の義務

修　繕

重要度 A

問題 7 **賃貸物件の修繕に関する次の記述のうち、誤っているものはどれか。**

❶ 賃貸物件が借主の責めにより修繕を要することになった場合、貸主は修繕義務を免れる。

❷ 賃貸物件につき雨漏りが生じ、貸主が修繕する場合、借主はこれを拒めない。

❸ 借主が修繕の必要性を貸主に通知し、貸主がその旨を知ったにもかかわらず相当期間内に修繕をしない場合、借主は賃貸物件の使用収益ができない範囲で賃料の支払を拒絶することはできるが、自ら修繕することはできない。

❹ 貸主は、大地震により賃貸物件の一部が破損した場合でも、当該部分の修繕義務を負う。

解説 　　　　正解：❸

❶ **正しい**　貸主には、賃貸物件の使用収益に必要な修繕をする義務があるが、**借主の責めに帰すべき事由**によってその修繕が必要となったときは、貸主は修繕義務を負わない（民法606条1項本文・ただし書）。借主の責任によって修繕が必要になった場合には、貸主の修繕義務を否定するのが衡平であると考えられるために、修繕義務が否定されている。

❷ **正しい**　貸主が賃貸物件の**保存に必要な行為**をしようとするときは、借主は、これを拒むことができない（民法606条2項）。賃貸物件についてはこれを維持することは貸主にとって必要なことなので、借主は貸主が修繕を行うことについては受忍しなければならないものとされている（**借主の修繕の受忍義務**）。

❸ **誤り　貸主が必要な修繕をしない場合は、借主が自ら修繕できる**

賃貸物件の修繕が必要である場合において、借主が貸主に修繕が必要である旨を通知し、または貸主がその旨を知ったにもかかわらず、貸主が**相当の期間内に必要な修繕をしないとき**は、借主は、使用収益ができない部分に対応する賃料の支払いを拒むことができるのに加え、**自ら修繕をすることができる**（民法607条の2第1号、611条1項）。

❹ **正しい**　賃貸物件について修繕が必要になった場合には、貸主は修繕義務を負う。このことは、修繕が必要になった**原因のいかんを問わない**。大地震によって賃貸物件の一部が破損した場合であっても、修繕義務を負担する。

賃貸物件の全部が損傷を受けるなどしてこれを使用することができなくなったときには、賃貸借は終了します。したがって、修繕義務を負うこともなくなります。

基本テキスト　4編2章

令和３年 問７　②賃貸人の義務

自然災害（修繕費用）

重要度 A

問題 8 賃貸住宅等の管理と自然災害に関する次の記述のうち、最も不適切なものはどれか。

❶　賃貸借契約締結時には、借主に対し、地方公共団体が作成した水害ハザードマップ等に記載された避難所の位置について示すことが望ましい。

❷　ブロック塀の耐震診断や除去・改修等を行う場合、地方公共団体が設ける助成金制度の活用を検討することが望ましい。

❸　震災等の不可抗力による賃貸住宅の損傷の修繕費用は借主が負担すべきものではない。

❹　震災等の不可抗力により賃貸住宅の設備の一部が損傷した場合、貸主はその修繕を拒むことができる。

解説 　　　　　　　　　　　　　　　　　　　　　　　　　正解：❹

❶ **適切**　宅地建物取引業者は、取引対象となる宅地・建物の位置を含む水害ハザードマップがあるときは、その宅地・建物のおおよその所在地を図面において示さなければならない（宅建業法施行規則16条の４の３）。

水害ハザードマップとは、市町村が配布する印刷物または市町村のホームページに掲載されているものを印刷したものである。仲介業者や管理業者においては、万一水害が発生した場合に借主が適切な対応をすることができるように、避難所の位置を示しておくべきである。

❷ **適切**　避難道路沿道のブロック塀などの除去・改修等については、各地方公共団体による支援制度が創設されており、耐震診断や除去・改修等を行う場合、ブロック塀などの所有者等に対して、防災・安全のための助成金の制度が設けられている。避難道路沿道のブロック塀などの除去・改修等は、災害対策としての重要性が高く、**助成金を活用するなどして安全性の確保を図る**ことが望ましい。

❸ **適切**　貸主は、賃貸物の使用および収益に必要な修繕義務を負う（民法606条１項本文）。賃貸住宅の破損等が天変地異等の不可抗力により生じた場合でも、貸主には修繕義務があり、その**修繕費用は貸主が負担**しなければならない。

❹ **最も不適切**　**不可抗力による設備の一部損傷も、貸主は修繕義務を負う**

賃貸住宅の破損等が天変地異等の不可抗力により生じた場合でも、貸主は修繕を拒むことはできず、修繕義務を負う。

基本テキスト　２編１章、４編２章

令和3年 問25　②賃貸人の義務

必要費・有益費・造作買取

重要度 A

問題 9　**建物賃貸借契約における必要費償還請求権、有益費償還請求権及び造作買取請求権に関する次の記述のうち、適切なものの組合せはどれか。**

ア　賃貸物件に係る必要費償還請求権を排除する旨の特約は有効である。

イ　借主が賃貸物件の雨漏りを修繕する費用を負担し、貸主に請求したにもかかわらず、貸主が支払わない場合、借主は賃貸借契約終了後も貸主が支払をするまで建物の明渡しを拒むことができ、明渡しまでの賃料相当損害金を負担する必要もない。

ウ　借主が賃貸物件の汲取式トイレを水洗化し、その後賃貸借契約が終了した場合、借主は有益費償還請求権として、水洗化に要した費用と水洗化による賃貸物件の価値増加額のいずれか一方を選択して、貸主に請求することができる。

エ　借主が賃貸物件に空調設備を設置し、賃貸借契約終了時に造作買取請求権を行使した場合、貸主が造作の代金を支払わないときであっても、借主は賃貸物件の明渡しを拒むことができない。

❶　ア、イ
❷　イ、ウ
❸　ウ、エ
❹　ア、エ

解説 　　　　**正解：❹**

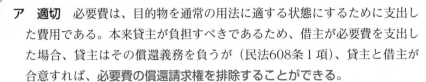

ア　適切　必要費は、目的物を通常の用法に適する状態にするために支出した費用である。本来貸主が負担すべきであるため、借主が必要費を支出した場合、貸主はその償還義務を負うが（民法608条1項）、貸主と借主が合意すれば、**必要費の償還請求権を排除することができる。**

イ　不適切　借主は明渡しまでの賃料相当損害金を負担しなければならない

借主が修繕費用等の必要費を負担した場合、貸主が修繕費用を支払わなければ、借主は賃貸借契約終了後も修繕費用の支払いがなされるまで、建物の明渡しを拒むことができる。しかし、明渡しを拒んだ結果、借主が目的物を使用し、そのために得た**賃料相当額の利益**については、借主に支払い義務が生じる。したがって、借主は、明渡しを拒む場合には、明渡しまでの賃料相当額を支払わなければならない。

ウ　不適切　有益費と価値増加額の選択権は、貸主にある

借主が目的物の改良のために支出した費用を**有益費**といい、本肢の汲取式トイレを水洗化した費用はこれに該当する。借主が有益費を支出した場合には、契約終了時に物件の価格の増加が現存していれば、支出した費用または目的物の価値の増加額のいずれかを償還請求することができる（民法196条2項、608条2項）。ここでいずれの金額を支払うかについては、償還義務を負う貸主が選択して決めることができるのであり、その結果、貸主はこのうちの**低いほうの額**について、償還義務を負うことになる。

エ　適切　借主が賃貸物件に設置した空調設備について、造作買取請求権を行使した場合、貸主が造作の代金を支払わなくても、借主は**賃貸物件の明渡しを拒むことはできない。**

造作買取請求権を行使した場合、借主は代金が支払われるまで造作の引渡しを拒むことができますが、引渡しを拒むことができるのは造作であり、建物の明渡しを拒むことはできません（判例）。

以上により、適切なものの組合せは**ア、エ**であり、正解は肢❹となる。

基本テキスト　4編2章

令和元年 問16 改　②賃貸人の義務

必要費・有益費・造作買取

重要度 A

問題 10 賃貸物件に関する必要費償還請求権、有益費償還請求権及び造作買取請求権に関する次の記述のうち、適切なものはどれか。

❶ 貸主が行うべき雨漏りの修繕を借主の費用負担で行った場合、借主は賃貸借契約の終了時に限り、支出額相当の費用の償還を請求できる。

❷ 借主の依頼により、ガラス修理業者が割れた窓ガラスを交換した場合、当該業者は貸主に対して必要費償還請求権を行使できる。

❸ 賃貸物件の改良のために借主が支出した費用は、契約終了時に賃貸物件の価格の増加が現存する場合に限り、支出した費用又は増価額の償還を借主が貸主に対して請求できる。

❹ 造作買取請求権を排除する特約は、借主に不利な特約のため、無効である。

得点源!

【必要費と有益費】

	必要費	有益費
支払時期	借主が支出したとき直ちに	契約が終了したとき
請求額	借主の支出額	支出した費用、または目的物の価値の増価額のうち、低いほうの額
留置権	留置権を行使できる	留置権を行使できる。ただし、裁判所が期限を許与したときは、留置権を行使できない
貸主が費用を負担しない特約	有　効	有　効

解説　　　　　　　　　　　　　　　　　　　　　　　　正解：❸

❶　**不適切　必要費は賃貸借契約の終了時ではなく、直ちに請求できる**

賃貸借の目的物を使用に適する状態にしておくための費用を**必要費**という。借主が必要費を支出した場合、**直ちに**貸主に対してその償還を求めることができる（民法608条1項）。雨漏りの修繕費用は必要費だから、借主が自ら費用を支出して修理した場合には、貸主に対して直ちに修理費用を請求できる。

❷　**不適切　ガラス修理業者が貸主に対して直接、必要費の請求はできない**

割れたガラスを交換するための費用は必要費であり、借主が必要費を支出したのならば、貸主に対して必要費の償還を請求することができる。しかし、**必要費の償還請求権があるのは借主**であり、修理業者ではない。修理業者は、修理工事の依頼者である借主に対して修理工事契約に基づいてガラスの交換費用を請求することができるが、修理工事契約の当事者ではない貸主に対して、直接ガラスの交換費用を必要費として請求することはできない。

❸　**適切**　賃貸借の目的物の改良のために支出した費用を「有益費（ゆうえきひ）」という。借主が有益費を支出した場合、契約終了時に**目的物の価値の増加が現存していれば**、支出した費用または目的物の価値の増価額のうち**貸主が選択したほう**（すなわち、金額の低いほう）の金額の償還を、借主が貸主に対して請求することができる（民法608条2項、196条2項）。

❹　**不適切　造作買取請求権を放棄する特約は有効**

借主は、賃貸借契約が終了するときに、貸主に対して造作の買取りを求める買取請求権を有するが、造作買取請求権を放棄する特約は有効である（借地借家法33条1項、37条）。特約で造作買取請求権を放棄すると定められていれば、借主は造作買取りを求めることはできない。

造作は、建物に付加された物、または貸主から買い受けた物であって、借主の所有に属し、かつ、建物の使用に客観的便宜を与える物で、住宅の畳や建具などがこれに該当します。

基本テキスト　4編2章

令和元年 問17　③賃借人の義務

用法遵守・善管注意

重要度 A

問題 11 賃貸物件の借主の義務に関する次の記述のうち、適切なものはどれか。

❶ 貸主が借主の用法遵守義務違反を理由に損害賠償請求をする場合、賃貸物件の返還を受けた時から1年以内に行使しなければならない。

❷ 親族が貸主である賃貸借契約の場合、借主は、賃貸借契約終了後、賃貸物件返還までの間、同物件を自己の財産のためにするのと同一の注意義務をもって保管すれば良い。

❸ 賃貸物件に対して権利を主張する第三者が存在する場合、借主は貸主がその事実を知っていたときでも、貸主に対して通知する義務を負う。

❹ 貸主が賃貸物件の保存を超える行為をしようとする場合でも、借主はこれを拒むことができない。

解説　　　　　　　　　　　　　　　　　　　　　　　　　**正解：❶**

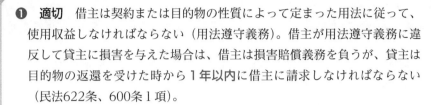

❶　**適切**　借主は契約または目的物の性質によって定まった用法に従って、使用収益しなければならない（用法遵守義務）。借主が用法遵守義務に違反して貸主に損害を与えた場合は、借主は損害賠償義務を負うが、貸主は目的物の返還を受けた時から**1年以内**に借主に請求しなければならない（民法622条、600条1項）。

❷　**不適切**　**親族から借りている場合でも、善管（ぜんかん）注意義務を負う**

借主が目的物を保管するにあたっては**善管注意が求められる**のであって、借主が親族だからといって、その注意義務の程度が軽減されるものではない。

すなわち、債権の目的が特定物の引渡しである場合、債務者は、その引渡しをするまで**善良な管理者の注意（善管注意）**をもって、その物を保管しなければならない（民法400条）。賃貸借では借主も賃貸借契約が終了したときには目的物を返還しなければならないから（同法601条）、返還までの間、目的物の保管義務を負う。

保管義務は目的物を返還するまで負担する義務なので、契約が終了した後でも、目的物の返還をしていないうちは契約存続中と同様に保管する義務があります。

❸　**不適切**　**借主の通知義務は、貸主がそのことをすでに知っていれば不要**

借主は賃借物が修繕を必要とするとき、または賃借物について権利を主張する者があるときは、遅滞なく貸主に通知をしなければならない（通知義務）。ただし、貸主がこのことをすでに知っている場合は、通知は不要である（民法615条）。

❹　**不適切**　**保存に必要な範囲を超える行為に対して借主に受忍義務はない**

貸主が目的物の保存に必要な範囲を超える行為をしようとする場合には、借主には受忍（じゅにん）義務はなく、貸主から協力を求められても、これを拒むことができる。

貸主が賃貸物の保存に必要な行為をしようとするときは、借主にはこれに協力する義務があり、これを「受忍義務」といいます（民法606条2項）。受忍義務違反は、貸主から借主への契約解除の理由ともなりますが、借主に受忍義務があるのは、貸主が保存に必要な行為をしようとする場合です。

令和５年 問21　④契約期間および更新

期間・契約の終了等

重要度 A

問題 12　賃貸住宅を目的とする賃貸借契約に関する次の記述のうち、誤っているものはいくつあるか。

ア　賃貸借契約が有効に成立するためには、契約の終期について合意しなければならない。

イ　契約期間２年の建物賃貸借契約を締結し、「契約期間内に賃借人が死亡したときに契約が終了する」との特約を設けたとき、賃借人の死亡により賃貸借契約は終了する。

ウ　賃料の支払時期に関する合意をしなければ、当月分の賃料は当月末日払となる。

エ　賃貸借契約の締結に向けた交渉がなされ、賃貸人に契約が成立することの強い信頼を与えるに至ったにもかかわらず、合意直前で賃借人予定者が理由なく翻意し、契約が成立しなかった場合、賃借人予定者が不法行為責任を負うことがある。

❶　1つ
❷　2つ
❸　3つ
❹　4つ

得点源！

【強行規定と任意規定】

強行規定（強行法規）	法律の規定と異なる内容を取り決めても、効力が**否定**される（無効になる）条文 例 公序良俗、消費者契約法（９条、10条）、借地借家法違反など
任意規定（任意法規）	法律の規定と異なる内容の取決めについて、効力が**肯定**される（有効になる）条文 例 必要費、有益費、造作買取請求に関する規定など

解説 正解：❷

ア　誤り　契約の終期について合意がなくても成立する

賃貸借契約において、**期間を定めることは必須の要素ではない**。賃貸借契約は、契約の終期についての合意がなくても、有効に成立する。賃貸借期間の合意がない場合には、期間の定めのない賃貸借となる。

イ　誤り　借主に不利な特約は無効である

借地借家法は、賃貸借契約の存続期間について借主を手厚く保護する規定を設けており、期間の定めに関して、**借地借家法の規定に比べて借主に不利な特約は無効**とされる（借地借家法30条）。契約期間２年の建物賃貸借契約を締結し、「契約期間内に賃借人が死亡したときに契約が終了する」との特約は、借主に不利な特約である。そのために、貸主が死亡したときに賃貸借契約が終了する旨の特約は無効になるものと思料される。なお、令和４年問24にも、同じ論点の問題が出題されている。

ウ　正しい　民法には、**賃料は毎月末に支払わなければならない**と定められている（民法614条）。賃料の支払時期に関して、民法と異なる特約をすれば特約に従うが、特約がなければ民法の定めに従い、当月分の賃料は当月末日払（後払い）となる。なお実際上は、ほとんどの賃貸借契約において、賃料を当月末払い（後払い）ではなく、前月末払（前払い）とする定めが設けられている。

エ　正しい　賃貸借契約の締結に向けた交渉がなされ、賃貸人に契約が成立するという強い信頼を与えるに至ったにもかかわらず、**契約成立に対する信頼を裏切って、合意直前で理由なく翻意した場合**には、**賃借人予定者に不法行為責任が認められる**。この責任が契約締結上の過失といわれる。この場合には、契約成立を信じて支出した費用が賠償するべき損害ということになる。

以上により、誤っているものは**ア**、**イ**の２つであり、正解は肢❷となる。

基本テキスト　３編１章、４編１章、４編３章

令和２年 問28　④契約期間および更新

期間満了、解約申入れ

重要度 A

問題 13 普通建物賃貸借契約の更新及び終了に関する以下の記述のうち、正しいものはどれか。

❶ 期間の定めのある建物賃貸借契約において、借主は１か月前に予告することで解約することができるとの特約を定めても無効であり、期間が満了するまでは契約は終了しない。

❷ 期間の定めのある建物賃貸借契約において、貸主は３か月前に予告することで解約することができるとの特約を定めた場合であっても、正当事由のない解約申入れは無効である。

❸ 期間の定めのある建物賃貸借契約において、貸主と借主が賃貸借契約の終期から１年以上前の時点で、同契約を更新することにつき合意することはできない。

❹ 期間の定めのない建物賃貸借契約において、貸主が解約を申し入れた場合、正当事由を具備することで、解約申入日から３か月の経過により契約が終了する。

解説 正解：❷

❶ 誤り 借主からの解約申入れの予告期間を1か月とする特約は有効

契約期間中に一方的な通知（解約の申入れ）によって契約を終了させることができるという特約を「期間内解約条項」または「中途解約条項」という。借主からの通知によって賃貸借契約を終了させるという期間内解約条項は有効である。解約申入れの予告期間は、特約がなければ、3か月であるが（民法617条1項、618条）、これと異なる特約をすることも可能であり、予告期間を1か月とすることもできる。貸主からの解約申入れの予告期間については借地借家法の制約を受けるが、借主からの解約申入れの予告期間は、**借地借家法の制約を受けない**。

❷ 正しい 貸主からの通知によって、賃貸借契約を終了させることができるという期間内解約条項については、効力が制限される（条項の効力自体が否定されるか、または、正当事由がない場合の効力が否定される。借地借家法27条、30条）。正当事由がない場合には**解約申入れの効力は認められない**。また、正当事由があれば期間内解約条項の効力が認められるとしても、6か月の予告期間が必要であり、予告期間が6か月に満たない点については、**借主に不利な特約として無効**である。

❸ 誤り 期間満了の1年以上前であっても更新の合意をすることが可能

賃貸借契約を合意で更新をする場合、**更新の合意をする時期については制約はない**。

❹ 誤り 解約申入日から3か月経過した日ではなく、6か月経過した日

期間の定めのない賃貸借において、貸主が賃貸借契約の解約の申入れをした場合においては、正当事由があれば、建物の賃貸借は、解約の申入れの日から**6か月**を経過することによって終了する（借地借家法27条1項、28条）。

基本テキスト 4編3章

平成30年 問24 改　④契約期間および更新

更　新

重要度 A

問題 14　賃貸借契約の更新に関する次の記述のうち、誤っているものはどれか。

❶　期間の定めのある建物賃貸借契約において、期間満了４か月前に更新拒絶の通知をした場合、当該契約は法定更新される。

❷　期間の定めのある建物賃貸借契約が法定更新された場合、更新前の契約と更新後の契約は、契約期間も含め別個独立の同一性のない契約である。

❸　更新料特約以外に更新手数料特約を定めることは、有効である。

❹　賃貸借契約書に一義的かつ具体的に記載された更新料条項は、更新料の額が賃料の額、賃貸借契約が更新される期間等に照らし高額に過ぎなければ、有効である。

得点源！

【法定更新】

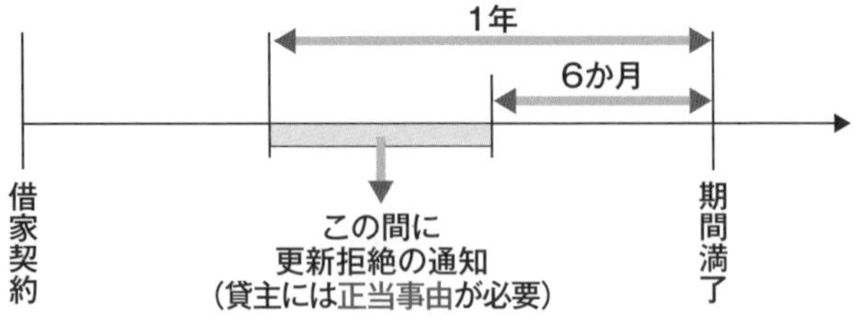

建物賃貸借について期間の定めがある場合は、期間満了の1年前から6か月前までの間に、相手方に対し、更新しない旨の通知をしなければ、従前の契約と同一の条件で契約を更新したものとみなされる。

解説 正解：❷

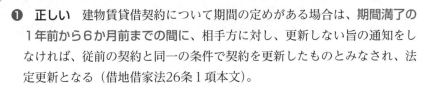

❶ **正しい** 建物賃貸借契約について期間の定めがある場合は、**期間満了の１年前から６か月前までの間に**、相手方に対し、更新しない旨の通知をしなければ、従前の契約と同一の条件で契約を更新したものとみなされ、法定更新となる（借地借家法26条１項本文）。

❷ **誤り** **法定更新後の契約と法定更新前の契約には同一性がある**

法定更新においては、更新後の契約は、期間の定めのない契約となる（借地借家法26条１項ただし書）。

❸ **正しい** 管理業者が契約の更新手続を行う場合に借主が支払う事務代行手数料が、更新手数料といわれている。更新手数料特約は、誰からの依頼か、**何の業務に対する対価なのかが明確**になっていれば、特約は有効であり、取決めに従って支払う法的義務が生じる。

❹ **正しい** 契約更新時に更新料を支払うという特約は、最高裁によって、更新料の額が賃料の額、賃貸借契約が更新される期間等に照らし**高額に過ぎるなどの特段の事情がない限り**、有効であると判断されている（判例）。

基本テキスト ４編３章

平成29年 問20　④契約期間および更新

更　新

重要度 A

問題 15　**賃貸借契約の更新に関する次の記述のうち、最も不適切なものはどれか。**

❶ 賃貸借契約書に一義的かつ具体的に記載された更新料条項は、更新料の額が賃料の額、賃貸借契約が更新される期間等に照らし高額に過ぎるなどの特段の事情がない限り、有効である。

❷ 賃貸借契約の借主が、期間満了後に建物の使用を継続する場合において、貸主が遅滞なく異議を述べなかったとしても、貸主が期間満了の１年前から６ヵ月前までの間に借主に対して更新をしない旨の通知をしていた場合には、更新拒絶に正当事由が認められる限り、賃貸借契約は期間満了により終了する。

❸ 賃貸借契約が法定更新された場合、当事者間で別途、契約期間の定めをしない限り、期間の定めのない賃貸借になる。

❹ 建物が存しない駐車場として使用する目的の土地の賃貸借契約において貸主が更新を拒絶するためには、正当事由は不要である。

解説　　　　　　　　　　　　　　　　　　　　　　　　　　　　正解：❷

❶　**適切**　高額に過ぎるなどの特段の事情がない限り、**更新料特約は有効である**。

更新料特約（更新料条項）については、かつては消費者契約法に違反し無効ではないかが激しく争われていましたが、最高裁平成23年7月15日判決は、「賃貸借契約書に一義的かつ具体的に記載された更新料条項は、更新料の額が賃料の額、賃貸借契約が更新される期間等に照らし高額に過ぎるなどの特段の事情がない限り、消費者契約法第10条にいう『民法第1条第2項に規定する基本原則に反して消費者の利益を一方的に害するもの』には当たらない」と判断しました。

❷　**最も不適切**　**期間満了後の継続使用に異議を述べなければ、法定更新**

期間を定めた建物賃貸借では、貸主が期間の満了の1年前から6か月前までの間に借主に対して更新拒絶の通知等をしなかったときは、それまでの契約と同じ条件で更新され（借地借家法26条1項)、さらに更新拒絶等の通知をした場合でも、期間満了後に借主が賃貸物件をそのまま継続して使用し、それに対して貸主が遅滞なく異議を述べなかった場合にも、**契約は更新される**（同条2項)。

❸　**適切**　法定更新の場合には、従前の契約と同一の条件で契約を更新したものとみなされるが（借地借家法26条1項本文・2項、27条2項)、**期間については定めがない**ものとされる（同法26条1項ただし書・2項、27条2項)。

❹　**適切**　建物所有目的ではない土地の賃貸借には借地借家法は適用されず、賃貸借契約の更新拒絶は民法の定めに従う。借地借家法は、賃貸借契約の期間満了における更新拒絶に正当事由が必要としているが、民法では**正当事由は必要とされていない**。

基本テキスト　4編3章

平成30年 問19　⑤賃貸借契約の終了

解約申入れ、更新

重要度 B

問題 16　**普通建物賃貸借契約**（定期建物賃貸借契約でない建物賃貸借契約をいう。以下、各問において同じ。）**の解約及び更新拒絶に関する次の記述のうち、正しいものはどれか。**

❶　貸主からの期間内解約条項がある場合には、貸主からの解約申入れに正当事由は不要である。

❷　賃貸建物の老朽化が著しいことを理由として更新を拒絶する場合、貸主は立退料を支払うことなく、当然に正当事由が認められる。

❸　貸主による更新拒絶通知に正当事由がある場合であっても、期間満了後に借主が建物を継続して使用し、貸主がそれに対して遅滞なく異議を述べなかった場合には、契約は更新されたものとみなされる。

❹　契約期間満了までに、更新について合意が成立しない場合、特約のない限り、従前と同一条件かつ同一期間で賃貸借契約が当然に更新されたものとみなされる。

解説

正解：❸

❶ 誤り　貸主からの解約申入れには正当事由が必要

建物の貸主が賃貸借契約の解約の申入れをした場合においては、建物の賃貸借は、解約の申入れの日から６か月を経過することによって終了する（借地借家法27条１項）。その場合の解約の申入れには**正当事由が必要**とされる（同法28条）。

正当事由は、建物の貸主および借主が建物の使用を必要とする事情のほか、建物の賃貸借に関する従前の経過、建物の利用状況および建物の現況ならびに建物の貸主が建物の明渡しの条件としてまたは建物の明渡しと引換えに建物の借主に対して財産上の給付をする旨の申出をした場合におけるその申出を考慮して、その存否が判断されます。

❷ 誤り　老朽化が理由でも、貸主からの更新拒絶には正当事由が必要

正当事由は、建物の貸主および借主が建物の使用を必要とする事情など、借地借家法第28条に定められる要因を総合的に判断して、その存否が決められる。老朽化が著しい建物についても、多くの場合に**立退料が必要**とされており、**当然に正当事由が認められるということにはならない**。

❸ 正しい　貸主の更新拒絶に正当事由が備わっていても、建物の賃貸借の期間が満了した後に建物の借主が使用を継続する場合において、建物の貸主が**遅滞なく異議を述べなかったとき**には、従前の契約と同一の条件（期間の点を除いて同一の条件）で契約を更新したものとみなされる（借地借家法26条２項・１項）。

❹ 誤り　法定更新後の契約は同一の条件だが、同一期間ではない

建物の賃貸借について期間の定めがある場合において、当事者が期間の満了の１年前から６か月前までの間に相手方に対して更新をしない旨の通知または条件を変更しなければ更新をしない旨の通知をしなかったときは、従前の契約と同一の条件で契約を更新したものとみなされるが、**その期間については定めがないもの**とされる（借地借家法26条１項）。

基本テキスト　4編3章

平成29年 問13　⑤賃貸借契約の終了

解約申入れ

重要度 B

問題 17 **賃貸借契約の解約申入れに関する次の記述のうち、最も不適切なものはどれか。**

❶　期間の定めのある建物賃貸借契約において期間内解約条項がない場合、貸主は契約期間中に賃貸借契約を一方的に解約することはできない。

❷　建物が存しない駐車場として使用する目的の土地の賃貸借契約であって期間の定めのないものは、特約のない限り、貸主による解約申入れから１年の経過により終了する。

❸　期間の定めのある建物賃貸借契約において期間内解約条項がある場合、予告期間に関する特約のない限り、賃貸借契約は借主による期間内解約の申入れと同時に終了する。

❹　期間の定めのない建物賃貸借契約は、特約のない限り、借主による解約申入れから３ヵ月の経過により終了する。

解説　　正解：❸

❶ **適切**　契約に期間内に解約できるという条項が定められていなければ、貸主は**期間内に契約を解除することはできない**（判例）。

❷ **適切**　建物所有目的ではない土地の賃貸借には、借地借家法は適用されず、賃貸借契約の解約申入れは、民法の定めに従う。民法上、土地の賃貸借に期間の定めのないときには、各当事者はいつでも解約申入れをすることができるのであり、解約申入れが行われた場合には、**解約申入れの日から１年を経過すること**によって、賃貸借契約は終了するものとされている（民法617条１項１号）。

❸ **最も不適切　借主からの解約申入れから３か月経過すれば、契約は終了**

建物賃貸借契約において期間内解約条項がある場合の借主からの期間内解約の申入れについては、借地借家法には定めがなく、民法の定めに従う。民法では、期間を定めなかったときは、**解約申入れから３か月の経過**によって終了するものとされたうえ（民法617条１項２号）、期間を定めた場合であって、期間内に解約をする権利を留保したときにも、この規定が準用されることになっている（同法618条）。したがって、期間の定めのある建物賃貸借契約で期間内解約条項がある場合、借主から解約の申入れが行われたときには、解約申入れから３か月を経過したときに契約が終了する。

❹ **適切**　民法上、期間を定めない建物賃貸借契約において、**解約申入れから３か月の経過**によって終了するものとされている（民法617条１項２号）。

基本テキスト　４編３章

令和５年 問25　⑤賃貸借契約の終了

解　除

重要度 A

問題 18　**令和４年４月１日に締結された賃貸借契約の終了に関する次の記述のうち、適切なものの組合せはどれか。**

ア　賃貸人と賃借人に紛争があり、賃借人があらかじめ賃料の支払を拒絶する意思を書面にて明らかにしており、実際に賃料の滞納が３か月に及ぶ場合、賃貸人は催告することなく賃貸借契約を解除することができる。

イ　賃料支払義務は賃借人の中核的義務である以上、１回でも賃料不払があれば、賃貸人との間の信頼関係が破壊されたとして、賃貸人は賃貸借契約を解除することができる。

ウ　賃貸借契約が解除されると、解除の遡及効により契約当初に遡り解除の効果が生ずる。

エ　家賃債務保証業者が連帯保証人となっている場合において、当該業者が賃借人による賃料不払に関して保証債務を履行していても、信頼関係が破壊されたとして、賃貸人による賃貸借契約の解除が認められる場合がある。

❶　ア、イ

❷　イ、ウ

❸　ウ、エ

❹　ア、エ

得点源！

【契約解除の事由】

☑ 信頼関係の破壊
☑ 賃料不払い（信頼関係が破壊されている場合のみ）
☑ 用途・用法義務違反（信頼関係が破壊されている場合のみ）
☑ 賃借権の無断譲渡・無断転貸（信頼関係が破壊されている場合のみ）

解説 正解：❹

ア　適切　債務不履行に基づいて契約を解除するには、催告が必要である（民法541条本文）。もっとも、債務者が**その債務の全部の履行を拒絶する意思を明確に表示したときには、催告をすることなく、直ちに契約の解除をすることができる**（同法542条１項２号）。賃借人が賃料支払拒絶を明らかにしている場合には、催告することなく賃貸借契約を解除することができる。

イ　不適切　１回の不払いでは通常は解除できない

１回でも賃料不払があれば（賃料の支払いを１か月でも滞納すれば）、賃貸人が催告を経ずに賃貸借契約を解除できる旨の特約（無催告解除の特約）は、「契約を解除するに当たり**催告をしなくてもあながち不合理ではないという事情**が存する場合には、無催告で解除権を行使することが許される旨を定めた約定」と解釈される（判例）。１回の賃料不払があったことだけを理由として賃貸借契約を解除することはできない。

ウ　不適切　賃貸借契約の解除は将来に向かってのみ効力を生ずる

一般に契約が解除されると、はじめから契約が存在しなかったことになるが（遡及効（そきゅうこう）。民法545条）、賃貸借契約の解除に関しては、遡及効が否定され、解除の効果は将来に向かってのみ効力を生ずるものとされている（同法620条本文）。

エ　適切　家賃債務保証業者が保証債務を履行している場合の契約解除については、大阪高裁平成25年11月22日判決において、「**賃貸借契約の解除原因事実の発生という事態を妨げるものではない**」と述べられ、契約の解除が認められている。家賃債務保証業者が賃借人による賃料不払に関して保証債務を履行していても、賃借人と賃貸人の信頼関係は破壊されたものとされ、賃貸人による賃貸借契約の解除が認められる場合がある。

以上により、適切なものの組合せは**ア**、**エ**であり、正解は肢❹となる。

基本テキスト　４編３章

令和２年 問24　⑤賃貸借契約の終了

解　除

重要度 A

問題 19　**貸主が、借主の賃料不払を理由として建物賃貸借契約を解除する場合に関する次の記述のうち、誤っているものの組合せはどれか。ただし、それぞれの選択肢に記載のない事実及び特約はないものとする。**

ア　賃料の支払を１か月でも滞納すれば貸主が催告を経ずに賃貸借契約を解除できるという特約を定めた場合、11月分までの賃料に滞納はなかったが、11月末日が支払期限である12月分の賃料が支払われなかったときは、12月１日に貸主が行った解除通知は有効である。

イ　借主に対して解除を通知した上で建物明渡請求訴訟を提起した貸主は、賃料の不払につき借主に故意過失があったことについては立証する必要はない。

ウ　賃料不払のため契約を解除すると口頭で伝えられた借主が、通知を書面で受け取っていないので解除は無効であると反論したが、このような反論は解除の効力に関係がない。

エ　賃料が３か月間滞納されていることを理由に契約を解除するとの通知書を受け取った借主が、それまで一度も滞納賃料の催告を受けたことがないので解除は無効であると反論したが、このような反論は解除の効力に関係がない。

❶　ア、エ
❷　イ、ウ
❸　ウ、エ
❹　ア、イ

解説 　　　　正解：❶

ア　誤り　1か月でも滞納すれば無催告で解除できるとする特約は無効

11月末日が12月分の賃料の支払期限であるときに、11月末日までに12月分の賃料の支払いがなければ、12月1日には賃料1か月分滞納の状態となるが、11月分までの賃料に滞納はなかったことから、**催告をせずに行った解除通知は無効**であると考えられる。

1か月分でも滞納すれば無催告で解除できるという特約は、「賃料が約定の期日に支払われず、これがため契約を解除するに当たり催告をしなくてもあながち不合理ではないという事情が存する場合には、無催告で解除権を行使することが許される旨を定めた約定」とされており（判例）、催告をしなくても不合理ではないといえる事情がなければ、効力は認められません。

イ　正しい　債権者は、債務者が債務を履行しないときには、催告をしたうえで、それでも履行されなければ、契約を解除し（民法541条1項本文）、訴えによって明渡しを求めることができる。借主に賃料不払いがあれば、貸主が賃料不払いについての**借主の故意過失を立証しなくても**、契約を解除し、建物明渡請求訴訟を提起することができる。

ウ　正しい　解除の通知を書面で行うのではなく、**口頭で行うことも可能**である（民法540条1項）。一般に解除が書面で行われるのは、解除の意思表示が権利義務にかかわる重要なものであることから、その意思を明確にし、後日の証拠を残しておくためであって、口頭であっても、解除の意思表示の効力が認められる。

エ　誤り　3か月間の賃料滞納でも、催告をしなければ解除は無効

債権者は、債務者が債務を履行しないときには、催告をしたうえで、それでも履行されなかった場合にはじめて、契約を解除することができる（**催告解除**。民法541条1項本文）。無催告解除は、債務の全部が履行不能であるなど、定められた場合にだけ許されるのであって（**無催告解除**。同法542条）、3か月間の賃料滞納があっても、**催告をしておかなければ、契約解除には効力はない**。

以上により、誤っているものの組合せは**ア、エ**であり、正解は肢❶となる。

令和元年 問9　⑤賃貸借契約の終了

解　除

重要度 **B**

問題 20　**賃貸借契約に関する次の記述のうち、誤っているものはいくつあるか。**

ア　賃貸借契約を解除するために行う催告は、内容証明郵便でしなければ効力を生じない。

イ　賃貸借契約の解約及び建物明渡しの合意は、公正証書でしなければ効力を生じない。

ウ　賃貸借契約の合意更新は、書面で行わなくとも効力が生じる。

❶　なし
❷　1つ
❸　2つ
❹　3つ

得点源!

【公正証書】

　公正証書とは公証人の作成する文書のこと。公証人は法務大臣によって任命され、法務局等に所属する公務員である。
・公正証書の原本は、原則として**20年間**保管される
・公正証書で作成した賃貸借契約書では、建物の明渡しの強制執行をすることはできない
※強制執行認諾約款付き公正証書は金銭債務の債務名義になるが、建物の明渡しの強制執行を行うための債務名義にはならない。

解説　　　　　　　　　　　　　　　　　　　　　　　正解：❸

ア　誤り　解除の意思表示は、内容証明郵便などの書面で行わなくても有効

内容証明郵便を用いない解除の通知であっても、解除の効力は認められる。配達証明付きの内容証明郵便で行われることが多いが、法律上は、解除の意思表示を**書面によって行う必要はない。**

解除は、契約の効力を失わせる意思表示であって、意思表示は相手方に到達した時点で効力が生じます。

イ　誤り　解約や明渡しの合意は、公正証書などの書面で行わなくても有効

賃貸借契約の解約および建物明渡しの合意はいずれも公正証書によって行う必要があるものではない。当事者の意思を確認し、後日の証拠とするために書面で行われることが多いが、**書面によって行わなくても効力は認められる。**当事者がその意思を有していれば効力が認められる。

ウ　正しい　賃貸借契約の合意更新も**書面によって行わなくても効力が認められる。**当事者がその意思を有していれば有効である。

以上により、誤っているものは**ア、イの2つ**であり、正解は肢❸となる。

基本テキスト　4編3章

平成30年 問23　⑤賃貸借契約の終了

重要度 A

解　除

問題 21 **賃貸借契約の解除に関する次の記述のうち、最も適切なものはどれか。**

❶　賃料の滞納が一度でもあれば、滞納自体が債務不履行に該当し、契約当事者の信頼関係を破壊するため、滞納理由について調査する必要はない。

❷　賃料滞納を理由として賃貸借契約を解除する場合、配達証明付き内容証明郵便を用いて催告を行うと、催告を行ったことについて裁判上の証拠となる。

❸　賃料滞納を理由として賃貸借契約を解除する場合、催告と解除の意思表示は別個の書面で行わなければ、解除の効果が生じない。

❹　借主が長期にわたり行方不明となっている場合、すでに賃貸建物を占有しているとは言えないため、賃貸借契約の解除の意思表示をしなくても、契約は終了する。

解説　　　　正解：❷

❶ **不適切　一度の滞納では解除の成否が不明だから滞納理由の調査が必要**

借主の債務が履行されない場合、相当の期間を定めた催告をして、期間内に履行がなければ、貸主は契約を解除することができる（民法541条）。しかし、賃貸借契約では、解除ができるのは、**信頼関係が破壊されているときである**。賃料を一度滞納しても、それだけでは必ずしも信頼関係が破壊されたとはいえないから、管理業者としては、**滞納理由を調査することが必要**となろう。

❷ **最も適切**　賃貸借契約を解除するために、**配達証明付き内容証明郵便**が利用される。内容証明によって記載された内容の郵便による通知がされたことが証明され、配達証明によって配達したことが証明される。

証明されるのは、記載内容の真偽ではなく、そのような記載のある郵便の配達を行ったことです。

❸ **不適切　停止条件付きの解除とすることで、別個の書面でなくても可能**

契約を解除する場合、催告と解除の意思表示を別個の書面で行うのが原則であるが、「**期間内に支払いがない場合には、本書をもって建物賃貸借契約を解除します**」と記載して解除の意思表示を行うことも可能である(停止条件付きの契約解除)。

解除権は単独行為であり、単独行為には原則として条件を付することができませんが、条件の内容が相手方に不利益を課すものではない場合、条件の付与も可能であるとされています。解除権に条件を付与しても、相手方に不利益は生じないため、停止条件付きの契約解除も有効です。

❹ **不適切　長期にわたり行方不明であっても、占有は否定されない**

解除は意思表示であって、相手方に到達しなければ効力は生じない。借主が行方不明でも、解除の効力が生じるためには、**相手方に意思表示が到達すること**（あるいは、到達に代わる法的な手続きをとること）が必要である。

基本テキスト　4編3章

平成29年 問18 ⑤賃貸借契約の終了

解　除

重要度 A

問題 22 **賃貸借契約の解除に関する次の記述のうち、最も適切なものはどれか。**

❶　賃貸借契約において、ペットの飼育について何らの定めがない場合でも、契約当事者間の信頼関係を破壊する程度に至ったと認められるようなペットの飼育があったときは、貸主からの賃貸借契約の解除が認められる。

❷　債務不履行を理由に賃貸借契約を解除する方法として、催告と同時に「期間内に支払がない場合には、この催告をもって賃貸借契約を解除することとします。」と記載して解除の意思表示を行うことは、解除に条件を付するものであるため、無効である。

❸　個人の借主が、同居している子に対して賃貸物件を貸主の承諾を得ることなく転貸した場合、貸主は無断転貸を理由として賃貸借契約を解除することができる。

❹　賃貸借契約において無催告解除について何らの定めもない場合、借主が長期にわたり賃料を滞納し、信頼関係を著しく破壊していると認められるときであっても、貸主は賃貸借契約を無催告で解除することができない。

解説 正解：❶

❶ **最も適切** 借主は、契約または目的物の性質によって定まった用法に従い、目的物を使用しなければならない（民法616条、594条1項）。賃貸借契約上ペット飼育の禁止が規定されていない場合でも、通常許容される範囲を超えたペットの飼育があった場合には、**賃貸借契約における用法違反**として、契約解除が認められる（判例）。

❷ **不適切** **債務者に不利益が生じなければ、停止条件付きの解除は有効**

債務不履行のために契約を解除する場合には、原則として催告をしておくことを要する（民法541条）。もっとも、催告と同時に「期間内に支払いがない場合には、本書をもって建物賃貸借契約を解除する」と記載し、停止条件を付けて解除することは、相手方である債務者に不利益は生じないから、有効であると解されている。

❸ **不適切** **信頼関係を破壊しない事情では、債務不履行による解除は無効**

貸主と借主の**信頼関係を破壊しない事情がある場合**には、無断転貸などの債務不履行があっても、契約解除は認められない（**信頼関係不破壊の法理**）。個人の借主が同居している子に転貸し、使用の態様に変化がない場合は、信頼関係が破壊されておらず、契約を解除することができない場面と理解することが可能である。

❹ **不適切** **信頼関係を著しく破壊している状況では、無催告で解除できる**

借主の債務違反が重大であり、是正の機会を与える必要がないほど賃貸借関係の継続を著しく困難とさせる不信行為がある場合には、**催告をせずとも解除することができる。**

最高裁昭和42年３月30日判決では、昭和22年11月初めから長期間にわたって賃料が支払われていなかった事案において、無催告での解除が肯定されています。

基本テキスト　4編３章

令和４年 問23　⑤賃貸借契約の終了

滅　失

重要度 A

問題23 令和３年10月１日に締結された、賃貸住宅を目的とする賃貸借契約の借主の義務に関する次の記述のうち、最も適切なものはどれか。

❶　大地震により賃貸住宅の一部が倒壊し、契約の目的を達することができなくなった場合、賃貸借契約は終了し、借主の賃料支払義務は消滅する。

❷　大地震により賃貸住宅の一部が滅失した場合（ただし、契約の目的を達することは未だできるものとする。）、借主が賃料の減額請求をすることで賃料は減額される。

❸　賃料債権が差し押さえられた場合、借主は賃料を貸主に支払ったとしてもそのことを差押債権者に通知すれば、差押債権者から取立てを受けず、以後賃料の支払を免れることができる。

❹　賃料債権は、時効期間が経過しても消滅時効を援用する旨の意思表示がなければ消滅しない。

得点源！

【賃貸建物の全部または一部が滅失した場合】

全部滅失等	全部滅失等により全部が使用できなくなったときは、賃貸借は**終了**する（民法616条の２）
一部滅失等	借主の責任によらないで滅失等により一部の使用ができなくなったときは、賃料はその滅失した部分の割合に応じて**当然に減額**になる（民法611条１項）

解説 正解：❹

❶ **不適切　借主の解除は認められるが、当然には終了しない**

賃貸借は、賃借物の全部が使用できなくなれば、当然に終了するが（民法616条の2）、賃貸住宅の一部が倒壊しただけでは、賃借物の全部が使用できなくなったのではないから、賃貸借が終了するとは限らない。残存する部分のみでは借主が賃借をした目的を達することができないときは、借主は、**契約を解除**することができる（同法611条2項）のであり、借主の判断によって契約が解除されれば賃貸借は終了する、契約が解除されなければ賃貸借は終了しないということになる。

❷ **不適切　請求せずとも、当然に減額される**

建物の一部が滅失その他の事由により**使用できなくなった場合**において、借主に責任がないときは、賃料は、使用できなくなった部分の割合に応じて、減額される（民法611条1項）。この場合、賃料は、借主が減額請求をすることによって賃料が減額されるのではなく、当然減額である。減額の意思表示を要しない。

❸ **不適切　賃料債権の差押えの場合、貸主には支払えない**

貸主の賃料債権が、貸主の債権者（差押債権者）によって差し押さえられた場合、借主は、賃料を貸主に支払うことが禁じられる。借主（第三債務者）は、差押債権者から賃料の支払い（取立て）を求められた場合には、債権者に対して賃料を支払わなければならないのであって、借主は、賃料債権の差押えの後に貸主に対して賃料を支払ってしまうと、賃料の二重払いをせざるを得ない（民法481条1項）。借主は賃料を貸主に支払ったことを差押債権者に通知しても、賃料を支払ったことを差押債権者に主張できるようになるものではない。

❹ **最も適切**　賃料債権は、時効により消滅すると思料される。ただし、時効消滅の効果を主張するためには、時効期間の経過により当然に消滅するのではなく、**消滅時効を援用する旨の意思表示**が必要である（民法145条）。

基本テキスト　4編2章

平成30年 問16 改　⑤賃貸借契約の終了

滅　失

重要度 A

問題 24 賃貸建物の全部又は一部が滅失した場合の法律関係に関する次の記述のうち、誤っているものはどれか。

❶ 地震により賃貸建物が一部滅失した場合、修繕が物理的経済的に可能であったとしても、貸主は修繕義務を負わない。

❷ 賃貸建物が全部滅失した場合、当該滅失についての借主の帰責事由の有無にかかわらず、貸主は修繕義務を負わない。

❸ 賃貸建物が一部滅失した場合、滅失が借主の責めに帰することができない事由によるものであるときは、賃料は、借主が使用収益できなくなった部分の割合に応じて減額される。

❹ 賃貸建物が全部滅失した場合、当該滅失について借主に帰責事由があっても、賃貸借契約は履行不能により終了する。

解説 　　　　　　　　　　　　　　　　　　　　　　　　正解：❶

❶ **誤り　修繕が物理的に可能であれば、貸主は修繕義務を負う**

賃貸建物が一部滅失しても、賃貸借契約が継続している間は、貸主には修繕義務がある。修繕が物理的経済的に不可能なら修繕義務はないが、**修繕が物理的経済的に可能である以上**は、貸主は修繕義務を負う。

❷ **正しい**　賃貸建物が全部滅失した場合には、貸主の使用収益させる債務が履行不能となって、賃貸借契約は終了する（民法616条の２）。全部滅失についての責任の所在は問われない。貸主の修繕義務は**賃貸借契約が存続している間の義務**であって、賃貸借契約が終了した以上は修繕義務を負わなくなる。

❸ **正しい**　賃料は建物の使用の対価であるから、建物の一部が**借主の責めに帰すことができない事由**によって使用収益できなければ、使用収益できない部分に対応する賃料は、当然減額される（民法611条１項）。

建物の一部が使用収益できないことについて、借主に責任がある場合には、賃料は減額になりません。

❹ **正しい**　賃貸建物が全部滅失した場合には、貸主は借主に対して賃貸建物を使用収益させることができなくなり、**貸主の使用収益させる債務が履行不能**となって、賃貸借は終了する（民法616条の２）。履行不能になった原因は問われない。全部滅失についての借主の責任については、別途債務不履行または不法行為による損害賠償の問題として取り扱われることになる。

基本テキスト　4編３章

令和３年 問24 ⑤賃貸借契約の終了

借主の死亡

重要度 A

問題 25 Ａを貸主、Ｂを借主とする建物賃貸借契約においてＢが死亡した場合に関する次の記述のうち、最も適切なものはどれか。ただし、それぞれの選択肢に記載のない事実及び特約はないものとする。

❶ Ｂの内縁の妻Ｃは、Ｂとともに賃貸住宅に居住してきたが、Ｂの死亡後（Ｂには相続人が存在するものとする。）、Ａから明渡しを求められた場合、明渡しを拒むことができない。

❷ Ｂの内縁の妻Ｃは、Ｂとともに賃貸住宅に居住してきたが、Ｂの死亡後（Ｂには相続人が存在しないものとする。）、Ａから明渡しを求められた場合、明渡しを拒むことができない。

❸ Ａが地方公共団体の場合で、賃貸住宅が公営住宅（公営住宅法第２条第２号）であるときに、Ｂが死亡しても、その相続人は当然に使用権を相続によって承継することにはならない。

❹ Ｂが死亡し、相続人がいない場合、賃借権は当然に消滅する。

解説　　　　**正解：❸**

❶ **不適切　内縁の妻Cは、明渡しを拒むことができる**

内縁の配偶者とともに建物に居住していた借主が死亡し、借主に相続人がいる場合には、内縁の配偶者は、貸主から立退きを求められても拒むことができる。立退きを拒むことができる理由は、**相続人の賃借権の援用**である。

最高裁昭和42年2月21日判決では、「相続人の賃借権を援用して、賃貸人に対し、本件家屋に居住する権利を主張することができる」とされています。

❷ **不適切　内縁の妻Cは、明渡しを拒むことができる**

内縁の配偶者とともに建物に居住していた借主が死亡し、借主に相続人がいない場合にも、内縁の配偶者は、貸主から立退きを求められても、立退きを拒むことができる。立退きを拒むことができる理由は、内縁の妻が借主の地位を承継するからである。

借地借家法には、居住の用に供する建物の賃借人が死亡し、相続人がいない場合において、死亡当時婚姻または縁組の届出をしてないが、賃借人と事実上夫婦または養親子と同様の関係にあった同居者があるときは、同居者は、賃借人の権利義務を承継する、という規定があります（借地借家法36条1項）。

❸ **最も適切**　Bが死亡した場合、使用権は、相続によって当然に相続人に承継されるわけではない。公営住宅の使用者が死亡した場合、使用者に相続人がいても、相続人は、当然に使用権を相続によって承継するものではない。公営住宅法では、相続人などの同居の親族が使用を継続するためには、**事業主体の承認**が必要とされている（公営住宅法27条6項）。

最高裁平成2年10月18日判決では、「公営住宅の規定の趣旨にかんがみれば、入居者が死亡した場合には、その相続人が公営住宅を使用する権利を当然に承継すると解する余地はない」と述べられています。

❹ **不適切　Bが相続人なしで死亡しても、賃借権は当然には消滅しない**

Bが死亡して相続人がいないときには、賃借権は相続財産として、**相続財産管理人**がその管理を行う（民法952条）。

基本テキスト　4編2章

令和元年 問14　⑤賃貸借契約の終了

当事者死亡

重要度 A

問題 26　**建物賃貸借契約の当事者が死亡した場合の相続に関する次の記述のうち、適切なものはどれか。**

❶　借主が死亡し、相続人のあることが明らかでない場合、賃貸借契約は終了しない。

❷　貸主が死亡し、相続人のあることが明らかでない場合、賃貸借契約は終了する。

❸　借主が死亡し、複数の相続人がいる場合、貸主が賃貸借契約の債務不履行を理由に解除するためには、相続人の一人に解除の意思表示をすればよい。

❹　借主が内縁関係にある者と30年にわたり賃貸住宅に同居していた場合、当該賃貸住宅の賃借権の相続に限り、内縁関係にある者も相続人となる。

解説 正解：❶

❶ **適切** 借主が死亡しても賃貸借契約は終了せず、相続人が借主の地位を引き継ぐことになる（賃借権の承継）。**相続人の存在が明らかでなくても、**賃貸借契約が終了するものではない。

❷ **不適切 相続人の存在が明らかでなくても、賃貸借契約は終了しない**

貸主が死亡しても賃貸借契約は終了せず、相続人が貸主の地位を引き継ぐことになる。相続人の存在が明らかでなくても、賃貸借契約が終了するものではない。

❸ **不適切 相続人全員に対して解除の意思表示を行う必要がある**

借主が死亡し、相続人が複数の場合には、借主となるのは相続人全員である。賃料が支払われないなどの理由によって貸主が解除をしようとするときには、**複数の借主の全員に対して**解除の意思表示をしなければならない。

当事者の一方が複数いる場合には、契約の解除は、その全員からまたはその全員に対してのみ、行うことができます（民法544条１項）。

❹ **不適切 被相続人と同居して内縁関係にあっても、相続人にはなれない**

賃貸住宅に内縁関係にある者が被相続人と同居していたという事情があっても、**相続人になることはない。**相続人ではないことを前提として、その居住の保護が図られる。

居住用建物の借主が死亡したときに、内縁関係にある配偶者が建物に居住している場合には、その居住を守る必要があります。そのために、相続人がいない場合には、居住者が借主の地位を承継します（借地借家法36条１項本文）。また、相続人がいる場合には、相続人からの明渡し請求が権利の濫用として否定されるなどとされています。

しかし、これらの場合にも、内縁関係にある者が相続人の立場に立つことになるわけではありません。

基本テキスト 4編2章

令和５年 問24　⑥定期建物賃貸借

定期建物賃貸借

重要度 S

問題 27 **定期建物賃貸借契約に関する次の記述のうち、正しいものはいくつあるか。**

ア　定期建物賃貸借契約は、書面のほか、電磁的記録により締結することができる。

イ　定期建物賃貸借契約における事前説明（賃貸借に契約の更新がなく、期間の満了により当該建物の賃貸借が終了する旨の説明）は、賃借人の承諾がなくとも、電磁的方法により提供することができる。

ウ　契約期間が３か月の定期建物賃貸借契約の場合、賃貸人は契約終了の事前通知をせずとも、同契約の終了を賃借人に対抗できる。

エ　賃貸人は、平成５年に締結された居住目的の建物賃貸借契約に関し、令和５年４月１日、賃借人の同意を得られれば、同契約を合意解除し、改めて定期建物賃貸借契約を締結することができる。

❶　1つ
❷　2つ
❸　3つ
❹　4つ

解説 正解：❷

ア　正しい　定期建物賃貸借は、書面によって契約をするときに限って成立する（借地借家法38条１項前段）。**電磁的記録によって契約がなされた場合は、書面によってされたものとみなされる**（同法38条２項）。定期建物賃貸借は書面により締結するほか、電磁的記録による契約締結も認められる。

イ　誤り　事前説明を電磁的方法で提供するには、賃借人の承諾が必要

定期建物賃貸借をしようとするときは、賃貸人は、あらかじめ契約の更新がなく、期間の満了により賃貸借が終了することについて、その旨を記載した書面を交付して説明しなければならない（事前説明。借地借家法38条３項）。事前説明は、書面の交付に代えて、**建物の賃借人の承諾を得て、**書面に記載すべき事項を電磁的方法により提供することができる（同法38条４項）。

ウ　正しい　定期建物賃貸借の期間が１年以上である場合には、建物の賃貸人は、期間の満了の１年前から６月前までの間に建物の賃借人に対し期間の満了により建物の賃貸借が終了する旨の通知をしなければ、その終了を建物の賃借人に対抗することができない（終了通知。借地借家法38条６項）。**定期建物賃貸借の期間が１年未満である場合には終了通知は必要とされておらず**、契約期間が３か月の定期建物賃貸借契約の場合、終了通知は不要である。

エ　誤り　平成12年３月１日以前の契約については認められない

定期建物賃貸借ではない賃貸借（普通建物賃貸借）について、賃借人の同意を得られれば、契約を合意解除し、改めて定期建物賃貸借契約を締結することができる（普通建物賃貸借から定期建物賃貸借への切替え）。ただし、**定期建物賃貸借の規定の施行日**（平成12年３月１日）**以前に契約が締結された居住の用に供する建物の賃貸借**については、**普通建物賃貸借から定期建物賃貸借への切替えは認められない**（借地借家法附則３条）。平成５年に締結された居住目的の建物賃貸借契約に関しては、賃借人の同意を得られても、定期建物賃貸借に切り替えることはできない。

以上により、正しいものは**ア、ウ**の２つであり、正解は肢❷となる。

基本テキスト　4編4章

令和４年 問24　⑥定期建物賃貸借

定期建物賃貸借

重要度 S

問題 28　**定期建物賃貸借契約に関する次の記述のうち、誤っているものはいくつあるか。**

ア　貸主が死亡したときに賃貸借契約が終了する旨の特約は、有効である。

イ　期間50年を超える定期建物賃貸借契約は、有効である。

ウ　定期建物賃貸借契約に特約を設けることで、借主の賃料減額請求権を排除することが可能である。

エ　契約期間の定めを契約書に明記すれば、更新がなく期間満了により当該建物の賃貸借が終了する旨（更新否定条項）を明記したと認められる。

❶　なし
❷　１つ
❸　２つ
❹　３つ

解説　　正解：❸

ア　誤り　借主に不利な特約は無効である

借地借家法は、賃貸借契約の存続期間について借主を手厚く保護する規定を設けており、期間の定めに関して、借地借家法の規定に比べて借主に不利な特約は無効とされる（借地借家法30条）。定期建物賃貸借契約において、貸主が死亡したときに賃貸借契約が終了する旨の特約は、借主に不利な特約である。そのため、貸主が死亡したときに賃貸借契約が終了する旨の特約は無効になるものと思料される。

イ　正しい　賃貸借の期間については、民法では、「賃貸借の存続期間は、50年を超えることができない。契約でこれより長い期間を定めたときであっても、その期間は、50年とする」とされているが（民法604条１項）、借地借家法では、「民法第604条の規定は、**建物の賃貸借については、適用しない**」（借地借家法29条２項）と定められており、建物の賃貸借については、普通建物賃貸借と定期建物賃貸借のいずれであっても、契約期間に上限はなく、50年を超える期間の定めは有効である。

ウ　正しい　普通建物賃貸借では、一定の期間賃料を減額しない旨の特約（不減額特約）については無効であるが（借地借家法32条１項）、定期建物賃貸借では、**不増額特約と不減額特約のいずれも特約の効力が認められる**（借地借家法38条９項）。したがって、定期建物賃貸借契約に特約を設けることで、借主の賃料減額請求権を排除することが可能である。

エ　誤り　契約期間を記載しても、それだけでは更新否定条項とは認められない

定期建物賃貸借契約が成立するためには、書面上、**更新がないこと（更新否定条項）が明記されていなければならない**（借地借家法38条１項）。契約期間の定めを契約書に記載しただけでは更新がないことを明記したことにはならない。なお、更新がなく期間満了により建物の賃貸借が終了する旨を明確に記載した書面を交付して説明しなければ、定期建物賃貸借契約そのものが成立したものとは認められない。

以上により、誤っているものは**ア**、**エ**の２つであり、正解は肢❸である。

基本テキスト　4編4章

令和３年 問26　⑥定期建物賃貸借

定期建物賃貸借

重要度 S

問題 29 定期建物賃貸借契約に関する次の記述のうち、正しいものはどれか。

❶ 中途解約特約のある定期建物賃貸借契約において、貸主は契約期間中であっても、正当事由を具備することなく契約を解約することができる。

❷ 定期建物賃貸借契約書は、同契約を締結する際に義務付けられる事前説明の書面を兼ねることができる。

❸ 賃貸借の媒介業者が宅地建物取引業法第35条に定める重要事項説明を行う場合、定期建物賃貸借契約であることの事前説明の書面は不要である。

❹ 定期建物賃貸借契約において、賃料減額請求権を行使しない旨の特約は有効である。

得点源！

定期建物賃貸借契約	更新されることのない賃貸借で、契約期間を定めることが成立の要件だが、契約期間に制限はない。 ・契約成立には**書面が必要** ・**「更新がない」**という契約条項を定めることが必要 ・書面による**事前説明が必要** ・契約期間が１年以上の場合は、通知期間に終了通知が必要
一時使用の建物の賃貸借	一時的に建物を使用することを目的とした賃貸借。借地借家法の更新の規定は適用されず、契約期間満了と同時に終了する。 ・**書面によらなくても有効** ・使用目的が具体的であることが必要 ・契約期間を１年以上とすることも可能 ・更新はできる ・**終了通知は不要**

解説 　　　　　正解：❹

❶ **誤り　貸主は正当事由なしに中途解約をすることはできない**

建物の貸主による賃貸借契約の解約の申入れは、正当の事由があると認められる場合でなければ、効力が認められない（正当事由具備の必要性。借地借家法28条）。賃貸借契約において、貸主に期間内解約をする権利があっても、貸主の期間内解約の申入れが効力を生じるには、**解約申入れについて正当事由が必要**である。

中途解約に関する解釈は、定期建物賃貸借契約でも、普通建物賃貸借契約でも、同じです。

❷ **誤り　定期建物賃貸借契約書と事前説明の書面を兼ねることはできない**

貸主には、契約前にあらかじめ、借主に対し、更新がなく期間の満了により終了することについて、書面によって説明をする義務がある（借地借家法38条２項）。つまり、説明のための書面は契約書とは**別の書面**でなければならない。

最高裁平成24年９月13日判決では、法第38条第２項所定の書面は、借主が、当該契約に係る賃貸借は契約の更新がなく、期間の満了により終了すると認識しているか否かにかかわらず、契約書とは別個独立の書面であることを要するとされています。

❸ **誤り　事前説明の書面交付は、宅建業法の重説とは別に行う必要がある**

賃貸借の媒介業者が宅建業法35条に定める重要事項説明を行う場合であっても、貸主による定期建物賃貸借契約であることの**事前説明の書面交付が必要**である。

❹ **正しい**　定期建物賃貸借契約では、賃料増額請求をしない旨と賃料減額請求をしない旨の特約は、いずれも**有効**である（借地借家法38条７項）。

普通建物賃貸借契約においては、賃料増額請求をしない旨の特約（不増額特約）は有効ですが、賃料減額請求をしない旨の特約（不減額特約）は無効です。

基本テキスト　４編４章

令和2年 問19　⑥定期建物賃貸借

定期建物賃貸借

重要度 S

問題 30 **定期建物賃貸借契約に関する次の記述のうち、正しいものはどれか。**

❶ 借主が死亡したときに契約が終了する旨の定めは、有効である。

❷ 契約期間が１年未満の定期建物賃貸借契約は、無効である。

❸ 平成12年３月１日より前に締結された居住用建物の賃貸借契約については、契約当事者がこれを合意解約して、新たに定期建物賃貸借契約を締結することは認められていない。

❹ 床面積300㎡未満の居住用建物については、借主が転勤、療養、親族の介護等やむを得ない事情により、建物を生活の本拠として使用することが困難となった場合には、中途解約特約がなくとも、借主は中途解約を申入れることができる。

解説　　　　正解：❸

❶ **誤り　死亡したときの終了は無効で、特定の期間を定める必要がある**

期間の定めがある建物の賃貸借をする場合においては、具体的に**特定の期間を定めた**うえで書面によって契約をするときに限り、定期建物賃貸借契約としての効力（更新がないという効力）が認められる（借地借家法38条1項）。借主が死亡したときに契約が終了する旨の定めについては、定期建物賃貸借契約における期限(特定の期間の終期)としての効力はない。

❷ **誤り　定期建物賃貸借契約では、期間を1年未満とすることもできる**

借地借家法第29条第1項は普通建物賃貸借契約では、期間を1年未満とする建物の賃貸借契約は、期間の定めがない建物の賃貸借とみなすと定めるが、この定めは定期建物賃貸借契約には適用されない（借地借家法38条1項後段）。したがって、期間を1年未満とすることができる。

❸ **正しい**　普通建物賃貸借契約から定期建物賃貸借契約への切替えについて、**2000（平成12）年3月1日**（定期建物賃貸借に関する改正借地借家法の施行日）**の前**に締結された居住用建物の普通建物賃貸借契約については、貸主と借主が合意しても、これを終了させ、新たに定期建物賃貸借契約を締結することはできない。

❹ **誤り　床面積が300㎡未満の建物ではなく、200㎡未満の建物**

定期建物賃貸借契約では、床面積が200㎡未満の建物に係るものである場合には、居住の用に供する建物の賃貸借において、転勤、療養、親族の介護その他のやむを得ない事情により、建物の借主が建物を自己の生活の本拠として使用することが困難となったときは、建物の借主は、建物の賃貸借契約の解約の申入れをすることができる（借地借家法38条5項前段）。

基本テキスト　4編4章

令和元年 問13 ⑥定期建物賃貸借

定期建物賃貸借

重要度 S

問題 31 定期建物賃貸借契約と普通建物賃貸借契約との異同に関する次の記述のうち、正しいものはいくつあるか。

ア　定期建物賃貸借契約も普通建物賃貸借契約も書面により締結しなければ、有効な契約とならない。

イ　契約期間が１年未満の場合、定期建物賃貸借契約も普通建物賃貸借契約も、いずれも期間の定めのない賃貸借契約となる。

ウ　定期建物賃貸借契約では、一定の期間、賃料を減額しない旨の特約（不減額特約）は有効であるが、普通建物賃貸借契約ではこのような特約は無効である。

エ　借主からする中途解約を認める特約は、定期建物賃貸借契約でも普通建物賃貸借契約でも有効である。

❶　1つ
❷　2つ
❸　3つ
❹　4つ

得点源！

【普通建物賃貸借契約と定期建物賃貸借契約】

	普通建物賃貸借契約	定期建物賃貸借契約
更新の有無	あり	なし
契約方法	口頭でも可	書面が必要
１年未満の契約	期間の定めがない契約	有効
不増減額特約	不減額特約は無効 不増額特約は有効	有効

解説 正解：❷

ア　誤り　定期建物賃貸借契約は、書面で契約しなければならない

定期建物賃貸借契約は、**書面によって合意**をするときに限り、更新がないという特約に効力が認められるのであって、書面によらなければ有効な契約を成立させることはできない（借地借家法38条1項）。

これに対し、一般的に契約成立には書面を必要としないので、普通建物賃貸借契約においては、書面によらなければ契約は成立しないという制約はなく、**当事者が合意**をすれば、書面が作成されなくても契約は成立する。

イ　誤り　定期建物賃貸借契約の場合には、契約の期間は制約されない

期間の下限もないのであって**1年未満の定めも可能**である（借地借家法38条1項後段）。

これに対し、普通建物賃貸借契約では、1年未満の期間が定められたときには、**期間の定めがない**建物の賃貸借とみなされる（同法29条1項）。

ウ　正しい　不増減額特約（賃料増減額請求権を行使しないという特約）については、普通建物賃貸借契約と定期建物賃貸借契約で扱いが異なる。

定期建物賃貸借契約では、不増額特約（増額請求をしないという特約）と不減額特約（減額請求をしないという特約）の**いずれも有効**である（借地借家法38条7項）。

普通建物賃貸借契約では、賃料増額請求をしないという不増額特約は有効だが、賃料減額請求をしないという**不減額特約は無効**である（同法32条1項ただし書）。

エ　正しい　中途解約を認める特約は、普通建物賃貸借契約でも定期建物賃貸借契約でも、**いずれも有効**である。

定期建物賃貸借契約の場合には中途解約を認める特約は認められないと誤解されることがありますが、定期建物賃貸借契約は、①更新がないこと、②賃料減額請求権を行使しないという特約が有効であることを除けば、普通建物賃貸借契約と違いはなく、借主からの中途解約を認める特約についても、普通建物賃貸借契約と同様にその効力が肯定されます。

以上により、正しいものは**ウ、エの2つ**であり、正解は肢❷となる。

基本テキスト　4編4章

平成30年 問12 ⑥定期建物賃貸借

定期建物賃貸借

重要度 S

問題 32 定期建物賃貸借契約に関する次の記述のうち、正しいものの組合せはどれか。

ア 定期建物賃貸借契約の事前説明は、「更新がなく、期間の満了により契約が終了する」旨を口頭で説明すれば足り、別途、書面を交付する必要はない。

イ 定期建物賃貸借契約書に「契約の締結に先立って説明を受けた」旨の記載がない場合には、事前説明書を交付して説明を行っていたとしても、定期建物賃貸借契約としての効力を有しない。

ウ 契約期間を１年未満とする定期建物賃貸借契約も有効である。

エ 賃貸借の媒介業者が宅地建物取引業法による重要事項説明書に基づき、「更新がなく、期間の満了により契約が終了する」旨の説明を行ったので、貸主による事前説明を省略した場合、定期建物賃貸借契約としての効力を有しない。

❶ ア、イ
❷ ア、エ
❸ イ、ウ
❹ ウ、エ

解説　　正解：❹

ア　誤り　事前説明は書面を交付して説明しなければならない

定期建物賃貸借契約による賃貸借をしようとするときは、建物の貸主は、あらかじめ、建物の借主に対し、建物の賃貸借は契約の更新がなく、期間の満了により終了することについて記載した書面を交付して説明しなければならない（事前説明。借地借家法38条３項)。定期建物賃貸借契約が効力を有するため（すなわち、更新がないという条項が有効であるため）には、事前説明のための書面の交付が必要である。

イ　誤り　契約の締結に先立って説明を受けたことの記載は不要

定期建物賃貸借契約が有効であるためには、書面による事前説明が必要だが、契約書に事前説明を受けたことを記載することは求められていない。契約書には、更新がないという記載があれば足りるのであり（借地借家法38条１項)、契約の締結に先立って説明を受けたことの記載は不要である。

ウ　正しい　借地借家法第29条第１項によって、普通建物賃貸借契約においては、期間を１年未満とする建物の賃貸借は、期間の定めがない建物の賃貸借とみなされるが、同項は定期建物賃貸借契約には適用されない（借地借家法38条１項後段)。したがって、定期建物賃貸借契約の期間については、**下限の制約はない**。

エ　正しい　宅建業法第35条による重要事項説明と借地借家法による事前説明とは、法的な根拠、説明義務の主体、説明内容のいずれにおいても異なっている。宅建業法による重要事項説明を行っても、借地借家法による事前説明を行わなければ、定期建物賃貸借契約としての効力は認められないのであり、これを**省略することはできない**。

以上により、正しいものの組合せは**ウ、エ**であり、正解は肢❹となる。

基本テキスト　4編4章

令和2年 問11　⑦転貸借（サブリース）

転貸借（サブリース）

重要度 B

問題 33　**賃貸人AがBに賃貸し、BがAの承諾を得てCに転貸する建物についてのAB間の原賃貸借契約の終了に関する次の記述のうち、正しいものはどれか。**

❶　AB間の原賃貸借契約に、同契約の終了によりAが転貸借契約を承継する旨の特約がある場合、AB間の原賃貸借契約が終了すれば、AはBの転貸人の地位を承継するが、BのCに対する敷金返還義務は承継しない。

❷　AがBの賃料滞納を理由として有効に原賃貸借契約を解除したとしても、AがCに対して催告をしていなかった場合は、AはCに対して建物の明渡しを請求することはできない。

❸　AB間の原賃貸借契約が定期建物賃貸借契約で期間満了により終了する場合、AがCに対して原賃貸借契約が終了する旨を通知した時から6か月を経過したときは、AはCに対して建物の明渡しを請求することができる。

❹　AがBとの間で原賃貸借契約を合意解除した場合、その当時、AがBの賃料滞納を理由とする原賃貸借契約の解除権を有していたとしても、AはCに対して建物の明渡しを請求することはできない。

解説 正解：❸

❶ 誤り　Aは、BのCに対する敷金返還義務を承継する

原賃貸借契約が終了した場合に、原賃貸借契約の原賃貸人が転貸借契約における転貸人の地位を承継するという特約がある場合には、この特約によって転貸人の地位が原賃貸人に移転する。敷金の法律関係は**賃貸借契約に付随する**から、その結果、転貸借契約における敷金についても、原賃貸人が承継し、転借人に対して返還義務を負う。

❷ 誤り　AがBとの原賃貸借契約を解除するのに、Cに対する催告は不要

原賃貸借契約において、原賃借人に賃料滞納があるときには、原賃貸人は**転借人に催告することなく**、原賃貸借契約を解除することができる（判例）。原賃貸借契約が債務不履行によって解除された場合には、原賃貸人は、転借人に対して明渡しを求めることができるのであって、転借人は転借権を原賃貸人に対抗することはできない。

❸ 正しい　原賃貸借契約が期間満了または解約申入れにより終了する場合、原賃貸人は、**原賃貸借契約の終了を転借人に通知**しなければ、原賃貸借契約の終了を転借人に対抗することができないが（借地借家法34条１項）、通知をしたときは、転貸借契約は**通知後６か月の経過**によって原賃貸借契約の終了を転借人に対抗することができるようになる（同条２項）。したがって、AはCに対して、建物の明渡しを請求することができる。

なお、原賃貸人は、期間満了または解約申入れの際には原賃借人のみならず転借人の使用継続に対しても異議を述べる必要があるものとされています（同法26条３項、27条２項）。

❹ 誤り　AがBに対し解除権を有する➡AはCに建物明渡し請求できる

原賃貸人と原賃借人とが原賃貸借契約を合意解除しても、この解除を転借人に対抗することはできない（民法613条３項本文）。ただし、解除の当時、原賃貸借契約において**原賃貸人が原賃借人の債務不履行による解除権を有していた**ときは、原賃貸人は、合意解除を転借人に対して主張できる（同項ただし書）。

基本テキスト　4編５章

令和２年 問12　⑦転貸借（サブリース）

管理受託方式とサブリース方式の異同

重要度 A

問題 34　賃貸人ＡがＢに管理を委託しＣに賃貸する管理受託方式と、ＡがＢに賃貸し、ＢがＡの承諾を得てＣに転貸するサブリース方式の異同に関する次の記述のうち、誤っているものの組合せはどれか。

ア　ＢのＣに対する立退交渉は、管理受託方式もサブリース方式もいずれも弁護士法に抵触し違法となるおそれがある。

イ　Ｃの善管注意義務違反により賃貸物件が毀損したときは、管理受託方式の場合、ＢはＡに対して損害賠償責任を負うが、サブリース方式の場合、ＢはＡに損害賠償責任を負わない。

ウ　Ｃが賃借する契約が終了し、Ｃに対して建物明渡請求訴訟を提起する場合は、管理受託方式の場合はＡが原告となり、サブリース方式の場合はＢが原告となる。

エ　ＡＢ間の契約について、管理受託方式の場合は借地借家法の適用はなく、サブリース方式の場合は借地借家法の適用がある。

❶　ア、イ
❷　ア、ウ
❸　イ、ウ
❹　ウ、エ

解説 正解：❶

ア　誤り　サブリース方式では、Bの立退交渉は違法ではない

弁護士法第72条は、弁護士ではない者が他人の法律事務を取り扱うことを禁止している（非弁行為）。賃借人に対する立退交渉を賃貸人でない者が行う場合には、弁護士ではない者が他人の法律事務を取り扱うことになるから、BのCに対する立退交渉は、**管理受託方式の場合**には違法となるおそれがある。

これに対して、**サブリース方式の場合**には、BのCに対する立退交渉は賃貸借契約の賃貸人が自ら賃借人に対して立退きを求めるものであって、違法ではない。

イ　誤り　Bは管理受託方式では責任なし、サブリース方式では責任あり

管理受託方式では、賃借人の善管注意義務違反によって物件が毀損したときには、賃借人が原状回復においてこれを復旧し、あるいは損害を賠償する義務を負う。管理業者は賃借人の行為に関しては責任を負わない。

他方、サブリース方式では、転借人は賃借人の履行補助者となり、**転借人の故意過失が賃借人の故意過失と同視される**から（判例）、転借人に故意過失があれば、賃借人である管理業者が責任を負う。

ウ　正しい　賃貸借契約が終了した場合に賃借人に**明渡請求をするのは賃貸人**である。Cとの関係においては、管理受託方式ではAが賃貸人であり、サブリース方式ではBが賃貸人である。したがって、管理受託方式ではAが、サブリース方式ではBが、それぞれ明渡訴訟の原告になる。

エ　正しい　借地借家法は、建物の賃貸借契約に適用される。ＡＢ間の契約は、管理受託方式では管理受託（委任または準委任）契約、**サブリース方式では建物の賃貸借契約**であることから、管理受託方式ではＡＢ間の契約に借地借家法は適用されず、サブリース方式ではＡＢ間の契約に借地借家法が適用される。

マスターリース契約（本問でいうＡＢ間の賃貸借契約）にも借地借家法が適用されることは、確定した判例法理です。

以上により、誤っているものの組合せは**ア**、**イ**であり、正解は肢❶となる。

基本テキスト　2編1章、4編5章

令和元年 問20　⑦転貸借（サブリース）

サブリース方式による賃貸管理

重要度 A

問題 35　サブリース方式による賃貸管理業務に関する次の記述のうち、正しいものはどれか。

❶ 所有者が転貸借を承諾している場合、所有者と転借人（入居者）の間に契約関係が生じる。

❷ 所有者が転貸借を承諾しており、賃貸借契約の月額賃料が10万円、転貸借契約における月額賃料が12万円の場合、所有者が転借人（入居者）に対して12万円の支払を請求したときは、転借人（入居者）は12万円の支払義務を負う。

❸ 所有者が転貸借を承諾していない場合、転貸借契約は無効である。

❹ 所有者が転貸借を承諾しており、その転貸借契約が終了した場合、所有者は転借人（入居者）に対して敷金返還義務を負わない。

得点源!

【原賃貸人が請求できる賃料の額】

原賃貸人A（所有者）から転借人C（入居者）に対して請求できる賃料の額は、Aと管理業者B（転貸人）の原賃貸借契約の賃料と、BとCの転賃貸借契約の賃料の、**いずれか低いほうの額**となる。

AB間の賃料 10万円	>	BC間の賃料 8万円	⇒	請求できるのは BC間の賃料8万円
AB間の賃料 8万円	<	BC間の賃料 10万円	⇒	請求できるのは AB間の賃料8万円

解説　　　　正解：❹

❶ **誤り　サブリース方式では、原賃貸人と入居者に契約関係は生じない**

原賃貸人A（所有者）と転借人C（入居者）との間には**契約関係は生じない**。

サブリース方式は、管理業者Bが原賃貸人Aから賃貸住宅を借り受け、Aの承諾を得て、自らが転貸人となって第三者Cに転貸する管理の方式です。

❷ **誤り　転借人（入居者）は少ないほうの賃料10万円の支払義務を負う**

原賃貸人A（所有者）と転借人C（入居者）の間には契約関係は生じないが、民法によって、CはAに対して直接の義務を負うものとされており（法定の義務。民法613条１項前段）、CはAに対して直接に賃料を支払う義務がある。

その場合に、CがAに支払わなければならない賃料の額は、原賃貸借契約（AB間の賃貸借）の賃料と転貸借契約（BC間の賃貸借）の賃料を比較して、**少額のほうの賃料**となる。AB間の賃貸借契約の賃料が10万円、BC間の転貸借契約の賃料が12万円の場合には、CがAに対して支払義務を負うのは、少額である10万円の賃料となる。

❸ **誤り　所有者が転貸借を承諾していなくても、転貸借契約は有効**

管理業者B（転貸人）と転借人C（入居者）が転貸借契約を締結した場合には、原賃貸人A（所有者）が承諾をしていなかったとしても、BC間の関係では**契約は有効に成立する**。

所有者Aに無断で転貸されていた場合には、原賃貸借契約（AB間の賃貸借）の契約解除事由になります。

❹ **正しい**　原賃貸人A（所有者）は転借人C（入居者）に対して、民法に基づいて直接に権利を有するが（民法613条１項前段）、**直接の義務を負わない**。したがって、BC間の転貸借契約が終了し、BがCに対して敷金の返還義務を負う場合でも、AがCに対して敷金を返還する義務はない。

基本テキスト　4編5章

令和元年 問25　⑦転貸借（サブリース）

サブリース方式による賃貸管理

重要度 A

問題 36 サブリース方式による賃貸管理に関する次の記述のうち、適切なものの組合せはどれか。

ア　所有者は、管理業者との間の原賃貸借契約を管理業者の賃料不払いを理由に解除する場合、あらかじめ転借人（入居者）に対して催告をしなければならない。

イ　所有者は、管理業者との間の原賃貸借契約を合意解除したときは、転借人（入居者）に対して明渡しを請求することができる。

ウ　所有者は、管理業者との間の原賃貸借契約を管理業者の賃料不払いを理由に解除したときは、転借人（入居者）に対して明渡しを請求することができる。

エ　所有者は、原賃貸借契約が期間満了により終了する場合、転借人（入居者）に通知しなければならない。

❶　ア、イ
❷　ア、エ
❸　イ、ウ
❹　ウ、エ

解説　　　　　　　　　　　　　　　　　　　　　　　　　　　　正解：❹

ア　不適切　管理業者の債務不履行で解除する場合、入居者への催告は不要

所有者（原賃貸人）が管理業者（原賃借人）に対して契約を解除する場合に、**転借人（入居者）に対して賃料支払いの催告をする必要はない**（判例）。

イ　不適切　所有者が合意解除しても、転借人に明渡し請求できない

適法な転貸借の法律関係が成り立っている場合には、転借人（入居者）の地位は、原賃貸借における管理業者（原賃借人）の地位の上に存立している。転貸借を承諾することによって転借人の地位を認めた所有者（原賃貸人）は、管理業者との間で原賃貸借契約を合意解除して転借人の地位を失わせることは認められない（民法613条３項本文）。

ウ　適切　転借人（入居者）の地位は、原賃貸借契約における管理業者（原賃借人）の地位の上に存立しているのであり、原賃貸借契約が管理業者の賃料不払いによって解除されると、原賃借人の地位が失われる。そのために、転借人には自らの権利の基盤がなくなるので、所有者（原賃貸人）に対して転借権を主張できなくなる。所有者（原賃貸人）からみて、原賃貸人と原賃借人の合意解除は転借人に対抗できないが、原賃貸人が原賃借人に対して**債務不履行によって契約を解除した場合**には、契約解除を転借人に対して対抗できる。

エ　適切　建物が転貸借されている場合において、建物の賃貸借が期間の満了または解約の申入れによって終了するときは、所有者（原賃貸人）は、**建物の転借人（入居者）にその旨の通知をしなければ**、その終了を転借人に対抗することができない（借地借家法34条１項）。

貸主が建物の賃貸借が期間の満了または解約の申入れによって終了する旨の通知をしたときは、建物の転貸借は通知された日から６か月を経過することによって終了します（同法34条２項）。

以上により、適切なものの組合せは**ウ、エ**であり、正解は肢❹となる。

基本テキスト　４編５章

平成30年 問9　⑦転貸借（サブリース）

サブリース方式による賃貸管理

重要度 A

問題 37　管理業者がサブリース方式により賃貸管理を行う場合に関する次の記述のうち、正しいものはどれか。

❶　サブリース方式による管理の場合、管理業者は原賃貸人の代理人の立場で賃貸物件を借り受けている。

❷　転借人が転貸借契約の終了により賃貸物件を明け渡した場合、原賃貸人と管理業者は、転借人に対して、連帯して敷金返還債務を負う。

❸　原賃貸借契約が管理業者の債務不履行により解除された場合、原賃貸人が転借人に対して明渡しを請求したとき、転貸借契約も終了する。

❹　原賃貸借契約が合意解約された場合、原賃貸人が転借人に対して明渡しを請求したとき、転貸借契約も終了する。

得点源！

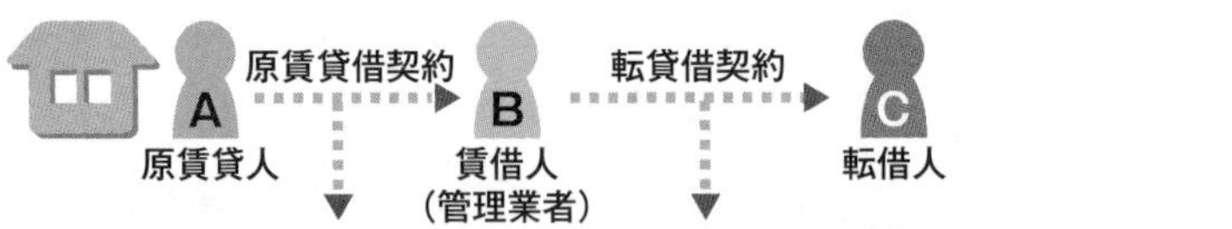

契約終了の事由	AはCに契約終了を対抗できるか？
ア．期間満了	通知＋6ヵ月で対抗できる
イ．Bの債務不履行による解除	直ちに対抗できる
ウ．AB間の合意解除	対抗できない（※AがBの債務不履行による解除権を有していたときは対抗できる）
エ．信義則による制限	対抗できない

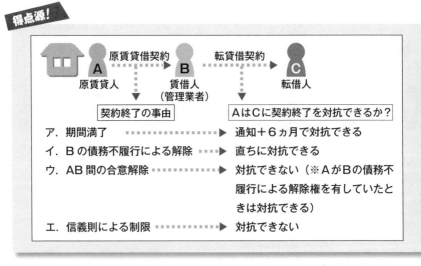

解説　　　　正解：❸

❶ **誤り　管理業者は賃貸借契約の当事者の立場で賃貸物件を賃借する**
　サブリース方式による管理においては、管理業者は原賃借人、すなわち**賃貸借契約の当事者**として原賃貸人から管理物件を賃借し、管理業務を行う。原賃貸人の代理人の立場に立つのではない。

❷ **誤り　原賃貸人は転借人に対して直接に敷金返還義務を負わない**
　管理業者が適法に賃借物を転貸したときは、転借人は、原賃貸人に対して直接に義務を負う（転借人への直接請求。民法613条１項前段）。しかし、**転借人は原賃貸人に対して直接の権利を有しない。**

❸ **正しい**　原賃貸借契約が、管理業者（転貸人）の賃料不払いなどの債務不履行によって解除されて終了した場合には、転貸借契約は、原賃貸人が転借人に対して物件の明渡しを求めた時に、管理業者（転貸人）の転借人に対する**債務の履行不能により終了**する（判例）。

❹ **誤り　原賃貸人が転借人に明渡しを請求しても転貸借契約は終了しない**
　原賃貸人と管理業者（転貸人）の間で原賃貸借契約を合意解約しても、原賃貸人は原賃貸借契約の終了を**転借人に対抗することができない**（判例。民法613条３項本文）。そのために、原賃貸借契約が合意解約されたうえで、原賃貸人が転借人に対して明渡しを請求しても、**転貸借契約は終了しない。**

　解除の当時、貸主が借主の債務不履行による解除権を有していたときは、原賃貸人は原賃貸借契約の終了を転借人に対抗することができます（同法613条３項ただし書）。

基本テキスト　4編5章

平成29年 問9　⑦転貸借（サブリース）

サブリース方式による賃貸管理

重要度 A

問題 38 サブリース方式による賃貸管理において原賃貸借契約が終了した場合に関する次の記述のうち、正しいものはどれか。

❶ 原賃貸借契約を転貸人の債務不履行を原因として解除する場合、転借人に対し、解除に先立って催告しなければ、債務不履行解除を転借人に対抗することができない。

❷ 原賃貸借契約が転貸人の債務不履行を原因として解除された場合、転貸借契約も解除されたものとみなされる。

❸ 原賃貸人と転貸人が原賃貸借契約を合意解約した場合、原賃貸人は合意解約を転借人に対抗することができる。

❹ 原賃貸借契約が期間満了により終了する場合、原賃貸人は原賃貸借契約の終了を転借人に通知しなければ、原賃貸借契約の終了を転借人に対抗することができない。

解説 正解：❹

❶ **誤り　転貸人の債務不履行で解除する場合、転借人への催告は不要**

原賃貸人は転借人に対して義務を負うことはなく、転貸人の債務不履行があったときにも、**転借人への催告が義務づけられるものではない。**

最高裁は、転借人の原賃貸人に対する直接の義務は、原賃貸人の保護が目的であり、原賃貸人の転借人に対する請求は権利であって義務ではないことから、原賃貸人は転借人に催告することなく、原賃貸借契約を解除することができると判断しています。

❷ **誤り　原賃貸借契約が解除されても、転貸借契約は解除されない**

原賃貸借契約と転貸借契約は別の契約であって、原賃貸借契約が解除されても、転貸借契約が当然に解除その他の理由で終了することにはならない。

原賃貸借契約が原賃借人（転貸人）の賃料不払いにより解除された場合には、原賃貸人が転借人に対して賃貸物件の返還を請求したときに、転貸借契約は、転貸人の転借人に対する債務の履行不能により終了します（判例）。

❸ **誤り　原賃貸借契約が合意解約しても、解約を転借人に対抗できない**

原賃貸人と原賃借人（転貸人）とが原賃貸借契約を合意解約しても、この解除は転借人に対抗することはできない（民法613条３項本文。判例）。

解除の当時、貸主が借主の債務不履行による解除権を有していたときは、原賃貸人は原賃貸借契約の終了を転借人に対抗することができます（同法613条３項ただし書）。

❹ **正しい**　原賃貸借契約が期間満了または解約申入れにより終了する場合には、原賃貸人は、**原賃貸借契約の終了を転借人に通知**しなければ、原賃貸借契約の終了を**転借人に対抗することができない**（借地借家法34条１項）。

通知がなされたときには、転貸借契約は通知後６か月経過した時点で終了します（同法34条２項）。

基本テキスト　4編5章

令和５年 問26　⑧対抗力・地位移転

対抗力、賃貸人の地位の移転

重要度 S

問題 39　**ＡがＢに対して賃貸住宅（以下、「甲住宅」という。）を賃貸し、Ｂが居住している場合に関する以下の記述のうち、正しいものはいくつあるか。**

ア　Ａが甲住宅をＣに売却しようとする場合、Ｂの承諾がなくとも売却することはできる。

イ　Ａが甲住宅をＣに売却しようとする場合、Ａは、Ｂの承諾がなければ、AC間の合意で賃貸人の地位を移転させることはできない。

ウ　Ａが融資を受けて甲住宅を建築し、同建物及び敷地に、借入金を被担保債権とする抵当権が設定され、登記されている場合において、抵当権が実行され、Ｃが甲住宅を買受けた場合、抵当権設定登記後に甲住宅に入居したＢはＣの買受時から３か月以内に甲住宅を明渡す必要がある。

エ　ＢがＡの同意を得て、賃借権をＤに譲渡した場合、敷金に関するＢの権利義務関係はＤに承継される。

❶　1つ
❷　2つ
❸　3つ
❹　4つ

解説 正解：❶

ア　正しい　本問は、問題文に明記はないがAが甲住宅の所有者であることを前提とする出題である。所有者は、**自由にその所有物の処分をする権利を有する**（民法206条）。AはBの承諾を得ることなく、甲住宅を売却することができる。

イ　誤り　賃借人が対抗要件を備えているので、賃貸人の地位は当然に移転する

賃借権に対抗力がある場合、不動産が譲渡されたときは、賃貸人たる地位は、譲受人に移転する（民法605条の２第１項）。建物の賃貸借では引渡しが対抗要件になる（借地借家法31条）。Bは引渡しを受けて居住しているから、賃貸借の対抗要件を備えているのであり、Aが甲住宅をCに売却すれば、賃貸人の地位は当然にCに引き継がれる。Bの承諾がなくても、賃貸人の地位はCに移転する。

ウ　誤り　買受時から６か月は猶予される

賃借人と買受人の優劣は、賃借権の対抗力具備（引渡し）と抵当権設定登記の先後できまる。Bは抵当権設定登記後に甲住宅に入居している（引渡しを受けている）から、賃借権をCに対抗できない。もっとも、抵当権者に劣後する賃貸借により建物を使用する者が、競売手続の開始前から建物を使用していれば、**買受けから６か月を経過するまでは、建物を買受人に引き渡すことを要しない**（民法395条１項１号）。Bは買受時から６か月は引渡しが猶予されるのであり、３か月以内に甲住宅を明渡す必要はない（なお、問題文に明記はないが、本問は競売手続の開始前から建物を使用していたことを前提とする出題と考えられる）。

エ　誤り　敷金に関する権利義務は承継されない

賃借人は、賃貸人の承諾を得れば、賃借権を第三者に譲渡することができる（民法612条１項）。賃貸人の承諾を得て賃借権が譲渡された場合、旧賃借人の賃貸人に対する権利義務は、新賃借人が承継するのであるが、**旧賃借人が交付した敷金については、新賃借人に承継されない**（判例）。BがAの同意を得て、賃借権をDに譲渡した場合、敷金に関するBの権利義務関係はDに承継されない。

以上により、正しいものは**ア**の１つであり、正解は肢❶となる。

基本テキスト　４編６章

令和４年 問25　⑧対抗力・地位移転

抵当権と賃借権の対抗要件

重要度 A

問題 40　Ａは賃貸住宅（以下、「甲住宅」という。）を所有し、各部屋を賃貸に供しているところ、令和２年、Ｘ銀行から融資を受けてこの建物を全面的にリフォームした。甲住宅には融資の担保のためＸ銀行の抵当権が設定された。Ｂは抵当権の設定登記前から甲住宅の一室を賃借して居住しており、ＣとＤは抵当権の設定登記後に賃借して居住している。この事案に関する次の記述のうち、誤っているものはいくつあるか。なお、各記述は独立しており、相互に関係しないものとする。

ア　賃借権の対抗要件は、賃借権の登記のみである。

イ　Ｂが死亡し相続が開始した場合、相続の開始が抵当権の設定登記より後であるときは、相続人はＸ銀行の同意を得なければ、賃借権を同銀行に対抗することができない。

ウ　ＡがＸ銀行に弁済することができず、同銀行が甲住宅の競売を申し立てた場合、Ｃの賃借権は差押えに優先するため、賃借権をＸ銀行に対抗することができる。

エ　ＡがＸ銀行に弁済することができず、同銀行が甲住宅の競売を申し立てＥがこれを買い受けた場合、Ｅは、競売開始決定前に甲住宅の部屋を賃借し使用収益を開始したＤに対し敷金返還義務を負わない。

❶　1つ
❷　2つ
❸　3つ
❹　4つ

解説　　正解：❸

ア　誤り　建物の引渡しも賃借権の対抗要件である

民法上、賃借権の対抗要件は賃借権の登記とされる（民法605条）。しかし、これに加えて、借地借家法には、賃借権の登記がなくても、建物の賃借権については**建物の引渡しがなされていれば**、賃借人は新所有者に対し、賃借権を対抗できると定められている（借地借家法31条）。つまり、建物の賃貸借における賃借権の対抗要件は、賃借権の登記に限られないのであり、建物の引渡しも賃借権の対抗要件となる。

イ　誤り　相続人は地位をそのまま引き継ぐ

Ｂは抵当権の設定登記前に引渡しを受け、賃借して居住しているから、賃借権の対抗要件を備えている。Ｂに相続が発生したときには、相続人がＢの地位をそのまま引き継ぐ（民法896条本文）。したがって、相続人は、賃借権をＸ銀行に対抗することができる。

ウ　誤り　Ｃの賃借権設定は抵当権設定後

Ｃの賃借権とＸ銀行の抵当権に基づく競売申立て（差押え）の優劣は、Ｃの賃借権がＸ銀行の抵当権に対抗できるかどうかによるところ、Ｘ銀行の抵当権設定登記は、Ｃの賃借権設定（Ｃの居住開始）よりも前だから、Ｃの賃借権はＸ銀行の抵当権に劣後する。したがって、Ｃは賃借権をＸ銀行に対抗することはできない。

エ　正しい　Ｄの賃借権とＸ銀行の抵当権に基づく競売による取得者Ｅの優劣は、Ｄの賃借権がＸ銀行の抵当権に対抗できるかどうかによるところ、Ｘ銀行の抵当権設定登記は、**Ｄの賃借権設定**（Ｄの居住開始）**よりも前**だから、Ｄの賃借権はＥの買受けに劣後する。したがって、Ｄは賃借権を買受人Ｅに対抗できず、Ｅは賃借権の負担のない所有権を取得する。Ｄが競売開始決定前に使用収益を開始していても、Ｅは賃貸人の地位を引き継がないから、Ｄに対して敷金返還義務を負わない。

以上により、誤っているものは**ア**、**イ**、**ウ**の３つであり、正解は肢❸である。

基本テキスト　4編6章

令和３年 問28　⑧対抗力・地位移転

賃貸住宅の所有権の移転

重要度 A

問題 41

Ａを貸主、Ｂを借主とする賃貸住宅(以下、「甲建物」という。)の所有権がCに移転した場合に関する次の記述のうち、誤っているものはどれか。ただし、それぞれの選択肢に記載のない事実はないものとする。

❶　Ａが甲建物を譲渡する前にＢがＡから引渡しを受けていれば、賃貸人たる地位はＣに移転する。

❷　Ａが甲建物を譲渡する前にＢがＡから引渡しを受けている場合に、ＡＣ間で賃貸人の地位をＡに留保し、かつＣがＡに甲建物を賃貸する旨の合意をすれば、Ｂの承諾がなくても、賃貸人の地位はＡに留保される。

❸　Ａが甲建物を譲渡する前にＢがＡから引渡しを受けている場合に、所有権移転登記を経由していないＣから甲建物の賃料の支払を求められても、Ｂは支払を拒むことができる。

❹　Ａが甲建物を譲渡する前にＢがＡから引渡しを受けておらず、かつ賃貸借の登記も経由していない場合に、ＡＣ間で賃貸人の地位を移転することにつき合意しても、Ｂの承諾がなければ、賃貸人の地位はCに移転しない。

解説

正解：❹

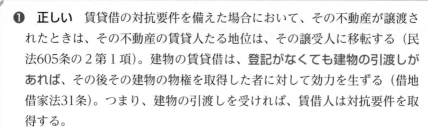

❶ **正しい** 賃貸借の対抗要件を備えた場合において、その不動産が譲渡されたときは、その不動産の賃貸人たる地位は、その譲受人に移転する（民法605条の２第１項）。建物の賃貸借は、**登記がなくても建物の引渡しがあれば**、その後その建物の物権を取得した者に対して効力を生ずる（借地借家法31条）。つまり、建物の引渡しを受ければ、賃借人は対抗要件を取得する。

したがって、Ｂが、Ａが甲建物を譲渡する前にＡから引渡しを受けていれば、賃貸人たる地位は当然にＣに移転する。

❷ **正しい** 不動産の譲渡人および譲受人が、**賃貸人たる地位を譲渡人に留保する旨**および**その不動産を譲受人が譲渡人に賃貸する旨の合意**をしたときは、賃貸人たる地位は、譲受人に移転しない（民法605条の２第２項前段）。

したがって、ＡＣ間で賃貸人の地位をＡに留保し、かつＣがＡに甲建物を賃貸する旨の合意がなされていれば、賃貸人の地位はCに移転せず、Ａに留保される。

❸ **正しい** 不動産が譲渡された場合における賃貸人たる地位の移転は、賃貸物である不動産について**所有権の移転の登記**をしなければ、賃借人に対抗することができない（民法605条の２第３項前段）。

したがって、Cは所有権移転登記を経由していない限り、Bに対して甲建物の賃料の支払いを求めても、Ｂは支払いを拒むことができる。

❹ **誤り** **賃貸人たる地位の移転について、賃借人の承諾は必要ない**

ＡＣ間で賃貸人の地位を移転することにつき合意をすれば、Ｂの承諾がなくても、賃貸人の地位はCに移転する。不動産の譲渡人が賃貸人であるときは、その賃貸人たる地位は、譲渡人と譲受人との合意により、譲受人に移転させることができる（民法605条の３前段）。

基本テキスト ４編６章

令和2年 問27 ⑧対抗力・地位移転

競売の買受人と賃借人の関係

重要度 A

問題 42 **抵当権が設定されている建物の抵当権が実行された場合の、建物賃貸借に関する次の記述のうち、誤っているものはいくつあるか。**

ア 競売で買受人が建物を競落した場合、抵当権の実行前に賃貸借契約が締結され引渡しを受けていれば、賃借人は買受人に賃借権を対抗することができる。

イ 競売で建物を競落した買受人に賃借権を対抗できる場合、賃借人は、買受けの時から6か月を経過するまでは、建物の明渡しを猶予される。

ウ 競落した建物に、買受人に賃借権を対抗できない建物使用者がある場合、買受人は、建物使用者に対して、買受けの時より後に建物の使用をしたことの対価を請求できる。

❶ なし
❷ 1つ
❸ 2つ
❹ 3つ

解説　　　　正解：❸

ア　誤り　建物の引渡しが抵当権の登記の後の場合、賃借権を対抗できない

抵当権の実行前に賃貸借契約が締結されて建物の引渡しを受けていたとしても、**建物引渡しが抵当権の登記の後**の場合には、賃借人は買受人に賃借権を対抗することができない。したがって、抵当権の実行前に引渡しを受けていれば、賃借人は買受人に賃借権を対抗できるという文章は、誤りと判断するべきである。

競売による建物の買受人と建物の賃借人の優劣関係は、抵当権の登記が設定された時点と、賃借人が対抗力を備えた時点（通常は、賃借人が建物の引渡しを受けた時点）のどちらが先なのかによって決められます（民法177条、借地借家法31条）。

イ　誤り　買受人に賃借権を対抗できる場合、賃借人は明け渡す義務はない

賃借人が建物の賃借権を買受人に対抗できる場合には、賃貸人の地位が前所有者から買受人に移転し、買受人が賃貸人となって**賃貸借契約が継続する**。したがって、賃借人には建物を明け渡す義務はない。本肢は「賃借人は、買受けの時から６か月を経過するまでは、建物の明渡しを猶予される」と記述されており、「６か月後には明渡しをしなければならない」という意味を含むと考えられることから、誤りと判断するべきである。

ウ　正しい　買受人に賃借権を対抗できない建物使用者であっても、競売手続の開始前から使用または収益をする者は、競売における買受人の買受けの時から**６か月を経過するまで**は、その建物を買受人に引き渡すことを要しない（**建物引渡猶予**。民法395条１項１号）。もっとも、買受けの時より後の建物使用の対価については、買受人に対してこれを支払わなければならないから、本肢は正しい記述となる。

なお、買受人が抵当建物使用者に対し相当の期間を定めてその１か月分以上の支払いの催告をし、その相当の期間内に履行がない場合には、建物使用者は買受人に建物を引き渡さなければなりません（民法395条２項）。

以上により、誤っているものは**ア、イの２つ**であり、正解は肢❸となる。

基本テキスト　４編６章

平成29年 問14 ⑧対抗力・地位移転

敷金の承継

重要度 A

問題 43 **敷金の承継に関する次の記述のうち、最も不適切なものはどれか。**

❶ 貸主が、建物を借主に引き渡した後、第三者に当該建物を売却し、所有権移転登記を完了した場合、特段の事情がない限り、敷金に関する権利義務は当然に第三者に承継される。

❷ 建物について抵当権が設定され、その登記がされた後に、当該建物についての賃貸借契約が締結された場合、抵当権が実行され、買受人に建物の所有権が移転すると、敷金に関する権利義務も当然に買受人に承継される。

❸ 貸主が、建物を借主に引き渡した後、当該建物に抵当権が設定され、抵当権が実行された結果、買受人に当該建物の所有権が移転したときは、敷金に関する権利義務は当然に買受人に承継される。

❹ 貸主が、建物を借主に引き渡した後、貸主の債権者が当該建物を差し押えたことにより、建物が競売された結果、買受人に当該建物の所有権が移転したときは、敷金に関する権利義務は当然に買受人に承継される。

解説

正解：❷

❶ **適切** 所有者である貸主が借主に建物を引き渡せば、借主は借主の地位についての対抗力を取得する（借地借家法31条1項）。借主が借主の地位を対抗できる場合、所有権が移転したときには、貸主の地位は、旧所有者から新所有者に当然承継され、敷金の法律関係は**新所有者に引き継がれる**（民法605条の2第1項・4項）。

❷ **最も不適切** **借主が買受人に賃借権を対抗できない場合、買受人は貸主の地位を承継しない**

抵当権設定について登記されれば、その後に賃貸借契約が締結された借主の地位は、抵当権に劣後し、買受人にも対抗できない。借主の地位を買受人に対抗できないときには、買受人は貸主の地位を承継しないため、**敷金の法律関係は買受人に引き継がれない**。

❸ **適切** 所有者である貸主が借主に目的物を引き渡せば、借主の地位は引渡し後に設定された抵当権に優先し、抵当権が実行されたときには、借主の地位を買受人に対抗することができる。借主の地位を対抗できる場合、競売手続きによって所有権が移転したときには、貸主の地位は、旧所有者から買受人に当然承継され、**敷金の法律関係は買受人に引き継がれる**。

❹ **適切** 借主の地位は、抵当権者に対するのと同様に、引渡し後に実行された強制執行手続きにおける差押え債権者に対しても優先する。したがって、競売手続きによって所有権が移転したときには、貸主の地位は、旧所有者から買受人に当然承継され、**敷金の法律関係は買受人に引き継がれる**。

基本テキスト 4編6章

令和４年 問27　⑨保　証

保　証

重要度 A

問題 44　**Ａを貸主、Ｂを借主として令和４年５月１日に締結された期間１年の建物賃貸借契約において、ＣはＢから委託を受けてＡと連帯保証契約を同日締結した。この事案に関する次の記述のうち、正しいものの組合せはどれか。**

ア　ＡＢ間の建物賃貸借契約が法定更新されると、ＡＣ間の保証契約も法定更新される。

イ　Ａは極度額の記載のない連帯保証契約書を持参してＣと面会し、口頭で極度額について合意した上、Ｃの署名押印を得た。この場合も連帯保証契約は効力を生じる。

ウ　Ｃが、Ａに対して、Ｂの賃料その他の債務について、不履行の有無、利息、違約金、損害賠償などの額について情報提供を求めた場合、Ａは個人情報保護を理由に情報提供を拒むことはできない。

エ　Ｂが死亡すると、連帯保証契約の元本は確定する。

❶　ア、イ
❷　イ、ウ
❸　ウ、エ
❹　ア、エ

解説 正解：❸

ア　誤り　賃貸借契約が更新されても保証契約は更新されない

賃貸借契約が更新された場合に保証契約が更新されるものではない。保証人は更新後の賃貸借から生ずる借主の債務についても保証債務を負うが（判例）、この場合に保証人の責任が生じるのは、保証契約が更新されるからではなく、**賃貸借契約更新後に借主が負担する債務**も、保証契約における保証の対象となるからである。

イ　誤り　限度額を書面で定めなければ個人保証は成立しない

保証契約は、書面でしなければ、その効力を生じない（民法446条２項）。個人根保証の保証契約を締結する場合には、極度額（保証人が負担する保証債務の上限）を定めることが必要であり、極度額を定める書面が必要である（同法465条の２第１項～３項）。極度額を書面によって定めなかった場合には、たとえ口頭で極度額の合意をしていたとしても、個人根保証契約は、効力を生じない。

ウ　正しい　保証人が主たる債務者の委託を受けて保証をした場合において、保証人の請求があったときは、債権者は、保証人に対し、**主たる債務の元本および主たる債務に関する利息、違約金、損害賠償その他その債務についての情報**を提供しなければならない（民法458条の２）。本肢のような賃貸借の保証でも、保証人は、貸主に対して、賃料その他の借主の債務の不履行の有無、利息、違約金、損害賠償などの額に関して、情報提供を求めることができる。

エ　正しい　賃貸借の保証は根保証（元本が特定していない保証）であり、根保証において、一定の時点で主たる債務を特定させることを、元本の確定という。元本の確定によって、その時点の債務が保証の対象となり、その後に生じた債務は保証の対象ではなくなる。**主たる債務者が死亡したこと**は個人根保証一般についての**元本確定事由**になるとされており（民法465条の４第１項３号）、借主であるＢが死亡した場合には、連帯保証契約の元本は確定する。

以上により、正しいものは**ウ**、**エ**であり、正解は肢**❸**である。

基本テキスト　４編７章

令和３年 問27　⑨保　証

保　証

重要度 A

問題 45　**Ａを貸主、Ｂを借主とする建物賃貸借においてＣを連帯保証人とする保証契約に関する次の記述のうち、誤っているものの組合せはどれか。ただし、それぞれの選択肢に記載のない事実はないものとする。**

ア　Ｂが賃料の支払を怠ったので、ＡがＣに対して保証債務履行請求権を行使した場合、Ｃは、Ｂには弁済する資力があり、かつその執行が容易である旨を証明すれば、ＡがＢの財産について執行を行わない間は保証債務の履行を免れる。

イ　Ａの賃料債権を被担保債権とする抵当権がＤ所有の甲不動産に設定されていた場合、Ｄの負う責任は甲不動産の範囲に限られるところ、Ｃの負う責任はＣの全財産に及ぶ。

ウ　Ｃが自然人ではなく法人の場合は、極度額を書面で定めなくてもよい。

エ　Ｂの賃借人の地位がＡの承諾の下、第三者に移転した場合、Ｃが引き続き連帯保証債務を負担することを「保証の随伴性」という。

❶　ア、イ
❷　イ、ウ
❸　ウ、エ
❹　ア、エ

解説　　　　　　　　　　　　　　　　　　　　　　　　　　　　正解：❹

ア　誤り　連帯保証人Cは、保証債務の履行を拒むことはできない

Cは連帯保証人であるため、Bには弁済する資力があり執行が容易である旨を証明しても、保証債務の履行責任を免れることはできない。

保証人が主たる債務者に弁済をする資力があり、かつ、執行が容易であることを証明したときは、債権者は、保証人の財産に対する執行をする前に、主たる債務者の財産について執行をしなければなりません（検索の抗弁権。民法453条）。しかし、連帯保証人には、この検索の抗弁権がありません（同法454条）。

イ　正しい　他人の債務を担保するために自分の不動産に抵当権を設定することを物上保証という。本肢では、Dは物上保証をしているが、物上保証をした場合の責任は、抵当権が設定される不動産に限られるから、Dの負う責任は甲不動産の範囲に限られる。これに対して、本肢におけるCは連帯保証人であり、連帯保証人は自らの全財産をもって主たる債務者の債務を履行する責任を負うため、Cの負う責任は**Cの全財産に及ぶ**。

ウ　正しい　Cが自然人（個人）の場合には極度額を書面で定めなくてはならないが、**法人の場合には極度額を書面で定めなくてもよい**。個人根保証契約は極度額を定めなければ効力を生じない（民法465条の２第２項）が、保証人が法人である場合には、極度額を定めなくても、根保証契約は効力を生じる。

エ　誤り　債務者の変更に保証の随伴性は適用されない

随伴性とは、主たる債務の債権者に変更が生じた場合、保証債務も債権者の変更に伴って新債権者に移転することをいう。しかし、本肢は、Bの賃借人の地位が第三者に移転しており、債権者が変更するのではなく、債務者が変更する場面であるため、保証の随伴性が適用される場面ではない。

以上により、誤っているものの組合せは**ア**、**エ**であり、正解は肢❹となる。

基本テキスト　４編７章

令和2年 問26 ⑨保 証

保 証

重要度 A

問題 46 **賃貸借契約における保証に関する次の記述のうち、正しいものの組合せはどれか。**

ア 賃貸人の地位が移転した場合は、保証人は、新賃貸人に対しては保証債務を負わない。

イ 賃借人の債務を連帯保証している保証人は、賃借人が賃料を支払うだけの資力があるにもかかわらず滞納している場合、保証債務の履行を拒否することができる。

ウ 保証人は、賃借人の委託を受けて賃貸借契約上の賃借人の一切の債務を保証している場合、賃借人が賃料を滞納しているかどうかについて賃貸人に情報提供を求めることができる。

エ 個人が新たに締結される賃貸借契約の保証人となる場合、連帯保証であるか否かにかかわらず、極度額を定めなければ保証契約は効力を生じない。

❶ ア、イ
❷ イ、ウ
❸ ウ、エ
❹ ア、エ

解説 正解：❸

ア 誤り 保証債務には随伴性があるため、新賃貸人の保証債務を負う

賃貸人の地位が移転した場合、保証人は**移転後の新賃貸人**との関係においても保証債務を負う。

「随伴性」とは、主たる債務の債権者に変更が生じた場合、保証債務も主たる債務に随伴して新債権者に移転することをいいます。保証債務が主たる債務に随伴しないと、保証債務だけが旧債権者との間に存続することになってしまい、主たる債務の人的担保とはなり得ないことから、保証債務には随伴性が認められています。

イ 誤り 連帯保証は、検索の抗弁権が認められない

連帯保証人は、賃借人に資力があることを理由として履行の請求を拒むことはできない。

「検索の抗弁権」とは、主たる債務者（賃借人）に債務を弁済するだけの資力があり、かつ、簡単に執行できる場合であれば、まずは主たる債務者（賃借人）に請求して、賃借人の財産に執行するよう求める権利です。賃貸人が主たる債務者への執行を行わないうちは、保証人は債務の履行を拒否することができます。

ウ 正しい 保証人は、賃借人が賃料を滞納しているかどうかについて、賃貸人に情報提供を求めることができる。保証人が主たる債務者の委託を受けて保証をした場合において、債権者は、保証人から請求があったときは、保証人に対し、遅滞なく、主たる債務の元本および主たる債務に関する利息についての不履行の有無などに関する**情報を提供しなければならない**（民法458条の２）。

エ 正しい 極度額の定めは、個人保証一般について必要とされ、連帯保証ではなく、一般的な保証であっても、**極度額を定めないで行った個人の根保証契約には効力がない。**

個人が債務の特定されていない根保証の保証人として保証契約を締結する場合には、保証額の上限である極度額を定めなければなりません（民法465条の２第２項）。

以上により、正しいものの組合せは**ウ、エ**であり、正解は肢❸となる。

基本テキスト 4編７章

平成30年 問14　⑨保　証

保　証

重要度 A

問題 47　賃貸借契約の保証に関する次の記述のうち、正しいものの組合せはどれか。

ア　連帯保証においては、附従性が否定されるため、連帯保証人は、借主が負担する債務よりも重い保証債務を負担する。

イ　保証人は、賃貸物件の明渡義務を直接負うわけではないので、借主が賃貸借契約の解除後に明渡しを遅滞したことによって生じた賃料相当損害金については保証債務を負わない。

ウ　賃貸借契約の更新の際、特段の事情のない限り、保証人は更新後の保証債務を負う。

エ　法人が保証人となる場合であっても、書面によらない保証契約は無効である。

❶　ア、イ
❷　ア、エ
❸　イ、ウ
❹　ウ、エ

得点源!

【保証債務の特質①】

附従性	●**成立における附従性** 主たる債務が存在しない限り成立しない ●**消滅における附従性** 主たる債務が消滅すれば保証債務は消滅する ●**内容における附従性** 主たる債務よりも内容が重くならない
随伴性	主たる債務の債権者が変更した場合、これに伴って**保証債務も新債権者に移転**する

解説 正解：❹

ア　誤り　保証債務には附従性があるため、主たる債務より重くならない

保証債務には、附従性（主たる債務に対する従たる債務であるという特質）があり、保証債務が主たる債務よりも内容が重くなることはない（**内容における附従性**）。

連帯保証には、補充性（催告の抗弁権と検索の抗弁権）はありませんが、附従性はあります。

イ　誤り　契約が解除された場合の賃料相当損害金等も、保証の対象

保証債務は、主たる債務に関する利息、違約金、損害賠償その他その債務に従たるすべてのものをその対象に包含する（民法447条１項）。

ウ　正しい　賃貸借契約の保証人は、**更新後の賃貸借契約から生ずる借主の債務**についても責任を負う。

最高裁は、賃貸借契約の期間が満了した後における保証責任について格別の定めがされていない場合であっても、反対の趣旨をうかがわせるような特段の事情のない限り、更新後の賃貸借契約から生ずる債務についても保証の責めを負う趣旨で保証契約をしたものと解するのが、当事者の通常の合理的意思に合致するとしています。

エ　正しい　保証契約は**書面**で行われなければ、その効力を生じない（書面行為。民法446条２項）。法人が保証人となる場合であっても、保証契約は**書面行為**である。

以上により、正しいものの組合せは**ウ、エ**であり、正解は肢❹となる。

基本テキスト　４編７章

得点源！

【保証債務の特質②】

補充性	保証人への請求、執行に先立って、主たる債務者に請求、執行すべきこと（催告の抗弁権、検索の抗弁権） ※連帯保証は補充性を有しない保証となるため、**保証人は催告の抗弁権および検索の抗弁権を有しない**

平成29年 問15　⑨保　証

保　証

重要度 A

問題 48　**賃貸借契約の保証に関する次の記述のうち、最も適切なものはどれか。**

❶　保証人は、更新後の賃貸借から生ずる借主の債務については、別途、保証契約を更新しない限り、保証債務を負わない。

❷　連帯保証人は、貸主から保証債務の履行を求められたときに、まず借主に催告すべき旨を請求することができない。

❸　貸主が賃貸物件を第三者に譲渡した場合、保証契約は当然に終了し、保証人は新貸主との間で保証債務を負わない。

❹　賃料債務の保証人の場合は、書面を作成しなくても効力が生じる。

解説 正解：❷

❶ **不適切　保証契約の更新などがなくても、更新後の債務に責任を負う**

期間の定めのある賃貸借において、借主のために保証人が貸主との間で保証契約を締結した場合には、反対の趣旨をうかがわせるような特段の事情がない限り、保証人は更新後の賃貸借から生じる借主の債務についても保証の責任を負う（判例）。

❷ **最も適切**　連帯保証人には、保証債務の履行を求められたときに、保証人が貸主に対して、「まず借主に対して履行せよ」と主張する権利（**催告の抗弁権**）がない（民法454条、452条）。

❸ **不適切　保証人は新貸主との間で保証債務を負う**

保証債務については、主たる債務の債権者に変更を生じた場合には、主たる債務に随伴して新債権者に移転する。貸主が賃貸物件を第三者に譲渡した場合にも、保証契約が**当然に終了することにはならない**。

❹ **不適切　賃料債務の保証に関しても書面が必要**

保証契約は、書面でしなければ、その効力を生じない（民法446条２項）。

基本テキスト　４編７章

令和４年 問28　⑩使用貸借

賃貸借と使用貸借

重要度 B

問題 49 令和４年５月１日に締結された建物賃貸借契約と建物使用貸借契約に関する次の記述のうち、正しいものはいくつあるか。

ア　建物賃貸借契約の期間が満了した場合、同契約が法定更新されることはあるが、建物使用貸借契約の期間が満了しても、同契約が法定更新されることはない。

イ　建物賃貸借では建物の引渡しが契約の成立要件となるが、建物使用貸借は合意のみで契約が成立する。

ウ　期間10年の建物賃貸借契約は有効だが、期間10年の建物使用貸借契約は無効である。

エ　契約に特段の定めがない場合、建物賃貸借契約における必要費は貸主が負担し、建物使用貸借契約における必要費は借主が負担する。

❶　１つ
❷　２つ
❸　３つ
❹　４つ

得点源!

【賃貸借と使用貸借】

	賃貸借契約	使用貸借契約
契約の成立	諾成契約 ※特別法により書面等を必要とする場合あり	諾成契約
有償性	有　償	無　償
借主の義務	目的物の返還、賃料支払義務	目的物の返還
借地借家法の適用	あ　り	な　し
対抗要件	あ　り	な　し

解説　　　　　　　　　　　　　　　　　　　　　　　　　　**正解：❷**

ア　正しい　建物の賃貸借には法定更新の定めがある（借地借家法26条1項）。これに対して、**建物の使用貸借には法定更新の定めはない。**

> なお、**法定更新**とは、期間を定めた建物の賃貸借につき、貸主が期間の満了の1年前から6か月前までの間に、更新をしない旨の通知、または条件を変更しなければ更新をしない旨の通知をしなかったときは契約を更新したものとみなす、という定めに基づいて、当事者が更新の意思を有しているかどうかにかかわらず、更新される場合の更新のことをいいます（同法26条1項）。

イ　誤り　建物賃貸借も合意のみで成立する

賃貸借（民法601条）と使用貸借（同法593条）のいずれも合意のみによって成立する契約（諾成契約）である。

> なお、使用貸借は平成29年の民法改正（令和2年4月施行）までは物の引渡しを成立要件とする契約（要物契約）でしたが、改正によって合意のみによって成立する契約に改められました。

ウ　誤り　建物使用貸借の期間の上限の定めはない

建物の賃貸借と建物の使用貸借のいずれにおいても、期間についての上限は設けられておらず、期間を10年とする定めに効力が認められる。

エ　正しい　賃貸借では、貸主が行うべき修繕を借主が行い、その費用を借主が負担した場合、借主は貸主に対して費用の償還請求をすることができるとされており（民法608条1項）、**必要費は貸主が負担する。**これに対して、使用貸借では、**借主は、借用物の通常の必要費を負担する**ものとされている（同法595条）。

> なお、賃貸借でも使用貸借でも、必要費の負担について当事者間で特約が定められていれば、特約に従います。

以上により、正しいものは**ア**、**エ**の2つであり、正解は肢❷である。

基本テキスト　4編8章

第5編

賃貸住宅管理業法に関する事項

第5編　INDEX

1章　法の概要と言葉の意味

2章　管理受託

3章　特定賃貸借（サブリース）

※特に断りがない限り、５編では賃貸住宅管理業法を「法」、賃貸住宅管理業法施行規則は「施行規則」と表記します。

※「書面」に関する記述がある場合、特に断りがない限り、電磁的方法による提供について考慮する必要はないものとします。

※賃貸住宅管理業法に関する問題は、令和３年度から出題されている新しい分野です。したがって、令和２年度まで出題されていた国土交通省告示に基づく「賃貸住宅管理業者登録規程」ならびに「賃貸住宅管理業務処理準則」を根拠とする問題については、掲載していません。

令和４年 問29　①法律の制定とその背景

管理業法の制定背景と概要

重要度 A

問題 1　管理業法の制定背景や概要に関する次の記述のうち、適切なものはどれか。

❶　民間主体が保有する賃貸住宅のストック数は近年、減少傾向にある。

❷　近年では、建物所有者自ら賃貸住宅管理業務のすべてを実施する者が増加し、賃貸住宅管理業者に業務を委託する所有者が減少している。

❸　管理業法は、賃貸住宅管理業を営む者についての登録制度を設け、また、サブリース事業を規制する法律であり、特定転貸事業者には賃貸住宅管理業の登録を受ける義務が課せられることはない。

❹　管理業法において、サブリース事業に対しては、行政による指示、業務停止等の監督処分がされ、また、罰則が科されることによって、事業の適正化の実効性が確保されるものとされているが、サブリース事業の適正化を図るための規定の適用対象は特定転貸事業者に限定されない。

得点源！

【賃貸住宅管理業法の構造】

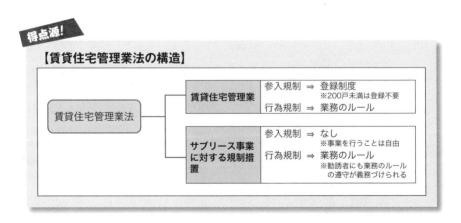

賃貸住宅管理業法		
	賃貸住宅管理業	参入規制 ⇒ 登録制度 ※200戸未満は登録不要 行為規制 ⇒ 業務のルール
	サブリース事業に対する規制措置	参入規制 ⇒ なし ※事業を行うことは自由 行為規制 ⇒ 業務のルール ※勧誘者にも業務のルールの遵守が義務づけられる

解説 正解：❹

❶ **不適切　賃貸住宅のストック数は増加傾向にある**

民間主体が保有する賃貸住宅のストック数は増加傾向にあり、平成30年時点では住宅ストック総数（約5,360万戸）の４分の１強（28.5%：1,530万戸）を占めている。

❷ **不適切　管理会社に管理業務を委託する所有者が増加している**

近年管理業務を自ら全て実施する者が減少し（平成４年度75%、令和元年度18.5%）、管理会社に業務を委託する賃貸住宅の所有者が増加している（平成４年度25%、令和元年度81.5%）（平成４年度貸家市場実態調査（住宅金融公庫）、令和元年12月国土交通省賃貸住宅管理業務に関するアンケート調査）。

❸ **不適切　特定転貸事業者も登録を受ける義務がある**

賃貸住宅管理業法は、**賃貸住宅管理業を営む者についての登録制度**を設け、**サブリース事業を規制**する法律である。賃貸住宅管理業者の登録制度（法３条～ 27条）、およびサブリース事業における業務の適正化を図る制度（法28条～ 36条）から成る。賃貸住宅管理業を営むには登録を要するものであって、特定転貸事業者でも、賃貸住宅管理業を営むには、賃貸住宅管理業の登録を受けなければならない。

❹ **適切**　賃貸住宅管理業法では、特定転貸事業者（サブリース事業者）に対して、行政処分がされ、罰則が科されることによって、事業の適正化が図られるだけではなく、**特定賃貸借契約**（マスターリース契約）**の勧誘者**についても、誇大広告等の禁止（法28条）、および不当な勧誘等の禁止（法29条）が義務づけられており、賃貸住宅管理業法の適用対象は特定転貸事業者に限定されない。

基本テキスト　５編１章

令和３年 問29　②賃貸住宅と管理業務の意味

賃貸住宅の意味

重要度 A

問題 2　管理業法における賃貸住宅に関する次の記述のうち、誤っているものはどれか。

❶　賃貸住宅とは、賃貸借契約を締結し賃借することを目的とした、人の居住の用に供する家屋又は家屋の部分をいう。

❷　建築中の家屋は、竣工後に賃借人を募集する予定で、居住の用に供することが明らかな場合であっても、賃貸住宅に該当しない。

❸　未入居の住宅は、賃貸借契約の締結が予定され、賃借することを目的とする場合、賃借人の募集前であっても、賃貸住宅に該当する。

❹　マンションのように通常居住の用に供される一棟の家屋の一室について賃貸借契約を締結し、事務所としてのみ賃借されている場合、その一室は賃貸住宅に該当しない。

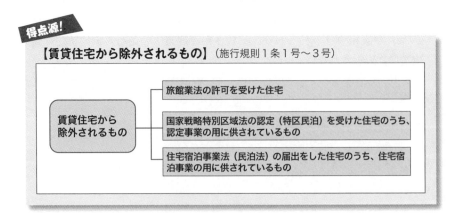

得点源!

【賃貸住宅から除外されるもの】（施行規則１条１号～３号）

- 賃貸住宅から除外されるもの
  - 旅館業法の許可を受けた住宅
  - 国家戦略特別区域法の認定（特区民泊）を受けた住宅のうち、認定事業の用に供されているもの
  - 住宅宿泊事業法（民泊法）の届出をした住宅のうち、住宅宿泊事業の用に供されているもの

解説 　　　　　　　　　　　　　　　　　　　　　　　　　　　正解：❷

❶ **正しい**　賃貸住宅とは、賃貸の用に供する住宅であり、**人の居住の用に供する家屋または家屋の部分**のことである（法2条1項本文）。

❷ **誤り**　**竣工後に賃借人を募集して居住用に供する予定あり ➡ 賃貸住宅**
　建築中の家屋であっても、竣工後に賃借人を募集する予定があり、居住の用に供することが明らかな場合は、賃貸住宅に該当する（「解釈・運用の考え方」2条1項関係1(3)）。

❸ **正しい**　賃貸借契約が締結されておらず、賃借人（入居者）の募集中であって未入居の場合でも、**賃貸借契約の締結が予定**され、**賃借することを目的**とされる場合は、賃貸住宅に該当する（「解釈・運用の考え方」2条1項関係1(3)）。

❹ **正しい**　賃貸住宅は「住宅」であり、人の居住の用に供するものであるため、事業の用に供される**事務所としてのみ賃借されている家屋の一室**は、賃貸住宅にはあたらない（「解釈・運用の考え方」2条1項関係1(3)）。

「解釈･運用の考え方」では、『「住宅」は、その利用形態として「人の居住の用に供する」ことを要件とされていることから、通常事業の用に供されるオフィスや倉庫等はこの要件に該当せず、「住宅」に該当しない』『マンションのように通常居住の用に供される一棟の家屋の一室について賃貸借契約を締結し、事務所としてのみ賃借されている場合、その一室は賃貸住宅に該当しない』とされています（「解釈･運用の考え方」2条1項関係1（1）、（3））。

基本テキスト 5編1章

令和５年 問32　②賃貸住宅と管理業務の意味

管理業務の意味

重要度 S

問題 3　賃貸住宅管理業法における賃貸住宅管理業に関する次の記述のうち、誤っているものはどれか。

❶　賃貸人から委託を受けて、家賃の集金は行うが、賃貸住宅の居室及び共用部分の点検・清掃・修繕を、業者の手配も含め行っていない場合、賃貸住宅管理業に該当しない。

❷　賃貸人から委託を受けて、賃貸住宅の居室及び共用部分の点検・清掃・修繕を行う場合、家賃の集金は行っていなくても、賃貸住宅管理業に該当する。

❸　賃貸人から委託を受けて、賃貸住宅の居室及び共用部分の点検・清掃・修繕を行っているが、入居者のクレーム対応は行わない場合、賃貸住宅管理業に該当しない。

❹　賃貸人から委託を受けて、家賃の集金と入居者のクレーム対応は行うが、賃貸住宅の居室及び共用部分の点検・清掃・修繕を、業者の手配も含め行っていない場合、賃貸住宅管理業に該当しない。

得点源!

【管理業務とは】

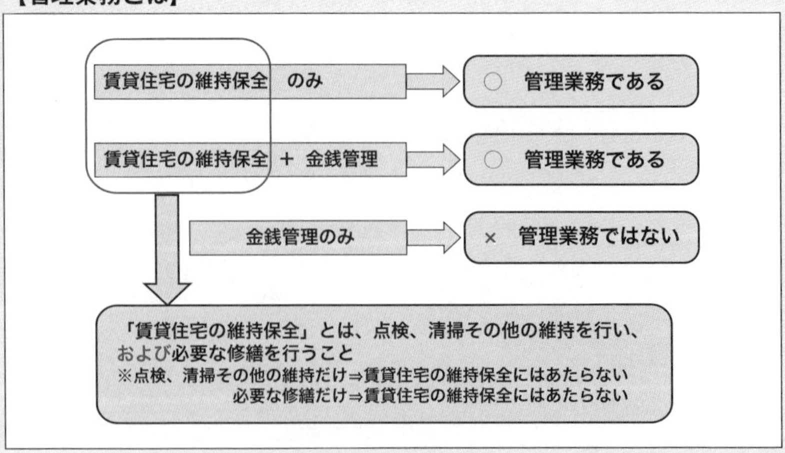
賃貸住宅の維持保全　のみ
○　管理業務である
賃貸住宅の維持保全　＋　金銭管理
○　管理業務である
金銭管理のみ
×　管理業務ではない
「賃貸住宅の維持保全」とは、点検、清掃その他の維持を行い、
および必要な修繕を行うこと
※点検、清掃その他の維持だけ⇒賃貸住宅の維持保全にはあたらない
必要な修繕だけ⇒賃貸住宅の維持保全にはあたらない

解説 正解：❸

問題全体を通して

管理業務とは、賃貸住宅の賃貸人から委託を受けて行う業務であって、次の①または②にあたるものをいう（法２条２項はしら書）。

①**委託に係る賃貸住宅の維持保全**（住宅の居室およびその他の部分について、点検、清掃その他の維持を行い、および必要な修繕を行うこと）を行う業務（法２条２項１号）

②**賃貸住宅に係る家賃、敷金、共益費その他の金銭の管理を行う業務**（①と併せて行うものに限る）（法２条２項２号）

❶ **正しい** 賃貸人から委託を受けて、家賃の集金を行うが、居室および共用部分の点検・清掃・修繕を行っていない場合には、①と②のどちらにもあたらないから、賃貸住宅管理業には該当しない。

❷ **正しい** 賃貸住宅の**居室および共用部分の点検・清掃・修繕を行う場合**には、①にあたるから、賃貸住宅管理業に該当する。家賃の集金は行っていないことは、管理業務への該当性には影響を及ぼさない。

❸ **誤り 入居者のクレーム対応は要件ではない**

賃貸人から委託を受けて、賃貸住宅の居室および共用部分の点検･清掃･修繕を行う場合には、①にあたるから、賃貸住宅管理業に該当する。入居者のクレーム対応は行わないことは、管理業務への該当性には影響を及ぼさない。

❹ **正しい** **賃貸住宅の居室および共用部分の点検・清掃・修繕を行っていない**（業者の手配も含めて行っていない）場合には、①と②のどちらにもあたらないから、賃貸住宅管理業には該当しない。家賃の集金と入居者のクレーム対応を行っていても、管理業務にはならない。

基本テキスト ５編１章

令和４年 問33　②賃貸住宅と管理業務の意味

管理業務の意味

重要度 A

問題 4　**管理業法第２条第２項の「賃貸住宅管理業」に関する次の記述のうち、誤っているものの組合せはどれか。**

ア　賃貸人から委託を受けて、入居者からの苦情対応のみを行う業務については、賃貸住宅の維持及び修繕（維持・修繕業者への発注を含む。）を行わない場合であっても、「賃貸住宅管理業」に該当する。

イ　賃貸人から委託を受けて、金銭の管理のみを行う業務については、賃貸住宅の維持及び修繕（維持・修繕業者への発注を含む。）を行わない場合には、「賃貸住宅管理業」には該当しない。

ウ　賃貸人から委託を受けて、分譲マンションの一室のみの維持保全を行う業務については、共用部分の管理が別のマンション管理業者によって行われている場合には、「賃貸住宅管理業」には該当しない。

エ　賃貸人から委託を受けて、マンスリーマンションの維持保全を行う業務については、利用者の滞在時間が長期に及び、生活の本拠として使用される場合には、「賃貸住宅管理業」に該当する。

❶ ア、イ
❷ ア、ウ
❸ イ、エ
❹ ウ、エ

解説 正解：❷

ア 誤り 賃貸住宅管理業は賃貸住宅の維持・修繕を行うものが該当する

賃貸住宅管理業は、賃貸住宅の賃貸人から委託を受けて管理業務を行う事業である（法２条２項柱書）。管理業務とは、①委託に係る**賃貸住宅の維持保全**（住宅の居室およびその他の部分について、点検、清掃その他の維持を行い、および必要な修繕を行うこと）を行う業務、②賃貸住宅に係る家賃、敷金、共益費その他の**金銭の管理を行う業務**（①の業務と併せて行うものに限る）のいずれかの業務である（同法２条２項１号・２号）。

入居者からの苦情対応のみを行い、賃貸住宅の維持および修繕をしない場合は、管理業務を行うものではなく、賃貸住宅管理業にはあたらない。

イ 正しい 金銭の管理を行う業務は、**賃貸住宅の維持および修繕と併せて行う**ならば賃貸住宅管理業にあたるが、それのみの場合には賃貸住宅管理業にはあたらない。

ウ 誤り 一室のみの維持保全でも賃貸住宅管理業に該当する

分譲マンションの一室の専有部分のみについて管理を受託し、維持保全を行う場合も、住宅の居室およびその他の部分について、点検、清掃その他の維持を行い、および必要な修繕を行うならば、管理業務にあたる（FAQ集１（２）No.４）。分譲マンションの共用部分について別のマンション管理業者が管理業務を行う場合であっても、同様である。

エ 正しい マンスリーマンションなどについて、**利用者の滞在期間が長期に及ぶなど生活の本拠として使用される**ことが予定されている、あるいは**施設の衛生上の維持管理責任が利用者にある**などの場合（旅館業法の許可（旅館業法３条１項）を受けて行う営業ではない場合）には、賃貸住宅にあたり（「解釈・運用の考え方」２条１項関係２（２））、その維持保全を行う業務は賃貸住宅管理業になる。なお、旅館業法の許可を受けて人を宿泊させるウィークリーマンションなどの場合は、賃貸住宅にあたらない（法施行規則１条）。

以上により、誤っているものの組合せは**ア**、**ウ**であり、正解は肢❷である。

基本テキスト ５編１章

令和3年 問30　②賃貸住宅と管理業務の意味

管理業務の意味

重要度 A

問題 5　管理業法における管理業務に関する次の記述のうち、誤っているものはどれか。

❶　管理業務には、賃貸住宅の居室及びその他の部分について、点検、清掃その他の維持を行い、及び必要な修繕を行うことが含まれる。

❷　管理業務には、賃貸住宅の維持保全に係る契約の締結の媒介、取次ぎ又は代理を行う業務が含まれるが、当該契約は賃貸人が当事者となるものに限られる。

❸　賃貸住宅に係る維持から修繕までを一貫して行う場合であっても、賃貸住宅の居室以外の部分のみについて行うときは、賃貸住宅の維持保全には該当しない。

❹　管理業務には、賃貸住宅に係る家賃、敷金、共益費その他の金銭の管理を行う業務が含まれるが、維持保全と併せて行うものに限られる。

解説 正解：❷

❶ **正しい** 管理業務とは、委託に係る賃貸住宅の維持保全（住宅の居室およびその他の部分について、**点検、清掃その他の維持、必要な修繕**）を行う業務、および、賃貸住宅に係る家賃、敷金、共益費その他の金銭の管理を行う業務（維持保全と併せて行うもの）のことである（法２条２項１号・２号）。

❷ **誤り** **維持保全の契約は、賃貸人が当事者となるものに限られない**

管理業務には、賃貸住宅の賃貸人のために、維持保全に係る契約の締結の媒介、取次ぎまたは代理を行う業務が含まれる（法２条２項１号かっこ書）。ここで「取次ぎ」とは、自己の名をもって他人の計算において、法律行為を行うことを引き受ける行為をいい、たとえば、管理業者が自己の名をもって賃貸人のために維持・修繕業者に発注事務等を行う行為が該当する（「解釈・運用の考え方」２条２項関係３）。

したがって、管理業者が自己の名で発注事務等を行う契約も**管理業務**になるのであって、賃貸人が当事者となるものに限られない。

❸ **正しい** 維持保全の対象は、住宅の居室およびその他の部分である。**住宅の居室以外の部分のみ**について維持および修繕を行うことは、賃貸住宅の維持保全にはあたらない（「解釈・運用の考え方」２条２項関係２）。

❹ **正しい** 賃貸住宅に係る家賃、敷金、共益費その他の金銭の管理を行う業務は、**維持保全と併せて行うもの**に限って管理業務になる（法２条２項２号）。

金銭の管理のみを行う業務については、賃貸住宅管理業には該当しません（「解釈・運用の考え方」２条２項関係４）。

基本テキスト 5編1章

令和４年 問35　②賃貸住宅と管理業務の意味

特定賃貸借契約の意味

重要度 A

問題 6 **特定賃貸借契約に関する次の記述のうち、正しいものはどれか。**

❶　特定転貸事業者と、再転貸を行うことを目的とする転借人との間で締結された転貸借契約は、特定賃貸借契約に該当する。

❷　借主が、１年間の海外留学期間中、第三者に転貸することを可能とする条件でされた貸主と借主との間の賃貸借契約は、特定賃貸借契約に該当する。

❸　借主が第三者に転貸する目的で賃貸借契約をする場合、転借人から受領する賃料と貸主に支払う賃料が同額であるときは、特定賃貸借契約に該当しない。

❹　社宅として使用する目的で賃貸住宅を借り上げた会社が、その従業員との間で転貸借契約を締結し、転貸料を徴収して従業員を入居させる場合は、転貸料の多寡を問わず、貸主と当該会社との間の賃貸借契約は特定賃貸借契約に該当する。

解説　　**正解：❶**

❶ **正しい**　賃貸住宅の賃貸借契約において、借主が賃貸住宅を**第三者**（入居者）**に転貸する事業を営むこと**を目的として締結される契約が、特定賃貸借契約である（法２条４項)。マスターリース契約は特定賃貸借契約にあたる。

❷ **誤り**　**1年間の海外留学期間中の転貸は特定賃貸借契約に該当しない**

個人が賃借した賃貸住宅について、事情により**一時的に第三者に転貸する場合**は、特定賃貸借契約に該当しない（「解釈・運用の考え方」２条４項関係１)。海外留学期間中、第三者に転貸することを可能とする条件でされた賃貸借契約は、一時的な第三者への転貸にあたり、特定賃貸借契約に該当しないと考えられる。

❸ **誤り**　**転貸料で利益を得ているか否かは問われない**

借主が第三者に転貸する目的で賃貸借契約をする場合、転借人から受領する賃料と賃主に支払う賃料が同額であっても、特定賃貸借契約であることは否定されない。特定賃貸借契約は、借主が賃貸住宅を第三者に転貸する事業を営むことを目的として締結されるものであるところ（法２条４項)、事業を営むとは**営利の意思を持って反復継続的に転貸すること**であって、必ずしも転貸差益を得ることを必要とするものではない。転貸人として受領する賃料を、そのまま借主として支払う賃料とする転貸借の方式（パススルー型のマスターリース）についても、特定賃貸借契約にあたり得る（FAQ集１（３）No. ４)。

❹ **誤り**　**社宅を社員に転貸するのは転貸する事業にはあたらない**

企業が社宅を借り受け、社員に使用させる場合、社宅を借り受ける企業は特定転貸事業者にはあたらない。社宅については、社内規定等に基づき従業員等に利用させることが一般的であって、第三者に転貸する事業にはならないとされている（「解釈・運用の考え方」２条５項関係（２)、FAQ集１（４）No. ４)。

基本テキスト　５編３章

令和５年 問31　③管理受託

登録（必要性、拒否事由）

重要度 S

問題 7　賃貸住宅管理業者の登録に関する次の記述のうち、誤っているものはどれか。

❶　賃貸人から委託を受けて無償で管理業務を行っている場合、その事業全体において営利性があると認められるときであっても、賃貸住宅管理業者の登録が必要となることはない。

❷　特定転貸事業者は、200戸以上の特定賃貸借契約を締結している場合であっても、賃貸住宅の維持保全を200戸以上行っていなければ、賃貸住宅管理業者の登録をする義務はない。

❸　事業者が100室の事務所及び100戸の賃貸住宅について維持保全を行っている場合、賃貸住宅管理業者の登録をする義務はない。

❹　負債の合計額が資産の合計額を超えている場合であっても、直前２年の各事業年度において当期純利益が生じている場合には、賃貸住宅管理業者の登録拒否事由に該当しない。

得点源!

【国土交通大臣の登録の必要性】

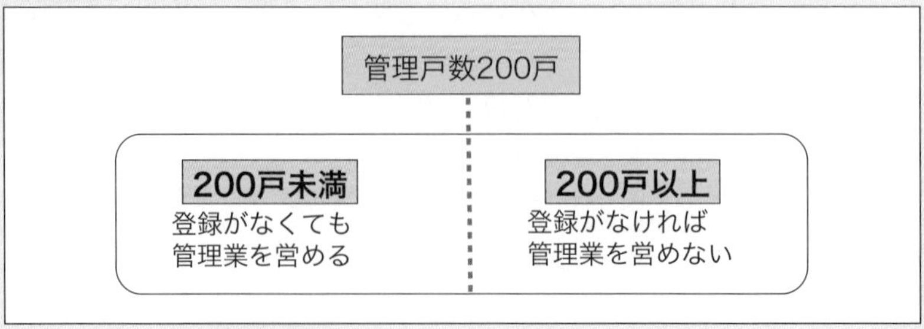

解説

正解：❶

❶ **誤り　無償でも、営利性があれば登録は必要**

賃貸住宅管理業を営むには登録が必要である（法3条1項）。賃貸住宅管理業を営むとは、営利の意思を持って反復継続的に業を行うことであり、営利性がある場合である。営利性は事業スキーム全体から判断されるのであって、委託された管理業務を無償で引き受けていたとしても、必ずしも営利性は否定されない（FAQ集2（3）No. 8）。

❷ **正しい**　管理戸数200戸以上の賃貸住宅管理業者が管理業務を行うには登録をしなくてはならない。**管理戸数200戸未満であれば、登録は不要である。**特定転貸事業における契約対象住戸の数が200戸以上であっても、賃貸住宅の**維持保全を行う管理戸数**が200戸未満である場合には、登録をすることなく、賃貸住宅の管理業を営むことができる。

❸ **正しい**　登録が必要となるのは**200戸以上の賃貸住宅についての管理業を営む場合**である。維持保全を行う賃貸住宅の数が100戸であるときには、このほかに100室の事務所についての維持保全を行っていても、登録の必要はない。

❹ **正しい**　登録申請者が財産的基礎を有しない場合は登録は拒否される（登録拒否事由。法6条1項10号）。財産的基礎としては、負債の合計額が資産の合計額を超えておらず、かつ、支払不能に陥っていない状態が必要である。ただし、負債の合計額が資産の合計額を超えていても、たとえば、登録申請日を含む事業年度の直前2年の各事業年度において当期純利益が生じている場合などは、**負債の合計額が資産の合計額を超えていないことと同等または同等となることが相応に見込まれる**ものとして、賃貸住宅管理業者の登録拒否事由に該当しないものとされている（「解釈・運用の考え方」6条10号関係、FAQ集2（1）No.15）。

基本テキスト　5編2章

令和５年 問29　③管理受託

登録（業務管理者、合併、更新等）

重要度 S

問題 8　賃貸住宅管理業者の登録に関する次の記述のうち、誤っているものはどれか。

❶　賃貸住宅管理業を営もうとする者が、賃貸住宅管理業者の登録に際し、営業所で行う管理業務の質を担保するため、１つの営業所に３人の業務管理者を配置することは、賃貸住宅管理業法に定める業務管理者の選任に係る規定に反するものではない。

❷　賃貸住宅管理業を営もうとする者は、その業に係る賃貸住宅の戸数が200戸未満の者であっても、賃貸住宅管理業者の登録を受けることが可能であり、登録後に賃貸住宅管理業法の違反行為があった場合は、業務停止等の監督処分や罰則の対象となる。

❸　賃貸住宅管理業者の登録を受けている法人が合併により消滅したとき、法人を代表する役員であった者は、消滅した日から30日以内に、廃業等届出書を国土交通大臣に届け出なければならない。

❹　賃貸住宅管理業者の登録の有効期間は５年であり、登録の更新を受けようとする者は、現に受けている登録の有効期間の満了の日の90日前までに更新の申請を行う必要がある。

解説 正解：❹

❶ **正しい** 賃貸住宅管理業者は、その**営業所または事務所ごとに、1人以上業務管理者を選任しなければならない**（法12条1項）。業務管理者については、条文上「1人以上」とされ、また、その設置目的が賃貸住宅の入居者の居住の安定および賃貸住宅の賃貸に係る事業の円滑な実施の確保であることから考えて、1つの営業所に複数の業務管理者を配置することは、法に違反するものではない。むしろ望ましい措置である。

❷ **正しい** 賃貸住宅の管理戸数が200戸未満であるときは、登録を受けなくても、賃貸住宅管理業を営むことができるが（法3条1項ただし書、施行規則3条）、**管理戸数が200戸未満の場合も登録を受けることは可能である**。もっとも、登録を受けた場合には、賃貸住宅管理業に関する規制に服する。違反行為があった場合には、業務停止等の監督処分や罰則の対象になる（「解釈・運用の考え方」3条1項関係1、FAQ集2（1）No.11、FAQ集2（3）No. 1）。

❸ **正しい** 合併により消滅したときは、法人の登録は効力を失う（法9条2項・1項2号）。賃貸住宅管理業者である法人が合併により消滅したときは、**その法人を代表する役員であった者は、その日から30日以内に、その旨を国土交通大臣に届け出なければならない**（法9条1項本文・2号）。

❹ **誤り** **更新の申請は期間満了の90日前から30日前まで**

登録の有効期間は5年である。登録は5年ごとにその更新を受けなければ、その期間の経過によって、その効力を失う（法3条2項）。登録の更新を受けようとする者は、有効期間の満了の日の90日前から30日前までの間に申請書（法4条1項）を国土交通大臣に提出しなければならない（法3条2項、施行規則4条）。

基本テキスト 5編2章

令和４年 問31　③管理受託

管理業法（適用関係）

重要度 A

問題 9　令和３年６月15日時点で既に賃貸住宅管理業を営み、管理戸数が200戸以上である管理業者Ａに対する管理業法の規制に関する次の記述のうち、正しいものの組合せはどれか。

ア　Ａは、賃貸住宅管理業登録をしなくとも、令和４年６月15日以降、それ以前に締結した管理受託契約の履行に必要な限度で、賃貸住宅の維持保全を内容とする管理業務を行うことができる。

イ　Ａは、賃貸住宅管理業登録をしなければ、令和４年６月15日以降、賃貸人との間で新たに賃貸住宅の維持保全を内容とする管理受託契約を締結し、管理業務を行うことができない。

ウ　Ａは、賃貸住宅管理業登録をしなければ、令和４年６月15日以降、建物所有者との間で特定賃貸借契約を締結することはできない。

エ　Ａは、賃貸住宅管理業登録をしなくとも、令和４年６月15日以降、それ以前に締結した特定賃貸借契約に基づき、入居者との間で新たに転貸借契約を締結することができる。

❶　ア、イ
❷　ア、ウ
❸　イ、エ
❹　ウ、エ

解説

正解：❸

ア　誤り　賃貸住宅管理業の登録を受けなければ管理業務はできない

賃貸住宅管理業を営もうとする者は、国土交通大臣の登録を受けなければならないのであり（法3条1項本文）、国土交通大臣の登録がなければ、賃貸住宅管理業を営むことはできない。そのため、Aは、令和4年6月15日（法の完全施行日）以降、賃貸人との間で賃貸住宅の維持保全を内容とする管理受託契約を締結し、管理業務を行うことはできない。

イ　正しい　賃貸住宅管理業を営むには、国土交通大臣の登録が必要である（法3条1項本文）。Aは、**賃貸住宅管理業登録をしなければ**、賃貸人との間で新たに賃貸住宅の維持保全を内容とする管理受託契約を締結し、管理業務を行うことはできない。

ウ　誤り　特定賃貸借契約の締結には、賃貸住宅管理業の登録は必要がない

Aは、賃貸住宅管理業登録をしなくても、建物所有者との間で特定賃貸借契約を締結することができる。

なお、賃貸住宅管理業法は、サブリース事業については、マスターリース契約（特定賃貸借契約）の業務について、ルールを定めることによって、規制を加えています。マスターリース契約に関して規制されるルールは、①誇大広告等の禁止、②不当な勧誘等の禁止、③重要事項説明、④契約締結時書面の交付、⑤書類の備置きと閲覧の5つです。

エ　正しい　賃貸住宅管理業の登録をしなくても、特定賃貸借契約に基づく入居者との間で転貸借契約を締結することができる。法は、特定賃貸借契約に基づくサブリース業者と入居者との契約については、**特段の規制を加えていない。**

以上により、正しいものの組み合わせは**イ**、**エ**であり、正解は肢❸である。

基本テキスト　5編2章

令和４年 問34　③管理受託

登　録（要件等）

重要度 A

問題 10　**賃貸住宅管理業の登録に関する次の記述のうち、誤っているものの組合せはどれか。**

ア　現に賃貸住宅管理業を営んでいなくても登録を行うことはできるが、登録を受けてから１年以内に業務を開始しないときは、登録の取消しの対象となる。

イ　賃貸住宅管理業者が法人の場合、登録は法人単位でなされ、支社・支店ごとに登録を受けることはできない。

ウ　負債の合計額が資産の合計額を超えている場合には、直前２年の各事業年度において当期純利益が生じている場合であっても、「財産的基礎を有しない者」として登録は拒否される。

エ　賃貸住宅管理業者である法人は、役員に変更があったときは、その日から３か月以内に、その旨を国土交通大臣に届け出なければならない。

❶　ア、イ
❷　ア、ウ
❸　イ、エ
❹　ウ、エ

解説 正解：❹

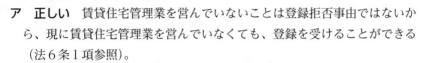

ア　正しい　賃貸住宅管理業を営んでいないことは登録拒否事由ではないから、現に賃貸住宅管理業を営んでいなくても、登録を受けることができる（法６条１項参照）。

しかし、**登録を受けてから１年以内に業務を開始せず**、または引き続き１年以上業務を行っていないことは登録の取消事由となっている。したがって、本肢のように登録を受けてから１年以内に業務を開始しないときは、登録が取り消されることになる（法23条２項）。

イ　正しい　賃貸住宅管理業者の登録は法人の場合は**法人単位で行われる。**支社・支店ごとに登録を受けることはできない（FAQ集２（３）No. ３）。法人単位で登録を受けたうえで、本店および賃貸住宅管理業を行う支社・支店など事務所の登録がなされる。

ウ　誤り　直前２年度で当期純利益が生じている場合は拒否されない

賃貸住宅管理業を遂行するために必要な基準に適合する財産的基礎を有しない場合には、登録は拒否される（法６条１項10号）。ここでの財産的基礎の基準としては、**登録申請日を含む事業年度の前事業年度**において、負債の合計額が資産の合計額を超えておらず、かつ、支払不能に陥っていない状態にあることが必要とされる。もっとも負債の合計額が資産の合計額を超えている場合であっても、**登録申請日を含む事業年度の直前２年の各事業年度**において当期純利益が生じている場合には、登録は拒否されないものとされている（「解釈・運用の考え方」６条10号関係（施行規則10条関係））。

エ　誤り　役員変更の届け出は30日以内

賃貸住宅管理業者は、登録申請における申請書への記載事項（法４条１項各号）に変更があったときは、**変更があった日から30日以内**に、その旨を国土交通大臣に届け出なければならない（同法７条１項）。法人である場合においては、その役員の氏名が届け出るべき事項である（同法４条１項２号）。本肢においては、役員変更を届け出るべき時期は、変更があったときから３か月以内ではなく、変更があった日から30日以内である。

以上により、誤っているものの組合せは**ウ**、**エ**であり、正解は肢❹である。

基本テキスト　５編３章

令和３年 問32　③管理受託

登　録（死亡、合併等）

重要度 A

問題 11　管理業法における登録及び業務に関する次の記述のうち、正しいものはどれか。

❶　賃貸住宅管理業者である個人が死亡したときは、その相続人は、死亡日から30日以内に国土交通大臣に届け出なければならない。

❷　賃貸住宅管理業者である法人が合併により消滅したときは、その法人の代表役員であった者が国土交通大臣に届け出なくても、賃貸住宅管理業の登録は効力を失う。

❸　破産手続開始の決定を受けて復権を得ない者は、賃貸住宅管理業者の役員となることはできないが、業務管理者となることができる。

❹　賃貸住宅管理業者は、営業所又は事務所ごとに掲示しなければならない標識について公衆の見やすい場所を確保できない場合、インターネットのホームページに掲示することができる。

解説　　　　正解：❷

❶　**誤り　相続人は、死亡の事実を知った日から30日以内に届け出る**

相続人が死亡を届け出るべき期間の起算日は、死亡日ではなく、死亡の事実を知った日である。

賃貸住宅管理業者である個人が死亡したときは、賃貸住宅管理業者の相続人は、その**事実を知った日から30日以内**に、その旨を国土交通大臣に届け出なければならない（法９条１項１号）。

❷　**正しい**　賃貸住宅管理業者である法人が合併により消滅したときは、賃貸住宅管理業の登録は、その効力を失う（法９条２項）。

賃貸住宅管理業者である法人が合併により消滅したときは、その法人を代表する役員であった者が、合併により法人が消滅した日から30日以内にその旨を国土交通大臣に届け出ることが義務づけられているが（同条１項２号）、届出によって登録の効力が失われるのではなく、**消滅した事実により**、登録は当然に効力を失う。

❸　**誤り　管理業者の役員だけでなく、業務管理者になることもできない**

破産手続開始の決定を受けて復権を得ない者であることは登録の拒否事由であり（法６条１項２号）、法人の役員に登録の拒否事由があるときは、法人の登録はできない（法６条１項２号・８号）。

また、破産手続開始の決定を受けて復権を得ない者は、業務管理者になることもできない（法12条４項、６条１項２号）。

❹　**誤り　標識は、公衆の見やすい場所に所定の様式で掲げる**

賃貸住宅管理業者は、営業所または事務所ごとに、公衆の見やすい場所に、所定の様式の標識を掲げなければならない（法19条）。また、標識の掲示は、実際に事務所または営業所において公衆の見やすい場所に掲示することが想定されているため、ホームページでの標識の掲示は認められない。

基本テキスト　5編２章

令和5年 問27　③管理受託

業務管理者

重要度 S

問題12 **賃貸住宅管理業者及び業務管理者に関する次の記述のうち、正しいものはいくつあるか。**

ア　A営業所の業務管理者は、B営業所の業務管理者がやむを得ない事情で業務を遂行することができなくなった場合には、B営業所の業務管理者を兼務することができる。

イ　賃貸住宅管理業者は、管理受託契約の締結、維持保全の手配、又は金銭の管理の業務が行われ、継続的に賃貸住宅管理業の営業の拠点となる実態を有する施設には、本店、支店、営業所等の名称を問わず、業務管理者を選任する必要がある。

ウ　業務管理者は、宅地建物取引士としての業務を兼務することはできるが、賃貸住宅管理業者の従業員が行う管理業務について必要な指導、管理及び監督の業務に従事できる必要がある。

エ　賃貸住宅管理業者は、業務上知り得た秘密を守る義務があるが、管理業務の一部の再委託を受ける者など、賃貸住宅管理業者と直接の雇用関係にない者にも同様の義務が課せられる。

❶　1つ
❷　2つ
❸　3つ
❹　4つ

解説 　　正解：❸

ア　誤り　兼任は認められない

賃貸住宅管理業者は、**営業所または事務所ごとに業務管理者を選任しなければならない**（法12条1項）。業務管理者は、他の営業所または事務所の業務管理者となることはできない（法12条3項）。B営業所の業務管理者がやむを得ない事情で業務を遂行することができなくなっても、A営業所の業務管理者が、B営業所の業務管理者を兼務することはできない。たとえ一時的であっても兼務は認められない（FAQ集3（1）No. 6）。

イ　正しい　業務管理者の選任義務が課される営業所または事務所は、**管理受託契約の締結**、**維持保全の手配**、または**家賃**、**敷金**、**共益費その他の金銭の管理の業務**（法2条2号に定める業務）が行われ、**継続的に賃貸住宅管理業の営業の拠点となる施設**として実態を有するものである。施設について、本店、支店、営業所等、どのような名称を使用しているかは問われない。

ウ　正しい　業務管理者が宅地建物取引業を営む事務所における専任の宅地建物取引士を兼ねることは禁じられていない（「宅地建物取引業法の解釈・運用の考え方」31条の3第1項関係3）。ただし、兼務をしていても、賃貸住宅管理業者の従業員が行う管理業務等について**必要な指導**、**管理**、**および監督の業務に従事できるものでなければならない**（「解釈・運用の考え方」12条関係2）。

エ　正しい　賃貸住宅管理業者の代理人、使用人その他の従業者は、**賃貸住宅管理業の業務を補助したことについて知り得た秘密を他に漏らしてはならない**（法21条2項前段）。「従業者」とは、賃貸住宅管理業者の指揮命令に服し、業務に従事する者をいう。再委託契約に基づき、賃貸住宅管理業務の一部の再委託を受ける者等、賃貸住宅管理業者と直接の雇用関係にない者も従業者に含まれる（「解釈・運用の考え方」21条2項関係）。

以上により、正しいものは**イ**、**ウ**、**エ**の3つであり、正解は肢❸となる。

基本テキスト　5編2章

令和４年 問30　③管理受託

業務管理者

重要度 B

問題 13　**管理業法における業務管理者に関する次の記述のうち、正しいものはいくつあるか。**

ア　禁錮以上の刑に処せられ、又は管理業法の規定により罰金の刑に処せられ、その執行を終わり、又は執行を受けることがなくなった日から起算して５年を経過しない者は、業務管理者になることができない。

イ　賃貸住宅管理業者は、従業者証明書の携帯に関し、業務管理者に管理及び監督に関する事務を行わせなければならない。

ウ　賃貸住宅管理業者は、その業務上取り扱ったことについて知り得た秘密の保持に関し、業務管理者に管理及び監督に関する事務を行わせなければならない。

エ　賃貸住宅管理業者は、その営業所又は事務所の業務管理者として選任した者のすべてが欠けるに至ったときは、新たに業務管理者を選任するまでの間は、その営業所又は事務所において賃貸住宅管理業を行ってはならない。

❶　１つ
❷　２つ
❸　３つ
❹　４つ

解説 正解：❷

ア　正しい　業務管理者は、登録拒否事由に該当しない者でなければならない（法12条４項）。**禁錮以上の刑**に処せられ、または賃貸住宅管理業法の規定により**罰金の刑**に処せられ、その執行を終わり、または執行を受けることがなくなった日から起算して**５年を経過しない**ことは登録拒否事由である（法６条１項４号）。上記に該当する者は、業務管理者になることができない。

イ　誤り　従業者証明書の携帯は事務に含まれない
賃貸住宅管理業者は、業務管理者を選任し、業務管理者に管理・監督に関する事務を行わせなければならない。業務管理者に行わせる事務の内容は、**重要事項説明および書面交付、契約締結時書面の交付、賃貸住宅の維持保全の実施**などと定められている（法12条１項、施行規則13条各号）。従業者証明書を携帯させることは、業務管理者に行わせる事務には含まれない。

ウ　正しい　**秘密の保持**（法21条）に関する事項については、業務管理者に行わせるべき事務である（施行規則13条６号）。賃貸住宅管理業者は、秘密の保持に関して、業務管理者に管理・監督に関する事務を行わせなければならない。

エ　誤り　賃貸住宅管理業の営業全般が禁止されるわけではない
賃貸住宅管理業者は、その営業所もしくは事務所の業務管理者として選任した者の全てが欠けるに至ったときは、新たに業務管理者を選任するまでの間は、その営業所または事務所において**管理受託契約を締結してはならない**（法12条２項）。もっとも、ここで禁止されるのは、営業所または事務所における管理受託契約の締結である。業務管理者として選任した者の全てが欠けても、営業所もしくは事務所での賃貸住宅管理業の営業全般が禁止されるものではない。

以上により、正しいものは**ア**、**ウ**の２つであり、正解は肢❷である。

基本テキスト　5編2章

令和5年 問28 ③管理受託

業務処理の原則等

重要度 A

問題 14 **賃貸住宅管理業者の業務に関する次の記述のうち、誤っているものはどれか。**

❶ 賃貸住宅管理業者は、常に賃貸住宅の建物所有者や入居者等の視点に立ち、信義を旨とし、業務に誠実に従事することで、紛争等を防止する必要がある。

❷ 賃貸住宅管理業者は、自己の名義をもって、他人に賃貸住宅管理業を営ませてはならず、それに違反した場合は、その他人が賃貸住宅管理業者の登録を受けているか否かにかかわらず罰則の対象となる。

❸ 従業者証明書を携帯させるべき者には、正規及び非正規を問わず賃貸住宅管理業者と直接の雇用関係にあり、賃貸住宅管理業に従事する者が該当し、賃貸住宅管理業者と直接の雇用関係にある者であっても、内部管理事務に限って従事する者は該当しない。

❹ 賃貸住宅管理業者は、管理業務の一部を再委託することができるが、管理業務の適正性を確保するため、再委託先は賃貸住宅管理業者としなければならない。

得点源!

【賃貸住宅管理業者に対する行為規制】

① 業務処理の原則（法10条）
② 名義貸しの禁止（法11条）
③ 業務管理者の選任（法12条）
④ 管理受託契約の重要事項説明（法13条）
⑤ 管理受託契約の契約締結時の書面の交付（法14条）
⑥ 管理業務の全部の再委託の禁止（法15条）
⑦ 分別管理（法16条）
⑧ 証明書の携帯等（法17条）
⑨ 帳簿の備付け等（法18条）
⑩ 標識の掲示（法19条）
⑪ 委託者への定期報告（法20条）
⑫ 秘密を守る義務（法21条）

解説 正解：❹

❶ **正しい** 賃貸住宅管理業者は、**信義**を旨とし、**誠実**にその業務を行わなければならない（法10条）。常に**賃貸住宅のオーナーや入居者等の視点に立ち**、業務に誠実に従事することで、紛争等を防止し、賃貸住宅管理業の円滑な業務の遂行を図らなければならない（「解釈・運用の考え方」10条関係）。

❷ **正しい** 賃貸住宅管理業者は、**自己の名義をもって、他人に賃貸住宅管理業を営ませてはならない**（名義貸しの禁止。法11条）。名義を貸す相手方である他人が登録を受けているとしても、名義貸しは許されない。名義貸しの禁止は、名義を利用させた他人が登録を受けているかどうかに関係なく、名義貸しの禁止に違反して、他人に賃貸住宅管理業を営ませたときには、１年以下の懲役もしくは100万円以下の罰金に処せられ、またはこれらが併科される（法41条３号）。

❸ **正しい** 賃貸住宅管理業者は、その業務に従事する使用人その他の従業者に、その従業者であることを証する証明書を携帯させなければ、その者をその業務に従事させてはならない（法17条１項）。従業者証明書を携帯させるべき者の範囲は、**賃貸住宅管理業者の責任の下に、賃貸住宅管理業者が営む賃貸住宅管理業に従事する者である**。ただし、賃貸住宅管理業者と直接の雇用関係にある者であっても、**内部管理事務に限って従事する者**については、従業者証明書を携帯させる義務はない（「解釈・運用の考え方」17条関係）。

❹ **誤り** **再委託先は賃貸住宅管理業者でなくてもいい**

賃貸住宅管理業者は、管理業務の全部を他の者に対し再委託してはならない（法15条）。もっとも、管理受託契約に管理業務の一部の再委託に関する定めがあるときは、自らが再委託先の指導監督を行うことにより、一部の再委託を行うことが認められる（「解釈・運用の考え方」15条関係１）。**再委託先は賃貸住宅管理業者である必要はない**（「解釈・運用の考え方」15条関係２）。

基本テキスト 5編2章

令和3年 問31 ③管理受託

証明書の携帯等

重要度 A

問題 15 **管理業法における賃貸住宅管理業者の業務に関する次の記述のうち、誤っているものはどれか。**

❶ 賃貸住宅管理業者は、使用人その他の従業者に、その従業者であることを証する証明書を携帯させなければならない。

❷ 賃貸住宅管理業者は、管理受託契約に基づく管理業務において受領する家賃、敷金、共益費その他の金銭を、自己の固有財産及び他の管理受託契約に基づく管理業務において受領する家賃、敷金、共益費その他の金銭と分別して管理しなければならない。

❸ 賃貸住宅管理業者は、営業所又は事務所ごとに、業務に関する帳簿を備え付け、委託者ごとに管理受託契約について契約年月日等の事項を記載して保存しなければならない。

❹ 賃貸住宅管理業者は、再委託先が賃貸住宅管理業者であれば、管理業務の全部を複数の者に分割して再委託することができる。

得点源!

【分別管理】

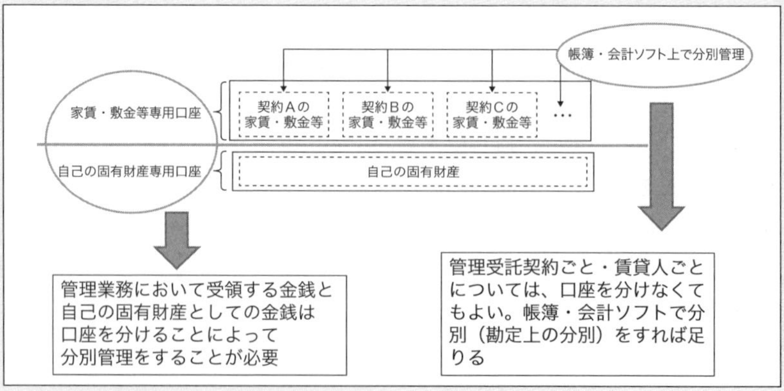
帳簿・会計ソフト上で分別管理
家賃・敷金等専用口座
契約Aの
家賃・敷金等
契約Bの
家賃・敷金等
契約Cの
家賃・敷金等
…
自己の固有財産専用口座
自己の固有財産
管理業務において受領する金銭と
自己の固有財産としての金銭は
口座を分けることによって
分別管理をすることが必要
管理受託契約ごと・賃貸人ごと
については、口座を分けなくて
もよい。帳簿・会計ソフトで分
別（勘定上の分別）をすれば足
りる

解説　　　　　　　　　　　　　　　　　　　　　　　　　　　　**正解：❹**

❶ **正しい**　賃貸住宅管理業者は、その業務に従事する**使用人その他の従業者**に、その従業者であることを証する証明書を携帯させなければ、その者をその業務に従事させてはならない（法17条1項）。

賃貸住宅管理業者の使用人その他の従業者は、その業務を行うに際し、委託者その他の関係者から請求があったときは、証明書を提示しなければなりません（法17条2項）。

❷ **正しい**　賃貸住宅管理業者は、管理受託契約に基づく管理業務において受領する家賃、敷金、共益費その他の金銭を、**整然と管理する方法**として国土交通省令で定める方法により、自己の固有財産および他の管理受託契約に基づく管理業務において受領する家賃、敷金、共益費その他の金銭と**分別して管理**しなければならない（法16条）。

❸ **正しい**　賃貸住宅管理業者は、その**営業所または事務所ごと**に、その業務に関する帳簿を備え付け、**委託者ごと**に管理受託契約について契約年月日その他の国土交通省令で定める事項を記載し、これを保存しなければならない（法18条）。

❹ **誤り**　**複数の者に分割したとしても、管理業務の全部を再委託できない**

再委託先が賃貸住宅管理業者であり、複数の者に分割して再委託をするとしても、管理業務の全部を再委託することは許されない（法15条）。

また、「解釈・運用の考え方」では、「自らで再委託先の指導監督を行わず、全てについて他者に再委託すること、または、管理業務を複数の者に分割して再委託して自ら管理業務を一切行わないことは、本条に違反する」と説明されている（「解釈・運用の考え方」第15条関係1）。

基本テキスト　5編2章

令和５年 問30　③管理受託

管理業者の義務と監督

重要度 A

問題 16 **賃貸住宅管理業法の義務及び監督に関する次の記述のうち、正しいものはいくつあるか。**

ア　国土交通大臣は、賃貸住宅管理業者に対し業務の運営の改善に必要な措置をとるべきことを命ずることができるが、その命令の根拠となる賃貸住宅管理業者の違反行為は、その処分をしようとする日から過去５年以内に行われたものが対象となる。

イ　賃貸住宅管理業法は誇大広告等の禁止、不当な勧誘等の禁止等、特定賃貸借契約の勧誘について規律を定めており、特定転貸事業者だけでなく、建設業者や不動産業者等であっても特定賃貸借契約の勧誘者に該当すれば、法律上の義務が課される。

ウ　賃貸住宅管理業者が登録の更新をせず、登録が効力を失った場合には、登録に係る賃貸住宅管理業者であった者は、当該賃貸住宅管理業者が締結した管理受託契約に基づく業務を結了する目的の範囲内であっても、その業務を実施することができない。

エ　国土交通大臣は、賃貸住宅管理業者が登録を受けてから１年以内に業務を開始せず、又は引き続き１年以上業務を行っていないと認めるときは、その登録を取り消すことができる。

❶　１つ
❷　２つ
❸　３つ
❹　４つ

解説

正解：❸

ア　正しい　国土交通大臣は、賃貸住宅管理業の適正な運営を確保するため必要があるときは、賃貸住宅管理業者に対し、業務の方法の変更その他業務の運営の改善に必要な措置をとるべきことを命ずることができる（法22条）。業務改善命令は、**処分をしようとする日から過去５年以内に行われた違反行為**が対象となる（賃貸住宅管理業者の違反行為に対する監督処分の基準Ⅰ．2-1.（1））。

イ　正しい　誇大広告等の禁止および不当な勧誘等の禁止に関しては、特定転貸事業者だけではなく、**勧誘者も規制の対象者となる**（法28条、29条）。「勧誘者」とは、特定転貸事業者（サブリース業者）と特定の関係性を有し、かつ特定転貸事業者が特定賃貸借契約（マスターリース契約）の締結についての勧誘を行わせる者である（「解釈・運用の考え方」28条関係１）。

なお、建設会社、不動産業者等のサブリース事業者（特定転貸事業者）以外の者が、勧誘者に該当します。

ウ　誤り　業務を結了する範囲内で賃貸管理業者とみなされる

登録の更新をしなければ、登録は効力を失う（法３条２項）。登録の更新をせず登録が効力を失ったときには、賃貸住宅管理業者が締結した管理受託契約に基づく業務を結了する目的の範囲内においては、なお賃貸住宅管理業者とみなされる（法27条）。管理受託契約に基づく業務を結了する目的の範囲内であれば、その業務を実施することができる。

エ　正しい　賃貸住宅管理業法には、国土交通大臣が登録を取り消すことができる事由（取消事由）の定めがある。賃貸住宅管理業者が登録を受けてから**１年以内に業務を開始せず**、または**引き続き１年以上業務を行っていないこと**は取消事由とされる（法23条２項）。

以上により、正しいものは**ア、イ、エ**の３つであり、正解は肢❸となる。

基本テキスト　５編２章、５編３章

令和５年 問33　④特定賃貸借の規律の概要

勧誘者に対する規制

重要度 S

問題 17　**特定賃貸借契約の勧誘者に対する規制に関する次の記述のうち、正しいものはどれか。**

❶　特定転貸事業者からの委託があっても、契約の内容や条件等に触れずに、一般的なサブリースの仕組みを説明した者や、単に特定転貸事業者を紹介したに過ぎない者は、賃貸住宅管理業法における勧誘者の規制が適用されない。

❷　特定転貸事業者から直接委託されたのではなく、特定転貸事業者から勧誘を委託された他の者からの再委託により勧誘行為を行ったに過ぎない者は、賃貸住宅管理業法における勧誘者の規制が適用されない。

❸　特定転貸事業者から明示的かつ書面により勧誘を委託されたのではなく、口頭で勧誘を依頼されたに過ぎない者は、賃貸住宅管理業法における勧誘者の規制が適用されない。

❹　特定転貸事業者からの委託があっても、不特定多数に向けた広告の中で、特定の事業者の特定賃貸借契約の内容や条件等を具体的に伝えたに過ぎない者は、賃貸住宅管理業法における勧誘者の規制が適用されない。

得点源!

【勧誘者に対する規制】

<table>
<tr><th></th><th>サブリース業者</th><th>勧誘者*</th></tr>
<tr><td>誇大広告等の禁止</td><td rowspan="5">規制あり</td><td rowspan="2">規制あり</td></tr>
<tr><td>不当な行為等の禁止</td></tr>
<tr><td>特定賃貸借契約締結前の重要事項説明</td><td rowspan="3">規制なし</td></tr>
<tr><td>特定賃貸借契約締結時の書面交付</td></tr>
<tr><td>帳簿の備付け、閲覧</td></tr>
</table>

＊勧誘者とは、ハウスメーカー、仲介業者、建設業者、金融業者など

解説　　　　　　　　　　　　　　　　　　　　　　　　　　　　**正解：❶**

❶ **正しい**　勧誘とは、**特定賃貸借契約（マスターリース契約）を締結するように勧めること**である。契約締結の勧め方としては、相手方（賃貸人）となろうとする者の契約締結の意思形成に影響を与える程度のものであることを要する（「解釈・運用の考え方」28条関係１、サブリースガイドライン３（２））。一般的なサブリースの仕組みを説明するだけだったり、単に特定転貸事業者を紹介したりするだけでは、勧誘にはならない。

契約の内容や条件等に触れずに単に業者を紹介する者は、勧誘者にはあたりません（「解釈・運用の考え方」28条関係１、サブリースガイドライン３（２））。

❷ **誤り　再委託により勧誘を行った者も勧誘者となる**

勧誘行為が第三者に再委託される場合には、**再委託を受けた第三者も勧誘者にあたる**（「解釈・運用の考え方」28条関係１）。特定転貸事業者から直接委託されたのではなく、特定転貸事業者から勧誘を委託された他の者からの再委託により勧誘行為を行う者にも、賃貸住宅管理業法における勧誘者の規制が適用される。

❸ **誤り　黙示で委託された者や、口頭で委託された者も勧誘者となる**

勧誘は明示的な委託があることを要しない。明示的ではないけれども、勧誘を任されるなどの状況にある者も、勧誘者にあたる（「解釈・運用の考え方」28条関係１）。書面による勧誘の委託も不要である。口頭で勧誘を依頼された者にも、勧誘者の規制が適用される。

❹ **誤り　特定賃貸借契約の内容や条件を具体的に伝えることは勧誘になる**

勧誘とは特定賃貸借契約の締結を勧めることである。不特定多数の者に向けられたものでも、**特定賃貸借契約の内容や条件等を具体的に認識できるような内容を伝えるものであれば、勧誘になる**（サブリースガイドライン３（２））。不特定多数に向けた広告の中で、特定の事業者の特定賃貸借契約の内容や条件等を具体的に伝えて特定賃貸借契約の締結を勧めた場合には、勧誘者にあたり、勧誘者に対する規制が適用される。

基本テキスト　5編3章

令和４年 問32 改　④特定賃貸借の規律の概要

勧誘者に対する規制

重要度 A

問題 18　勧誘者であるＡ法人（代表者Ｂ）は特定転貸事業者であるＣ法人から委託を受けて特定賃貸借契約の勧誘を行っている。勧誘者であるＡ法人の従業員Ｄが、自己の判断により、特定賃貸借契約の相手方となろうとする者に対し、故意に不実のことを告げるという管理業法第29条第１号に違反する行為を行った場合の罰則（６月以下の懲役若しくは50万円以下の罰金又はこれらの併科）の適用に関する次の記述のうち、正しいものの組合せはどれか。

ア　Ａ法人が罰金に処せられることはない。

イ　代表者Ｂが懲役又は罰金に処せられることはない。

ウ　Ｃ法人が罰金に処せられることはない。

エ　従業員Ｄが懲役又は罰金に処せられることはない。

❶　ア、イ
❷　ア、ウ
❸　イ、ウ
❹　イ、エ

解説

正解：❸

ア　誤り　A法人には罰金刑が科される

勧誘者は、特定賃貸借契約の締結の勧誘をするに際し、特定賃貸借契約の相手方となろうとする者に対し、故意に不実のことを告げる行為をしてはならない（不当な勧誘等の禁止。法29条１号）。不当な勧誘等の禁止に違反した勧誘業者には、６月以下の懲役もしくは50万円以下の罰金、またはこれらの併科という刑罰が科される（法42条２号）。

法人の従業者が、法人の業務に関し、不当な勧誘等の禁止の違反行為をしたときは、**行為者を罰するほか、その法人に対して罰金刑が科される**（法45条）。両罰規定といわれる定めである。

よって、A法人の従業員Dが不当な勧誘等を行った場合には、Dが罰せられるほか、A法人も罰金刑に処せられる。

イ　正しい　本問では、Dは自己の判断により故意に不実のことを告げており、代表者BはDの行為を指示したなどの事情はないから、Bは処罰されない。両罰規定で処罰されるのは、**行為者と法人**であり（法45条）、代表者は処罰の対象ではない。

ウ　正しい　A法人の従業員Dが不当な勧誘等を行った場合には、A法人も罰金刑に処せられるが、A法人の従業員Dの行為によってC法人が処罰されることはない。

なお、行政処分に関しては、勧誘者の違反行為について特定転貸事業者が処分を受けることがありうる（法33条２項、34条２項、FAQ集５ No. ６）が、刑罰の適用については、勧誘者の処罰と特定転貸事業者の処罰とは厳に区別されるのであって、本肢の場合にはC法人は処罰されない。

エ　誤り　従業員Dは懲役または罰金に処せられる

従業員Dは違反行為を行った者だから、**懲役または罰金**に処せられる。賃貸住宅管理業法の両罰規定では、法人の従業者が法人の業務に関して違反行為をしたときは、行為者を罰するほか、その法人に対して各本条の罰金刑を科すると定められているのであり（法45条）、行為者は当然に処罰の対象である。

以上により、正しいものの組合せは**イ**、**ウ**であり、正解は肢❸となる。

※　令和４年に出題された際は正解肢なし。

基本テキスト　５編３章

令和５年 問34　⑤誇大広告

誇大広告等の禁止

重要度 S

問題 19　賃貸住宅管理業法に定める誇大広告等の禁止に関する次の記述のうち、誤っているものはどれか。

❶　広告に表示されている内容と客観的な事実の相違が、その相違を知っていれば通常その特定賃貸借契約に誘引されると判断されない程度であれば、禁止される誇大広告等に該当しない。

❷　「家賃保証」との表示は、実際の特定賃貸借契約において定期的な家賃の見直しが予定されていないことを隣接する箇所に表示していれば、禁止される誇大広告等に該当しない。

❸　「○年間借上げ保証」との表示は、保証期間中であっても特定転貸事業者から解約をする可能性があることが表示されていなければ、禁止される誇大広告等に該当する。

❹　「入居者のトラブルにつき24時間対応」との表示は、休日や深夜は実際に賃貸住宅の維持保全は実施せず、受付業務を実施しているに過ぎないときは、禁止される誇大広告等に該当する。

得点源！

【誇大広告等の禁止】

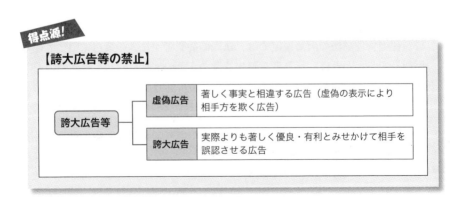

誇大広告等	虚偽広告	著しく事実と相違する広告（虚偽の表示により相手方を欺く広告）
	誇大広告	実際よりも著しく優良・有利とみせかけて相手を誤認させる広告

解説 正解：❷

❶ **正しい** 誇大広告等として禁止されるのは、①**虚偽広告**と②**誇大広告**である。著しく事実と相違する広告（虚偽の表示により相手方を欺く広告）が①の虚偽広告になる。

①の虚偽広告に関して、事実の相違が著しいかどうかは、**相違の程度が、広告に記載されていることと事実との相違を知っていれば、通常は契約に誘引されることはないであろう程度**かどうかによって判断される。誘引されないと判断される程度であれば、虚偽広告にはならず、禁止される誇大広告等にはあたらない（「解釈・運用の考え方」28条関係4、サブリースガイドライン4（5））。

②誇大広告とは、実際のものよりも著しく優良であり、もしくは有利であると人を誤認させるような表示のことを指します。

❷ **誤り** **サブリース業者からの減額請求が可能であることの明示が必要**

借地借家法に基づいてサブリース業者からの減額請求が可能であるにもかかわらず、その旨を表示せず、「○年家賃保証」という表示をして、一定期間家賃収入が保証されているかのように誤解されるような表示をしている場合には、定期的な家賃の見直しが予定されていないことを隣接する箇所に表示していても、誇大広告等にあたる（サブリースガイドライン4（7））。

❸ **正しい** **契約期間中であっても業者から解約することが可能**であるにもかかわらず、その旨を記載せずに、「30年一括借上げ」と表示をすることは、誇大広告等にあたる（サブリースガイドライン4（7））。

❹ **正しい** **実際は休日や深夜は受付業務のみ、または全く対応されない**にもかかわらず、「入居者のトラブルも24時間対応」と表示をすることは、誇大広告等にあたる（サブリースガイドライン4（7））。

基本テキスト 5編3章

令和４年 問36　⑤誇大広告

誇大広告等の禁止

重要度 A

問題 20　管理業法の定める誇大広告等の禁止に関する次の記述のうち、誤っているものはどれか。

❶ 広告の記載と事実との相違が大きくなくても、その相違を知っていれば通常その特定賃貸借契約に誘引されないと判断される程度であれば、虚偽広告に該当する。

❷ 一定期間一定の額の家賃を支払うことを約束する趣旨で広告に「家賃保証」と表示する場合には、その文言に隣接する箇所に借地借家法第32条の規定により家賃が減額されることがあることを表示しなければ、誇大広告に該当する。

❸ 広告に「○年間借上げ保証」と表示する場合には、その期間中であっても特定転貸事業者から解約をする可能性があることを表示しなければ、誇大広告に該当する。

❹ 良好な経営実績が確保されたとの体験談を用いる広告については、「個人の感想です。経営実績を保証するものではありません。」といった打消し表示を明瞭に記載すれば、誇大広告に該当しない。

得点源！

【誇大広告等の禁止の対象】（施行規則43条1号～4号）

① 家賃の額、支払期日および支払方法等の賃貸の条件ならびにその変更に関する事項（マスターリース契約において、サブリース業者からオーナーに支払う賃料等の条件に関する事項）
② 賃貸住宅の維持保全の実施方法
③ 賃貸住宅の維持保全に要する費用の分担に関する事項
④ マスターリース契約の解除に関する事項

解説 正解：❹

❶ **正しい** 虚偽広告（法28条）にあたるかどうかは、**著しく事実に相違する表示かどうか**による。「著しく」とは、事実（実際のもの）と表示の相違を知っていれば、通常契約に誘引されないと判断される程度であり、著しく事実に相違するかどうかは、相違の度合いの大きさだけではなく、表示内容全体から受ける印象と認識により総合的に判断される。

❷ **正しい** 「家賃保証」という表示をする場合には、隣接する箇所に、賃料は、**賃料減額請求**（借地借家法32条）**により減額される可能性があること**を表示しなければならない。減額される可能性があることの表示がない場合には誇大広告等になる（法28条、施行規則43条、サブリースガイドライン４（３）①）。

❸ **正しい** 広告表示においては、特定賃貸借契約（マスターリース契約）が解約可能であるにもかかわらず、契約期間中に解約されることはないと誤解させないようにしなければならない。「○年間借上げ保証」などの表示を行う場合は、期間中であっても、**特定転貸事業者からの解約がなされる可能性があること**などの表示が必要であり、表示がなければ誇大広告等になる（サブリースガイドライン４（３）④）。

❹ **誤り　体験談の広告は問題のある表示とされる場合がある**

賃貸住宅経営は賃貸住宅の立地等の個別の条件が大きな影響を与えるにもかかわらず、大多数の人がマスターリース契約を締結することで同じようなメリットを得ることができるという認識を抱いてしまうような体験談は、誇大広告等となる（サブリースガイドライン４（４））。

基本テキスト　5編3章

令和3年 問39 ⑤誇大広告

誇大広告等の禁止

重要度 A

問題 21 特定転貸事業者が特定賃貸借契約の条件について広告をする際に禁止される行為に当たるものに関する次の記述のうち、正しいものはいくつあるか。

ア 実際の周辺相場について調査していなかったが、「周辺相場より高い家賃で借り上げ」と表示した。

イ 大規模修繕積立金として月々の家賃から一定額を差し引く一方、日常修繕の費用負担は賃貸人に求めない予定であったため、「修繕費負担なし」と表示した。

ウ 契約を解除する場合には、月額家賃の数か月を支払う必要があるにもかかわらず、その旨を記載せずに、「いつでも借り上げ契約は解除できます」と表示した。

エ 借地借家法上の賃料減額請求が可能であるにもかかわらず、その旨を表示せず、「10年家賃保証」と表示した。

❶ 1つ
❷ 2つ
❸ 3つ
❹ 4つ

解説 正解：❹

ア　正しい　根拠のない算出基準で算出した家賃をもとに、「**周辺相場よりも当社は高く借り上げます**」と表示することは、誇大広告等にあたる（サブリースガイドライン４(7)①）。

誇大広告等の禁止の対象には、サブリース業者がオーナーに支払う家賃の額、支払期日および支払方法等の賃貸の条件ならびにその変更に関する事項が含まれている（法施行規則43条１号）。

イ　正しい　賃貸住宅の維持保全の費用の分担に関する事項は、誇大広告等として禁止の対象となる（法施行規則43条３号）。大規模修繕など、実際には一部の修繕費はオーナーが負担するにもかかわらず、「**修繕費負担なし**」といった表示をすることは、誇大広告等にあたる（サブリースガイドライン４(7)③）。

ウ　正しい　マスターリース契約の解除に関する事項は、誇大広告等として禁止の対象となる（法施行規則43条４号）。契約を解除する場合、実際には月額家賃の数か月を支払う必要があるにもかかわらず、その旨を記載せずに「**いつでも借り上げ契約は解除できます**」と表示することは、誇大広告等にあたる（サブリースガイドライン４(7)④）。

エ　正しい　サブリース業者がオーナーに支払う家賃の額、支払期日および支払方法等の賃貸の条件ならびにその変更に関する事項は、誇大広告等にあたる（法施行規則43条１号）。サブリース業者からの減額請求が可能であるにもかかわらず、その旨を表示せずに「**○年家賃保証！**」などと表示することは、誇大広告等にあたる（サブリースガイドライン４(7)①）。

以上により、正しいものは**ア、イ、ウ、エの４つ**であり、正解は肢❹となる。

基本テキスト　5編３章

令和５年 問35　⑥不当勧誘

不当勧誘等の禁止

重要度 S

問題 22　**賃貸住宅管理業法に定める不当勧誘行為等の禁止に関する次の記述のうち、不適切なものはどれか。**

❶　賃貸人から特定賃貸借契約の解除の申出があったため、翻意を促そうと賃貸人宅を訪れたところ、賃貸人から面会を拒否されたので、「なぜ会わないのか」と声を荒げて面会を強要する行為は、禁止される。

❷　特定転貸事業者の担当者が、特定賃貸借契約の相手方となろうとする者に対し、賃貸人からいつでも中途解約できると誤って告知した場合は、不当勧誘行為には該当しない。

❸　特定転貸事業者が、特定賃貸借契約の相手方になろうとする者に対し、維持保全に係る賃貸人の費用負担があるにもかかわらず、あえて負担なしと告知した場合、その者との間で実際に特定賃貸借契約が締結されなくとも、不当勧誘行為に該当する。

❹　不動産業者が、賃貸住宅用の土地の購入の勧誘とともに特定賃貸借契約の勧誘を行う場合には、土地の購入の勧誘を行う時点において、特定賃貸借契約のリスクを含めた事実を告知する必要がある。

得点源!

【不当な勧誘等の禁止】（法29条1号・2号、施行規則44条1号～4号）

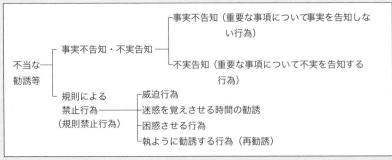

- 不当な勧誘等
  - 事実不告知・不実告知
    - 事実不告知（重要な事項について事実を告知しない行為）
    - 不実告知（重要な事項について不実を告知する行為）
  - 規則による禁止行為（規則禁止行為）
    - 威迫行為
    - 迷惑を覚えさせる時間の勧誘
    - 困惑させる行為
    - 執ように勧誘する行為（再勧誘）

解説

正解：❷

❶ **適切** 特定賃貸借契約の解除を妨げるために、**相手方を威迫する行為（威迫行為）は、不当勧誘等となる**（法29条２号、施行規則44条１号）。威迫行為は、相手方等に不安の念を抱かせる行為である。「なぜ会わないのか」などと声を荒げ、面会を強要し、相手方を拘束して動揺させるような行為は威迫にあたり、禁止されている（サブリースガイドライン５（７）①）。

❷ **不適切** **当然に知っていることを告げないのは不当勧誘等にあたる**

特定賃貸借契約の締結の勧誘をするに際し、**相手方の判断に影響を及ぼすこととなる重要なものにつき、不実のことを告げる行為（不実告知）は不当勧誘等**となる（法29条２号）。不実告知は、事実でないことを認識していながら（故意によって）事実に反することを告げることであるが、特定転貸事業者であれば当然に知っていると思われる事項を告げない場合には、故意が推認される（「解釈・運用の考え方」29条関係４、FAQ集４（３）No. 1)。賃貸人からいつでも中途解約できると誤って告知した場合は、不当勧誘等として禁止される行為にあたると考えられる。

❸ **適切** 不当勧誘等については、**事実の不告知・不実告知がなされれば禁止行為に該当する。実際に契約が締結されたか否か、実際に契約の相手方が契約解除を妨げられたか否かは問われない**（「解釈・運用の考え方」29条関係１・２、サブリースガイドライン５（２））。維持保全に係る賃貸人の費用負担があるにもかかわらず、あえて負担なしと告知した場合、実際に契約が締結されなくとも、禁止行為に該当する。

❹ **適切** 建設業者や不動産業者等が、賃貸住宅の建設や土地等の購入の勧誘とともに特定賃貸借契約の勧誘を行う場合には、**賃貸住宅の建設や土地等の購入の勧誘を行う時点において、特定賃貸借契約のリスクを含めた事実を告知**し、勧誘時点でオーナーとなろうとする者が特定賃貸借契約のリスクを十分に認識できるようにしなければならないものとされている（サブリースガイドライン５（８））。

基本テキスト　５編３章

令和3年 問40　⑥不当勧誘

不当勧誘の禁止

重要度 A

問題 23 特定賃貸借契約の締結について不当な勧誘を禁止される「勧誘者」に関する次の記述のうち、正しいものの組合せはどれか。

ア 勧誘者は、特定転貸事業者から委託料を受け取って勧誘の委託を受けた者に限られない。

イ 勧誘者が勧誘行為を第三者に再委託した場合、再委託を受けた第三者も勧誘者に該当する。

ウ 特定転貸事業者である親会社との間で特定賃貸借契約を結ぶよう勧める場合の子会社は、勧誘者にあたらない。

エ 勧誘者には不当な勧誘等が禁止されるが、誇大広告等の禁止は適用されない。

❶ ア、イ
❷ イ、ウ
❸ ウ、エ
❹ ア、エ

解説 正解：❶

ア 正しい 特定転貸事業者から**委託料を受け取って勧誘の委託を受けた者でなくても、勧誘者になる。**

賃貸住宅管理業法は、特定賃貸借契約の締結について、特定転貸事業者だけではなく、勧誘者についても同様に規制を加えている。勧誘者とは、特定転貸事業者が特定賃貸借契約の締結についての勧誘を行わせる者である（法28条）。勧誘者は、委託を受けて勧誘をする者に限られない。

「解釈・運用の考え方」には、「特定転貸事業者から委託を受けて勧誘を行う者が該当するほか、明示的に勧誘を委託されてはいないが、特定転貸事業者から勧誘を行うよう依頼をされている者や、勧誘を任されている者は該当し、依頼の形式は問わず、資本関係も問わないものとする」とされています（「解釈・運用の考え方」28条関係１）。

イ 正しい 勧誘者が勧誘行為を第三者に再委託した場合は、その**第三者も勧誘者**になる（「解釈・運用の考え方」28条関係１）。

ウ 誤り 親会社に特定賃貸借契約を勧める子会社も、勧誘者になる

勧誘者に該当するかどうかについて、資本関係の有無はかかわりがない。建設業者や不動産業者が、自社の親会社、子会社、関連会社の特定転貸事業者の特定賃貸借契約の内容や条件等を説明したり、特定賃貸借契約を結ぶことを勧めたりする場合、それらの者は勧誘者にあたる（FAQ集４(1)）。

エ 誤り 勧誘者には、誇大広告等の禁止も適用される

勧誘者は、誇大広告等の禁止（法28条）および不当な勧誘等の禁止（法29条）の対象となる。

契約の内容や条件等に触れずに単に事業者を紹介する行為は、勧誘者には含まれません（「解釈・運用の考え方」28条関係１）。

以上により、正しいものの組合せは**ア、イ**であり、正解は肢❶となる。

基本テキスト 5編３章

令和４年 問39　⑦特定賃貸借契約重要事項説明

特定賃貸借契約重要事項説明

重要度 A

問題 24 特定転貸事業者が、特定賃貸借契約を締結しようとする際に行う相手方への説明（以下、各問において「特定賃貸借契約重要事項説明」という。）に関する次の記述のうち、正しいものはどれか。

❶ 特定賃貸借契約重要事項説明は３年以上の実務経験を有する者によって行わなければならないが、これを満たす従業員がいない場合には、このような実務経験を有する第三者に委託して行わせることができる。

❷ 特定賃貸借契約重要事項説明から特定賃貸借契約の締結までに、１週間以上の期間をおかなければならない。

❸ 特定賃貸借契約の相手方が賃貸住宅管理業者である場合、特定賃貸借契約重要事項説明は省略してもよい。

❹ 特定賃貸借契約期間中に、特定賃貸借契約重要事項説明を行うべき事項に変更があった場合は、契約更新時にその旨の説明を行わなければならない。

得点源!

特定賃貸借契約（マスターリース契約）の相手方が、次の①～⑧である場合、重要事項説明義務を省略してよい（賃貸住宅管理業法30条１項かっこ書、施行規則45条１号～ 8号）。

① 特定転貸事業者
② 賃貸住宅管理業者
③ 宅地建物取引業者
④ 特定目的会社
⑤ 組合
⑥ 賃貸住宅に係る信託の受託者
⑦ 独立行政法人都市再生機構
⑧ 地方住宅供給公社

解説

正解：❸

❶ **誤り　重要事項説明を担当する者に制限はないが、委託はできない**

特定転貸事業者（サブリース業者）は、特定賃貸借契約（マスターリース契約）を締結する前に、賃貸住宅の賃貸人に対し、契約の内容および履行に関する重要事項について、書面を交付して説明しなければならない(法30条)。実際に重要事項の説明を担当する者については、**法律上の資格の制限はなく**、誰が担当してもよいが、第三者に委託することはできない。

❷ **誤り　重要事項説明の時期は契約締結前であればよい**

重要事項の説明は、特定賃貸借契約（マスターリース契約）の契約締結前に行わなければならないが、契約締結前であれば、**いつ行ってもよい。** 重要事項の説明から契約締結までに１週間程度の十分な期間をおくことが望ましい（「解釈・運用の考え方」30条関係１）とされているが、契約締結の１週間前に説明を行うことが法律上の義務というわけではない。

❸ **正しい**　特定賃貸借契約（マスターリース契約）の**相手方が賃貸住宅管理業者**である場合、特定賃貸借契約重要事項説明を行わなくてよい（法30条１項かっこ書、施行規則45条１号～８号)。

❹ **誤り　更新時でなく、変更契約が締結された際に、説明が必要**

特定賃貸借契約（マスターリース契約）の期間中であっても、特定賃貸借契約変更契約が締結された場合には、特定賃貸借契約における重要事項説明が必要となる。重要事項説明が必要となるのは**特定賃貸借契約変更契約が締結された場合**であって契約更新時ではない。また、重要事項説明事項の変更であっても、組織運営に変更のない商号または名称等の変更等、形式的な変更である場合は、特定賃貸借契約重要事項説明は行わなくてよい（「解釈・運用の考え方」30条関係１)。本肢は、契約更新時に説明を行わせなければならないとする点、および形式的な変更を除外していない点において、誤りであると思料される。

基本テキスト　5編３章

令和５年 問36　⑦特定賃貸借契約重要事項説明

特定賃貸借契約重要事項説明

重要度 S

問題 25 特定転貸事業者が、特定賃貸借契約を締結しようとする際に行う相手方への説明（以下、各問において「特定賃貸借契約重要事項説明」という。）に関する次の記述のうち、誤っているものはどれか。

❶ 賃貸住宅管理業務の委託を受けている物件について、新たに特定賃貸借契約を締結する場合、特定賃貸借契約重要事項説明が必要である。

❷ 特定賃貸借契約を締結する建物所有者に相続が発生した場合、各相続人に対し特定賃貸借契約重要事項説明を行うことが望ましい。

❸ 賃貸住宅管理業法施行前に締結されたマスターリース契約の契約期間が、同法施行後に満了し、契約を更新する場合、契約の内容に従前と変更がない場合であっても、特定賃貸借契約重要事項説明が必要である。

❹ 特定賃貸借契約を締結する建物所有者が当該建物を売却し、従前の建物所有者の賃貸人たる地位が同一内容によって新たな賃貸人に移転する場合、新たな賃貸人に特定賃貸借契約の内容が分かる書類を交付することが望ましい。

解説 正解：❸

❶ **正しい** 特定転貸業者（サブリース業者）は、特定賃貸借契約（マスターリース契約）を締結しようとするときは、契約締結までに、特定賃貸借契約の内容およびその履行に関する重要事項について、書面を交付して説明しなければならない（法30条１項）。従前から賃貸住宅管理業務の委託を受けている物件が対象となる場合でも、**新たに特定賃貸借契約を締結するのであれば、特定賃貸借契約重要事項説明を行う義務がある。**

❷ **正しい** 賃貸住宅について、特定賃貸借契約期間中に相続によって賃貸人が変更された場合、従前と同一の内容で契約が承継されるとしても、**新たな賃貸人（相続人）に遅滞なく特定賃貸借契約の内容が分かる書類を交付することが望ましい**とされている（FAQ集４（４）No.18）。

❸ **誤り 契約の内容に変更がなければ説明は不要**

法施行前に締結された特定賃貸借契約において、重要事項説明を行っていない場合には、変更契約を締結するにあたっては、全ての説明事項の説明を行うことが必要である。しかし、法施行後に期間が満了し、**契約の内容に変更がなく、契約の同一性を保ったままで契約期間のみを延長する場合**は、説明は行わなくてよい（「解釈・運用の考え方」30条関係１）。

❹ **正しい** 賃貸住宅について、特定賃貸借契約期間中にオーナーチェンジ等によって賃貸住宅の所有権が移転した場合には、賃貸人の地位は当然に新所有者に承継される。この場合には従前と同一の内容で特定賃貸借契約が承継されるのであるが、特定転貸業者（サブリース業者）としては、**新たな賃貸人（譲受人）との関係においては、遅滞なく特定賃貸借契約の内容が分かる書類を交付することが望ましい**とされている（FAQ集４（４）No.18）。

基本テキスト ５編３章

令和３年 問38　⑦特定賃貸借契約重要事項説明

特定賃貸借契約重要事項説明

重要度 A

問題 26 特定転貸事業者が、特定賃貸借契約を締結しようとする際に行う相手方への説明に関する次の記述のうち、最も不適切なものはどれか。

❶ 説明の前に管理業法第30条に規定する書面（以下、本問において「特定賃貸借契約重要事項説明書」という。）等を送付しておき、送付から一定期間後に説明を実施した上で速やかに契約書を取り交わした。

❷ 相手方とは、既に別の賃貸住宅について特定賃貸借契約を締結していたため、その契約と同じ内容については特定賃貸借契約重要事項説明書への記載を省略した。

❸ 相手方への説明を、賃貸不動産経営管理士の資格を有しない従業者に行わせた。

❹ 賃貸住宅の修繕は、特定転貸事業者が指定した業者に施工させなければならないという条件を契約に盛り込むこととし、その旨説明した。

解説

正解：❷

❶ **適切** 特定転貸事業者は、契約締結前に、契約の相手方となろうとする者に対し、必要事項について書面を交付して説明しなければならない（締結前説明。法30条１項）。また、説明の実施時期については、『相手方となろうとする者が契約内容とリスク事項を十分に理解した上で契約を締結できるよう、説明から契約締結までに**１週間程度の期間**をおくことが望ましい』とされている（「解釈・運用の考え方」30条関係１）。

なお、あわせて、説明から契約締結までの期間を短くせざるを得ない場合には、事前に特定賃貸借契約重要事項説明書等を送付し、その送付から一定期間後に、説明を実施するなどして、相手方となろうとする者が契約締結の判断を行うまでに十分な時間をとることが望ましいとされています。

❷ **最も不適切** **契約内容が同じでも、必要事項の記載を省略できない**

別の賃貸住宅について特定賃貸借契約を締結し、たとえ同じ内容だったとしても、書面への必要事項の記載を省略することはできない。

❸ **適切** 契約締結前の説明を実施する者については、賃貸住宅管理業法上、制限されていない。つまり、**特定転貸事業者の従業員**であればよく、賃貸不動産経営管理士の資格を有しない者が説明をしてもかまわない。

なお、「解釈・運用の考え方」では、「一定の実務経験を有する者や賃貸不動産経営管理士（一般社団法人賃貸不動産経営管理士協議会の賃貸不動産経営管理士資格制度運営規程に基づく登録を受けている者）など、専門的な知識及び経験を有する者によって行われることが望ましい」とされていますが（「解釈・運用の考え方」30条関係１）、資格を有する従業員に行わせることは法的な義務ではありません。

❹ **適切** 締結前説明における説明事項として、「特定転貸事業者が行う賃貸住宅の維持保全に要する費用の分担に関する事項」が定められており（法30条１項、施行規則46条５号）、修繕等の際に「**特定転貸事業者が指定する業者が施工する**」といった条件を定める場合は、必ずその旨を記載し、説明することが必要とされている（「解釈・運用の考え方」30条関係２(5)）。

基本テキスト 5編３章

令和５年 問37　⑦特定賃貸借契約重要事項説明

特定賃貸借契約重要事項説明

重要度 S

問題 27

特定転貸事業者が行う特定賃貸借契約重要事項説明において、特定賃貸借契約の相手方になろうとする者に交付すべき書面（以下、各問において「特定賃貸借契約重要事項説明書」という。）に記載して説明すべき事項に関する次の記述のうち、誤っているものはどれか。

❶ 特定賃貸借契約の対象となる賃貸住宅の建物設備

❷ 賃貸人が賠償責任保険に加入しない場合は、その旨

❸ 特定転貸事業者が行う維持保全の実施状況を賃貸人へ報告する頻度

❹ 特定賃貸借契約の期間は家賃が固定される期間ではない旨

解説 　　　　　　　　　　　　　　　　　　　　　　　　　　　　**正解：❷**

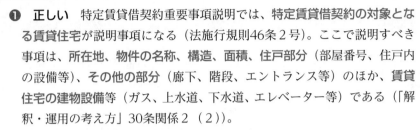

❶ **正しい**　特定賃貸借契約重要事項説明では、**特定賃貸借契約の対象となる賃貸住宅**が説明事項になる（法施行規則46条２号）。ここで説明すべき事項は、**所在地、物件の名称、構造、面積、住戸部分**（部屋番号、住戸内の設備等）、**その他の部分**（廊下、階段、エントランス等）のほか、**賃貸住宅の建物設備**等（ガス、上水道、下水道、エレベーター等）である（「解釈・運用の考え方」30条関係２（２））。

なお、**附属設備**（駐車場、自転車置き場等）等も説明事項である。

❷ **誤り**　**賠償責任保険への加入が義務でない場合は不要**

特定賃貸借契約重要事項説明では、**責任および免責**に関する事項が説明事項になる（施行規則46条８号）。ここで賃貸人に賠償責任保険等への加入の義務がある場合には、賃貸人賠償責任保険等への加入が説明事項となるが（「解釈・運用の考え方」30条関係２（８））、他方、賃貸人に**賠償責任保険等への加入の義務がない場合**には、**加入義務がないことは説明事項ではない**。

❸ **正しい**　特定賃貸借契約重要事項説明では、特定賃貸借契約の相手方に対する**維持保全の実施状況の報告**に関する事項が説明事項になる（施行規則46条６号）。ここでは**報告内容や報告の頻度**が説明事項に含まれる（「解釈・運用の考え方」30条関係２（６））。

❹ **正しい**　特定賃貸借契約重要事項説明では、**契約期間に関する事項**が説明事項になる（施行規則46条９号）。契約期間に関する事項としては、**契約の類型**（普通借家契約、定期借家契約）とともに、**契約の始期、終期、期間**を説明すること、およびさらに、**契約期間は家賃が固定される期間ではないこと**の説明も必要である（「解釈・運用の考え方」30条関係２（９））。

基本テキスト　５編３章

令和５年 問38　⑦特定賃貸借契約重要事項説明

特定賃貸借契約重要事項説明

重要度 S

問題 28 **特定賃貸借契約における建物所有者の金銭負担等に関する次の記述のうち、誤っているものはどれか。**

❶ 特定転貸事業者が行う維持保全について、費用負担者が設備により異なる場合は、特定賃貸借契約重要事項説明書には設備ごとの負担者を記載しなければならない。

❷ 特定賃貸借契約で定める引渡日に物件を引き渡さないことで建物所有者が負うことになる違約金を定める場合は、その内容を特定賃貸借契約重要事項説明書に記載しなければならない。

❸ 特定賃貸借契約を、定期建物賃貸借により締結する場合、家賃は減額できない旨の特約を定めていても、特定転貸事業者は家賃の減額請求ができる場合があることを建物所有者に説明しなければならない。

❹ 特定転貸事業者が維持保全を行う設備について、経年劣化の修繕費用を建物所有者の負担とする場合、その旨を特定賃貸借契約重要事項説明書に記載しなければならない。

解説 　　　　　　　　　　　　　　　　　　　　　　　　　正解：❸

❶ **正しい**　特定賃貸借契約重要事項説明では、**維持保全に要する費用の分担**に関する事項が、説明事項となっている（法施行規則46条５号）。**費用負担者が設備により異なる場合**は、賃貸人と特定転貸事業者のどちらが、費用を負担するかについて、**設備ごとに具体的な内容**を書面に記載することを要する（「解釈・運用の考え方」30条関係２（５））。

❷ **正しい**　特定賃貸借契約重要事項説明では、**違約金**に関する事項が、説明事項となっている（施行規則46条７号）。**引渡日に物件を引き渡さない場合の債務不履行の違約金**を定める場合は、その内容を書面に記載することを要する（「解釈・運用の考え方」30条関係２（７））。

❸ **誤り**　**定期建物賃貸借による場合、家賃減額ができない旨の特約は有効だから説明事項ではない**

定期建物賃貸借により特定賃貸借契約を締結する場合、家賃は減額できない旨の特約は有効である（「解釈・運用の考え方」30条関係２（14）③）。定期建物賃貸借において家賃は減額できない旨の特約があっても家賃の減額請求ができる場合があるというのは誤りであって、説明事項ではない。

なお、普通借家契約で特定賃貸借契約を締結する場合には、一定期間特定転貸事業者から家賃の減額はできないものとする等の内容が契約に盛り込まれていたとしても、借地借家法第32条に基づき、特定転貸事業者から家賃の減額請求をすることができますから、家賃の減額請求ができることを記載して説明しなければならなりません（「解釈・運用の考え方」30条関係２（14）①）。

❹ **正しい**　特定賃貸借契約重要事項説明では、**特定転貸事業者が行う賃貸住宅の維持保全に要する費用の分担**に関する事項が、説明事項となっている（施行規則46条５号）。賃貸人負担となる経年劣化など、賃貸人と特定転貸事業者のどちらが、費用を負担するかの具体的な分担を書面に記載することを要するのであり（「解釈・運用の考え方」30条関係２（５））、経年劣化の修繕費用を賃貸人負担とする場合には、その旨を特定賃貸借契約重要事項説明書に記載しなければならない。

基本テキスト　５編３章

令和４年 問40　⑦特定賃貸借契約重要事項説明

特定賃貸借契約重要事項説明

重要度 A

問題 29 特定賃貸借契約重要事項説明に関する次の記述のうち、正しいものはどれか。

❶ 特定賃貸借契約において家賃改定日を定める場合はその旨を説明すればよく、これに加えて借地借家法に基づく減額請求について説明する必要はない。

❷ 特定賃貸借契約を賃貸人と特定転貸事業者との協議の上で更新することができることとする場合は、その旨を説明すればよく、更新拒絶に正当な事由が必要である旨を説明する必要はない。

❸ 特定賃貸借契約が終了した場合に賃貸人が特定転貸事業者の転貸人の地位を承継することとする定めを設ける場合は、その旨に加えて、賃貸人が転貸人の地位を承継した場合に正当な事由なく入居者の契約更新を拒むことはできないことを説明しなければならない。

❹ 特定賃貸借契約を定期建物賃貸借契約によらない建物賃貸借とする場合は、その旨に加えて、契約期間中に家賃の減額はできないとの特約を定めることはできないことを説明しなければならない。

得点源!

特定賃貸借契約を普通建物賃貸借で契約した場合の特約と借地借家法32条

特定賃貸借駅約を定期建物賃貸借とした場合であって、家賃の減額請求ができないとする特約があるときには、借地借家法32条の適用はなく、特定転貸事業者から家賃の減額請求はできないことが説明事項になる（「解釈・運用の考え方」30条関係２（14）③）。

解説 正解：❸

❶ **誤り　減額請求も重要事項説明の対象**

家賃・敷金等の額、支払期日、支払方法等の賃貸の条件、その変更が、特定賃貸借契約の重要事項説明における説明事項とされている（法施行規則46条３号）。借地借家法に基づく減額請求など、契約期間中の家賃変更の可能性も説明を要する（「解釈・運用の考え方」30条関係２（３）、サブリースガイドライン６（５）④）。

❷ **誤り　契約の更新拒絶等に関する事項も説明対象**

特定賃貸借契約の**更新および解除**に関する事項が説明事項とされている（法施行規則46条12号）。更新に関する事項とは、両者の協議のうえ、更新することができる等の条項である。更新拒絶に正当な事由が必要であることなど、契約の更新拒絶等に関する借地借家法の規定の概要も説明が必要である（「解釈・運用の考え方」30条関係２（12）、サブリースガイドライン６（５）⑫）。

❸ **正しい**　特定賃貸借契約の終了の際の、**特定転貸事業者の権利義務の承継**に関する事項が説明事項とされている（法施行規則46条13号）。特定賃貸借契約に、特定賃貸借契約が終了したときには賃貸人が特定転貸事業者の転貸人の地位を承継する旨の定めが設けられていれば、その旨を説明することを要する。加えて、賃貸人が転貸人の地位を承継した場合、正当な事由なく入居者の契約更新を拒むことはできないこともあわせて説明しなければならない（「解釈・運用の考え方」30条関係２（13）、サブリースガイドライン６（５）⑬）。

❹ **誤り　家賃減額できない旨の特約の説明は必要ではない**

特定賃貸借契約を定期建物賃貸借でない契約（普通建物賃貸借）とした場合であって、家賃の減額請求ができないとする特約がないときには、「そのような内容の特約を定めることができない」という説明は不要である。なお、家賃の減額請求ができないとする特約がある場合には、特約があっても家賃の減額請求をすることができるとの説明が必要である（「解釈・運用の考え方」30条関係２（14）、ガイドライン６（５）14）。

基本テキスト　5編3章

令和３年 問37　⑦特定賃貸借契約重要事項説明

特定賃貸借契約説明事項

重要度 A

問題 30 特定転貸事業者が特定賃貸借契約を締結しようとするときに契約の相手方となろうとする者に説明しなければならない事項に関する次の記述のうち、正しいものはいくつあるか。

ア　特定賃貸借契約の対象となる賃貸住宅の面積

イ　特定賃貸借契約の相手方に支払う家賃の設定根拠

ウ　特定賃貸借契約の相手方に支払う敷金がある場合はその額

エ　特定転貸事業者が賃貸住宅の維持保全を行う回数や頻度

❶　1つ
❷　2つ
❸　3つ
❹　4つ

得点源!

【マスターリース契約の説明事項】

① サブリース業者（特定転貸事業者）の商号、名称または氏名および住所
② 対象となる賃貸住宅
③ 家賃の額、支払期日および支払方法等の賃貸の条件ならびにその変更に関する事項
④ 賃貸住宅の維持保全の実施方法
⑤ 賃貸住宅の維持保全に要する費用の分担に関する事項
⑥ 維持保全の実施状況の報告に関する事項
⑦ 損害賠償額の予定または違約金に関する事項
⑧ 責任および免責に関する事項
⑨ 契約期間に関する事項
⑩ 転借人の資格その他の転貸の条件に関する事項
⑪ 賃貸住宅の維持保全の実施方法（④）についての、転借人への周知に関する事項
⑫ マスターリース契約の更新および解除に関する事項
⑬ マスターリース契約が終了した場合における特定転貸事業者の権利義務の承継
⑭ 借地借家法その他特定賃貸借契約に係る法令に関する事項の概要

（法30条１項、施行規則46条１号～ 14号）

解説

正解：❹

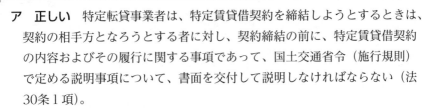

ア　正しい　特定転貸事業者は、特定賃貸借契約を締結しようとするときは、契約の相手方となろうとする者に対し、契約締結の前に、特定賃貸借契約の内容およびその履行に関する事項であって、国土交通省令（施行規則）で定める説明事項について、書面を交付して説明しなければならない（法30条１項）。

その説明事項には「特定賃貸借契約の対象となる賃貸住宅」が含まれ（法施行規則46条２号）、その内容として、所在地、物件の名称、構造、**面積**、住戸部分（部屋番号、住戸内の設備等）等を説明する（「解釈・運用の考え方」30条関係２(2)）。

イ　正しい　説明事項には「特定賃貸借契約の相手方に支払う家賃の額、支払期日および支払方法等の賃貸の条件ならびにその変更に関する事項」が含まれ（法施行規則46条３号）、家賃については**設定根拠**を説明する（「解釈・運用の考え方」30条関係２(3)）。

なお、家賃の設定根拠については、近傍同種の家賃相場を示すなどして書面に記載のうえ、説明しなければなりません。

ウ　正しい　説明事項には「特定賃貸借契約の相手方に支払う家賃の額、支払期日及び支払方法等の賃貸の条件並びにその変更に関する事項」が含まれ（法施行規則46条３号）、家賃のほか、敷金がある場合も、家賃と同様に、**その額、敷金の設定根拠**などを説明しなければならない（「解釈・運用の考え方」30条関係２(3)）。

エ　正しい　説明事項には「特定転貸事業者が行う賃貸住宅の維持保全の実施方法」が含まれ（法施行規則46条４号）、**維持保全の内容について回数や頻度**を明示のうえ、可能な限り具体的に記載し、説明しなければならない（「解釈・運用の考え方」30条関係２(4)）。

以上により、正しいものは**ア、イ、ウ、エの４つ**であり、正解は肢❹となる。

基本テキスト　5編3章

令和４年 問38 ⑧特定賃貸借契約の締結時書面

特定賃貸借契約の締結時書面

重要度 B

問題 31 特定転貸事業者が特定賃貸借契約を締結したときに賃貸人に対して交付しなければならない書面（以下、本問において「特定賃貸借契約締結時書面」という。）に関する次の記述のうち、正しいものはどれか。

❶ 特定賃貸借契約書をもって特定賃貸借契約締結時書面とすることはできるが、特定賃貸借契約書と、特定転貸事業者が賃貸住宅の維持保全について賃貸人から受託する管理受託契約書を兼ねることはできない。

❷ 特定賃貸借契約締結時書面は、特定賃貸借契約を締結したときに遅滞なく交付しなければならない。

❸ 特定賃貸借契約締結時書面は、相手方と契約を締結したときのみならず、相手方との契約を更新したときにも、その都度作成しなければならない。

❹ 特定賃貸借契約締結時書面を電磁的方法で提供する場合、相手方がこれを確実に受け取ることができるよう、用いる方法について相手方の書面による承諾が必要である。

解説　　正解：❷

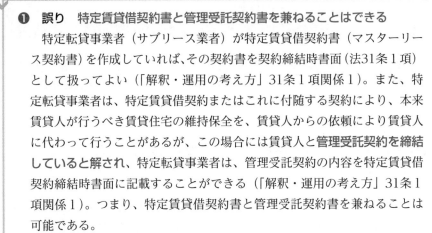

❶ **誤り　特定賃貸借契約書と管理受託契約書を兼ねることはできる**

特定転貸事業者（サブリース業者）が特定賃貸借契約書（マスターリース契約書）を作成していれば、その契約書を契約締結時書面（法31条1項）として扱ってよい（「解釈・運用の考え方」31条1項関係1）。また、特定転貸事業者は、特定賃貸借契約またはこれに付随する契約により、本来賃貸人が行うべき賃貸住宅の維持保全を、賃貸人からの依頼により賃貸人に代わって行うことがあるが、この場合には賃貸人と**管理受託契約を締結していると解され**、特定転貸事業者は、管理受託契約の内容を特定賃貸借契約締結時書面に記載することができる（「解釈・運用の考え方」31条1項関係1）。つまり、特定賃貸借契約書と管理受託契約書を兼ねることは可能である。

❷ **正しい**　特定転貸事業者が特定賃貸借契約を締結したときの契約締結時書面は、**契約を締結したときに**、**遅滞なく**、これを交付しなければならない（法31条1項）。

❸ **誤り　契約更新の際に特定賃貸借契約締結時書面の交付は不要**

特定賃貸借契約の変更契約を締結する場合には、特定賃貸借契約締結時書面を交付する必要があるが、契約内容に変更がなければ、更新時に書面交付は不要である（「解釈・運用の考え方」31条1項関係2）。

❹ **誤り　書面による承諾は不要**

特定賃貸借契約締結時書面の交付に代えて、賃貸住宅の賃貸人（相手方）の承諾を得て、書面に記載すべき事項を電磁的方法により提供することができる（法31条2項、30条2項前段、「解釈・運用の考え方」31条1項関係1）。相手方の承諾の方法については、書面による承諾でなくてもよい。なお、相手方の承諾を得て、書面に記載すべき事項を電磁的方法により提供をした場合には、書面を交付したものとみなされる。

基本テキスト　5編3章

令和３年 問36　⑧特定賃貸借契約の締結時書面

特定賃貸借契約の締結時書面

重要度 B

問題 32 **特定転貸事業者が特定賃貸借契約を締結したときに賃貸人に対して交付しなければならない書面（以下、「特定賃貸借契約締結時書面」という。）に関する次の記述のうち、誤っているものはどれか。**

❶ 特定賃貸借契約締結時書面は、特定賃貸借契約書と同時に賃貸人に交付する必要はない。

❷ 特定転貸事業者が特定賃貸借契約を更新する際、賃貸人に支払う家賃を減額するのみでその他の条件に変更がなければ、特定賃貸借契約締結時書面の交付は不要である。

❸ 特定賃貸借契約締結時書面に記載すべき事項を電磁的方法により提供する場合、あらかじめ相手方の承諾を得なければならない。

❹ 特定転貸事業者が特定賃貸借契約締結時書面の交付を怠った場合、50万円以下の罰金に処される場合がある。

得点源!

【契約締結時の書面の記載事項】

① 契約対象の賃貸住宅
② 契約の相手方（賃貸人）に支払う家賃その他賃貸の条件に関する事項
③ サブリース業者が行う賃貸住宅の維持保全の実施方法
④ 契約期間
⑤ 転借人の資格その他の転貸の条件
⑥ 契約の更新または解除に関する定めがあるときは、その内容
⑦ サブリース業者の商号、名称または氏名および住所
⑧ サブリース業者が行う賃貸住宅の維持保全に要する費用の分担に関する事項
⑨ 契約の相手方（賃貸人）に対する維持保全の実施状況の報告に関する事項
⑩ 損害賠償額の予定または違約金に関する定めがあるときは、その内容
⑪ 責任および免責に関する定めがあるときは、その内容
⑫ 転借人に対するサブリース業者が行う賃貸住宅の維持保全の実施方法（③）の周知に関する事項
⑬ マスターリース契約が終了した場合における特定転貸事業者の権利義務の承継に関する事項

（法31条1項1号～7号、施行規則48条1号～7号）

解説 正解：❷

❶ **正しい** 特定転貸事業者は、特定賃貸借契約を締結したときは、相手方に対し、遅滞なく、必要事項を記載した契約締結時書面を交付しなければならない（法31条1項）。つまり、本肢のように、**契約と同時に交付する必要はない**。

❷ **誤り 家賃を減額する変更だけでも、契約締結時書面の交付が必要**

特定賃貸借契約の更新の際、**家賃減額のみの変更**であっても、契約締結時書面を交付しなければならない。

更新に際して交付する契約締結時書面については、特定転貸事業者が当初の契約と異なる内容で更新する場合に交付するものとされる。「当初の契約と異なる内容」とは、契約内容のうち、少なくとも法第31条第1項および施行規則第48条各号が規定する事項が当初契約と異なる場合であると考えられている（「解釈・運用の考え方」31条関係2）。つまり、更新の際に、家賃減額のみ変更し、その他の条件に変更がなくても、契約締結時書面の交付は義務となる。

❸ **正しい** 特定転貸事業者は、契約締結時書面の交付に代えて、書面に記載すべき事項を電磁的方法により提供することができる。その場合には、**あらかじめ相手方となろうとする者の承諾**が必要になる（法31条2項、30条2項本文）。

❹ **正しい** 特定転貸事業者が、契約締結時書面を交付する義務に違反して書面を交付しなかった場合には、**50万円以下の罰金**に処される（法43条、31条1項）。

基本テキスト 5編3章

令和５年 問39　⑨特定賃貸借標準契約書

特定賃貸借標準契約書

重要度 S

問題 33　特定賃貸借標準契約書（国土交通省不動産・建設経済局令和３年４月23日更新）に準拠して特定賃貸借契約を締結した場合における次の記述のうち、誤っているものはどれか。

❶　貸主は、借主が建物の維持保全を行うために必要な情報を提供しなければならない。

❷　借主は、貸主が承諾した場合であっても、賃借権の一部を反社会的勢力に譲渡することはできない。

❸　借主は、清掃業務を第三者に再委託することができる。

❹　借主は、建物の維持保全の実施状況について、貸主と合意した頻度で報告の期日を定めた場合は、それ以外の時期に貸主から求められても実施状況について報告する必要はない。

解説　　正解：❹

❶ **正しい**　特定賃貸借標準契約書には「甲（貸主）は、乙（借主）が**管理業務を行うために必要な情報**を提供しなければならない」と定められている（特定賃貸借標準契約書10条５項）。

❷ **正しい**　特定賃貸借標準契約書においては、乙（借主）は、事前の甲の書面または電磁的方法による承諾があれば、賃借権を譲渡することができるが（特定賃貸借標準契約書16条１項）、反社会的勢力に関しては「乙は、**甲の承諾の有無にかかわらず、本物件の全部又は一部につき、反社会的勢力に賃借権を譲渡してはならない**」とされている（同契約書８条２項）。

❸ **正しい**　特定賃貸借標準契約書においては、「乙は、頭書（６）に記載する**維持保全を行わなければならない**」（特定賃貸借標準契約書10条１項）、「乙は、頭書（６）に記載する業務の一部を、頭書（６）に従って、**他の者に再委託することができる**」（同契約書10条２項）と定められており、清掃業務について頭書（６）に記載すれば、第三者に再委託することができる。

❹ **誤り　貸主から求められた場合は報告する必要がある**

特定賃貸借標準契約書においては、「乙は、甲と合意に基づき定めた期日に、甲と合意した頻度に基づき定期に、甲に対し、維持保全の実施状況の報告をするものとする」と定められているが（特定賃貸借標準契約書13条１項前段）、加えて「前項の規定による報告のほか、甲は、**必要があると認めるとき**は、乙に対し、維持保全の実施状況に関して報告を求めることができる」とされている（同契約書13条２項）。つまり、借主は、建物の維持保全の実施状況について、貸主と合意した頻度で報告の期日を定めた場合であっても、それ以外の時期に貸主から求められたときには、実施状況について報告する必要がある。

基本テキスト　５編３章

令和４年 問41　⑨特定賃貸借標準契約書

特定賃貸借標準契約書

重要度 A

問題 34　**特定賃貸借標準契約書**（国土交通省不動産・建設経済局令和３年４月23日更新）**に関する次の記述のうち、正しいものはどれか。なお、特約はないものとする。**

❶　特定賃貸借標準契約書では、貸主は、借主が家賃支払義務を３か月分以上怠っている場合であっても、相当の期間を定めて当該義務の履行を催告することなく契約を解除することはできないとされている。

❷　特定賃貸借標準契約書は、賃貸住宅において借主が住宅宿泊事業法に基づく住宅宿泊事業（いわゆる民泊）を目的として転貸することは認めないことが前提とされているため、民泊を認める場合は、特約事項欄に記載する必要がある。

❸　特定賃貸借標準契約書によれば、借主は、賃貸住宅の適切な維持保全を行うために必要な事項については、書面により貸主に情報の提供を求めなければならない。

❹　特定賃貸借標準契約書によれば、特定賃貸借契約が終了した場合において借主が転借人から敷金の交付を受けているときは、これを転借人との間で精算し、転借人から貸主に敷金を交付させなければならない。

解説　　正解：❶

❶ **正しい**　特定賃貸借標準契約書には、「甲（貸主）は、乙（借主）が次に掲げる場合において、甲が相当の期間を定めて当該義務の履行を催告したにもかかわらず、その期間内に当該義務が履行されないときは、本契約を解除することができる。一 第５条第１項に規定する家賃支払義務を３か月分以上怠った場合」と定められている（特定賃貸借標準契約書18条１項１号）。借主が家賃支払義務を３か月分以上怠っている場合であっても、貸主は、**相当の期間を定めて当該義務の履行を催告しなければ**、契約を解除することはできない。

❷ **誤り　民泊を認めるか否かは選ぶことができる**
特定賃貸借標準契約書には、「甲は、頭書（８）に記載する転貸の条件に従い乙が本物件を転貸することを承諾する」と定められ（特定賃貸借標準契約書９条１項）、転貸の条件を頭書に明記する形となっている。頭書（８）には、「民泊（住宅に人を宿泊させるサービス）の可否」について、可・否のいずれかを選択したうえで、可の場合は、住宅宿泊事業の種類を選択するものとされている。賃貸住宅において借主が住宅宿泊事業法に基づく住宅宿泊事業（いわゆる民泊）を目的として転貸することは認めないことが前提とされているのではなく、認めるか認めないかを選ぶことができる。

住宅宿泊事業法に基づく住宅宿泊事業、または国家戦略特区法に基づく外国人滞在施設経営事業のいずれかにチェックを入れる方式となっています。

❸ **誤り　借主に情報提供を求める義務はない**
特定賃貸借標準契約書には、「甲は、乙が管理業務を行うために必要な情報を提供しなければならない」として、貸主の情報提供義務が定められている（特定賃貸借標準契約書10条５項）。借主に情報の提供を求めることを義務づけているのではなく、**貸主に情報の提供を義務づけている**。

❹ **誤り　契約終了後は貸主に敷金返還義務が引き継がれる**
特定賃貸借標準契約書には、「本契約が終了した場合には、**甲は、転貸借契約における乙の転貸人の地位を当然に承継する**」と定められている（特定賃貸借標準契約書21条１項）。特定賃貸借契約が終了した場合において借主が転借人から敷金の交付を受けているときは、これを転借人との間で精算するのではなく、貸主に転貸人の地位を承継させ、貸主に敷金の返還義務を引き継がせることとなる。

基本テキスト　５編３章

令和３年 問33　⑨特定賃貸借標準契約書

特定賃貸借標準契約書

重要度 A

問題 35　特定賃貸借標準契約書（国土交通省不動産・建設経済局令和３年４月23日更新。以下、各問において同じ。）に関する次の記述のうち、最も適切なものはどれか。ただし、特約はないものとする。

❶ 特定賃貸借標準契約書では、賃貸住宅内の修繕を借主が実施するとしている場合には、転貸借契約終了時の賃貸住宅内の修繕は、貸主と協議をすることなく借主がその内容及び方法を決定することができるとされている。

❷ 特定賃貸借標準契約書では、転貸借契約を定期建物賃貸借にするか否かは、借主と転借人との間の合意により自由に決定することができるとされている。

❸ 特定賃貸借標準契約書では、転借人が賃貸借の目的物を反社会的勢力の事務所に供していた場合には、借主は、催告をすることなく、転貸借契約を解除することができるとされている。

❹ 特定賃貸借標準契約書では、転貸借契約から生じる転借料と転借人から交付された敷金は、借主の固有の財産及び他の貸主の財産と分別したうえで、まとめて管理することができるとされている。

解説　　　　正解：❸

❶ 不適切　修繕は、貸主と協議のうえで行わなければならない

「借主が修繕を実施する」とされている場合でも、貸主と協議をすることなく借主がその内容および方法を決定することはできない。

特定賃貸借標準契約書には、『乙（借主）は、頭書（6）に記載する維持保全を行わなければならない』（特定賃貸借標準契約書10条1項）、『乙が頭書（6）に定められている修繕を行うに際しては、その内容及び方法についてあらかじめ甲（貸主）と協議して行う』（特定賃貸借標準契約書11条9項）とされています。

❷ 不適切　借主と転借人の合意により自由に決定することはできない

転貸借契約を定期建物賃貸借にするか否かは、借主と転借人との間で自由に決定することができる事項にはなっていない。

特定賃貸借標準契約書は、『甲（貸主）は、頭書（8）に記載する転貸の条件に従い乙（借主）が本物件を転貸することを承諾する』（特定賃貸借標準契約書9条1項本文）としたうえで、普通賃貸借契約と定期賃貸借契約のいずれかを選択する形式になっている。

❸ 最も適切　特定賃貸借標準契約書では、転貸借契約において転借人が反社会的勢力を居住させることを禁止し（特定賃貸借標準契約書9条2項3号ハ）、転借人が禁止状況に違反した場合には、借主が無催告で転貸借契約を解除できるとすること（同契約書9条2項5号）を転貸の条件としている。つまり、転借人が賃貸借の目的物を反社会的勢力の事務所に供していた場合には、借主は、**催告をすることなく**、転貸借契約を解除することができる。

❹ 不適切　転借料と敷金をまとめて管理することはできない

借主は、転借人から交付された敷金を、自己の固有財産および他の貸主の財産と分別して管理しなければならない。

特定賃貸借標準契約書では、『乙（借主）は、転貸借契約から生じる転借人の債務の担保として転借人から交付された敷金』について、『**整然と管理**する方法により、自己の固有財産及び他の賃貸人の財産と分別して管理しなければならない』とされている（特定賃貸借標準契約書9条3項）。

基本テキスト　5編3章

令和３年 問34　⑨特定賃貸借標準契約書

特定賃貸借標準契約書

重要度 A

問題 36　**特定賃貸借標準契約書に関する次の記述のうち、最も不適切なものはどれか。ただし、特約はないものとする。**

❶　特定賃貸借標準契約書では、借主が賃貸住宅の維持保全をするに当たり、特定賃貸借契約締結時に貸主から借主に対し必要な情報の提供がなかったことにより借主に損害が生じた場合には、その損害につき貸主に負担を求めることができるとされている。

❷　特定賃貸借標準契約書では、貸主が賃貸住宅の修繕を行う場合は、貸主はあらかじめ自らその旨を転借人に通知しなければならないとされている。

❸　特定賃貸借標準契約書では、賃貸住宅の修繕に係る費用については、借主又は転借人の責めに帰すべき事由によって必要となったもの以外であっても、貸主に請求できないものがあるとされている。

❹　特定賃貸借標準契約書では、借主が行う賃貸住宅の維持保全の内容及び借主の連絡先については、転借人に対し、書面又は電磁的方法による通知をしなければならないとされている。

解説

正解：❷

❶ **適切**　貸主から**必要な情報が提供されず**、借主に損害が生じた場合、借主は貸主に損害の負担を求めることができる。

特定賃貸借標準契約書には、『甲（貸主）は、乙（借主）が管理業務を行うために必要な情報を提供しなければならない』（特定賃貸借標準契約書10条５項）、『甲（貸主）が、第５項に定める必要な情報を提供せず、又は、前項に定める必要な措置をとらず、そのために生じた乙（借主）の損害は、甲（貸主）が負担するものとする』と定められています（同条６項）。

❷ **最も不適切**　**貸主は、借主を通じて転借人に通知しなければならない**

貸主が修繕を行う場合は、貸主は、あらかじめ借主を通じて、その旨を転借人に通知しなければならない。貸主が自ら転借人に直接に通知を行うものとはされていない。

特定賃貸借標準契約書には、貸主が必要な修繕を行う場合には、『甲（貸主）は、あらかじめ乙（借主）を通じて、その旨を転借人に通知しなければならない』と定められています（特定賃貸借標準契約書11条４項）。

❸ **適切**　特定賃貸借標準契約書には、『本物件の点検・清掃等に係る費用は、頭書（７）に記載するとおり、甲（貸主）又は乙（借主）が負担するものとする』と定めたうえで（特定賃貸借標準契約書11条１項）、頭書（７）に掲げる修繕等で借主が費用を負担するとしているもの、および借主の責めに帰すべき事由（転借人の責めに帰すべき事由を含む）によって必要となった修繕を**除いて**、修繕に要する費用は、貸主が負担すると定められている（同条３項）。つまり、契約上、借主負担とされた費用については、**借主に責任があるかどうかを問わず**、借主が負担する。

❹ **適切**　借主が行う**賃貸住宅の維持保全の内容と借主の連絡先**については、転借人に対し、書面または電磁的方法による通知をしなければならない。

特定賃貸借標準契約書には、『乙（借主）は、頭書（１）の賃貸住宅について自らを転貸人とする転貸借契約を締結したときは、転借人に対し、遅滞なく、頭書（６）に記載する維持保全の内容及び乙（借主）の連絡先を記載した書面又は電磁的方法により通知する』と定められています（特定賃貸借標準契約書12条）。

令和３年 問35　⑨特定賃貸借標準契約書

特定賃貸借標準契約書

重要度 A

問題 37 特定転貸事業者の貸主への報告に関する次の記述のうち、特定賃貸借標準契約書によれば最も適切なものはどれか。ただし、特約はないものとする。

❶　貸主との合意に基づき定めた期日において、賃貸住宅の維持保全の実施状況や転貸条件の遵守状況、転借人からの転借料の収納状況について、貸主に対し書面を交付して定期報告を行わなければならない。

❷　貸主は、借主との合意に基づき定めた期日以外であっても、必要があると認めるときは、借主に対し、維持保全の実施状況に関して報告を求めることができる。

❸　修繕を必要とする箇所を発見した場合、それが緊急を要する状況ではなかったときには、定期報告において貸主に書面を交付して報告を行うことができる。

❹　自然災害が発生し緊急に修繕を行う必要が生じたため、貸主の承認を受ける時間的な余裕がなく、承認を受けずに当該業務を実施したときは、貸主への報告をする必要はない。

解説

正解：❷

❶ 不適切　定期報告の方法は、書面で行わなくてもよい

借主は、貸主に対して定期報告を行わなければならないが、報告の方法としては、書面による報告が義務づけられているものではない。

特定賃貸借標準契約書には、『乙（借主）は、甲（貸主）と合意に基づき定めた期日に、甲と合意した頻度に基づき定期に、甲に対し、維持保全の実施状況の報告をするものとする』と定められています（特定賃貸借標準契約書13条１項）。

❷ 最も適切　貸主は、定期報告のほかに、必要があるときは、借主に対し、**維持保全の実施状況の報告**を求めることができる。

特定賃貸借標準契約書には、『前項の規定による報告（定期報告）のほか、甲（貸主）は、必要があると認めるときは、乙（借主）に対し、維持保全の実施状況に関して報告を求めることができる』と定められています（特定賃貸借標準契約書13条２項）。

❸ 不適切　修繕を必要とする箇所を発見したら、速やかに貸主に通知

借主は、修繕を必要とする箇所を発見した場合、その旨を速やかに貸主に通知しなければならない。さらに、修繕が緊急を要する状況ではなかったとしても、速やかに貸主に通知しなければならないのであって、定期報告を行う時期に報告をするだけでは十分ではない。

特定賃貸借標準契約書には、『乙（借主）は、修繕が必要な箇所を発見した場合には、その旨を速やかに甲（貸主）に通知し、修繕の必要性を協議するものとする』と定められています（特定賃貸借標準契約書11条５項前段）。

❹ 不適切　貸主の承認を受けずに実施した修繕は、書面で通知

貸主の承認を受ける時間的な余裕がなく、承認を受けずに修繕を実施したときは、速やかに貸主に対して書面をもって通知をしなければならない。

特定賃貸借標準契約書には、借主の実施する修繕について、『災害又は事故等の事由により、緊急に行う必要がある業務で、甲（貸主）の承認を受ける時間的な余裕がないものについては、甲の承認を受けないで実施することができる。この場合において、乙（借主）は、速やかに書面をもって、その業務の内容及びその実施に要した費用の額を甲に通知しなければならない』と定められています（特定賃貸借標準契約書11条７項）。

令和2年 問14改　⑨特定賃貸借標準契約書

特定賃貸借標準契約書

重要度 A

問題 38 特定賃貸借標準契約書（令和3年4月23日公表。以下本問において、「特定賃貸借標準契約書」という。）に関する次の記述のうち、誤っているものはどれか。

❶ 特定賃貸借標準契約書では、借主（サブリース業者）は、契約期間中いつでも貸主に対して解約の申入れをすることができると定められている。

❷ 特定賃貸借標準契約書では、転貸の条件として賃貸借の目的物を民泊の用途に用いることができるかどうかを契約書において明記するものとされている。

❸ 特定賃貸借標準契約書では、借主（サブリース業者）は、転貸借契約から生じる転借人の債務の担保として転借人から交付された敷金について、整然と管理する方法により、自己の固有財産および他の賃貸人の財産と分別して管理しなければならない。

❹ 特定賃貸借標準契約書では、賃貸物件の引渡日と賃料支払義務発生日は同一でなくてもよいものとされている。

解説　　　　正解：❶

❶　**誤り　契約期間中の解約申入れの条項は存在しない**

特定賃貸借標準契約書には、契約期間中に解約の申入れをすることができるという条項は設けられていない。

なお、期間中の解約申入れについては、必要に応じて特約で定めることが想定されており、契約締結後は、当事者の実情に応じた一定期間が経過するまでは解約できないこととすることが望ましいとされている（特定賃貸借標準契約書解説コメント第24条関係②）。

❷　**正しい**　借主（サブリース業者）が住宅宿泊事業法に基づく住宅宿泊事業（いわゆる民泊）または国家戦略特区法に基づく外国人滞在施設経営事業（いわゆる特区民泊）を目的として転貸することができるか否かについては、頭書（8）転貸の条件の中で、**その可否を明記**するものとされている（特定賃貸借標準契約書９条１項、頭書（8））。

❸　**正しい**　借主（サブリース業者）は、転貸借契約から生じる転借人の債務の担保として転借人から交付された敷金について、契約書の頭書（9）に**整然と管理する方法**を記載して、自己の固有財産および他の賃貸人の財産と**分別して管理**しなければならない（特定賃貸借標準契約書９条３項）。

❹　**正しい**　契約書の頭書（5）には、**支払い免責期間**を定めたうえで、この期間は家賃支払い義務を負わないものとすると定められている（特定賃貸借標準契約書６条１項）。

なお、頭書（5）には、家賃支払義務発生日も定める様式となっている（同条２項）。

基本テキスト　5編3章

令和４年 問37　⑩書類の備置きと閲覧

業務状況調書等の閲覧

重要度 C

問題 39 管理業法上の業務状況調書や貸借対照表、損益計算書又はこれらに代わる書面（以下、本問において「業務状況調書等」と総称する。）の閲覧に関する次の記述のうち、正しいものはどれか。

❶ 特定賃貸借契約の勧誘者は、業務状況調書等の書類を作成・保存し、その勧誘によって特定賃貸借契約を結んだ賃貸人からの求めがあれば、これらを閲覧させなければならない。

❷ 特定転貸事業者が、業務状況調書等を電磁的方法による記録で保存する場合には、電子計算機その他の機器を用いて明確に紙面に表示される状態に置かなければならない。

❸ 特定転貸事業者は、業務状況調書等の書類を、事業年度ごとに、その事業年度経過後３か月以内に作成し、主たる事務所にまとめて備え置かなければならない。

❹ 特定転貸事業者は、特定賃貸借契約の相手方及び入居者（転借人）からの求めがあれば、営業所又は事務所の営業時間中、業務状況調書等の書類を閲覧させなければならない。

得点源！

【業務・財産状況記載書類の備え置きと閲覧】

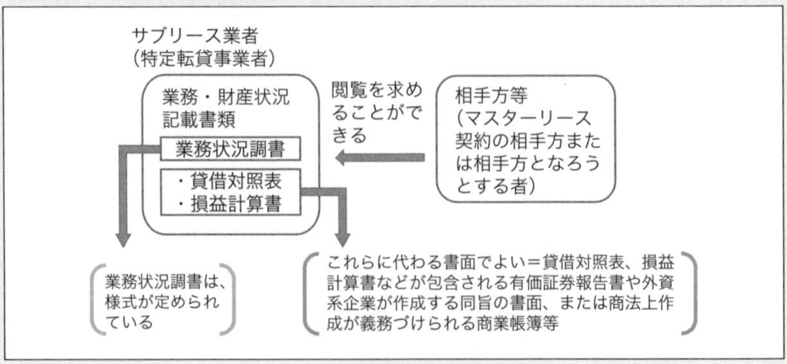

サブリース業者
（特定転貸事業者）
業務・財産状況
記載書類
業務状況調書
・貸借対照表
・損益計算書
閲覧を求めることができる
相手方等
（マスターリース契約の相手方または相手方となろうとする者）
業務状況調書は、様式が定められている
これらに代わる書面でよい＝貸借対照表、損益計算書などが包含される有価証券報告書や外資系企業が作成する同旨の書面、または商法上作成が義務づけられる商業帳簿等

解説

正解：❷

❶ 誤り　勧誘者に業務状況調書等の保管・閲覧等の義務はない

業務状況調書等の備置きと閲覧させる義務を負うのは特定転貸事業者（サブリース業者）である。勧誘者には、書類の備置き、保管、閲覧は義務づけられていない。

特定転貸事業者は、業務状況調書等を、マスターリース契約（特定賃貸借契約）に関する業務を行う営業所または事務所に備え置いて保管し、マスターリース契約の相手方または相手方となろうとする者の求めに応じ、業務状況調書等を閲覧をさせなければなりません（賃貸住宅管理業法32条）。

❷ 正しい　業務状況調書等は、電子計算機に備えられたファイルまたは磁気ディスク等に記録しておくことも可能であるが、**必要に応じて紙面に表示されるものでなければならない**。必要に応じて紙面に表示されるのであれば、その記録をもって帳簿への記載に代えることができる（法施行規則49条２項前段、FAQ集４（６）No. ４）。

❸ 誤り　業務状況調書等は営業所または事務所ごとに備え置く

特定転貸事業者は、事業年度経過後、３か月以内に業務状況調書等を作成し、これを備え置き、保管しなければならない（法施行規則49条３項）。備え置くべき場所としては、主たる事務所にまとめて備え置くのではなく、**営業所または事務所ごと**の備置きが義務となっている。

❹ 誤り　入居人に業務状況調書等を閲覧させることはできない

特定転貸事業者（サブリース業者）は、マスターリース契約の相手方または相手方となろうとする者の求めに応じ、業務状況調書等を閲覧をさせなければならない（法32条）。業務状況調書等の閲覧を求めることができるのは、**マスターリース契約の相手方または相手方となろうとする者**である。入居者（転借人）は閲覧を求めることはできない。

基本テキスト　5編３章

令和３年 問41　⑪監督処分と罰則

特定転貸事業者等への監督

重要度 C

問題 40　特定賃貸借契約の適正化のための国土交通大臣の監督に関する次の記述のうち、誤っているものはどれか。

❶　国土交通大臣は、特定転貸事業者が国土交通大臣の指示に従わない場合でも、特定賃貸借契約に関する業務の全部の停止を命じることはできない。

❷　勧誘者が不当な勧誘等の禁止に違反した場合、特定転貸事業者が監督処分を受けることがある。

❸　国土交通大臣は、特定転貸事業者が誇大広告等の禁止に違反した場合、違反の是正のための措置をとるべきことを指示できることがある。

❹　国土交通大臣は、特定転貸事業者に対し業務停止の命令をしたときは、その旨を公表しなければならない。

得点源！

【サブリースの規制措置に関する監督と罰則】

<table>
<tr><th></th><th>対　象</th><th>行政処分等</th><th>罰　則</th></tr>
<tr><td>誇大広告等の禁止（法28条）</td><td>特定転貸事業者および勧誘者</td><td rowspan="5">・報告徴収、立ち入り検査（法36条）
・指示(法33条)
・業務停止（法34条）</td><td>30万円以下の罰金（法44条）</td></tr>
<tr><td>不当な行為等の禁止（法29条）</td><td>特定転貸事業者および勧誘者</td><td>６か月以下の懲役、もしくは50万円以下の罰金、またはその併科（事実不告知・不実告知に限る）（法42条2号）</td></tr>
<tr><td>特定賃貸借契約締結前の重要事項説明（法30条）</td><td rowspan="3">特定転貸事業者</td><td rowspan="2">50万円以下の罰金（法43条）</td></tr>
<tr><td>特定賃貸借契約締結時の書面交付（法31条）</td></tr>
<tr><td>書類の備置き、閲覧（法32条）</td><td>30万円以下の罰金（法44条）</td></tr>
</table>

解説　　正解：❶

❶ **誤り　業務の一部だけではなく、全部の停止を命じることができる**

国土交通大臣は、特定転貸事業者が国土交通大臣の指示に従わない場合には、特定賃貸借契約に関する業務の全部の停止を命じることができる。

特定転貸事業者が、誇大広告等の禁止、不当な勧誘等の禁止、契約締結前説明義務、契約締結後書面の交付義務などに違反し、特定賃貸借契約の適正化を図るため必要があるときは、国土交通大臣は、違反の是正のための措置その他の必要な措置をとるべき指示を行い、特定転貸事業者がその指示に従わないときは、**1年以内の期間を限り**、特定転貸事業者が行う特定賃貸借契約に関する業務の全部もしくは一部を停止すべきことを命ずることができる（法33条1項、34条1項）。

❷ **正しい**　国土交通大臣は、勧誘者が誇大広告等の禁止または不当な勧誘等の禁止に違反した場合、特定転貸事業者に対して指示を行い、または業務停止の全部または一部の停止を命令することができる（法33条1項、34条1項）。勧誘者の行為について、**特定転貸事業者に対して監督処分が行われることがある。**

❸ **正しい**　国土交通大臣は、特定転貸事業者が違法行為を行った場合には、違反の是正のための措置その他の必要な措置をとるべきことを指示することができる（法33条1項）。つまり、誇大広告等の禁止に違反した場合にも、**指示処分が行われる場合がある。**

❹ **正しい**　国土交通大臣は、特定転貸事業者または勧誘者に対して指示または業務停止を命令したときには、**その旨を公表しなければならない**（法33条3項、34条3項）。

基本テキスト　5編3章

第6編

管理業務その他の賃貸住宅の管理の実務に関する事項

第6編　INDEX

1章　賃貸住宅管理の意義

2章　賃貸不動産経営管理士

3章　募集広告・仲介

4章　諸法令（コンプライアンス）

5章　税金・保険

6章　不動産の証券化

※「書面」に関する記述がある場合、特に断りがない限り、電磁的方法による提供について考慮する必要はないものとします。

令和５年 問48　①社会経済全体の状況

賃貸住宅を巡る社会状況

※講習修了者免除問題

重要度 C

問題 1　**賃貸住宅管理に関する次の記述のうち、不適切なものはいくつあるか。**

ア　空き家を有効活用する場合、賃貸不動産として利用することは有力な選択肢であるが、建物所有者に賃貸住宅経営の経験がないケースが多いこと、修繕義務の所在など契約関係について特別な取り扱いが考慮される場合があること、現在賃貸市場に供給されていない不動産であることなどが阻害要因となる。

イ　民間賃貸住宅のセーフティネット機能の向上を図る観点から、住宅確保要配慮者の民間賃貸住宅への円滑な入居の促進を図るため、地方公共団体、関係業者、居住支援団体等により居住支援協議会が構成され、住宅情報の提供等の支援が実施されている。

ウ　「住生活基本計画」（令和３年３月19日閣議決定）は、「新たな日常」やDXの進展に対応した新しい住まい方の実現、頻発・激甚化する災害新ステージにおける安全な住宅・住宅地の形成と被災者の住まいの確保、子どもを産み育てやすい住まいの実現、脱炭素社会に向けた住宅循環システムの構築と良質な住宅ストックの形成などの目標を掲げている。

エ　引き続き成長産業として期待される不動産業の中・長期ビジョンを示した「不動産業ビジョン2030 ～令和時代の『不動産最適活用』に向けて～」（国土交通省平成31年４月24日公表）は、官民共通の目標としてエリア価値の向上を設定し、地域ニーズを掘り起こし、不動産最適活用を通じてエリア価値と不動産価値の相乗的な向上を図るとした。

❶　なし
❷　１つ
❸　２つ
❹　３つ

解説　　　　　　　　　　　　　　　　　　　　　　　　　　　　　正解：❶

ア　適切　空き家への対処が社会的な課題となっており、住生活基本計画（2021（令和３）年３月閣議決定）では、**空き家の状況に応じた適切な管理・除却・利活用の一体的推進**が目標のひとつにあげられている（目標７）。もっとも、空き家問題を解決するには撤去と有効活用の２つの方向が考えられ、有効活用をしようとする場合には空き家を賃貸することが有力な選択肢だが、空き家の賃貸が広まっている状況にはない。

イ　適切　低額所得者、被災者、高齢者、障害者、子供を養育する者（家庭）、その他**住宅の確保にとくに配慮を要する者（住宅確保要配慮者）の民間賃貸住宅への円滑な入居の促進**が求められている（セーフティネット機能の整備。目標５）。そのために、居住支援協議会がつくられて、住宅情報提供などの活動が行われている。

ウ　適切　**住生活基本計画**では、８つの目標が掲げられている。「新たな日常」やDXの進展等に対応した新しい住まい方の実現が第１の目標、頻発・激甚化する災害新ステージにおける安全な住宅・住宅地の形成と被災者の住まいの確保が第２の目標、子どもを産み育てやすい住まいの実現が第３の目標、脱炭素社会に向けた住宅循環システムの構築と良質な住宅ストックの形成が第６の目標とされている。

エ　適切　「不動産業ビジョン2030 ～令和時代の『不動産最適活用』に向けて～」（国土交通省平成31年４月24日公表）では、不動産業の将来像として、①豊かな住生活を支える産業、②我が国の持続的成長を支える産業、③人々の交流の「場」を支える産業という３つを想定し、そのうえで**官民共通の目標**として、（1）「ストック型社会」の実現、（2）安全・安心な不動産取引の実現、（3）多様なライフスタイル・地方創生の実現、（4）**エリア価値の向上**、（5）新たな需要の創造、（6）すべての人が安心して暮らせる住まいの確保、（7）不動産教育・研究の充実という７つを示している。

以上により、不適切なものはなく、正解は肢❶となる。

基本テキスト　6編1章

令和３年 問46　①社会経済全体の状況

賃貸住宅をめぐる社会状況 ※講習修了者免除問題

重要度 A

問題 2 賃貸住宅に関する次の記述のうち、誤っているものはどれか。

❶ 住生活基本法に基づき令和３年３月19日に閣議決定された住生活基本計画では、基本的な施策として、子育て世帯等が安心して居住できる賃貸住宅市場の整備が掲げられている。

❷ 家賃債務保証業者登録規程（平成29年10月２日国土交通省告示第898号）によれば、国土交通大臣は、家賃債務保証業者登録簿を一般の閲覧に供する。

❸ 不動産登記において建物の床面積は、区分所有建物の専有部分の場合を除き、各階ごとに壁その他の区画の中心線で囲まれた部分の水平投影面積により計算する。

❹ 土地の工作物の設置又は保存に瑕疵があることによって他人に損害が生じたときの損害賠償責任を、賃貸不動産の管理を受託した賃貸住宅管理業者が負うことはない。

解説 正解：❹

❶ **正しい** 住生活基本法に基づく現在の住生活基本計画は、令和３（2021）年３月19日に閣議決定され、令和３年度から令和12年度までの10年間を計画期間としている。同計画の「目標１」の基本的な施策として、**子育て世帯等が安心して居住できる賃貸住宅市場の整備**が掲げられている。

❷ **正しい** 家賃債務保証業を営む者は、国土交通大臣の登録を受けることができる（家賃債務保証業者登録規程３条１項）。登録を受けた事業者は、**一般に公開**される。

❸ **正しい** 不動産登記においては、建物の床面積は、区分所有建物では、壁その他の区画の**内側線で囲まれた部分**の水平投影面積、それ以外の建物では、各階ごとに壁その他の区画の**中心線で囲まれた部分**の水平投影面積により計算される。

❹ **誤り** **管理受託した賃貸住宅管理業者も、工作物責任を負うことがある**

土地の工作物の設置または保存に瑕疵があることによって他人に損害が生じたときの損害賠償責任（工作物責任）を、賃貸不動産の管理を受託した賃貸住宅管理業者が負うことがある。

工作物責任とは、土地の工作物の設置・保存に瑕疵があり、そのために他人に損害が生じたときに、占有者・所有者が負う責任である。一次的には占有者が責任を負担し（民法717条１項本文）、占有者が損害の発生を防止するのに必要な注意をしたときは、二次的に所有者が責任を負う（同法717条１項ただし書）。

占有とは、事実上の支配をすることであり、土地の工作物責任においては、**瑕疵を修補して損害を防止する立場にあった人**が占有者になる。つまり、賃貸住宅管理業者は、管理物件で事故が起こらないように安全確保の措置をとることを包括的に任されている場合には占有者にあたるため、工作物責任を負うことになる。

基本テキスト ６編１章

令和2年 問1　①社会経済全体の状況

不動産業

重要度 A

問題 3　**不動産業に関する次の記述のうち、最も不適切なものはどれか。**

❶　日本標準産業分類（平成25年10月改定）によれば、賃貸住宅管理業は、不動産賃貸業・管理業に区分される。

❷　賃貸住宅管理業を分譲マンション管理業と比較すると、管理の委託者、管理を行う建物の範囲に違いがある一方、ビル管理業と比較すると、管理する建物の用途が異なるだけで、管理業務の内容に違いはない。

❸　「不動産業ビジョン2030 ～令和時代の『不動産最適活用』に向けて～」（国土交通省平成31年４月24日公表）は、ストック型社会の実現に向けて、今後、不動産管理業者は、『不動産最適活用』を根源的に支える役割を担うと位置づけた。

❹　人口減少・成熟型社会の不動産賃貸業・管理業では、入居者の入れ替えに伴って得られる新規入居者からの一時金収入、賃料引上げや手数料収入に期待する考え方ではなく、できるだけ優良な借主に長く借りてもらうことが大切になっている。

解説

正解：❷

❶ **適切** 日本標準産業分類は、不動産業を、不動産取引業と不動産賃貸業・管理業に大別している。賃貸住宅管理業は、**不動産賃貸業・管理業**に含まれる。

不動産取引業に分類されるのは、建物売買、土地売買およびその代理・媒介であり、不動産賃貸業・管理業に分類されるのは、不動産賃貸業、貸家・貸間業、駐車場業、不動産管理業です。

❷ **最も不適切** **ビルと住宅では設備や利用状況が違い、管理業務も異なる**

賃貸住宅管理業は、賃貸住宅を所有し、賃貸住宅経営を行う者から賃貸住宅の維持保全や賃貸管理の委託を受ける事業である。ビル管理業と比較すると、建物の維持保全や賃料の管理を受託する点においては共通するが、賃貸住宅を対象とする管理と賃貸ビルを対象とする管理では、**管理対象となる建物設備の特性や利用者の利用状況などが異なっており**、その結果、管理業務の内容も相当に差異が生じることになる。

❸ **適切** 不動産業ビジョンでは、不動産管理業者について、今後のストック型社会の実現に向けて、不動産所有者に代わって、住宅・オフィス、商業施設等の建物・設備の補修・点検などのハード面の管理と、テナント募集・賃料回収、苦情処理などのソフト面の管理の両面を担う事業を行うものであって、不動産の資産価値を維持・向上させ、**不動産最適活用を根源的に支える役割を担うもの**と位置づけられている。

❹ **適切** 経済成長が続く時代とは異なり、人口が減少し、社会が成熟している時代の賃貸経営では、賃料の上昇や新規入居者からの一時金収入に期待することは必ずしも適切とはいえない。現在の不動産賃貸業・管理業においては、**できるだけ優良な借主に長く借りてもらって入居率を維持**し、安定的な賃貸収入を確保することが重要だと考えられている。

基本テキスト 6編1章

令和４年 問44　②住宅と賃貸住宅管理の状況

賃貸住宅管理の意義

重要度 A

問題 4　**賃貸住宅管理に関する次の記述のうち、最も適切なものはどれか。**

❶ 「賃貸住宅の計画的な維持管理及び性能向上の推進について～計画修繕を含む投資判断の重要性～」（国土交通省平成31年３月公表）では、高経年建物の大幅な増加や居住者側のニーズの多様化を背景に、空室率の上昇や家賃水準の引下げのおそれがあることから、賃貸住宅の貸主が中長期的な視点のもとで計画修繕するなどの投資判断を行うことの重要性が述べられている。

❷ 地価の二極化が進む中で不動産市場が活力を失い、借り手市場となって空室対策に苦しむエリアにおいて、入居率を維持し賃貸収入を確保するためには、借主の入替えに伴う新規入居者からの一時金収入と賃料引上げに期待する考え方を強化することが大切になっている。

❸ 既存の賃貸住宅経営の観点から優良な借主に長く契約を継続してもらうニーズが大きくなり、借主の立場を重視した管理のあり方が要請されているが、借主は借地借家法で保護されていることから、借主を消費者と位置付けて消費者保護の観点から賃貸借関係を捉える必要はない。

❹ 「不動産業ビジョン2030～令和時代の『不動産最適活用』に向けて～」（国土交通省平成31年４月24日公表）は、不動産流通業の役割として、資産価値の維持・向上を通じたストック型社会の実現、コミュニティ形成、高齢者見守りなど付加価値サービスの提供やエリアマネジメント推進を指摘した。

解説　　　　　　　　　　　　　　　　　　　　　　　　　　**正解：❶**

❶ **最も適切**　国土交通省は、平成31年３月に、「賃貸住宅の計画的な維持管理及び性能向上の推進について　～計画修繕を含む投資判断の重要性～」を発表した。この中で、高経年建物が大幅に増加し、居住者側のニーズが多様化していくことが予想されることから、空室率が上昇し、家賃水準の引下げのおそれがあり、貸主としては、計画修繕するなどの投資判断を行い、住宅の価値を維持することが重要である旨が指摘されている。

❷ **不適切**　**優良な借主に長く住んでもらうことが重要**

不動産市場については、地価が二極化し、好調なエリアと空室対策に苦しむエリアに分かれる状況が生じている。そのような状況では、そもそも新規入居者は期待しにくい。つまり、入居率を維持し賃貸収入を確保するためには、新規入居者に期待するのではなく、**優良な借主に長く住んでもらうこと**が重要になっている。

❸ **不適切**　**借主は消費者として保護される**

賃貸借については、貸主の利益とともに、入居者・利用者を含めた消費者保護にも配慮したうえで、そのあり方を考えなければならない。

賃貸不動産は限られた有用な資源であって、適切な利用等が促進されることは、貸主の利益だけではなく、入居者・利用者の利益でもあります。

❹ **不適切**　**見守りは不動産管理業の役割**

国土交通省は、平成31年４月21日に、「不動産業ビジョン2030 ～令和時代の『不動産最適活用』に向けて～」を公表している。この中で、高齢者の日常生活の見守り、コミュニティ形成などのサービスは、不動産流通業の役割ではなく、**不動産管理業の役割**とされている。なお、不動産流通業には、エリア価値を上げ、地域活性化を支える存在になることが期待されている。

基本テキスト　6編１章

令和３年 問42　②住宅と賃貸住宅管理の状況

賃貸住宅管理の意義

重要度 A

問題 5 賃貸住宅の管理に関する次の記述のうち、最も適切なものはどれか。

❶ 募集の準備等の契約前業務、賃料の収納と送金等の契約期間中の業務、期間満了時の契約更新業務、明渡しや原状回復等の契約終了時の業務、建物の維持管理や清掃等の維持保全業務は、いずれも居室部分を対象とする業務である。

❷ 貸主が賃貸住宅管理業者に管理業務を委託する管理受託方式の賃貸住宅経営において、賃貸住宅管理業者は、借主の募集、賃料の収受や契約条件の交渉、建物の維持管理の業務を、いずれも貸主の代理として行う。

❸ 賃貸住宅管理業者は、建物管理のプロとしての役割を果たす、循環型社会への移行に貢献する、管理業務に関する専門知識の研鑽と人材育成に努める、といった社会的責務を負うが、貸主の賃貸住宅経営を総合的に代行する資産運営の専門家というわけではない。

❹ 借主保持と快適な環境整備、透明性の高い説明と報告、新たな経営管理手法の研究と提案、能動的・体系的管理の継続、非常事態における借主のサポートは、いずれも賃貸住宅管理業者に求められる役割である。

解説 正解：❹

❶ **不適切　居室部分だけではなく、共用部分を対象とする業務も含まれる**
賃貸住宅管理の業務は、募集の準備、賃料の収納と送金等、契約更新業務、明渡しや原状回復等の業務など、居室部分や入居者との賃貸借契約に関するものだけに限られない。たとえば、建物のうち、共用の廊下、階段や設備などの維持管理や清掃等の維持保全を行う業務など、**共用部分に関する業務**も含まれる。

❷ **不適切　貸主の代理として行う行為だけではなく、事実行為もある**
賃貸借契約の更新業務などは、賃貸住宅管理業者が貸主の代理として行うが、賃貸住宅管理業者の行う行為は、代理人として行う法律行為に限られない。建物の維持管理や清掃等の維持保全業務など、**事実行為として行うもの**も賃貸住宅管理の業務である。

❸ **不適切　賃貸住宅経営を総合的に代行する資産運営の専門家である**
賃貸住宅管理における賃貸住宅管理業者の業務は、かつては大家と店子関係の延長にある家族的な賃貸借関係と、それに付随する家賃収納業務のみが念頭に置かれていたが、現在では、収益的に安定した賃貸借の仕組みを維持することを目的とした管理が求められている。賃貸住宅管理業者は、貸主の賃貸住宅経営を総合的に代行する**資産運営の専門家**としての役割も、あわせて担わなければならない。

❹ **最も適切**　借主保持と快適な環境整備、透明性の高い説明と報告、新たな経営管理手法の研究と提案、能動的・体系的管理の継続、非常事態における借主のサポートなど、いずれも賃貸住宅管理業者に求められる役割である。

基本テキスト　6編1章

令和２年 問２　②住宅と賃貸住宅管理の状況

賃貸住宅管理の意義

重要度 A

問題 6 管理業者の社会的責務と役割に関する次の記述のうち、最も適切なものはどれか。

❶ 人口減少・成熟型社会を迎え、良質のものを長く使うストック重視の循環型社会へ移行することが喫緊の課題となり、適切な管理を通じて不動産の価値を維持・保全する役割を担う管理業者の社会的責務と役割が高まっている。

❷ 貸主の資産の適切な運用という観点から、貸主の有するあらゆる資産の組合せの中で、いかに収益を上げるかという視点で賃貸管理のあり方を構成していくことは、管理業者としては越権であり控えるべき姿勢である。

❸ バブル崩壊、不動産不況、グローバリゼーションの進展など、賃貸不動産を取り巻く環境の変化に対応した結果、賃貸不動産の活用の現場では、もっぱら普通建物賃貸借契約（定期建物賃貸借契約でない建物賃貸借契約をいう。以下、各問において同じ。）に重点をおいて、その契約期間をいかに長くするかが、最も重要となっている。

❹ 管理業者に求められる社会的役割の一つは、貸主や借主との信頼関係に最大限の配慮をしたコンプライアンスの遵守であるが、管理業者が賃貸借契約の当事者になる場合、契約の相手方に、将来の家賃変動等、管理業者にとって不利益な事項は説明する必要はない。

解説　　　　正解：❶

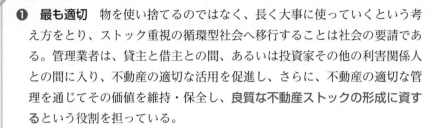

❶ **最も適切**　物を使い捨てるのではなく、長く大事に使っていくという考え方をとり、ストック重視の循環型社会へ移行することは社会の要請である。管理業者は、貸主と借主との間、あるいは投資家その他の利害関係人との間に入り、不動産の適切な活用を促進し、さらに、不動産の適切な管理を通じてその価値を維持・保全し、**良質な不動産ストックの形成に資する**という役割を担っている。

❷ **不適切**　**管理業務には貸主の資産の適切な運用に協力する機能がある**

この観点から、管理業者には、貸主の有する資産（金融資産、不動産等）の組合せ（ポートフォリオ）のなかで、不動産についての資産運用として賃貸経営および管理を提案することが期待されている。貸主の資産の運営に協力するという立場から賃貸管理のあり方を構成していくことは、越権ではなく、むしろ望ましい姿勢であると考えられる。

❸ **不適切**　**普通建物賃貸借契約に重点を置くことは不適切**

定期建物賃貸借は、普通建物賃貸借と比較して、**契約の終了に伴うトラブルを減少**させ、賃貸不動産のありかたについて**柔軟な対応を可能にする契約形態**であることから、賃貸不動産経営においては望ましいと考えられることが多い。管理業者の役割として、本肢における「もっぱら普通建物賃貸借契約に重点をおいて」というのは、業務に対する適切なスタンスとはいえない。

❹ **不適切**　**相手方にとって不利益な事項も説明する必要がある**

貸主・管理業者と、賃貸借契約の相手方との立場を比較すると、一般的には、賃貸不動産に関しては、貸主・管理業者の側がより多くの情報を保有している。そのために、賃貸借契約を締結するに際しては、物件を借りようとする相手方に対して法律上の情報提供義務が課される場合がある。契約の相手方に不利な情報を提供しないと、**後日の法的な紛争やクレームの原因となる**のであって、相手方に不利益な情報についても、情報提供をすることは、管理業者に求められる社会的役割のひとつであると考えられる。

基本テキスト　6編1章

令和５年 問42 ③賃貸不動産経営管理士

賃貸不動産経営管理士の資格・業務

重要度 S

問題 7 **賃貸不動産経営管理士に関する次の記述のうち、最も適切なものはどれか。**

❶ 一般社団法人賃貸不動産経営管理士協議会が行う賃貸不動産経営管理士試験は、業務管理者に必要とされる知識及び能力を有すると認められることを証明する事業（登録証明事業）に係る登録試験に位置づけられている。

❷ 家賃の改定への対応、家賃の未収納の場合の対応事務については、業務管理者に選任された賃貸不動産経営管理士が行うことが賃貸住宅管理業法で義務付けられている。

❸ 家賃、敷金、共益費その他の金銭の管理、帳簿の備え付け、秘密保持に関する事項については、業務管理者に選任された賃貸不動産経営管理士が自ら行うことが賃貸住宅管理業法で義務付けられている。

❹ 契約終了時の債務の額及び敷金の精算の事務、原状回復の範囲の決定に係る事務、明渡しの実現について、業務管理者に選任された賃貸不動産経営管理士が行うことが賃貸住宅管理業法で義務付けられている。

解説 正解：❶

❶ **最も適切** 業務管理者は、管理業者の登録拒否要件に該当せず、かつ賃貸住宅管理業務に関し「**事務を行うのに必要な知識及び能力を有する者**として賃貸住宅管理業に関する一定の実務の経験その他の国土交通省令で定める要件を備えるもの」でなければならない（賃貸住宅管理業法12条４項）。国土交通省令で定める要件としては、所定の登録証明事業を行う者の登録を受けることとされており、一般社団法人賃貸不動産経営管理士協議会が行う賃貸不動産経営管理士試験・登録事業が、登録証明事業として登録されている（令和３年７月６日国土交通省告示780号）。

❷ **不適切** **賃貸不動産経営管理士自ら行うものとは義務付けられていない**

賃貸住宅管理業法上、業務管理者は、賃貸住宅管理業者が行う所定の管理業務についての、管理および監督に関する事務を行うものとされている（賃貸住宅管理業法12条１項）。自ら家賃の改定への対応、家賃の未収納の場合の対応を行うことは、業務管理者の事務とはされていない。

❸ **不適切** **賃貸不動産経営管理士自ら行うものとは義務付けられていない**

家賃、敷金、共益費その他の金銭の管理、帳簿の備付け、秘密保持に関する事項は、**業務管理者が管理監督すべき事項**だが（施行規則13条）、これらを自ら行うことが業務管理者の事務とされているものではない。

❹ **不適切** **賃貸不動産経営管理士自ら行うものとは義務付けられていない**

契約終了時の債務の額および敷金の精算の事務、原状回復の範囲の決定に関する事務、明渡しの実現を自ら行うことは、業務管理者の事務とはされていない。

基本テキスト 5編２章

令和３年 問43　③賃貸不動産経営管理士

賃貸不動産経営管理士の業務

重要度 A

問題 8　**賃貸不動産経営管理士の業務に関する次の記述のうち、最も不適切なものはどれか。**

❶　賃貸不動産経営管理士は業務管理者として、管理受託契約重要事項説明書の交付、維持保全の実施、家賃、敷金、共益費その他の金銭の管理、帳簿の備付け、貸主に対する定期報告、入居者からの苦情の処理に関する事項等を自ら実施する役割を担っている。

❷　賃貸不動産経営管理士は、業務管理者としての事務を適切に実施することに加え、賃貸借関係の適正化を図るために賃貸住宅管理業者が行う業務につき、管理・監督する役割や自ら実施する役割を担う。

❸　賃貸不動産経営管理士は、宅地建物取引業者が媒介や代理をしないサブリース方式の転貸借契約において、宅地建物取引業法に準じ、転借人に対して契約締結前の重要事項説明や契約成立時の書面の交付を行うことが期待される。

❹　賃貸不動産経営管理士は、不動産をめぐる新たな政策課題や賃貸不動産の活用方式の普及に積極的に協力して取り組み、不動産政策の推進とそれに伴う国民生活の安定向上に貢献することが求められる。

解説　　　　正解：❶

❶ **最も不適切　業務管理者の役割は、管理・監督に関する事務である**

業務管理者は、賃貸住宅管理業法上、重要事項説明、維持保全の実施などについては、自ら行うのではなく、それらの管理・監督に関する事務を行うことがその業務とされている（賃貸住宅管理業法12条）。

賃貸住宅管理業法には、賃貸住宅管理業者は、営業所または事務所ごとに、１人以上の業務管理者を選任して、その営業所または事務所における業務に関し、管理受託契約の内容の明確性、管理業務として行う賃貸住宅の維持保全の実施方法の妥当性その他の賃貸住宅の入居者の居住の安定および賃貸住宅の賃貸に係る事業の円滑な実施を確保するため必要な事項についての管理および監督に関する事務を行わせなければならないと定められています（賃貸住宅管理業法12条１項）。

❷ **適切**　賃貸不動産経営管理士には、業務管理者としての事務を適切に実施する責務があるが、これに加えて、業務管理者としての事務を行うほかに**賃貸住宅管理業者の従業員として**、自らが重要事項説明、維持保全の実施等を行うことも、その役割として想定される。

つまり、業務管理者の業務以外のことも行うという点で、肢❶とは異なっている。

❸ **適切**　賃貸住宅管理業者が自ら転貸人となる場合には、宅建業者による代理・媒介なしで、賃貸借契約の締結に至ることもある。そのような場合には、賃貸不動産経営管理士には、宅地建物取引業法に定められる宅建業者の義務に準じて、**転借人に対して**、契約締結前の重要事項説明や契約成立時の書面の交付を行うことが望まれる。

❹ **適切**　賃貸不動産の経営においては、常に新たな課題が生じている。賃貸不動産経営管理士には、賃貸不動産の経営・管理の専門家であり、新たな政策課題や賃貸不動産の活用方式の普及に積極的に協力して取り組み、**不動産政策の推進**とそれに伴う**国民生活の安定向上に貢献**することが期待されている。

基本テキスト　6編２章

令和2年 問4　③賃貸不動産経営管理士

賃貸不動産経営管理士の役割

重要度 A

問題 9　賃貸不動産経営管理士が行う業務に関する次の記述のうち、最も不適切なものはどれか。

❶　賃貸物件の入居希望者が若い夫婦であったので、入居審査のため、子供をつくる予定がないことを確認した。

❷　賃貸物件の入居希望者から、入居を希望する居室内で死亡した人がいるかと質問されたところ、3年前に死亡した人がいたので、いると答えた。

❸　賃貸物件の入居希望者から、騒音や振動に関して紛争を起こしたことのある入居者がいるかと質問されたところ、該当する入居者がいるので、いると答えた。

❹　賃貸物件の前面道路で発生した交通事故の捜査に関し、警察から照会を受けたので、賃貸物件に設置している監視カメラのデータを提供した。

解説

正解：❶

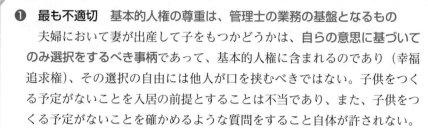

❶ **最も不適切　基本的人権の尊重は、管理士の業務の基盤となるもの**

夫婦において妻が出産して子をもつかどうかは、**自らの意思に基づいてのみ選択をするべき事柄**であって、基本的人権に含まれるのであり（幸福追求権）、その選択の自由には他人が口を挟むべきではない。子供をつくる予定がないことを入居の前提とすることは不当であり、また、子供をつくる予定がないことを確かめるような質問をすること自体が許されない。

賃貸借契約の特約の効力において、「『借主は結婚したときは退去するものとする』や『子供が生まれたときは退去するものとする』等の特約は、公序良俗に違反して無効」とされています（『住宅賃貸借（借家）契約の手引き』17頁、監修：都道府県、編集発行：（財）不動産適正取引推進機構、平成21年６月）。

❷ **適切**　賃貸住宅において、自殺などの過去の事件や事故が住み心地に影響を及ぼす場合がある。３年前に居室内で人が死亡したことについて、入居希望者から質問を受け、死亡の事実を知っているとすれば、プライバシーや個人情報に配慮したうえで、これに対して**自らの知るところを答えることは**、不適切とはいえない。

❸ **適切**　共同住宅において騒音や振動その他迷惑行為が行われることは住み心地に影響を及ぼす。入居希望者に**迷惑行為を行っている入居者がいる**と答えることは、不適切とはいえない。

❹ **適切**　監視カメラで撮影される人の容貌はプライバシーの権利として保護を受ける。監視カメラによって撮影されたデータは防犯等の目的に必要な範囲で保存、利用されなければならないのであって、第三者に提供することは許されない。しかし、法令に基づく場合には、第三者に提供することも可能である。刑事訴訟法には、捜査については、公務所または公私の団体に照会して必要な事項の報告を求めることができると定められており（捜査関係事項照会書による照会。刑事訴訟法197条２項）、警察からの照会がこの定めに基づくものである場合には、**監視カメラのデータを提供することが認められる。**

基本テキスト　６編２章

令和5年 問43　③賃貸不動産経営管理士

賃貸不動産経営を支援する業務

重要度 C

問題 10 賃貸不動産経営管理士が行う、賃貸不動産経営を支援する業務に関する次の記述のうち、最も不適切なものはどれか。

❶ 賃貸不動産経営管理士が賃貸不動産経営を支援する業務として予算計画書、物件状況報告書や長期修繕計画書を作成した場合には、専門家としての責任の所在を明確にするために文書に記名するとともに、賃貸人に対して口頭で説明することが望ましい。

❷ 賃貸不動産経営管理士が行う予算管理には、予算計画書や収支報告書の作成があるが、目標とする予算を達成することが難しくなった場合は原因を分析し、収益の向上と費用の削減の観点から対応策を検討し、賃貸人に提言する役割を担うことが期待される。

❸ 賃貸不動産経営管理士は、賃貸不動産経営を支援する役割を委託された専門家として、賃料水準の低下や空室期間の長期化の場合においても、賃貸経営の利益の安定や増加のための方策を示すことが求められ、課題と対策を物件状況報告書として賃貸人に提供することが期待される。

❹ 賃貸不動産経営管理士は、管理受託している賃貸不動産について、5～10年程度の将来について、いつ、何を、どの程度、どのくらいの費用で修繕するかを示す長期修繕計画を作成して賃貸人に提案することにより、賃貸不動産経営を支援する役割を担うことが期待される。

解説 正解：❹

❶ **適切** 賃貸不動産経営管理士は賃貸不動産経営を支援する業務を行う。予算計画、物件状況報告や長期修繕計画の作成は賃貸不動産経営管理士の業務であるが、これらの業務を行った場合には、報告内容は**賃貸人に対して口頭で説明したうえで、書面によって**賃貸人にその成果を報告するべきであって、報告文書には、専門家としての責任の所在を明確にするために**文書に記名することが望ましい**。

❷ **適切** 予算管理の事務には予算計画書や収支報告書の作成が含まれる。しかし、現実には目標とする予算を達成することが難しくなる場合もある。そのような場合には、賃貸不動産経営管理士は、**原因を分析し、収益の向上と費用の削減の観点から対応策を検討し、賃貸人に提言する**役割を担うことになる。

❸ **適切** 賃貸不動産経営管理士には、**賃貸経営の利益の安定や増加のための判断や情報を提供すること**が期待される。賃料水準の低下や空室期間の長期化した場合には、賃貸経営の利益の安定や増加のための方策を示すことが求められるのであり、課題と対策を物件状況報告書として賃貸人に提供することが望まれる。

❹ **最も不適切** **長期修繕計画で想定すべきは今後30年程度**

長期修繕計画書とは、管理受託している賃貸住宅について、いつ頃、何を、どのように、いくらくらいかけて修繕するのか、**今後30年間程度の将来について**作成する書面である。賃貸不動産経営管理士には、管理受託している賃貸不動産について、将来の修繕のための長期修繕計画を作成して賃貸人に提案することにより、賃貸不動産経営を支援する役割を担うことが期待されるのであるが、その場合の期間としては、もっとも修繕周期の長いものを念頭においたうえで、一般的に30年間程度の将来を想定するべきであるとされている。5～10年程度の将来ではない。

基本テキスト 2編2章

令和4年 問45 ③賃貸不動産経営管理士

賃貸不動産経営管理士に期待される役割

重要度 A

問題 11 賃貸不動産経営管理士に期待される役割に関する次の記述のうち、最も不適切なものはどれか。

❶ 賃貸不動産の経営管理の専門家として、重要な政策課題や新しい賃貸住宅の活用のあり方につき、所属する管理業者に助言をして制度設計を進め、実際の業務の管理監督や実施を担うなど、当該課題の解決等に向けて積極的に関与する。

❷ 「住宅確保要配慮者に対する賃貸住宅の供給の促進に関する法律」を踏まえ、住宅扶助費の代理納付制度や残置物の取扱いに係る契約上の取扱いなどを貸主に対して説明して理解を求め、住宅確保要配慮者が安心して暮らせる賃貸住宅の提供に役割を果たす。

❸ 空き家所有者に対する有効活用の助言、賃貸借に係る情報やノウハウの提供、入居者の募集、賃貸管理の引受けなどの助言を通じ、空き家所有者が安心して賃貸不動産経営に参画できる環境を整備し、空き家問題の解決に役割を果たす。

❹ 所属する管理業者が「残置物の処理等に関するモデル契約条項」(法務省・国土交通省令和3年6月公表)に基づく解除事務受任者・残置物事務受任者である場合において、賃貸借契約中に借主が死亡した際の契約関係の処理につき、借主の相続人の意向による影響を排除する立場で関与する。

解説

正解：❹

❶ **適切**　賃貸不動産経営管理士は、**賃貸不動産経営・管理の専門家**であり、多くの賃貸不動産経営管理士が管理業者に所属して賃貸住宅管理業務を行っている。賃貸不動産経営管理士は、その知見から重要な政策課題や新しい賃貸住宅の活用のあり方等について、所属する管理業者に助言をし、また、実際の業務の管理・監督または実施を担うなど、積極的に関与することが求められる。

❷ **適切**　賃貸不動産経営管理士には、**住宅確保要配慮者が安心して暮らせる賃貸住宅の提供**に役割を果たす責務が課されている。例えば、住宅セーフティネット法における生活保護受給者である登録住宅の入居者の住宅扶助費等（賃料等）の代理納付の制度（生活保護法37条の２）の中では、賃貸不動産経営管理士に、賃貸住宅の状況を把握して、適切な対応をとることが期待されている。また、残置物の取扱いについては、死後事務委任の契約書の参考書式を元に、貸主に説明することが求められる（肢❹の解説参照）。

❸ **適切**　空き家が賃貸として提供されるためには、賃貸不動産経営や賃貸不動産管理に精通した専門家の積極的な関与が必要である。賃貸不動産経営管理士には、空き家所有者が安心して賃貸不動産経営に加わることができる状況を積極的に整え、空き家の賃貸化の促進等を通して、空き家問題の解決のための役割を担うことが期待される。

❹ **最も不適切**　**相続人の意向に沿って業務を行う**

残置物の処理等に関しては、受任者は、借主の死亡後は**借主の相続人からの委任を受ける**ことになるから、賃貸住宅の管理業者が受任者となった場合においては、借主の相続人の意向に沿って業務を行わなければならない。

国土交通省と法務省は、令和３年６月に、借主の死亡後の賃貸借契約を解除および残置物処分の事務受任についての委任契約のひな形として、「残置物の処理等に関するモデル契約条項」を策定し、発表しました。この条項によれば、受任者（解除事務受任者・残置物事務受任者）は、①借主の推定相続人、②居住支援法人・居住支援を行う社会福祉法人、③賃貸住宅の管理業者の順番で選定されるとなっています。

令和3年 問48　③賃貸不動産経営管理士

賃貸不動産経営管理士に期待される役割 ※講習修了者免除問題

重要度 B

問題 12 賃貸住宅に係る新たな政策課題に関する次の記述のうち、最も不適切なものはどれか。

❶ 賃貸不動産経営管理士は、所属する賃貸住宅管理業者の積極的な指示がある場合に限り、重要な政策課題や新しい賃貸住宅の活用のあり方について制度設計を進め、実際の業務の管理及び監督や実施を担う等により、課題解決に関与する。

❷ 賃貸不動産経営管理士が有する賃貸借契約や賃貸不動産管理に関する専門性は、住宅宿泊事業で必要となる専門性と親和性があることから、賃貸不動産経営管理士は、住宅宿泊事業における専門家としての役割を担う資質と能力を有している。

❸ 賃貸不動産経営管理士は、空き家所有者に対し賃貸借に係る情報、入居者の募集、賃貸住宅の管理の引受けについて助言や提言をすることにより、空き家所有者が安心して賃貸不動産経営に参画できる環境を整備し、空き家問題の解決のために役割を果たすことが期待される。

❹ 賃貸不動産経営管理士は、住宅扶助費の代理納付制度や残置物の処理に係る契約上の取扱い等を貸主に説明することを通じ、住宅確保要配慮者が安心して暮らせる賃貸住宅の提供のための役割を果たすことが期待される。

解説　　　　正解：❶

❶ **最も不適切　指示を待たなくても、積極的に課題解決に関与する**

賃貸不動産をめぐる社会環境は、急激に変容を遂げている。賃貸不動産の新たな活用方策や、新たに発生する課題の解決が必要とされているが、いかなる活用方策や取組みであっても、その対象が人の生活の場である以上、不動産の適正な管理が必要不可欠である。賃貸不動産経営管理士は、賃貸不動産の経営・管理の専門家としての能力と豊富な経験をもとに、新たな課題の解決に向けた取組みにつき、指示を待つのではなく、積極的に関与し、協力をしなければならない。

❷ **適切**　賃貸不動産経営管理士は、住宅宿泊事業等においても**専門家としての役割を担う資質と能力を有する者**である。したがって、住宅宿泊管理業者による適正な民泊管理の実現に協力し、住宅宿泊事業の普及にその役割を果たすことが期待されている。

❸ **適切**　空き家問題を解決し、社会的に有用な資源でもある不動産の有効活用を図るため、空き家を賃貸物件として活用することが検討されている。賃貸不動産経営管理士は、空き家所有者に対し、賃貸不動産化による物件の有効活用の助言、賃貸借に係る情報・ノウハウ、入居者の募集、賃貸物件の管理等の引受けなどを助言・提言して、空き家の賃貸化の促進等を通し、**空き家問題の解決に一定の役割を果たさなければならない。**

❹ **適切**　住宅セーフティネット法では、増加する空き家等を活用し、低所得者や単身高齢者、外国人、子育て世帯等の「住宅確保要配慮者の入居を拒まない住宅」として、賃貸人が、都道府県・指定都市・中核市にその賃貸住宅を登録する制度が設けられている。住宅扶助費等の代理納付制度や、残置物の処理に係る契約上の取扱いなどの賃貸人に対する説明などを通し、**住宅確保要配慮者が安心して暮らせる賃貸住宅の提供**を促進することは、賃貸不動産経営管理士の役割である。

基本テキスト　6編2章

令和４年 問46　③賃貸不動産経営管理士　※講習修了者免除問題

賃貸不動産経営管理士に求められるコンプライアンス

重要度 B

問題 13　賃貸不動産経営管理士に求められるコンプライアンスに関する次の記述のうち、最も不適切なものはどれか。

❶　日頃から人権問題に関心を持ち、人権意識を醸成して自らの専門性を発揮するとともに、貸主に対しては差別が許されないことを十分に理解してもらい、自社の他の従業員に対して積極的に指導を行うなどして、賃貸住宅管理業界全体の社会的役割の実現と人権意識の向上に努めるべきである。

❷　賃貸不動産経営管理士は、関係する法令やルールを遵守することはもとより、賃貸住宅管理業に対する社会的信用を傷つけるような行為や社会通念上好ましくない行為をしてはならないが、情報化社会の進展を背景として、自らの能力や知識を超える業務を引き受けることも認められる。

❸　管理業者が、貸主からの委託を受けて行う管理業務は法律的には代理業務にあたることから、管理業者はもとより賃貸不動産経営管理士も当事者間で利益が相反するおそれに留意する必要がある。

❹　所属する管理業者から、賃貸不動産経営管理士としてのコンプライアンスに基づけば選択するべきではない管理業務の手法を要請された場合、その非を正確な法令知識等に基づいて指摘するなど、高度の倫理観に基づき業務を行うべきである。

解説 正解：❷

❶ **適切** 基本的人権が尊重されるために差別の解消が重要である。賃貸不動産経営管理士においては、同和地区、在日外国人、障害者、高齢者等をめぐる人権問題に対する意識の向上を図るため、日頃から人権問題に関心を持ち、管理業務に従事する者や貸主に対する指導等を通じ、人権に関する教育・啓発のより一層の推進を図らなければならない。

❷ **最も不適切** **自らの能力や知識を超える業務を引き受けてはならない**

賃貸不動産経営管理士は、法令とルールを遵守し、賃貸不動産管理業の社会的信用を傷つけるような行為、社会通念上好ましくないと思われる行為を行ってはならない（倫理憲章（二））。また、**自らの能力や知識を超える業務の引受けは行ってはならない**（倫理憲章（六））。自らの能力や知識を超える業務を引き受けることは、法的な責任を負うことになる可能性があるとともに、個人としての賃貸不動産経営管理士が信頼を失うだけではなく、賃貸不動産管理業全体に対する信用をも害することになる。また、情報化社会が進展し、社会が複雑化している現状においては、なおさら自らの能力を超える業務を引き受けるべきではないという要請は大きくなると考えられる。

❸ **適切** 管理受託契約は一般に準委任とされており、受任者である賃貸住宅管理業者には委託者である貸主の利益に反する行為を行ってはならないという義務がある（善良な管理者の注意義務）。賃貸不動産経営管理士が賃貸住宅管理業者の一員である場合、賃貸不動産経営管理士も**貸主の利益に沿った管理業務を行わなければならない**のであり、貸主と借主、貸主と管理業者などの当事者間における利益相反が生じないかどうかには十分に注意をしなければならない。

❹ **適切** 賃貸不動産経営管理士は、関係する法令とルールを遵守しなければならない（倫理憲章（二））。コンプライアンス上、不適切な管理業務の実施を求められるような場合にも、倫理観を保ち、その非を指摘するなどの適切な対応が求められる。

基本テキスト 6編2章

令和2年 問47　③賃貸不動産経営管理士

倫理憲章 ※講習修了者免除問題

重要度 A

問題 14 賃貸不動産経営管理士の行為に関する次の記述のうち、賃貸不動産経営管理士「倫理憲章」の趣旨に照らし、最も不適切なものはどれか。

❶ 勤務していた管理業者を退職した後も、賃貸不動産経営管理士として職務上知った関係者の秘密を漏らさないようにしている。

❷ 賃貸物件の貸主と借主の間に紛争が生じるおそれがある場合には、もっぱら依頼者である貸主の立場に立って対応している。

❸ 賃貸不動産経営管理士の資格取得後も毎年、賃貸不動産経営管理士試験問題に目を通して勉強している。

❹ 賃貸物件が所在する地域の防犯・防災活動に協力するため、貸主に対し、積極的に企画提案している。

解説

正解：❷

❶ **適切**　賃貸不動産経営管理士が、管理業者に**勤務している間**、および管理業者を**退職した後のいずれにおいても**、関係者の秘密を漏らすことがあってはならない（倫理憲章（七））。

❷ **最も不適切**　**貸主の立場ではなく、公正中立な立場に立つのが適切**

貸主と借主に紛争が生じるおそれがある場合には、**公正で中立な立場で、その円満解決に努力しなければならない**というのが倫理憲章の立場であり（倫理憲章（四））、本肢の「もっぱら依頼者である貸主の立場に立って対応する」というのは倫理憲章の立場とは相容れない。

ただし、この考え方は倫理憲章に基づくものであり、依頼者である貸主の立場に立たずに業務を行えば、賃貸管理業務の委託者との関係においては、委任契約上の善管注意義務違反となる可能性があります。

❸ **適切**　賃貸不動産経営管理士の資格を取得するために学習をしたことを確かなものにして、さらにレベルアップを図るために毎年賃貸不動産経営管理士の試験問題に目を通して勉強することは、賃貸不動産経理管理士としての倫理憲章に沿う**自己研鑽**である（倫理憲章（五））。

❹ **適切**　倫理憲章（一）には、「賃貸不動産経営管理士のもつ、公共的使命を常に自覚し、公正な業務を通して、公共の福祉に貢献する」と定められている。地域の防犯・防災に協力するという公共の福祉に貢献するために、**貸主に積極的に企画提案**していくことは、賃貸不動産経営管理士の倫理憲章に則った望ましいあり方である。

基本テキスト　6編2章

令和元年 問38　③賃貸不動産経営管理士

重要度 A

倫理憲章 ※講習修了者免除問題

問題 15 **賃貸不動産経営管理士「倫理憲章」に関する次の記述のうち、不適切なものはどれか。**

❶ 公正と中立性の保持に関しては、自己の所属する管理業者の直接の依頼者に対し、他の関係者の立場に十分配慮した対応を求めることも必要となる場合がある。

❷ 信義誠実の義務に関しては、自己の所属する管理業者の直接の依頼者に対してはもちろんのこと、他の関係者に対しても、同様に、信義に従い、誠実に対応することが必要である。

❸ 法令の遵守と信用保持に関しては、賃貸不動産管理業界全体の社会的信用より自己の所属する管理業者の信用獲得を優先し、自己の所属する管理業者に対する社会的信用を傷つける行為や社会通念上好ましくないと思われる行為を特に慎むべきである。

❹ 秘密を守る義務に関しては、自己の所属する管理業者を退職して、当該賃貸不動産の管理に携わらなくなった後も、引き続き負うべきものである。

解説　　　　　　　　　　　　　　　　　　　　　　　　　**正解：❸**

❶ **適切**　賃貸不動産経営管理士は、ときには自己の所属する管理業者の依頼者である貸主などに対して、入居者など**他の関係者の立場に配慮した対応を求める**ことも必要になる。

> 「倫理憲章」（四）公正と中立性の保持
> 「賃貸不動産経営管理士は常に公正で中立な立場で職務を行い、万一紛争等が生じた場合は誠意をもって、その円満解決に努力する」と定められています。

❷ **適切**　賃貸不動産経営管理士は、**直接の依頼者以外の関係者との関係**においても、信義に従い誠実に職務を執行しなければならない。

> 「倫理憲章」（三）信義誠実の義務
> 「賃貸不動産経営管理士は、信義に従い誠実に職務を執行することを旨とし、依頼者等に対し重要な事項について故意に告げず、又は不実のことを告げる行為を決して行わない」と定められています。

❸ **不適切**　**業界全体よりも自社の信用獲得を優先する行為は不適切**

賃貸不動産経営管理士が、賃貸不動産管理業界全体の**社会的信用を軽んじる行為**を行うことは、倫理憲章に反する。

> 「倫理憲章」（二）法令の遵守と信用保持
> 「賃貸不動産経営管理士は関係する法令とルールを遵守し、賃貸不動産管理業に対する社会的信用を傷つけるような行為、および社会通念上好ましくないと思われる行為を厳に慎む」と定められています。

❹ **適切**　賃貸不動産経営管理士は、管理業者を退職して**賃貸管理業務に携わらなくなった後**も、秘密を保持しなければならない。

> 「倫理憲章」（七）秘密を守る義務
> 「賃貸不動産経営管理士は、職務上知り得た秘密を正当な理由なく他に漏らしてはならない。その職務に携わらなくなった後も同様とする」と定められています。

基本テキスト　6編2章

令和５年 問44　④募集広告・仲介

募集広告

重要度 C

問題 16 賃貸住宅の入居者の募集広告に関する次の記述のうち、最も不適切なものはどれか。

❶ 管理業者が募集広告のために作成した間取り図は、賃貸人にも確認してもらう必要がある。

❷ 募集広告に新築として記載する物件は、建築後１年未満であって、居住の用に供されたことがないものでなければならない。

❸ 募集する貸室が集合住宅内である場合、最寄り駅までの所要時間算出の起点は募集対象の貸室の玄関である。

❹ すでに成約済みの物件をインターネット広告から削除せず掲載を継続すると、宅地建物取引業法で禁止されたおとり広告とされる場合がある。

解説　　　　正解：❸

❶ **適切**　管理業者は、賃貸人の依頼を受けて業務を行う。賃貸人が賃借人を募集する際に、管理業者が募集広告のための図面を作成することがあるが、**賃貸人の依頼によって行う業務**だから、賃貸人の確認が必要なのは当然である。

❷ **適切**　不動産の募集広告は、不動産の表示に関する公正競争規約（以下「表示規約」という）にそのルールが定められている。表示規約では、新築とは、**建築工事完了後１年未満であって、居住の用に供されたことがないもの**とされている（表示規約18条１項（１））。

なお、中古住宅とは、建築後１年以上経過し、または居住の用に供されたことがある一戸建て住宅であって、売買するものをいい（同施行規則３条（７））、中古マンションとは、建築後１年以上経過し、または居住の用に供されたことがあるマンションであって、住戸ごとに売買するものをいいます（同施行規則３条（10））。

❸ **最も不適切**　**起点は、物件の区画の駅その他施設に最も近い地点**

道路距離または所要時間を算出する際の物件の起点は、物件の区画のうち駅その他施設に最も近い地点である。マンションおよびアパートにあっては、建物の出入口が起点となる（表示規約施行規則９条（７））。募集対象の貸室の玄関が起点となるのではない。

❹ **適切**　**賃貸する意思のない物件や賃貸することのできない物件について広告を行うことを、おとり広告**という。おとり広告は、広告を見て集まる客に対し、その物件はすでに賃貸借契約が成立してしまったなどと称して、他の物件を紹介して押しつけることをねらいとしている。広告で賃貸すると表示した物件と、現実に賃貸しようとする物件とが異なるので、著しく事実に相違するものとして、誇大広告に該当し、宅地建物取引業法に違反する行為である。すでに成約済みの物件をインターネット広告から削除せず掲載を継続することは、宅地建物取引業法で禁止されたおとり広告となる。

基本テキスト　6編3章

令和３年 問44　④募集広告・仲介

広　告（おとり広告）

重要度 B

問題 17　**宅地建物取引業におけるおとり広告に関する次の記述のうち、適切なものはどれか。**

❶　成約済みの物件を速やかに広告から削除せずに当該物件のインターネット広告等を掲載することは、おとり広告に該当する。

❷　実際には取引する意思のない実在する物件を広告することは、物件の内容が事実に基づくものである限り、おとり広告に該当しない。

❸　他の物件情報をもとに、賃料や価格、面積又は間取りを改ざんする等して実際には存在しない物件を広告することは、おとり広告に該当する。

❹　おとり広告は、宅地建物取引業法には違反しないが、不動産の表示に関する公正競争規約（平成17年公正取引委員会告示第23号）に違反する行為である。

解説

正解：❶

❶ **適切**　賃貸する意思のない物件や賃貸することのできない物件について広告を行うことを、**おとり広告**という。いったんインターネットで広告をして募集した物件について、成約にまで至りながら、速やかにその広告表示を削除せずに掲載を続けることは、おとり広告となる。

❷ **不適切**　**実際には取引する意思のない物件の広告も、おとり広告となる**

広告を行う物件について、賃貸する意思がない場合には、広告における表示内容が事実に基づくものであったとしても、おとり広告である。

❸ **不適切**　**実際には存在しない物件を広告することは、虚偽広告である**

国土交通省によれば、宅建業法第32条によって禁止される誇大広告等に関し、顧客を集めるために売る意思のない条件の良い物件を広告し、実際は他の物件を販売しようとする「おとり広告」と、実際には存在しない物件等の「虚偽広告」について適用があるものとされる（「宅地建物取引業法の解釈・運用の考え方」32条関係１）。つまり、実在しない物件を広告することを「おとり広告」とすることは、適切ではないと思料される。

おとり広告	成約済みの物件を速やかに広告から削除せずに当該物件のインターネット広告等を掲載することや、広告掲載当初から取引の対象となり得ない成約済みの物件を継続して掲載する場合も、故意・過失を問わず「おとり広告」に該当
虚偽広告	他の物件情報等をもとに、対象物件の賃料や価格、面積または間取りを改ざんすること等、実際には存在しない物件を広告すること

❹ **不適切**　**おとり広告は、宅建業法に違反する**

宅建業法は、宅建業者が広告をするときは、①著しく事実に相違する表示、および、②実際のものよりも著しく優良もしくは有利であると人を誤認させるような表示をしてはならないとしている（誇大広告等の禁止。宅建業法32条）。つまり、おとり広告は、宅建業法の誇大広告等の禁止の規定に違反する行為である。

基本テキスト　6編３章

令和2年 問18　④募集広告・仲介

広告における表示方法

重要度 B

問題 18 宅地建物取引業法及び不当景品類及び不当表示防止法に基づく不動産の表示に関する公正競争規約に従った不動産の表示方法に関する次の記述のうち、正しいものの組合せはどれか。

ア 「新築」とは、建築工事完了後１年未満であることをいう。

イ 「マンション」とは、鉄筋コンクリート造りその他堅固な建物であって、一棟の建物が、共用部分を除き、構造上、数個の部分に区画され、各部分がそれぞれ独立して居住の用に供されるものをいう。

ウ 自転車による所要時間は、道路距離250mにつき１分間を要するものとして算出した数値を表示する。この場合において、１分未満の端数が生じたときは１分として算出する。

エ 面積は、メートル法により表示し、１㎡未満の数値は、切り捨てて表示することができる。

❶ ア、イ
❷ イ、エ
❸ ア、ウ
❹ ウ、エ

解説

正解：❷

ア　誤り　新築とは建築後１年未満であり、未入居であることをいう

広告の取扱いにおいて、「新築」とは、建築後１年未満であって、**居住の用に供されたことがないもの**を指すものとされている（表示規約18条1項（1））。

イ　正しい　「マンション」とは、鉄筋コンクリート造りその他堅固な建物であって、一棟の建物が、共用部分を除き、構造上、数個の部分（住戸）に区画され、各部分がそれぞれ独立して居住の用に供されるものを指す用語である（表示規約施行規則３条（8））。

ウ　誤り　自転車の所要時間は道路距離と通常要する走行時間を表示する

自転車による所要時間は、道路距離を明示して、**走行に通常要する時間**を表示する（表示規約施行規則９条（11））。この場合の道路距離については、起点および着点を明示して表示しなければならない（同施行規則９条（7））。

徒歩による所要時間は、道路距離80mにつき１分間を要するものとして算出した数値を表示することとされています（同施行規則９条（9）。１分未満の端数が生じたときは１分として算出する）が、自転車による所要時間に関しては、道路距離を時間で表示する方法は使われません。

エ　正しい　面積は、メートル法により表示する（表示規約施行規則９条（13））。**１㎡未満**の数値は、切り捨てて表示することができる。

建物の面積（マンションにあっては、専有面積）は、延べ面積を表示し、これに車庫、地下室等の面積を含むときは、その旨およびその面積を表示することとされています。中古マンションにあっては、建物登記簿に記載された面積を表示することができます（同施行規則９条（15））。

以上により、正しいものの組合せは**イ、エ**であり、正解は肢❷となる。

基本テキスト　6編３章

令和元年 問11　④募集広告・仲介

広告における表示方法

重要度 B

問題 19 **借主の募集のために行う広告に関する次の記述のうち、宅地建物取引業法及び不当景品類及び不当表示防止法に基づく不動産の表示に関する公正競争規約**（以下、各問において「不動産の表示に関する公正競争規約」という。）**によれば、適切なものはいくつあるか。**

ア　自転車による所要時間は、走行に通常要する時間の表示に加え、道路距離を明示する。

イ　中古賃貸マンションとは、建築後３年以上経過し、または居住の用に供されたことがあるマンションであって、住戸ごとに、賃貸するもののことである。

ウ　物件は存在するが、実際には取引することができない物件に関する表示をしてはならない。

エ　インターネット広告の場合、不注意により契約済み物件を削除せず広告の更新予定日後も掲載し続けることは、「おとり広告」に該当しない。

❶　1つ　　❷　2つ　　❸　3つ　　❹　4つ

得点源!

【広告表示のルール（公正競争規約）】

徒歩による所要時間	道路距離80mにつき1分を要するものとして算出
自転車による所要時間	走行に通常要する時間に加え、**道路距離**を明示する
広さの畳数表示	畳１枚当たりの広さは**1.62㎡以上**
「新築」という表示	建築工事完了後**１年未満**で、**居住の用に供されたことがないもの**（まだ、誰も住んでいないこと）
「中古」という表示	建築後１年経過、**または居住の用に供されたことがあるもの**（すでに、誰かが住んだことがある）

解説　　　　　　　　　　　　　　　　　　　　　正解：❷

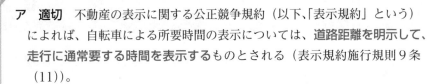

ア　適切　不動産の表示に関する公正競争規約（以下、「表示規約」という）によれば、自転車による所要時間の表示については、**道路距離を明示して、走行に通常要する時間を表示する**ものとされる（表示規約施行規則９条（11））。

イ　不適切　建築後３年以上経過ではなく、建築後１年以上経過

表示規約によれば、中古賃貸マンションとは、**建築後１年以上経過**し、または居住の用に供されたことがあるマンションであって、住戸ごとに賃貸するものとされる（表示規約施行規則３条（13））。

ウ　適切　物件が存在しても、実際には取引することができない物件に関する表示をしてはならない。おとり広告として禁止されている（表示規約21条）。**著しく事実に相違する表示**として、宅建業法にも違反する。

宅建業者が業務に関して広告をするときは、著しく事実に相違する表示や、実際のものよりも著しく優良であり、または有利であると人を誤認させるような表示をすることは禁止されています（宅建業法32条）。

エ　不適切　不注意で契約済みの物件を掲載し続けても、おとり広告

物件がすでに契約済みで取引できなくなっているにもかかわらず、そのままインターネット上に広告表示を掲載し続けることは、賃貸することのできない物件について広告をすることになり、**おとり広告**となる（表示規約21条）。また、意図的ではなく不注意によってインターネット上から削除していなかったとしても、おとり広告に該当する。

最近では、借主を募集するための広告媒体としてインターネットが重要なツールになっていますが、実際に広告表示から削除しなければならない物件の広告がそのまま残されている状況が生じており、宅建業の信頼性を揺るがす問題となっています。

以上により、適切なものは**ア、ウの２つ**であり、正解は肢❷となる。

基本テキスト　6編3章

令和４年 問47 ④募集広告・仲介

入居者の募集

※講習修了者免除問題

重要度 B

問題20 賃貸住宅の入居者の募集に関する次の記述のうち、最も適切なものはどれか。

❶ 入居希望者が独身の後期高齢者である場合、健康状態の確認のため、病歴を申告する書類の提出を求める必要がある。

❷ 入居希望者の年収と募集賃料とのバランスがとれていないと判断される場合であっても、契約者ではない同居人の年収の申告を求めるべきではない。

❸ サブリース方式では、特定転貸事業者は借受希望者との交渉を任されている立場に過ぎず、最終的に入居者を決定する立場にはない。

❹ 入居審査のため借受希望者から提出された身元確認書類は、入居を断る場合には、本人に返却する必要がある。

得点源！

【入居者の審査】

確認事項	申込みを行っている者が入居申込書面の**申込者と同一であるか**どうかを確認する。
入居者の選択	・申込物件に対して借受希望者の職業・年齢・家族構成・年収などが妥当かどうかの検討を行うことは、差別的な審査にはならない ・高齢者であることだけを理由に申込みを拒んではならない
外国人の入居審査	外国人の入居審査にあたっては、**住民票**、パスポートや就労資格証明書、資格外活動許可書などの書類によって身元確認をすることができる。

解説

正解：❹

❶ **不適切　病歴を申告させることはプライバシーの侵害である**

個人の病歴は入居審査にかかわらない個人情報である。また、病歴を申告させることはプライバシーの侵害でもある。入居希望者が独身であるか、高齢者であるかどうかなどにかかわらず、**病歴を申告する書類の提出を求める行為は許されない。**

なお、申込者が高齢の場合、「高齢者の居住の安定確保に関する法律」の精神に鑑み、理由なく拒んではなりません。賃貸不動産管理業者には、自治体の高齢者入居賃貸住宅制度などを確認したうえで、入居の促進に努めることが望まれます。

❷ **不適切　同居人の収入も審査対象になる**

入居の申込みがあった場合には入居審査が必要となる。入居者の収入と賃料がバランスを失していると、将来のトラブルが予想されるので、契約交渉を進めるべきではない。賃料について、契約者の収入と同居人の収入を合わせたうえで支払う予定の場合には、同居人の収入を知ることが必要になるため、申告を求めることができる。

❸ **不適切　特定転貸事業者は賃貸人として、入居者を決定する立場**

サブリース方式では、特定転貸事業者は**転貸借契約における賃貸人**である。賃貸人として、最終的に入居者を決定する立場に立つことになる。

❹ **最も適切**　入居審査のため借受希望者から提出された身元確認書類は、入居審査と入居後の住宅管理のために用いられるべきものなので、**入居を断る場合には本人に返却**しなければならない。

なお、入居審査を行い、入居可否の決定がされた場合には、速やかに借受希望者に書面で通知を行います。

基本テキスト　6編3章

令和元年 問12　④募集広告・仲介

募集の準備

重要度 B

問題 21　**宅地建物取引業者である管理業者が行う借主の募集に関する次の記述のうち、最も適切なものはどれか。**

❶　管理業者は、借主の募集業務を他の業者に委託する場合には、物件に法的な問題がないかどうかの確認を行う必要はない。

❷　物件の権利関係の調査のために登記記録を閲覧するときは、乙区に基づき、登記上の名義人と貸主が異ならないかを確認する必要がある。

❸　分譲マンション（区分所有建物）の１住戸を賃貸する場合、当該マンションの管理組合が定めた管理規約等、借主が遵守しなければならない事項について確認する必要がある。

❹　管理業者が宅地建物取引業者である場合であっても、広告会社にその内容を全面的に任せて作成させた広告を使用して募集業務を行うときは、不動産の表示に関する公正競争規約に従う必要はない。

解説

正解：❸

❶ 不適切　借主募集を他社に委託しても、物件の法的な確認は自社で行う

管理業者が入居者募集を行うには、自社の客付け部門を利用する場合と外部の仲介業者に依頼する場合がある。いずれの場合にも、自ら物件に法**的な問題がないかどうかの確認を行わなければならない**のであり、借主の募集業務を他の業者に委託する場合であっても、法的な問題点の確認と検討が必要である。

❷ 不適切　登記名義人は乙区ではなく、甲区で確認する

物件の権利関係を調査するためには、登記記録（登記簿）の確認が必要である。登記記録の権利部は甲区と乙区に分かれており、甲区には所有権に関する事項が記録され、乙区には所有権以外の権利が記録される。登記上の名義人と貸主が異ならないかどうかを確認するには、**甲区に記録される所有者**について確認しなければならない。

乙区に記録される事項は、抵当権や賃借権などの担保権や用役権の有無です。

❸ 最も適切　分譲マンションでは、借主にも管理規約の効力が及び、遵守義務がある（建物の区分所有等に関する法律46条２項）。したがって、分譲マンションの賃貸では管理規約などを確認し、また賃貸借契約には**管理規約遵守を明記**しておかなければならない。借主に管理規約の内容を確認してもらい、コピーを渡すなどして入居後のルールを理解してもらうことになる。

❹ 不適切　他社に委託しても、広告主である管理業者は表示規約に従う

広告会社に広告の作成を依頼したとしても、あくまでも募集広告を行うのは宅建業者でもある管理業者なので、**表示規約に従う必要がある**のは当然である。

宅建業者が不動産広告を行う際は、表示規約に従わなければなりません。表示規約は、不動産業界が自主的に定め、不当景品類及び不当表示防止法（景品表示法）の規定に基づき公正取引委員会の認定を受けたルールです。

令和2年 問16改　④募集広告・仲介

ＩＴ重説

重要度 A

問題 22 **宅地建物取引業法に基づき、賃貸取引に係るＩＴを活用した重要事項説明を実施する場合に関する次の記述のうち、正しいものはいくつあるか。**

ア　宅地建物取引士及び重要事項の説明を受けようとする者が、図面等の書類及び説明の内容を十分に理解できる程度に映像を視認でき、かつ、双方が発する音声を十分に聞きとり、やり取りができる環境で実施されなければならない。

イ　宅地建物取引士は、重要事項説明書及び添付資料を、重要事項の説明を受けようとする者にあらかじめ送付しなければならない。

ウ　重要事項の説明を受けようとする者が、重要事項説明書及び添付資料を確認しながら説明を受けることができる状況にあること、及び映像音声の状況について、宅地建物取引士が説明開始前に確認しなければならない。

エ　重要事項説明を開始した後、映像を視認できず、又は音声を聞き取ることができない状況が生じた場合には、直ちに説明を中断し、当該状況が解消された後に説明を再開しなければならない。

❶　1つ
❷　2つ
❸　3つ
❹　4つ

解説　　　　**正解：❹**

ア　正しい　賃貸借契約においてＩＴを活用した重要事項説明を行う場合、環境設定に関しては、宅地建物取引士および重要事項の説明を受けようとする者が、図面等の書類および説明の内容について十分に理解できる程度に映像を視認でき、かつ、双方が発する音声を十分に聞き取ることができるとともに、**双方向でやりとりできる環境**において実施していることが必要とされている。

賃貸借契約については、平成29年10月１日から、①環境設定、②事前の書類送付、③説明受領者の状況、④宅地建物取引士証の提示、という４つの要件をすべて満たす場合に限り、ＩＴを活用して重要事項説明をすることが可能になっています。
さらに、令和３年３月30日より宅地・建物の売買・交換に関しても、ＩＴ重説が可能になりました。

イ　正しい　事前の書類送付に関しては、宅地建物取引士により重要事項説明書および添付資料を、重要事項の説明を受けようとする者に**あらかじめ送付していること**が必要とされる。

ウ　正しい　説明受領者の状況に関しては、重要事項の説明を受けようとする者が、重要事項説明書および添付資料を確認しながら説明を受けることができる状態であること、ならびに映像および音声の状況について、宅地建物取引士が**重要事項の説明の前に確認していること**を要するものとされている。

エ　正しい　いったん重要事項説明を開始した場合であっても、説明を受けるものが映像を視認できなかったり、音声を聞き取ることができなかったりする状況が生じた場合には、直ちに説明を中断しなければならない。説明を再開するのは、**その状況が解消された後**となる。

以上により、正しいものは**ア、イ、ウ、エの４つ**であり、正解は肢❹となる。

基本テキスト　なし

令和５年 問40　④募集広告・仲介

人の死の告知に関するガイドライン

重要度 B

問題 23　「宅地地建物取引業者による人の死の告知に関するガイドライン」（国土交通省不動産・建設経済局令和３年10月公表）に関する次の記述のうち、賃貸借契約の媒介を行う宅地建物取引業者の対応として最も適切なものはどれか。

❶ 自然死又は日常生活の中での不慮の死（以下「自然死等」という。）以外の死が発生した居室について、新たに賃借人が入居し、退去したという事情がある場合は、当該死の発生日から３年以内に賃貸借契約を締結するときでも、当該死について告知義務はない。

❷ 日常生活上使用する共用部分において自然死等以外の死があった場合、当該死の発生日から３年以内に賃貸借契約を締結するときは、当該死について告知義務がある。

❸ 居室内において自然死等以外の死があった場合、当該死の発生日から３年以内に隣の部屋について賃貸借契約を締結するときは、当該死について告知義務がある。

❹ 居室内で発生した事件により人が死亡し、当該死の発生日から３年を経過した場合は、それが社会的に影響のある事件であったときでも、賃貸借契約を締結する際、当該死について告知義務はない。

解説　　　　正解：❷

❶ **不適切　おおむね３年間は告知しなければならない**

ガイドラインでは、自然死等以外の死が発生した居室については、これを認識している宅地建物取引業者が媒介を行う際には、**自然死等以外の死からおおむね３年間は、賃借人に対してこれを告げなければならない**とされている。新たに賃借人が入居し、退去したという事情があっても、３年以内に賃貸借契約を締結するときには、死についての告知義務は否定されない。

なお、おおむね３年間を経過した後には、賃借人に対して告げなくてもよいものとされる。

❷ **最も適切**　ガイドラインでは、賃借人が日常生活において通常使用する必要があり、賃借人の住み心地の良さに影響を与えると考えられる集合住宅の共用部分は賃貸借取引の対象不動産と同様に扱われる。**日常生活上使用する共用部分**において自然死等以外の死があった場合には、**自然死等以外の死からおおむね３年間は、賃借人に対してこれを告げなければならない**。

❸ **不適切　隣室の場合は、告知義務はない**

ガイドラインにおいて自然死等以外の死の告知義務が問題とされるのは、自然死等以外の死が発生した**居室**、および**日常生活において通常使用する必要がある共用部分**である。隣の部屋について賃貸借契約を締結するときは、その死についての告知義務はない。

❹ **不適切　社会的に影響のある事件の場合、３年経過後も告知義務はある**

ガイドラインでは、自然死等以外の死の発生からおおむね３年間を経過した後には、原則として賃借人に対する告知義務はなくなるが、**事件性、周知性、社会に与えた影響等が特に高い事案の場合**には、例外的に賃借人に対する告知義務はなくならず、告知義務があるとされている。

基本テキスト　６編３章

令和４年 問43　④募集広告・仲介

人の死の告知に関するガイドライン

重要度 B

問題 24 賃貸取引の対象となる物件において人が死亡した場合の宅地建物取引業者の義務に関する次の記述のうち、「宅地建物取引業者による人の死の告知に関するガイドライン」（国土交通省不動産・建設経済局令和３年10月公表）に照らして適切なものの組合せはどれか。

ア　取引の対象となる不動産における事案の有無に関し、宅地建物取引業者は、原則として、貸主・管理業者以外に自ら周辺住民に聞き込みを行ったり、インターネットサイトを調査するなどの自発的な調査を行ったりする義務がある。

イ　入居者が入浴中に溺死したときは、宅地建物取引業者は、次の賃貸借取引の際、原則として、借主に告知する必要がある。

ウ　入居者が死亡した場合、宅地建物取引業者は、死亡時から３年を経過している場合であっても、借主から事案の有無について問われたときは、調査を通じて判明した点を告知する必要がある。

エ　宅地建物取引業者が人の死について告知する際は、事案の発生時期、場所、死因及び特殊清掃等が行われた場合にはその旨を告げるものとし、具体的な死の態様、発見状況等を告げる必要はない。

❶　ア、イ
❷　ア、エ
❸　イ、ウ
❹　ウ、エ

解説

正解：❹

ア　不適切　聞き込みや自発的調査をする義務はない

「宅地建物取引業者による人の死の告知に関するガイドライン」(以下「ガイドライン」という）では、宅地建物取引業者には、過去に生じた人の死について、売主・貸主に対し、**告知書等に記載を求める**ことで、通常の情報収集としての調査義務を果たしたことになるとされている。原則として、これ以外に自ら周辺住民に聞き込みを行ったり、インターネットサイトを調査するなどの自発的な調査を行ったりする義務はない。

過去に生じた人の死に関する事案に関し、宅地建物取引業者の調査や告知の義務の有無をどのように判断するのかの基準として、国土交通省によりガイドラインが策定され、令和３年10月に公表されました。

イ　不適切　入浴中の溺死は告知義務の対象ではない

原則として、取引の相手方等の判断に重要な影響を及ぼすと考えられる場合には、告知の義務があるが、対象不動産で発生した**自然死、日常生活の中での不慮の死**（転倒事故、誤嚥など）については、告知は必要がない。入居者の入浴中の溺死は、告知義務はないものと考えられる。

ウ　適切　賃貸借については、対象不動産内、または日常生活において通常使用する必要がある共用部分（廊下など）で発生した自然死等でないもの（他殺・自殺）であって、事案発生からおおむね３年が経過している場合には、告知を要しない。ただし、死亡時から３年を経過していても、**借主から事案の有無について問われたとき**は、宅地建物取引業者は調査を通じて判明した点を告知しなければならない。

エ　適切　宅地建物取引業者が人の死等について告知をしなければならない場合であっても、人の死等を告げる際には、**亡くなった方やその遺族等の名誉および生活の平穏に十分配慮**し、これらを不当に侵害することのないようにしなければならない。つまり、氏名、年齢、住所、家族構成や具体的な死の態様、発見状況等を告げる必要はない。

以上により、適切なものの組合せは**ウ、エ**であり、正解は肢❹である。

基本テキスト　6編２章

令和2年 問17　④募集広告・仲介

重要度 A

媒介報酬

問題 25 **宅地建物取引業法が定める賃貸物件の媒介の報酬に関する次の記述のうち、誤っているものはどれか。**

❶ 居住用建物の賃貸借の媒介報酬は、借主と貸主のそれぞれから賃料の0.5か月分とこれに対する消費税を受け取ることができるのが原則だが、借主及び貸主双方の承諾がある場合には、それぞれから報酬として賃料の1か月分と消費税を受け取ることができる。

❷ 複数の宅地建物取引業者が入居者募集業務に関与する場合、宅地建物取引業法が定める報酬額の上限額を当該複数の業者が分配して受領することができる。

❸ 報酬とは別に受領することのできる広告料とは、報酬の範囲内で賄うことが相当でない多額の費用を要する特別の広告の料金である。

❹ 宅地建物取引業者が入居者募集業務として物件の広告や入居希望者への重要事項説明を行ったにもかかわらず、賃貸借契約の直前に入居希望者が契約を断念した場合、貸主に対し、既に行った広告及び重要事項説明書作成に要した費用を報酬として請求することはできない。

解説 正解：❶

❶ **誤り　貸主と借主双方から、それぞれ賃料１か月分（合計２か月分）の報酬は受領できない**

居住用建物の入居者募集を行う場合の媒介報酬は、借主と貸主それぞれの負担が月額賃料の0.55倍に相当する額を超えてはならないのが原則である。なお、借主または貸主のどちらかの承諾がある場合は、承諾した一方から１か月分の1.1倍に相当する額を受領することができる。ただし、この場合には、もう一方からは媒介報酬を受領することはできないのであり、貸主と借主の支払う媒介報酬の**合計が月額賃料の1.1倍**を超えることは許されない。

❷ **正しい**　入居者募集業務に複数の宅建業者が関与する場合、宅建業法による報酬規程に定められた報酬額が、全業者が受領することができる報酬総額の上限となる。複数の宅建業者が関与して契約が成約した場合には、**報酬総額を按分**して受領する。

❸ **正しい**　宅建業者は特別の依頼を受けた場合には報酬とは別に広告料を受領することが可能であるが、宅建業者が受領することができる広告料は、大手新聞への広告掲載料等、**報酬の範囲内で賄うことが相当でない多額の費用を要する特別の広告の料金**に限られるものとされている（判例）。

❹ **正しい**　宅建業者が入居者募集業務を行う場合、借主を募集するためには費用を要するが、借主の募集をするための費用は、貸主から受領する報酬で賄わなければならない。広告や重要事項説明に費用を要したとしても、特別の依頼による広告費用（肢❸の解説参照）以外は、報酬と別に費用を請求することはできない。このことは、広告や重要事項説明を行ったけれども**賃貸借契約が成約に至らなかった場合であっても同様**である。

基本テキスト　6編3章

令和５年 問41　⑤諸法令（コンプライアンス）

障害者差別解消法

重要度 A

問題 26 宅地建物取引業者の障害者に対する対応に関する次の記述のうち、「国土交通省所管事業における障害を理由とする差別の解消の推進に関する対応指針」（平成29年３月）に照らし、誤っているものはどれか。

❶　宅地建物取引業者が障害者に対して「火災を起こす恐れがある」等の懸念を理由に仲介を断ることは、不当な差別的取扱いに該当しない。

❷　宅地建物取引業者が物件広告に「障害者お断り」として入居者募集を行うことは、不当な差別的取扱いに該当する。

❸　宅地建物取引業者が、合理的配慮を提供等するために必要な範囲で、プライバシーに配慮しつつ、障害者に障害の状況等を確認することは、不当な差別的取扱いに該当しない。

❹　宅地建物取引業者が障害者に対して障害を理由とした誓約書の提出を求めることは、不当な差別的取扱いに該当する。

解説 正解：❶

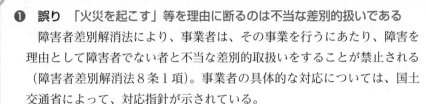

❶ **誤り 「火災を起こす」等を理由に断るのは不当な差別的扱いである**

障害者差別解消法により、事業者は、その事業を行うにあたり、障害を理由として障害者でない者と不当な差別的取扱いをすることが禁止される（障害者差別解消法８条１項）。事業者の具体的な対応については、国土交通省によって、対応指針が示されている。

対応指針では、宅地建物取引業者が、障害者に対して「火災を起こす恐れがある」等の懸念を理由に仲介を断ることは、不当な差別的取扱いとされる。

❷ **正しい** 対応指針では、宅地建物取引業者が、障害者に対して「当社は障害者向け物件を取り扱っていない」として**話も聞かずに門前払いすること**は、不当な差別的取扱いとされる。

❸ **正しい** 対応指針では、**合理的配慮を提供等するために必要な範囲**で、**プライバシーに配慮しつつ、障害者に障害の状況等を確認すること**は、不当な差別的取扱いではないとされる。

❹ **正しい** 対応指針では、宅地建物取引業者が、障害者に対して、**障害を理由とした誓約書の提出を求めること**は、不当な差別的取扱いとされる。

なお、障害者差別解消法は、不当な差別的取扱いを禁止するほか、合理的配慮の提供を事業者に義務付けています（令和６年４月以降は法的な義務）。対応指針では、合理的配慮の提供義務違反に該当すると考えられる事例として、他にも、電話利用が困難な障害者から直接電話する以外の手段（メールや電話リレーサービス等の手話を介した電話または保護者や支援者・介助者の介助等）により各種手続が行えるよう対応を求められた場合に、具体的に対応方法を検討せずに対応を断ること、建物内の掲示または各戸に配布されるお知らせ等について、障害者やその家族・介助者等から文章の読み上げやテキストデータによる提供を求める旨の意思の表明があったにもかかわらず、具体的に対応方法を検討せずに対応を断ること等が示されています。

基本テキスト ６編４章

令和３年 問47　⑤諸法令（コンプライアンス）

障害者差別解消法

※講習修了者免除問題

重要度 B

問題 27 **管理業務に関わる法令に関する次の記述のうち、最も不適切なものはどれか。**

❶　障害者の差別の解消の推進に関する法律で禁止される行為を示した国土交通省のガイドライン（国土交通省所管事業における障害を理由とする差別の解消の促進に関する対応指針。平成29年３月国土交通省公表）は、宅地建物取引業者を対象としており、主として仲介の場面を想定した内容であるため、賃貸住宅管理業者の業務においては参考とならない。

❷　賃貸借契約における原状回復に係る負担の特約は、原状回復ガイドラインや過去の判例等に照らして賃借人に不利であり、それを正当化する理由がない場合には、無効とされることがある。

❸　住宅確保要配慮者に対する賃貸住宅の供給の促進に関する法律に基づき住宅確保要配慮者の入居を拒まない賃貸住宅として登録を受けるためには、国土交通省令で定める登録基準に適合していなければならない。

❹　賃貸住宅の敷地の南側に隣接する土地に高層建物が建設されることを知りながら、「陽当たり良好」と説明して賃貸借契約を成立させた場合、消費者契約法に基づき、当該賃貸借契約が取り消される場合がある。

解説 正解：❶

❶ **最も不適切　管理業者もガイドラインを参考にしなければならない**

障害者差別解消法は、障害を理由とする差別の解消に関する基本的事項や、障害を理由とする差別を解消するための措置などを定めており、賃貸住宅管理業者も同法の対象となる。また、国土交通省からは、この法律で禁止される行為を示したガイドライン（国土交通省所管事業における障害を理由とする差別の解消の促進に関する対応指針）が平成29年３月に公表されており、賃貸住宅管理業者もこのガイドラインを参考としなければならない。

❷ **適切**　通常損耗の補修を賃借人負担とする特約は、①特約の必要性があり、かつ、暴利的でないなどの客観的・合理的理由が存在する、②賃借人が特約によって通常の原状回復義務を超えた修繕等の義務を負うことについて認識している、③賃借人が特約による義務負担の意思表示をしている、という**３つの要件すべてを満たす場合**に限って、効力が認められる。この要件を満たさなければ、特約には効力が認められない。

❸ **適切**　住宅セーフティネット法には、住宅確保要配慮者の入居を拒まない賃貸住宅の登録制度が設けられており（住宅セーフティネット法８条等）、住宅の賃貸人は、空き家等をその主旨の賃貸住宅として都道府県等による登録を受けることができる。そして、登録を受ける空き家等は、構造・設備、床面積、家賃等が、**国土交通省令で定める登録基準に適合**していなければならない。

❹ **適切**　消費者は、事業者が消費者契約の締結について勧誘をするに際し、消費者に対してある重要事項について消費者の利益となる旨を告げ、かつ、重要事項について消費者の不利益となる事実を故意または重大な過失によって告げなかったことにより、その事実が存在しないとの誤認をさせ、それによって消費者契約を成立させたときは、これを取り消すことができる（消費者契約法４条２項）。賃貸住宅の南側に隣接する土地に高層建物が建設されることを知りながら、「陽当たり良好」と説明して賃貸借契約を成立させた場合、その賃貸借契約は**取り消すことができる**。

基本テキスト　６編４章

令和４年 問42　⑤諸法令（コンプライアンス）

個人情報保護法

重要度 A

問題 28　**個人情報の保護に関する法律**（以下、本問において「個人情報保護法」という。）**に関する次の記述のうち、誤っているものの組合せはどれか。**

ア　個人情報取扱事業者が個人情報を取得する場合は、利用目的をできる限り特定して通知又は公表する必要があるが、要配慮個人情報でない限り、本人の同意を得る必要はない。

イ　個人情報取扱事業者が、個人データを漏えいした場合、不正アクセスによる場合であっても、本人の数が1,000人を超える漏えいでない限り、個人情報保護委員会に報告する義務はない。

ウ　個人情報取扱事業者が委託先に個人データを提供することは、それが利用目的の達成に必要な範囲内であっても、個人データの第三者提供に該当するため、本人の同意を得る必要がある。

エ　取り扱う個人情報の数が5,000人分以下である事業者であっても、個人情報データベース等を事業の用に供している者には、個人情報保護法による規制が適用される。

❶　ア、ウ
❷　ア、エ
❸　イ、ウ
❹　イ、エ

解説 正解：❸

ア　正しい　個人情報の取得については、**要配慮個人情報**の取得には本人の同意が必要だが（個人情報保護法20条２項）、そうでない個人情報については、**本人の同意は不要**である。個人情報を取得したときに、利用目的を、本人に通知し、または公表することで足りる（同法21条１項）。

なお、要配慮個人情報とは、本人の人種、信条、社会的身分、病歴、犯罪の経歴、犯罪により害を被った事実その他本人に対する不当な差別、偏見その他の不利益が生じないように、その取扱いにとくに配慮を要するものとして政令で定める記述等が含まれる個人情報のことを指します（同法２条３項）。

イ　誤り　不正アクセスによる漏えいはすべて報告義務がある

個人データの漏えい、滅失、毀損について、所定の事態が生じたときは、その事態が生じた旨を個人情報保護委員会に報告しなければならない（個人情報保護法26条１項本文）。不正アクセス等故意によるものの場合には、件数に関係なく、報告の対象となる（同法施行規則７条）。

ウ　誤り　個人データの委託先への提出は第三者提供ではない

個人情報取扱事業者は、あらかじめ本人の同意を得ないで、個人データを第三者に提供してはならない（個人情報保護法27条１項）。もっとも、個人情報取扱事業者が委託先に個人データを提供することは、それが利用目的の達成に必要な範囲内であれば、個人データの第三者提供とはみなされないため、本人の同意は不要である（同法27条５項１号）。

エ　正しい　個人情報データベース等とは、個人情報を含む情報の集合物であって、次の①または②にあてはまるものである（個人情報保護法16条１項）。

①　特定の個人情報を電子計算機を用いて検索することができるように体系的に構成したもの

②　①のほか、特定の個人情報を容易に検索することができるように体系的に構成したものとして政令で定めるもの

個人情報の数にかかわらず、個人情報保護法による規制が適用される。

以上により、誤っているものの組合せは**イ**、**ウ**であり、正解は肢❸である。

令和2年 問3 ⑤諸法令（コンプライアンス）

個人情報保護法

重要度 A

問題 29 **個人情報の保護に関する法律**（以下、本問において「個人情報保護法」という。）**に関する次の記述のうち、正しいものはどれか。**

❶ 個人情報取扱事業者は、要配慮個人情報を取得する場合、利用目的の特定、通知又は公表に加え、あらかじめ本人の同意を得なければならない。

❷ 5,000人以下の個人情報しか取り扱わない中小企業・小規模事業者に対しては、個人情報保護法は適用されない。

❸ 個人情報取扱事業者は、個人情報を書面で取得する場合、常に利用目的を本人に明示しなければならない。

❹ 番号、記号や符号は、その情報だけで特定の個人を識別できる場合であっても、個人情報に該当しない。

得点源!

【個人情報保護法のポイント】

個人情報とは	・**生存する個人**に関する情報 ・他の情報と照合することで特定の個人を識別できる情報 ・**個人識別符号**が含まれる情報
対象となる事業者	個人情報取扱事業者が対象（すべての事業者ではない）
個人情報取扱事業者とは	個人情報データベース等を**事業の用**に供している者 ※指定流通機構（レインズ）を利用できる宅地建物取引業者は該当する
データベースの件数	個人情報データベースの数に制約はない

解説 正解：❶

❶ **正しい** 個人情報取扱事業者には、個人情報を取り扱うにあたり、利用目的をできる限り特定しなければならない義務（個人情報保護法17条1項）、個人情報を取得した場合は、あらかじめその利用目的を公表している場合を除き、速やかにその利用目的を本人に通知し、または公表しなければならない義務がある（同法21条1項）。

また、**要配慮個人情報**とは、本人の人種、信条、社会的身分、病歴、犯罪の経歴、犯罪により害を被った事実その他本人に対する不当な差別、偏見その他の不利益が生じないようにその取扱いに特に配慮を要する記述等が含まれる個人情報であるところ（同法2条3項）、個人情報取扱事業者は、法令に基づく場合などを除き、あらかじめ本人の同意を得ないで、要配慮個人情報を取得してはならないものとされている（同法20条2項）。

❷ **誤り 取り扱う個人情報の数に関係なく適用される**

かつては5,000人以下の個人情報しか取り扱わない事業者には個人情報保護法の規定は適用されなかったが、現在では**個人情報の取扱い数の下限は撤廃**され、個人情報を取り扱うすべての事業者が個人情報保護法の規定を遵守しなければならない。

❸ **誤り 常に利用目的を本人に明示しなければならないわけではない**

契約書に記載された個人情報を取得する場合など、本人から直接書面に記載された本人の個人情報を取得するときには、あらかじめ、本人に対し、その利用目的を明示しなければならないのであるが、この場合の利用目的の明示義務については、**人の生命、身体または財産の保護のために緊急に必要がある場合は除外**されている（個人情報保護法21条2項ただし書）。常に利用目的を本人に明示しなければならないものではない。

❹ **誤り 個人識別符号が含まれていれば個人情報に該当する**

文字、番号、記号その他の符号であって、その利用者もしくは購入者または発行を受ける者ごとに異なるものとなるように割り当てられているものを個人識別符号という（個人情報保護法2条2項）。**個人識別符号が含まれるものは個人情報**となる（同条1項2号）。

基本テキスト 6編4章

令和2年 問33　⑤諸法令（コンプライアンス）

個人情報保護法

重要度 A

問題 30 **管理業者による個人情報の取扱いに関する次の記述のうち、最も不適切なものはどれか。**

❶ 借主から新型コロナウイルスに感染したとの連絡を受けて、速やかに貸主及び他の借主に対して、感染した借主を特定して告知した。

❷ 警察官を名乗る者からの電話による特定の借主の契約内容に関する問い合わせに対し、直ちには回答せず、捜査関係事項照会書により照会するよう求めた。

❸ 入居の申込に際し、人種の記載は要配慮個人情報として取り扱わねばならない。

❹ 締結済の賃貸借契約書を普通郵便で貸主に送付した。

解説 正解：❶

❶ **最も不適切　あらかじめ本人の同意を得ずに第三者に提供できない**

新型コロナウイルスに感染したという情報は、**要配慮個人情報**である。要配慮個人情報の取得や第三者提供には、本人の同意が必要である（個人情報保護法18条１項、20条２項）。

❷ **適切**　特定の借主との契約内容は個人情報である。単に警察官を名乗る者からの電話による問い合わせに回答することは、あらかじめ本人の了解を得ずに第三者に提供することになり（個人情報保護法27条）、本来は許されない。しかし、個人情報であっても、法令に基づく場合には、**あらかじめ本人の同意を得ずに**第三者に提供することができるものとされている。

刑事訴訟法には、捜査について、捜査機関が公務所または公私の団体に照会して必要な事項の報告を求めることができると定められており（捜査関係事項照会書による照会。刑事訴訟法197条２項）、この照会に対して回答するのであれば、本人の同意を得ずに照会に応じることは許されると考えられます。

❸ **適切**　**人種**は要配慮個人情報にあたるので、その取扱いには特に配慮を要するものである（個人情報保護法２条３項）。要配慮個人情報については、あらかじめ本人の同意を得ないで取得することが禁じられるなど（同法20条２項）、特に慎重な取扱いが義務づけられている。

人種は要配慮個人情報ですが、国籍は要配慮個人情報ではありません。

❹ **適切**　賃貸借契約書の記載は個人情報になるから、あらかじめ本人の同意を得ずに第三者に提供することは許されない（個人情報保護法27条）。しかし、賃貸借契約書の記載内容は貸主と借主の間の賃貸借契約の内容をなすものであって、これを貸主に情報提供することは**借主の同意を得ているもの**と考えられるから、締結済の賃貸借契約書を普通郵便で貸主に送付することは、個人情報保護法からみて不適切な取扱いではない。

基本テキスト　6編４章

令和元年 問4　⑤諸法令（コンプライアンス）

個人情報保護法

重要度 A

問題 31　**個人情報の保護に関する法律に関する次の記述のうち、正しいものはどれか。**

❶　管理物件内で死亡した借主に関する情報は、個人情報保護法による個人情報に該当する。

❷　特定の個人を識別することができる情報のうち、氏名は個人情報保護法による個人情報に該当するが、運転免許証番号やマイナンバーのような符号は、個人情報保護法による個人情報に該当しない。

❸　管理業者が、あらかじめ借主の同意を得て、その借主の個人情報を第三者に提供する場合には、当該第三者が記録を作成するので、管理業者としての記録作成義務はない。

❹　指定流通機構（レインズ）にアクセスできる管理業者は、自ら作成した個人情報を保有していなくても、個人情報保護法による個人情報取扱事業者である。

解説

正解：❹

❶　**誤り　個人情報は生存する個人に関する情報に限定される**

個人の情報であっても、死亡した個人についての情報は、個人情報ではない。管理物件内で借主が死亡した場合、借主の情報は個人情報保護法における個人情報ではなくなる。

❷　**誤り　個人識別符号は符号であるが、個人情報である**

個人情報保護法には、個人識別符号（こじんしきべつふごう）という概念が定められている（個人情報保護法２条１項２号）。運転免許証の番号、マイナンバー、旅券の番号、基礎年金番号、住民票コードなどが、個人識別符号である（同法施行令１条）。

個人情報は特定の個人を識別することができることをその特性として有する個人の情報であり、符号について、その情報だけでは個人が特定されなくても、ほかの情報とあわせて個人が特定される場合には、やはり個人情報になります（同法２条１項１号）。

❸　**誤り　個人情報の第三者提供を行った者に記録の作成義務がある**

個人データを第三者に提供したときは、個人データを提供した年月日、第三者の氏名または名称その他の事項に関し、記録を作成しなければならない（個人情報保護法29条１項）。個人データについては、あらかじめ本人の同意を得れば第三者に提供することができるが（同法27条１項）、本人の同意のもとに第三者提供を行った場合には、**第三者提供を行った者**に記録作成義務がある。

第三者提供が個人情報保護法上の問題とされるのは、個人データです。

❹　**正しい**　個人情報保護法は、個人情報データベース等を事業の用に供している個人情報取扱事業者に適用される（個人情報保護法16条２項）。自ら個人情報データベース等を作成保有していなくても、指定流通機構（レインズ）にアクセスするなどによって**個人情報データベース等を事業のために使うことができる者**は個人情報取扱事業者となる。

基本テキスト　6編4章

令和元年 問33　⑤諸法令（コンプライアンス）

不動産の調査

重要度 C

問題 32 **不動産の調査に関する次の記述のうち、誤っているものはどれか。**

❶　不動産の表示に関する登記において、１個の建物は必ず１筆の土地の上に存在し、複数の筆の土地の上に存することはない。

❷　未登記の不動産について、初めてする権利に関する登記をするときの登記を所有権の保存の登記という。

❸　基準地の価格（基準価格）は、国土利用計画法による土地取引規制の価格審査を行うなどの目的で都道府県知事が決定し、毎年７月１日時点の価格が公表される。

❹　路線価は、相続税等の課税における宅地の評価を行うために設定される価格で、国税庁が決定し、毎年１月１日時点の価格が公表される。

得点源!

【公的な土地の価格①】

公示価格	・一般の土地の取引価格に対する**指標**の提供、公共用地の取得価格の算定規準、収用委員会による補償金額の算定などのため、地価について調査決定し、公表される価格 ・決定するのは**土地鑑定委員会** ・**１月１日時点**の価格を３月に公表
基準地の価格	・都道府県が地価調査を行い、これを公表する制度（**都道府県地価調査**）によって調査された価格 ・**都道府県知事**が決定 ・**７月１日時点**の価格を９月に公表
路線価（相続税路線価）	・**相続税・贈与税**の課税における宅地の評価を行うために設定される価格 ・**国税庁（国税局長）**が決定 ・**１月１日時点**の価格を７月に公表 ・公示価格の**80%**程度

解説 　　　　正解：❶

❶ **誤り　複数の筆の土地の上に１個の建物が存在するケースは多い**

1個の建物が必ず1筆の土地の上に存在するということはなく、**複数の筆にまたがって建物が存在する**というのは、極めて多くみられる状況である。

不動産の登記には、一不動産一登記記録の原則が採られています。しかし、複数の不動産の上に建物が存在することがあっても、不動産登記の原則に抵触するものではありません。

❷ **正しい**　未登記の不動産について、初めてするときの所有権の登記を「**保存登記**」という（不動産登記法74条）。登記簿の表題部所有者またはその相続人その他の一般承継人や、所有権を有することが確定判決によって確認された者などが、保存登記の申請をすることができる。

❸ **正しい**　基準地の価格（基準価格）は、都道府県が地価調査を行い、**都道府県知事**によって決められた価格である。国土利用計画法による**土地取引規制に際しての価格審査**などのために用いられる（国土利用計画法施行令9条）。各基準地につき1名以上の不動産鑑定士が鑑定評価を行い、これを審査・調整した**毎年７月１日時点の価格**が9月に公表される。

❹ **正しい**　路線価（相続税路線価）は、**相続税・贈与税の課税**における宅地の評価を行うために、**国税庁（国税局長）**が決定する価格である（相続税法22 条）。時価の評価の原則と各種財産の具体的な評価方法は、財産評価基本通達に定められる。**毎年１月１日時点の価格**が7月に公表される。公示価格水準の80%程度となるように設定されている。

基本テキスト　6編4章

得点源!

【公的な土地の価格②】

固定資産税評価額	・固定資産に課される**固定資産税**を課税するための評価による評価額 ・**市町村長**が決定する ・**３年ごと**に評価替え ・基準年度の初日の属する年の前年の**１月１日時点**における評価額 ・一般には公表されない ・公示価格の**70%**程度

令和3年 問50　⑤諸法令（コンプライアンス）

重要度 C

公的な土地の価格

※講習修了者免除問題

問題 33 賃貸不動産経営の企画提案書の作成にあたっての物件調査や市場調査に関する次の記述のうち、最も不適切なものはどれか。

❶　物件の所在を特定する手段として、不動産登記法に基づく地番と住居表示に関する法律に基づく住居表示とがある。

❷　「事業計画」の策定においては、建築する建物の種類・規模・用途、必要資金の調達方法、事業収支計画の３点が重要な項目である。

❸　公的な土地の価格である固定資産税評価額は、公示価格の水準の６割程度とされている。

❹　公的な土地の価格である路線価（相続税路線価）は、公示価格の水準の８割程度とされている。

得点源！

【固定資産税評価額と路線価の比較】

	固定資産税評価額	路線価
関連する税金	固定資産税、都市計画税	相続税、贈与税
公示価格に対する評価割合	7割程度	8割程度

解説　　　　　　　　　　　　　　　　　　　　　　　　**正解：❸**

❶ **適切**　土地の単位は筆(ふで)であり、土地ごとに番号が付されており、これが地番である。これに対し、住居の場所を指し示すには、一般に住居表示が用いられる。地番と住居表示は異なっており、物件の所在を特定する手段としては、不動産登記においては**地番**が、住居の場所を示すために**住居表示**が用いられる。

❷ **適切**　事業計画を策定するにあたっては、まず、建築する建物の種類・規模・用途を確かめ、そのうえで、必要資金の調達方法を検討したうえで、事業収支計画を計算することになる。つまり、事業計画の策定では、①建物の種類・規模・用途、②資金調達方法、③事業収支計画の**3点が重要**な項目となる。

❸ **最も不適切**　**固定資産税評価額は、公示価格の水準の７割程度**

固定資産税評価額（固定資産税課税標準額）は、固定資産に課される固定資産税を課税するために行われる評価による評価額であり、公示価格の７割程度とされている（総務省告示）。

❹ **適切**　路線価（相続税路線価）は、相続税・贈与税（相続税等）の課税における宅地の評価を行うために設定される価格である。土地基本法第16条の趣旨を踏まえ、総合土地政策推進要綱等に沿って、その評価割合は、公示価格の**8割程度**とされている。

基本テキスト　6編4章

令和2年 問5　⑤諸法令（コンプライアンス）

住宅セーフティネット法

重要度 B

問題 34　**住宅確保要配慮者に対する賃貸住宅の供給の促進に関する法律に基づき登録された賃貸住宅（以下、本問において「セーフティネット住宅」という。）に関する次の記述のうち、誤っているものはどれか。**

❶　セーフティネット住宅は、あらゆる住宅確保要配慮者の入居を常に拒まない賃貸住宅である。

❷　セーフティネット住宅の貸主は、バリアフリー等の改修費に対し、国や地方公共団体等による経済的支援を受けることができる。

❸　セーフティネット住宅に入居する住宅確保要配慮者が支払う家賃に対し、国や地方公共団体等による経済的支援が行われる。

❹　セーフティネット住宅の借主が生活保護受給者であって家賃滞納のおそれがある場合、保護の実施機関が住宅扶助費を貸主に代理納付することができる。

解説 正解：❶

❶ **誤り　あらゆる住宅確保要配慮者の入居を拒まないわけではない**

セーフティネット住宅は、登録を受けた貸主が、入居を希望する住宅確保要配慮者（高齢者、子育て世帯、低額所得者、障害者、被災者など、住宅の確保に特に配慮を要する者）に対し、**住宅確保要配慮者であることを理由に入居を拒否しない住宅**である。

ただし、入居を受け入れる住宅確保要配慮者の範囲（たとえば、高齢者の入居を拒否しないなど）を限定することは可能。

❷ **正しい**　セーフティネット住宅は登録基準に適合させる必要があるところ、バリアフリー等の改修費については、**国・地方公共団体がこれを補助するもの**とされている（住宅確保要配慮者専用賃貸住宅改修事業など）。改修費については、住宅金融支援機構の融資を受けることもできる。

❸ **正しい**　セーフティネット住宅については、地域の実情に応じて、要配慮者の家賃債務保証料や家賃低廉化に対し国・地方公共団体が補助（家賃債務保証料低廉化（対保証業者）は**最大６万円**（戸・年)、家賃低廉化（対貸主）は**最大４万円**（戸・月）の補助）する助成措置が講じられている。

❹ **正しい**　生活保護法には、本来、生活保護受給者が貸主に支払うべき家賃等を、保護の実施機関が貸主に直接支払うという**住宅扶助費等の代理納付の制度**が定められている（生活保護法37条の２）。セーフティネット住宅の借主が生活保護受給者であって家賃滞納のおそれがある場合、この代理納付の制度を利用することができる。

なお、登録を受けた一定の貸主は、生活保護受給者であるセーフティネット住宅の入居者が家賃滞納のおそれがある場合等に、保護の実施機関（福祉事務所）に通知することができ、通知を受けた保護の実施機関は、この措置を講じる必要があるかどうかを判断するため、事実確認の措置を講じるものとされている（住宅セーフティネット法21条）。

基本テキスト　6編４章

令和3年 問45 ⑥税　金

所得税

重要度 A

問題 35 不動産の税金に関する次の記述のうち、正しいものはどれか。

❶ サラリーマン等給与所得者は会社の年末調整により税額が確定するので、通常は確定申告をする必要はないが、不動産所得がある場合には、確定申告により計算・納付をしなければならない。

❷ 不動産所得の計算において、個人の場合、減価償却の方法は定率法を原則とするが、「減価償却資産の償却方法の届出書」を提出すれば定額法によることも認められる。

❸ 賃貸不動産購入時のさまざまな支出のうち、不動産取得税や登録免許税、登記費用、収入印紙等はその年の必要経費とすることができるが、建築完成披露のための支出は建物の取得価額に含まれる。

❹ 不動産所得の収入に計上すべき金額は、その年の1月1日から12月31日までの間に実際に受領した金額とすることが原則であり、未収賃料等を収入金額に含める必要はない。

得点源!

【不動産の取得価額と必要経費】

不動産の取得価額に含めるべきもの	その年の必要経費とするもの
① 土地の購入金額 ② 土地上の古屋購入代金、取壊し費用 ③ 整地、埋立て、地盛り、下水道、擁壁工事費等 ④ 建物の建築費、購入代金（工事代金、設計料、建築確認申請料等） ⑤ 土地・建物の固定資産税・都市計画税の精算金　等	① 不動産取得税 ② 土地・建物の登録免許税 ③ 土地・建物の登記費用 ④ 収入印紙 ⑤ 建築完成披露のための支出　等

解説 正解：❶

❶ **正しい** 不動産を賃貸すると、不動産所得が発生する。所得税は、不動産所得と他の所得（給与所得等）を合算して確定申告により計算する。サラリーマン等の給与所得者は、会社の年末調整により税額が確定するので、通常は確定申告をする必要はないが、**不動産所得がある場合**には、確定申告による計算をして、所得税を納付する必要がある。

❷ **誤り　個人の所得計算における減価償却は、定額法を原則とする**

個人の不動産所得については、届出書を提出すれば定率法の採用が認められることもあるが、1998（平成10）年４月１日以後に取得した建物と2016（平成28）年４月１日以後に取得した建物附属設備・構築物については、定額法で計算しなければならない。

定額法	毎年の減価償却費が同額となるように計算する方法
定率法	初期に減価償却費を多くし、年が経つに従って減価償却費が一定の割合で逓減するように計算する方法

❸ **誤り　建築完成披露のための支出は、その年の必要経費となる**

登録免許税、登記費用、収入印紙、建築完成披露のための支出は、いずれも不動産の取得価額に含まれず、その年の必要経費となる。

不動産購入時の支出については、左ページの「得点源！」のように、不動産の取得価額に含めるべきものと、その年の必要経費とするものとに分かれる。

❹ **誤り　賃料が未収であっても、収入金額に含められる**

不動産所得の収入金額は、賃貸借の契約などでその年の１月１日～12月31日に受領すべきとして確定した金額であり、賃料が未収であっても、収入金額に含められる。

基本テキスト　6編5章

令和2年 問44　⑥税　金

所得税

重要度 A

問題 36　不動産所得に関する次の記述のうち、正しいものはどれか。

❶　不動産の貸付けを事業的規模で行っている場合、当該貸付けによる所得は不動産所得ではなく、事業所得として課税されることになる。

❷　不動産所得の計算において、個人の場合、減価償却の方法は定額法を原則とするが、減価償却資産の償却方法の届出書を提出すれば、すべての減価償却資産につき、定率法によることも認められる。

❸　青色申告者の不動産所得が赤字になり、損益通算をしても純損失が生じたときは、翌年以降も青色申告者であることを条件として、翌年以後３年間にわたり、純損失の繰越控除が認められる。

❹　事業用資産の修理等のための支出が修繕費か資本的支出か明らかでない場合、その金額が60万円未満であるときか、その金額が修理等をした資産の前年末取得価額のおおむね10%相当額以下であるときのいずれかに該当すれば、修繕費と認められる。

解説 　　　　**正解：❹**

❶ **誤り　不動産貸付による所得は、不動産所得や山林所得**

事業所得とは、農業、漁業、製造業、卸売業、小売業、サービス業その他の事業を営んでいる人のその事業から生ずる所得をいう。不動産の貸付けによる所得は事業所得ではなく、**不動産所得や山林所得**になる。

不動産所得などが発生する人が、一定の要件を満たす帳簿書類を備え付け、税務署に青色申告承認申請をして承認された場合は、青色申告書による申告を行うことができます。この青色申告者については、税務上各種の特典が認められているところ、不動産の貸付けを事業的規模によって行っていることは、青色申告のための要件となっています。

❷ **誤り　減価償却の方法は定額法しか認められていない**

減価償却の方法には主に定額法と定率法があるが、個人の不動産賃貸業では、建物本体・建物附属設備・構築物の減価償却方法については、現在では、**定額法しか認められていない**。

❸ **誤り　翌年以降も青色申告者であることが条件ではない**

純損失の繰越控除の適用を受けるためには、純損失が発生した年分の所得税の確定申告書を提出し、翌年以降も連続して確定申告書を提出すれば足りるのであって、控除を受ける年の確定申告が**青色申告であることが条件とはなっているものではない**。

事業所得などに損失（赤字）の金額がある場合で、損益通算の規定を適用してもなお控除しきれない部分の金額（純損失の金額）が生じたときには、その損失額を翌年以後３年間にわたって繰り越して、各年分の所得金額から控除することができます。

❹ **正しい**　修理等のための支出が修繕費か資本的支出か明らかでない場合には、①その金額が**60万円に満たない**、②その金額が修理等した資産の前年末取得価額の**おおむね10%相当額以下**、という①または②のいずれかに該当していれば、修繕費として取り扱うことができる。

基本テキスト　6編５章

令和５年 問45 ⑥税　金

税　金（相続税・贈与税）

重要度 B

問題 37 相続税及び贈与税に関する次の記述のうち、最も不適切なものはどれか。

❶　贈与に関し相続時精算課税制度を選択すると、この制度により令和５年に贈与を受けた場合、その贈与を受けた財産は相続財産に加算されることになるが、その加算される金額は贈与時の評価額と相続時の評価額のいずれか低い金額とされる。

❷　被相続人の子がその相続に関して相続放棄の手続をとった場合、その放棄した者の子が代襲して相続人になることはできない。

❸　相続税の計算上、法定相続人が妻と子供３人の合計４人である場合、遺産に係る基礎控除額は3,000万円＋600万円× ４人＝5,400万円となる。

❹　小規模宅地等の特例により、相続財産である貸付事業用宅地等については、200㎡までの部分について評価額を50％減額することができる。

解説　　正解：❶

❶ **最も不適切　相続時の相続財産に加算されるのは贈与時の評価額**

相続時精算課税制度は、贈与を受けた年の１月１日において60歳以上の親または祖父母から、同年１月１日において18歳以上の子または孫に財産を贈与した場合、財産を取得した人が、**暦年課税に代えて贈与税を支払う仕組み**である。贈与財産が2,500万円を超えなければ贈与税がかからず、また贈与財産が2,500万円を超えたとしても、超えた部分の金額について一律20％の税率の贈与税を支払えばよい。ただし、贈与を受けた財産は**相続時に相続財産に加算**されることになる。加算される金額は**贈与時の評価額**（令和６年分以後の贈与は年額110万円控除後の評価額）となる。

❷ **適切**　代襲相続が生じるのは、相続の資格がある者について、**相続開始前の死亡、欠格事由**（民法891条）、**廃除**（同法892条）があった場合である（同法887条２項）。被相続人の子がその相続に関して相続放棄の手続きをとった場合については、相続放棄をした者の子は代襲相続人にはならない。

❸ **適切**　相続税を計算するにあたっては、基礎控除の定めがある。基礎控除とは、それぞれの相続人について、一定金額までは相続税が課されないという金額であり、**3,000万円＋600万円×法定相続人の数**、という計算式によって算出される。法定相続人が妻と子供３人の合計４人である場合、遺産に係る基礎控除額は3,000万円＋600万円×４人＝5,400万円となる。

❹ **適切**　小規模宅地等の特例は、**相続財産に被相続人または被相続人と同一生計親族の居住用または事業用であった宅地等がある場合**に、その評価額を一定の面積まで、**80％または50％減額することができる**制度である。たとえば、賃貸不動産の敷地（貸付事業用宅地等）に特例を適用する場合は、評価額を200㎡まで50％減額することができる。

基本テキスト　６編４章、６編５章

令和２年 問43　⑥税　金

税　金（相続税・贈与税）

重要度 B

問題 38 **相続税及び贈与税に関する次の記述のうち、誤っているものはどれか。**

❶　借地権割合70%、借家権割合30%の地域にある土地上に賃貸不動産を建設し、賃貸割合を100%とすると、更地の場合と比べて土地の評価額を21%軽減できる。

❷　被相続人と同一生計親族が居住していた自宅の敷地に小規模宅地等の特例を適用する場合には、200㎡までの部分について評価額を50%減額することができる。

❸　贈与税は、暦年課税の場合、１年間（１月１日から12月31日まで）に贈与を受けた財産の価格から基礎控除額の110万円を控除した額に税率を乗じて計算する。

❹　贈与に関し、相続時精算課税制度を選択すると、選択をした贈与者から贈与を受ける財産については、その選択をした年分以降すべて同制度が適用され、暦年課税へ変更することはできない。

解説 　　　　　　　　　　　　　　　　　　　　　　　　　　　　正解：❷

❶ **正しい**　更地（税務上、「自用地」という）に賃貸住宅や貸しビルを建設した場合、この土地（税務上、「貸家建付地」という）の評価額は、

更地の評価額 ×（1 − 借地権割合 × 借家権割合 × 賃貸割合）

となる。借地権割合が70%、借家権割合が30%、賃貸割合が100%とすると、貸家建付地の評価額は、更地の評価額から「0.7 × 0.3 × 1.0を乗じた額＝21%」を減額した額となる。

借地権割合は地域によって異なるが、首都圏の住宅地の場合、**60～70%**の地域が多い。また、借家権割合は全国のどの地域でも**30%**である。

❷ **誤り**　**330㎡までの部分については、評価額を80%に減額できる**

小規模宅地等の特例として、被相続人と同一の生計を営む親族が居住していた自宅の敷地を取得する場合の特例（被相続人の居住の用に供されていた宅地を配偶者が取得した場合など）を適用する場合には、**330㎡までの部分について評価額を80%減額**することができるものとされている。

❸ **正しい**　贈与税は贈与によって財産を受け取った人に課税される国税である。1年間（1月1日から12月31日まで）に贈与を受けた財産の価格が基礎控除額の110万円を超えた場合、その超えた部分に税率を乗じて計算する（暦年課税の110万円控除）。

❹ **正しい**　贈与に関しては、暦年課税の110万円控除をする方式のほかに、「相続時精算課税」という制度がある。この制度によって贈与を受けた財産は、贈与財産ではなく相続財産の前払いとされ、贈与財産は相続財産に加算されて相続の際に精算される。いったん相続時精算課税制度を選択すると、その年以降、**暦年課税に変更することはできない。**

相続時精算課税とは、60歳以上の親または祖父母が、18歳以上の子または孫に財産を贈与した場合、贈与財産が2,500万円を超えた場合に、財産を取得した人が、暦年課税に代えて、超えた部分の金額について一律20%の税率の贈与税を支払うという制度です。

基本テキスト　6編5章

令和元年 問36　⑥税　金

税金（相続税・贈与税）

重要度 B

問題 39　相続税及び贈与税に関する次の記述のうち、不適切なものはどれか。

❶　法定相続人が配偶者と子２人の場合の遺産に係る基礎控除額は、「3,000万円＋600万円× ３人＝4,800万円」となる。

❷　賃貸建物の相続税評価における現在の借家権割合は、全国一律30%である。

❸　賃貸建物の敷地に小規模宅地等の特例を適用する場合には、評価額から200㎡までの部分について50%減額することができる。

❹　相続時精算課税制度を選択した場合には、選択した時から５年が経過した年以降は、暦年課税へ変更することができる。

解説 　　　　　　　　　　　　　　　　　　　　　　　　　**正解：❹**

❶ **適切**　相続税は課税遺産額に税率を乗じて算出する。ここで課税遺産額は、相続人の課税財産の合計額を算出し、その額から基礎控除額を差し引いた後の額を基準にして計算される。基礎控除額は、「**3,000万円＋600万円×法定相続人の数**」という算式により導く（相続税法15条１項）。法定相続人が配偶者と子２人の場合（法定相続人が３人の場合）にあてはめると、基礎控除額は4,800万円となる。

❷ **適切**　賃貸建物の相続税評価における借家権割合は、**全国一律30%**である。相続税の計算において、賃貸建物については固定資産税評価額から30%の評価減が行われることになっている（財産評価基本通達94）。

❸ **適切**　相続税の計算における宅地の評価では、貸付事業用宅地に関し、小規模宅地等の評価減の特例が定められている。この特例は、適用対象面積200㎡までの宅地について、**評価額が50%減額**になるものとされている（租税特別措置法69条の４）。

❹ **不適切**　**相続時精算課税を一度選択すると、暦年課税に変更できない**

相続時精算課税を選択した場合には、その選択した年以降、その贈与者から受ける贈与については、**すべて相続時精算課税が適用される**。暦年課税（110万円の基礎控除）を適用することはできない。

相続時精算課税制度は、生前の贈与について贈与税を納税し、その後の相続時に「その贈与財産と相続財産とを合計した価額を基に計算した相続税額」から「既に支払った贈与税額」を控除することにより、贈与税と相続税を通じた納税を可能とする制度です（相続税法21条の9）。

基本テキスト　6編5章

令和５年 問49 改　⑥税　金　※講習修了者免除問題

税　金（所得税・住民税、固定資産税、消費税）

重要度 A

問題 40　不動産の税金に関する次の記述のうち、最も不適切なものはどれか。

❶　事務所・店舗などの賃料は消費税の課税売上であるが、住宅の貸付け（貸付期間が１か月未満のものを除く）による賃料は非課税売上である。

❷　所得税や住民税を支払った場合、これらの税金は不動産所得の計算上、必要経費に含めることができる。

❸　土地の固定資産税については、住宅（賃貸用も含む。）を建てることにより軽減される措置が設けられている。

❹　消費税に関して免税事業者が課税事業者（適格請求書発行事業者）になった場合には、令和５年10月１日から令和８年９月30日までの日の属する課税期間においては、納付税額を課税標準額に対する消費税額の２割とすることができる。

解説 　　　　　　　　　　　　　　　　　　　　　　　　　正解：❷

❶ **適切**　消費税は、課税事業者の国内取引に課税されるのであって、事務所・店舗などの賃料、共益費には課税される。ただし、貸付期間が１か月未満の**土地および住宅の貸付けを除いて、住宅の貸付けによる賃料、共益費には課税されない。**

❷ **最も不適切**　**所得税、住民税は必要経費に含まれない**

不動産所得の金額は、「不動産の収入金額－必要経費」という計算式によって求める。税金には、必要経費に含めることができるものとできないものがある。**所得税、住民税は必要経費に含めることはできない。**

なお、必要経費に含めることができる税金としては、**事業税、消費税、土地・建物に係る固定資産税・都市計画税**がある。また、**物件購入時の不動産取得税、登録免許税**についても、物件を購入した年度の必要経費となる。

❸ **適切**　固定資産税は毎年１月１日時点の土地・建物などの所有者に対し、市区町村によって課税される税金である。納税は市区町村から送られている納税通知書で、一括または年４回の分納によって支払う。固定資産税については、**建物を建てることにより軽減される措置が設けられている。**住宅用地の場合、小規模住宅用地（200㎡以下の部分）は1/6に、一般住宅用地（200㎡を超える部分）は1/3に軽減されます。

❹ **適切**　2023（令和５）年10月１日から、消費税の仕入税額控除の方式として適格請求書等保存方式（インボイス）制度が開始された。消費税に関して免税事業者が課税事業者（適格請求書発行事業者）になった場合には、**令和５年10月１日から令和８年９月30日まで**の日の属する課税期間においては、**納付税額を課税標準額に対する消費税額の２割とすることができる**ものとされている（国税庁ウェブサイト「２割特例（インボイス発行事業者となる小規模事業者に対する負担軽減措置）の概要」）。

※　令和５年に出題された際は本試験で定める出題範囲を逸脱する選択肢が含まれていたため、全ての回答を正解として取り扱うこととした。

基本テキスト　６編５章

令和４年 問49　⑥税　金　※講習修了者免除問題

税　金（所得税特例、固定資産税）

重要度 B

問題 41　**不動産の税金に関する次の記述のうち、適切なものはいくつあるか。**

ア　賃貸住宅と自宅とを併用する不動産を売却する場合、譲渡所得について事業用の特例と居住用の特例を組合せて採用することはできない。

イ　遊休土地にアパート等の居住用の家屋を建築した場合、その完成が令和４年１月15日であったときは、建物に関する令和４年の固定資産税は課税されない。

ウ　不動産の貸付が事業的規模であること、正規の簿記の原則により取引を記帳していること、及び電子申告要件等一定の要件を満たす場合には、青色申告による控除額は65万円である。

❶　なし
❷　1つ
❸　2つ
❹　3つ

解説 　　　　正解：❸

ア　不適切　事業用の特例と居住用の特例を組み合わせることができる

賃貸住宅と自宅とを併用する不動産を売却する場合、譲渡所得については、**特定の事業用資産の買換え特例等の譲渡所得の課税の特例**と、**個人が居住用財産の3,000万円控除の適用対象となる資産を譲渡した場合の特例**の両方が適用対象となる。適用対象の不動産を事業用と自宅用に分けて、事業用資産の特例と居住用資産の特例を組み合わせて採用することも可能である。

イ　適切　固定資産税は、**毎年１月１日現在の土地、家屋などの所有者に賦課される**ものであり、１月１日の時点で完成していない家屋には課税されない。つまり、本肢の令和４年１月15日に完成した家屋は、令和４年分の固定資産税は課税対象ではない。

土地、家屋などの固定資産を所有している者が、固定資産が所在する市町村に納める地方税が、固定資産税です。

ウ　適切　不動産所得のある個人は、青色申告をすることができる。**青色申告の承認**を受ければ、**税務上の特典**を受けられる。税務上の特典としては、次の①～③の３つの要件（①事業的規模により不動産の貸付けを行っていること、②正規の簿記の原則（複式簿記）により取引を記帳していること、③確定申告書に貸借対照表と損益計算書等を添付し、期限内に提出すること）を満たした場合には、不動産所得から65万円の控除を受けられる。

なお、青色申告をすることによって不動産所得から10万円の控除をすることができます。

以上により、適切なものは**イ**、**ウ**の２つであり、正解は肢❸である。

基本テキスト　6編５章

令和元年 問35　⑥税　金

税　金（固定資産税、消費税）

重要度 B

問題 42　**不動産の税金に関する次の記述のうち、不適切なものはどれか。**

❶　資産管理会社を設立すると、不動産賃貸収入は会社の所得となり、個人の所得が法人を通じて分散し、超過累進税率の緩和を図ることができる一方で、資産管理会社の側では、社会保険に加入するなどのコストがかかる。

❷　不動産取引では、建物の購入代金や仲介手数料については消費税が課されるが、土地の購入代金や火災保険料については消費税が課されない。

❸　固定資産税は、毎年４月１日時点の土地・建物などの所有者に対して課される地方税で、遊休土地にアパート等の居住用の家屋を建築した場合には、固定資産税が６分の１又は３分の１に軽減される。

❹　総合課税の税率は、所得税法上、５％から45％の超過累進税率であるのに対し、地方税法上、住民税の税率は一律10％の比例税率である。

解説

正解：❸

❶ **適切** 不動産賃貸経営において資産管理会社を設立すると、不動産賃貸収入は個人と資産管理会社に所得が分散され、個人の所得に対する**所得税の超過累進税率**（ちょうかるいしんぜいりつ）**が緩和される**ことで節税の効果を得ることができる。

一方で、従業員の**社会保険の加入費用の負担**など、会社を設立して運営することによるコストが発生する。

❷ **適切** 不動産取引における消費税の課税対象については、建物の購入代金は課税対象だが、**土地の購入代金は課税対象ではない**。また、仲介手数料は課税対象だが、**火災保険料は課税対象ではない**。

❸ **不適切** **1月1日現在の土地・建物などの所有者に課税される**

固定資産税は、土地、家屋などの固定資産を所有している者が、固定資産が所在する市町村に納める地方税である。**1月1日現在**の土地、家屋などの所有者に課税される税であり、4月1日現在の所有者に課されるものではない。

固定資産税の課税標準については、住宅用地（土地）の場合、200㎡以下の部分の「小規模住宅用地」と、200㎡を超える部分の「その他の住宅用地」に区分され、その区分に応じて、200㎡以下の部分（小規模住宅用地）は$\frac{1}{6}$、200㎡を超える部分（その他の住宅用地）は$\frac{1}{3}$に軽減されます。

❹ **適切** 所得税は、収入から費用を差し引いた所得金額に税率を乗じて計算される。総合課税が行われ、税率は所得税法上**5%から45%の超過累進税率**の仕組みとなっている。

住民税は所得税法上の所得をもとに計算され、その税率は**一律10%の比例税率**である。所得税の確定申告により、その情報が税務署から住所地の市区町村に伝達され、市区町村が税額を計算し通知される。

基本テキスト 6編5章

令和2年 問49　⑥税　金

税　金（消費税、印紙税）※講習修了者免除問題

重要度 B

問題 43 不動産の税金に関する次の記述のうち、誤っているものはいくつあるか。

ア　印紙税は、建物の売買契約書や賃貸借契約書について課されるが、業務上の契約書等に貼付された印紙税額に相当する金額は、所得税の計算上の必要経費となる。

イ　不動産取引では、店舗の賃料や仲介手数料については消費税が課されるが、貸付期間が1か月以上の住宅の賃料については消費税が課されない。

ウ　住民税は、所得税法上の所得をもとに住所地の市区町村長が課税し、徴収方法には、普通徴収と特別徴収がある。

❶　なし
❷　1つ
❸　2つ
❹　3つ

解説 正解：❷

ア 誤り 建物の賃貸借契約書には、印紙税はかからない

印紙税は売買契約書には課されるが、建物の賃貸借契約書に印紙税が課されるものとする前段が誤りである。

なお、業務上の契約書等や領収書に印紙税を貼付した場合には、個人と法人のいずれにおいても所得計算における**必要経費として計上**することが認められるため、後段は正しい。

イ 正しい 消費税は、課税事業者が行った国内取引に対して課税される。国内取引とは国内において対価を得て行われる資産の譲渡・貸付けならびに役務の提供である。店舗の賃料や仲介手数料の支払いには消費税が課税される。住宅の貸付けによる賃料は、**貸付期間が1か月以上**の場合には、賃料は非課税売上となり、消費税は課税されない。

住宅の貸付けによる賃料であっても、貸付期間が1か月未満であれば課税売上となり、消費税が課税されます。

ウ 正しい 住民税とは、個人の場合には、地方税法に基づいて**市区町村**が一括して附加徴収する都道府県民税と市町村民税の総称である（地方税法1条1項4号）。納税は**普通徴収**（自ら納付書で納付する方法）と**特別徴収**（給料から天引きされる方法）がある。普通徴収は、一括納付か、年4回（6月、8月、10月、翌年1月）の納税かを選択することができる。

住民税は、所得税の確定申告により、その情報が税務署から住所地の市区町村に伝達され、市区町村が税額を計算し、課税されます。地方自治法上、地方公共団体が地方税を附加徴収し（地方税法2条、地方自治法223条）、地方公共団体の長が地方税を賦課徴収する事務を行います（地方自治法149条3号）。

なお、本肢の前段では、地方公共団体による地方税の賦課徴収について、地方公共団体の代表者であるその長が、地方公共団体に属する権限を行使するため、課税を行う主体について「市区町村長」と記述されています（同法147条）。

以上により、誤っているものは**アの1つ**であり、正解は肢❷となる。

基本テキスト 6編5章

令和４年 問48　⑦保　険

保　険　※講習修了者免除問題

重要度 S

問題 44　**保険に関する次の記述のうち、最も不適切なものはどれか。**

❶　賃貸不動産経営には様々なリスクが存在するが、保険に加入することでそのリスクを一定程度軽減・分散することができる。

❷　建物の火災保険の保険金額が3,000万円の場合、地震保険金額の限度額は3,000万円×50％＝1,500万円であるが、火災保険の保険金額が１億1,000万円の場合の地震保険の限度額は１億1,000万円×50％＝5,500万円とはならず、5,000万円になる。

❸　近隣からの類焼による被害を受けても、失火者に重大な過失がある場合を除き、失火者には損害賠償責任を問えないため、類焼被害に対しては被害者自らが火災保険に加入して備えておく必要がある。

❹　保険料は、保険会社が引き受けるリスクの度合いに比例するものでなければならず、例えば木造建物であれば構造上の危険度は同じであるため、保険料率は全国一律で定められている。

得点源！

【保険の３分類】

第一分野	生命保険
第二分野	損害保険
第三分野	傷害・医療保険

解説

正解：❹

❶ **適切** 保険は、将来起こるかもしれないリスクに対し、**リスクを軽減・分散する**方策である。たとえば、事故が発生したときに、保険金が支払われ、資産面でのリスクなどを軽減できる。

相互扶助の精神から生まれた仕組みであり、事故発生の確率を調べ、確率に見合った保険料を算定し加入者が保険料を公平に分担します。

❷ **適切** 地震保険の保険金額は、**主契約**（火災保険）**の保険金額の30～50%**の範囲内、**建物は5,000万円まで、家財は1,000万円まで**と決められている。火災保険の保険金額が１億1,000万円の場合、保険金額の50％は5,500万円となるが、建物についての上限が決められているので、建物の地震保険の限度額は、5,000万円となる。

地震保険は、火災保険に付帯して加入する保険であり、地震、噴火これらによる津波により建物や家財に損害が生じた場合に補償するものです（地震保険だけでの加入できません）。

❸ **適切** 失火責任法により、失火による不法行為責任は、**故意重過失のある場合**に限定されており、近隣からの類焼による被害を受けても、失火者が軽過失の場合には責任を問えない。そのため、自らの建物について火災保険に加入することは、自らの建物から出火した場合の火災による被害だけではなく、類焼による被害に対する備えともなる。

❹ **最も不適切** **保険料率は全国一律ではない**

保険料は保険会社が引き受けるリスクの度合いに比例するものでなければならないが、地域性や建物の構造などが異なると、火災が起きたときの燃え広がり方に差が生じるなど、**被害の程度や壊れやすさのリスクが異なる**（同じ木造建物でも、耐火性能などによってリスクは違ってくる）。そのため、火災保険では、所在地や建物の構造などによる**リスクの差異に応じた区分**が設けられており、建物や地域によって保険料率が異なっており、保険料率は全国一律ではない。

基本テキスト 6編5章

令和3年 問49　⑦保　険

保　険 ※講習修了者免除問題

重要度 S

問題 45　保険に関する次の記述のうち、最も不適切なものはどれか。

❶　保険とは、将来起こるかもしれない危険（事故）に対して備える相互扶助の精神から生まれた助け合いの制度である。

❷　賃貸不動産経営において最も活用される損害保険は、保険業法上、第一分野に分類される。

❸　地震保険は、地震、噴火又はこれらによる津波を原因とする建物や家財の損害を補償する保険であるが、特定の損害保険契約（火災保険）に付帯して加入するものとされており、単独での加入はできない。

❹　借家人賠償責任保険は、火災・爆発・水ぬれ等の不測かつ突発的な事故によって、賃貸人（転貸人を含む。）に対する法律上の損害賠償責任を負った場合の賠償金等を補償するものである。

解説　　　　正解：❷

❶ **適切**　保険は、将来の事故の危険に対し、予測される事故発生の確率に見合った一定の金銭的負担を保険契約者（保険加入者）が公平に分担し、事故に備える**相互扶助の精神から生まれた助け合いの仕組み**である。

❷ **最も不適切**　**損害保険は、保険業法上の第二分野に分類される**

保険業法の第一分野に分類されるのは、生命保険である。保険業法は、保険を３つの分野に分けている。第一分野は生命保険（人の生存または死亡について一定の約定のもとで保険金を支払うもの）、第二分野は損害保険（偶然の事故により生じた損害に対して保険金を支払うもの）、第三分野はこれらの分野の中間に位置するもの（人のケガや病気などに備える保険）。賃貸不動産経営においては、第二分野の損害保険が最も活用される。

❸ **適切**　地震保険は、地震、噴火またはこれらによる津波を原因とする建物や家財の損害を補償する保険である。しかし、地震保険に関する法律に基づいて運用されており、損害保険契約に付帯して締結される。つまり、**地震保険だけを単独で付保することはできない。**

地震保険は、ほかに、
① 居住の用に供する建物または生活用動産のみを保険の目的とする
② 地震もしくは噴火またはこれらによる津波（地震等）を直接または間接の原因とする火災、損壊、埋没または流失による損害を政令で定める金額によりてん補する
③ 附帯される損害保険契約の保険金額の100分の30以上100分の50以下の額に相当する金額（ただし、居住用建物5,000万円、生活用動産1,000万円が限度）を保険金額とする
という条件を満たすものとして組成されています。

❹ **適切**　借家人賠償責任保険は、火災・爆発・水ぬれ等の不測かつ突発的な事故によって、**賃貸人等に対する法律上の損害賠償責任**を負った場合に備えて、賃貸住宅の賃借人が付保する保険である。賃貸借契約において、借家人賠償責任保険（家財に関する火災保険の特約）に加入することが条件とされることもある。

基本テキスト　6編5章

令和2年 問42　⑦保　険

保　険

重要度 S

問題 46　保険に関する次の記述のうち、最も不適切なものはどれか。

❶　賃貸不動産の経営における危険を軽減・分散するための重要な方策の1つである火災保険は、保険業法上の「第二分野」に分類される損害保険の一種である。

❷　地震保険は、地震・噴火・津波を原因とする火災や損壊等による損害を補償する保険である。

❸　賃貸不動産の借主は、自己の家財に対する損害保険として、借家人賠償責任保険に単独で加入することができる。

❹　地震保険は、住宅の火災保険に付帯して加入する保険であり、保険金額は、主契約の火災保険金額の30%～50%以内の範囲で、建物5,000万円、家財1,000万円までとされている。

解説

正解：❸

❶ **適切**　賃貸不動産の経営には、多くの危険が存在するところ、危険を軽減・分散するための方策が保険である。保険商品の分類には、保険業法上「第一分野」「第二分野」「第三分野」の３つに分類される。このうち、賃貸不動産の経営に有用なのは**第二分野「損害保険」**であり、具体的には、火災保険、賠償責任保険、自動車保険などがある。

第一分野「生命保険」は、人の生存または死亡について一定の約定のもとで保険金を支払う保険です。
第二分野「損害保険」は、偶然の事故により生じた損害に対して保険金を支払う保険です。
第三分野は、これらの分野の中間に位置し、人のケガや病気などに備える「傷害・医療保険」です。

❷ **適切**　地震保険とは、**地震、噴火またはこれらによる津波**を原因とする建物や家財の損害を補償する保険である。

❸ **最も不適切**　**自己の家財にではなく、家主に対する損害賠償を補償**
借家人賠償責任保険は、借家人が**家主に対して損害賠償義務**を負う場合の損害賠償金を補償するための保険である。自己の家財が損害を受けた場合の損害を補償するための保険ではない。

❹ **適切**　地震保険は住宅の**火災保険に付帯して加入**する保険である。単独での加入はできない。地震保険の保険金額は主契約の火災保険の保険金額の30 ～ 50％以内の範囲で、建物5,000万円、家財1,000万円までとされている。

基本テキスト　6編５章

令和５年 問50　⑧不動産の証券化

不動産証券化の仕組み

※講習修了者免除問題

重要度 A

問題 47 不動産証券化の仕組みに関する次の記述のうち、誤っているものはどれか。

❶ 不動産証券化の仕組みでは、活動の実態を有しないペーパーカンパニーが器（ビークル）として利用される。

❷ 流動化型（資産流動化型）の証券化は、お金を集めてから投資対象が決まるタイプであり、はじめに投資資金がある場合に行われる不動産証券化の仕組みである。

❸ 投資家からみて、デットによる投資は、利息の支払や元本の償還においてエクイティに優先して安全性が高いことから、リターンの割合は低くなる。

❹ ノンリコースローンの場合には、特定の事業や資産以外は、当該ローン債権実現のための引き当て（責任財産）とはならない。

解説　　　　正解：❷

❶ **正しい**　不動産証券化では器（ビークル（vehicle）が利用される。器は、**活動の実態を有しないペーパーカンパニー**である。投資家（金融・資本市場）との関係では、資金を集めたうえで、証券を発行し、運用によって得た利益を配分する。

❷ **誤り　お金を集めてから投資対象が決まるのはファンド型である**

不動産の証券化には、流動化型（資産流動化型）とファンド型がある。流動化型（資産流動化型）は、**投資対象が先に決まり、後にお金を集めるタイプ**であり、はじめに資産がある場合の不動産証券化の仕組みである。これに対して、はじめに投資資金があり、お金を集めてから投資対象が決まるタイプの証券化の仕組みは、ファンド型といわれる。

❸ **正しい**　投資家から器（ビークル）への投資は、デットとエクイティに分かれる。デットは、金融機関等からの借入れや社債などであり、負債にあたる。エクイティは組合出資や優先出資証券等を通じて払い込まれる資金であって、資本にあたる。

デットによる投資は、**利息の支払いや元本の償還においてエクイティに優先する**ものであり、利益が固定されるから、安全性が高いが、**安全性の高さに対応して、リターンの割合は低くなる**（ローリスク・ローリターン）。

エクイティによる投資は、利息の支払いや元本の償還においてデットに劣後し、利益は固定されず、安全性は比較的低い。この安全性の低さに対応して、リターンの割合は高くなる（ハイリスク・ハイリターン）。

❹ **正しい**　不動産証券化における借入による資金調達（デット）には、ノンリコースローンが用いられる。ノンリコースローンとは、特定の事業や資産から生ずる収益だけを返済原資とする借入れである。ノンリコースローンの場合には、**特定の事業や資産以外は、その債権実現のための引き当て（責任財産）とはならない（非遡及型）**。

なお、ノンリコースローンは返済原資が限られるため、返済原資の限定されない遡及型融資に比べてハイリスクになるが、他方比較的ハイリターンとなる。

基本テキスト　6編6章

令和２年 問50　⑧不動産の証券化　※講習修了者免除問題

不動産証券化と管理業者の役割

重要度 S

問題 48 不動産証券化と管理業者の役割に関する次の記述のうち、最も不適切なものはどれか。

❶ 不動産証券化とは、不動産の権利を証券に結びつけることを前提にして、不動産投資と不動産事業の管理運営をマネジメントする仕組みである。

❷ 不動産証券化において、プロパティマネージャーは投資一任の業務や投資法人の資産運用業務など投資運用を行うので、投資運用業の登録が必要である。

❸ 不動産証券化においてプロパティマネージャーの行う調査・提案業務は、投資家が多数であり、そのメンバーは常に入れ替わる可能性があるため、不特定の相手方に対する論理的な説得力が必要である。

❹ 中・長期的な改修・修繕の計画を策定し、実施する業務であるコンストラクションマネジメントは、プロパティマネジメント業務においても、取り入れられつつある。

得点源！

業務の名称	アセットマネジメント	プロパティマネジメント
業務の主体	アセットマネージャー	プロパティマネージャー
業務の内容	不動産投資について、資金運用の計画、決定・実施、実施の管理を行うこと	不動産の実際の賃貸管理・運営を行うこと ※アセットマネージャーからの委託を受け、その指示のもとにプロパティマネジメント業務を行う

解説　　　　**正解：❷**

❶ **適切**　「不動産証券化」は、**不動産の権利を証券に結びつけ**、不動産投資と不動産事業の管理運営をマネジメントする制度の全体を指し示す用語として用いられている。不動産証券化によって、すでに多額の資金が不動産に流入し、証券化商品は大きな市場を形作っている。

❷ **最も不適切**　**プロパティマネージャーの業務に投資運用業の登録は不要**

投資一任や投資法人の資産運用業務などの投資運用は、資金運用の計画・実施を行う**アセットマネージャーの役割**であり、プロパティマネージャーの役割ではない。一般的には、プロパティマネージャーの業務に**投資運用業の登録は必要とされない。**

プロパティマネージャーの行う業務は、実際の賃貸管理・運営です。

❸ **適切**　プロパティマネージャーには、投資家の投資判断に資するため、投資家（またはアセットマネージャー）に対して調査・提案を行う役割がある。そして、調査・提案の相手方となる投資家は多数であり、そのメンバーは常に変わることが想定される。そのために、プロパティマネージャーの行う調査・提案は、客観的な合理性を担保できる資料に基づき、また、**不特定の相手方に対する論理的な説得力を有するもの**でなければならない。

❹ **適切**　コンストラクションマネジメント（CM）とは、中・長期的な改修・修繕の計画を策定し、実施する業務である。一般企業などの発注者に代わり、専門家であるコンストラクションマネジャーが発注者の側に立ち、技術的中立性を保ちながら、設計・発注・工事の各段階での品質・コスト・スケジュールなどを調整・運営する方式であり、元来米国で多く用いられている建設生産・管理システムであった。本肢のとおり、近年では**プロパティマネジメント業務においても取り入れられ始めている。**

基本テキスト　6編6章

令和４年 問50　⑧不動産の証券化　※講習修了者免除問題

プロパティマネジメントとアセットマネジメント

重要度 S

問題 49 **プロパティマネジメント業務とアセットマネジメント業務に関する次の記述のうち、最も適切なものはどれか。**

❶ プロパティマネージャーは、自らの業務に合理性があることについて、説明責任を負担しており、説明責任を果たすための客観的な根拠を準備しておかなければならない。

❷ 可能な限り既存の借主が退出しないように引き留め、維持しておくことは、アセットマネージャーの責務となる。

❸ 不動産投資について、資金運用の計画、決定・実施、実施の管理を行うのがプロパティマネジメントである。

❹ アセットマネージャーは、プロパティマネージャーの指示のもとに、アセットマネジメント業務を担当する。

解説　　　　　　　　　　　　　　　　　　　　　　　　　　　　　　**正解：❶**

❶ **最も適切**　プロパティマネジメント（不動産経営の実際の管理・運営）は、投資家から委託を受けて、投資家のために行われる業務である。プロパティマネジメント業務においては、業務の合理性を説明できる必要があり（プロパティマネージャーには、アセットマネージャー（資産管理者）に対して説明責任がある）、そのための**客観的な根拠となる資料**を用意することが必要になる。

❷ **不適切**　**借主を引き留めるのはプロパティマネージャーの責務**

賃貸管理において、実際の管理・運営を行うことがプロパティマネジメントであるから、借主が退出しないように引き留め、維持しておくことは**プロパティマネージャー**の責務である。

なお、借主が退出しないように引き留め、維持しておくことを、テナントリテンションといいます。

❸ **不適切**　**資金運用はアセットマネジメント**

不動産投資について、資金運用の計画、決定・実施、実施の管理を行う業務は**アセットマネジメント**である。これに対して、不動産の実際の管理・運営を行う業務がプロパティマネジメントである。

❹ **不適切**　**アセットマネージャーから委託を受けて行うのがプロパティマネジメント**

アセットマネージャーからの委託を受けて、実際の賃貸管理・運営を行うことがプロパティマネジメントである。プロパティマネージャーは、**アセットマネージャーの指示のもと**に、借主管理、建物管理、会計処理等のプロパティマネジメントを行う。本肢では、プロパティマネージャーとアセットマネージャーの位置づけが逆になっている。

基本テキスト　6編6章

令和２年 問45　⑧不動産の証券化

プロパティマネジメント

重要度 S

問題 50　プロパティマネジメント業務に関する次の記述のうち、最も不適切なものはどれか。

❶　プロパティマネジメントが実際の賃貸管理・運営を行うことであるのに対して、アセットマネジメントは、資金運用の計画・実施を行うことである。

❷　①報告業務、②調査・提案業務、③所有者の変更に伴う業務は、投資家のために重要性が高い。

❸　プロパティマネジメントにおいては、現存する建物の価値を維持すればよく、長期的な観点から建物の価値を高める改修を行う提案は必要とされていない。

❹　可能な限り既存の借主が退出しないように引き留め、維持しておくことは、プロパティマネジメント会社の責務となる。

解説 正解：❸

❶ **適切** 「プロパティマネジメント」は、**実際の賃貸管理・運営**を行うことを意味する。「アセットマネジメント」は、不動産投資における**資金運用の計画、決定・実施、実施の管理**を行うことを意味する。プロパティマネジメント会社はアセットマネージャーから選定され、その委託を受けてプロパティマネジメント業務を担当する。

❷ **適切** プロパティマネジメントは、投資家のキャッシュフローを安定させ、不動産投資の採算性を確保することを業務の目的としている。そのために、従前からの賃貸管理業務と比較し、①**報告業務**、②**調査・提案業務**、③**所有者の変更に伴う業務**について、重要性が高くなっている。

❸ **最も不適切** **建物の価値を高めるための改修を提案することも必要**

プロパティマネジメントにおいては、建物を維持保全して現存する建物の価値を維持しなければならないが、単に建物の価値を維持することに加え、建物の価値を増加させる改修を行うための**調査・提案も必要な業務**である。管理の質を高め、長期的な観点から建物の価値を高める改修を行うことについて積極的な計画、提案を行わなければならない。

❹ **適切** プロパティマネージャーは、現実に不動産の管理運営を担当して、キャッシュフローを安定させ、不動産投資の採算性を確保するための専門家である。プロパティマネジメントの観点からは、借主を引き留め、**賃貸借契約を維持すること**も、賃貸管理業者の重要な責務である。

賃貸借契約において借主を引き留め、維持することは、「テナントリテンション（tenant retention）」などといわれています。

基本テキスト 6編6章

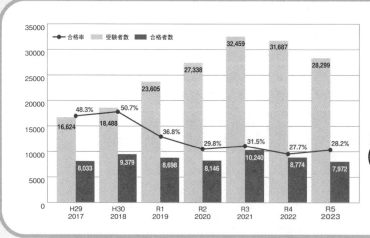

【正誤表の確認方法】

本書の記述内容に万一、誤り等があった場合には、下記ホームページ内に正誤表を掲載いたします。

https://www.kskpub.com ➡ お知らせ（訂正・追録）

※掲載内容は予告なく変更する場合があります。掲載期間は令和６年度試験の終了時、または本書の改訂版が発行されるまでとなります。

【正誤に関するお問合せについて】

本書の記述内容について誤り等が疑われる箇所がございましたら、**郵送・ＦＡＸ・Ｅメール等の文書**で以下の連絡先までお問合せください。その際には、お問合せをされる方のお名前・連絡先等を必ず明記してください。また、お問合せの受付け後、回答をお送りするまでには時間を要しますので、あらかじめご了承いただきますようお願い申し上げます。

なお、正誤に関するお問合せ以外の**「ご質問や受験指導等」は、一切受け付けておりません。**

【郵送先】
〒171－0014　東京都豊島区池袋２－38－１ 日建学院ビル３階
建築資料研究社 出版部「賃貸不動産経営管理士」正誤問合せ係

【ＦＡＸ】03－3987－3256

【Ｅメール】seigo@mx1.ksknet.co.jp

お電話によるお問合せは、受け付けておりません。

＊装　　丁／Show's Design 株式会社（新藤 昇）
＊イラスト／しまだいさお（http://shimadaisao.g1.xrea.com）

2024年度版
どこでも！学ぶ賃貸不動産経営管理士 過去問題集（かこもんだいしゅう）

2024年6月5日　初版第1刷発行
編　著　賃貸不動産経営管理士資格研究会
発行人　馬場 栄一
発行所　株式会社建築資料研究社
〒171-0014
東京都豊島区池袋2-38-1 日建学院ビル3階
TEL：03-3986-3239
FAX：03-3987-3256
印刷所　亜細亜印刷株式会社

ISBN978-4-86358-935-3　C0032